国家社会科学
基金项目资助

明清

等韵图新探

周赛华 —— 著

创于1897

商务印书馆
The Commercial Press

商务印书馆（成都）有限责任公司出品

序一　明清韵图研究的一部创新力作

蒋冀骋

美国经济学家熊彼特在其名著《经济发展理论》中用"创新理论"来解释资本主义的本质特征，以及资本主义发生、发展和趋于灭亡的过程，在经济学界产生了重大的影响，引起了社会各界的重视。从 20 世纪 20 年代开始直到现代，其影响力不仅没有衰减，而且在逐步上升，尤其在那些处于经济追赶阶段的国家，其影响力达到了前所未有的高度。

熊氏的创新理论的内容可概括为"产品创新、技术创新、市场创新、资源配置创新、组织创新"，将熊氏理论用于学术研究，可推演出"成果创新、理论方法创新、研究领域创新、材料创新和机制创新"等，除机制创新外，其余的创新都可在个体的研究者和研究成果中得到表现。

有了这些理论就会出现创新吗？答案是：不一定。除了创新理论外，还要有实现创新的能力和敢于创新的精神。管理学家德鲁克写了一本《创新与企业家精神》，就是为了解决这一问题。企业需要创新，学术研究也是如此，除创新理论内容外，还要有创新能力和创新精神。

用创新理论来评价一部学术著作，应该是合适的，创新程度高的即是优秀的著作。周赛华君的《明清等韵图新探》便是一部优秀的著作，其创新主要体现在以下几个方面：

一、成果的创新。《明清等韵图新探》中的所缀所补皆有创新。等韵图的研究，前人成果之多，难以尽数，欲有所创新，难度极大。周赛华君以超人的见识、深厚的学力，在前人研究的基础上，或进一步证成旧说，或另创新见，皆令人拍案惊叹。如徐孝《等韵图经》齿音后的细音应拟为 [ʮ]，还是拟为 [y]，抑或拟为 [u]？拟为 [ʮ] 者，以卷舌声母不能与 [y] 相拼为条件；拟为 [u] 者，建立在"止摄合口和祝摄基本互补，而祝摄独韵篇中呈现出的对立状态是重出"的基础上；周赛华君赞同拟为 [y]。他在李新魁论证 [tʂ+i] 音节存在的现实性的基础上，用《音滁》的材料补证了"舌尖后音声母曾经能跟细音韵相拼"，使此说得到进一步的证明，从而使拟为 [ʮ] 的条件不复存在。至于拟作 [u]，周赛华君用充足的材料证明"《图经》中止摄合口篇的照组字跟祝摄独韵篇中照组字是重出"的结论是站不住的,即止摄合口照组字的拟音不应是 [u]。周赛华君支持薛凤声提出但未展开论证的观点:拟为 [y],并进行了多方面的论证,认为"明末清初正是齿音后的细音 [y] 向洪音 [u] 演变([y]→[u])的历史时期,因此止摄合口照组字的拟音为 [y] 是相对比较合理的"。此证成旧说者。又如赵绍箕《拙庵韵悟》,周赛华君提出此书没有微母,没有入声的观点,并加以充分的论证,此外,还提出了"儿耳二"等字有两种读音的观点,即 [ɚ] 或 [ʐ̩],俗音读 [ɚ],正音读 [ʐ̩]。周赛华君在此基础上,将赵氏儿化韵的范围定为 [u]、[ə]、[i]、[ʅ]、[ɿ]、[y] 和 [ua]、[a]、[ia]、[ʅa]、[ɿa]、[yɛ] 等十二韵。此为另创新见者。

赛华君著作中所讨论的任何一书都有自己独到的见解,此不一一论列,读者君子自可判断,不待鄙人饶舌也。

二、方法的创新。周赛华君所用的研究方法前人大多用过,从此种意义上说,谈不上创新。但将各种方法综合运用,则应是一种创新。这种创新,关键在综合。周赛华君综合运用了审音法,历史文献考证法与历史比较法,音系对比法,内部分析法。上述《等韵图经》齿音后细音的拟音既有审音法,又有历史文献考证法与历史比较法,还有内部分析法,诸法综合,得出新的结论。

至于研究领域创新则非大宗师不能为,我们不能以此苛求赛华。有此两个创新,足以立于学术之林。

周赛华君立志学术,孜孜不倦,于等韵学研究有年,卓有建树。前有《合并字学篇韵便览研究》,后有此书,足以奠定其等韵学界的地位。在古汉语研究中,音韵学号称绝学,而等韵学则绝学中之绝学。一等二等,内转外传,轻音重音,加上宫商角徵羽和乾坤八卦的术语,未入门而已头昏昏,耳嗡嗡,谁能入此域而耕耘不倦?赛华能如此,亦异数,亦奇人,亦高尚士也。除专著外,赛华尚有数十篇论文刊诸各期刊,自能蜚声学界。荀子说:"登高而招,臂非加长也,而见者远;顺风而呼,声非加疾也,而闻者彰。"赛华处湖北,地不高不低,风不顺不逆,而在学界有此声誉,戛戛乎其难矣。

俗人处世,无外乎名利二字。庄子说:"名者,实之宾也。"高尚之士,有求真之意,无求宾之心,兀兀穷年,唯学问是务,此之谓真学者,真学术精神之履行者,我也只能是跂而望矣。知善,向善,求善,但达不到善,惭愧!

2021 年 2 月
于湖南师范大学无知斋

序二 明清韵图语音史研究的突破

刘晓南

在多姿多彩的韵学典籍中，等韵书以其高度的难读难懂素来堪称一绝。我甚至怀疑，号称"绝学"的音韵学，如果抽走了等韵诸书还能不能称为绝学。如果要问这些书究竟有哪些"绝"，恐怕会有很多答案，但最基本的不外乎是那些一瞥可见的密致的网格、神奇的圆圈（或方格）和错杂其间的零散文字，等等，读之不能成句，品之索然无味，如看天书然。这当然都称得上绝。我倒以为，韵图的设计与编排之中，将其语音理论之虚灵与具体音系之实体交融一体，虚中有实，实中有虚，这才是绝。我们见过很多现代语音理论的论著，都少不了广泛引述各种语音事实来支持理论体系，可有谁见过只采用一个音系的全部音节来支持其理论的呢？古今中外大概也就只有等韵图，才会将自己的语音理论建构在一个音系的所有音节之上，或者毋宁说是一个音系的音节表竟然支撑起了一座音理的大厦。

以宋元切韵图为例。在其体制框架设计中，最能体现音理之精微者，莫如表中韵字的有序排列。对此，宋代切韵学大家卢宗迈有一段特别说明："（图中）每字左右上下各有一字，声声皆别，如中央之视四方，各有定位。若周天之列宿，各有分野。四十四图字字皆然，其非通幽悟微之人，焉能造是！"（语见日本国立国会图书馆藏抄本《卢宗迈切韵法》）卢宗迈在这里用了两个比喻，巧妙而婉转地说明图中相邻各字是如何于隐微之中显露出细入毫芒的语音分别的。虽然这里所说的"四十四图"韵书已经失传，但其所言通悟之"幽微"则是贯穿诸种韵图的精神内涵。概观宋元韵图，可以说没有一本韵图不是通过图中左右上下相邻字音间的细微差异隐隐传递出各自的最小语音区别特征来的，此种隐喻之义的确做到了暗暗地与声之五音清浊、韵之开合等第相通相配，以尽显其音理辨析之幽微。此为其虚。

然学理上的精微，又无不通过经典韵书音系的图解体现出来。庞大音系的全体音节在图中有序排列，对号入座，各从其类。若察其宏观可以得其声韵大类，若察其细微则可辨析其毫末之差异，即如南宋重刊《韵镜》的三山张麟之所言："其制以韵书自一东以下，各集四声，列为定位，实以《广韵》《玉篇》之字，配以五音清浊轻重之属。"正因为如此,才能做到"不出四十三转而天下无遗音",成为《广韵》语音全貌的平面展示,中古音的音系一览无余。此为其实。

概而言之,在精妙的编排中,"虚"可以目为古典音系学之幽微,"实"则为切韵音系的实体。韵图这种虚实相交、事理相融的叙述风格,相沿至于明清而益盛。明清两代近六百年间,治韵之家"一新其制作",大量的韵图纷至沓来,汇合而成韵书史上继魏晋六朝之后第二个"音韵锋出"的时代。不同的是,新时代韵图所传达的"虚"与"实"都有了与时俱进的巨大变化,尤其在"实"(即图解音系)上,虽然图解切韵等前代音系的流风余韵一脉尚存,但越来越多的学者都有意突破宋元韵图旧有格局,转而关注实际语音,通过新兴语音现象的描写与归纳,来创建新的等韵学说。语音关注的范围和对象大大拓展,包括以官话为代表的通语语音和纷繁复杂的各地方音都得到了不同程度的描写与归纳。结果就是再现了韵书史上"各有土风"的盛况。据不完全统计,明清两代近六百年新制的三百余种韵图或韵图化韵书,大都在传承宋元切韵学精神的基础上,根据实际语音阐发各自的音理。其结果必然是,在等韵学理论大发展的同时,几乎各大方言不同层面的实际语音都得到了不同程度的描写。累积至于今日,已经成为蕴藏量极为丰富的近代语音史语料的富矿。

我想,考虑到韵图"虚""实"深度交融的特点,若要全面地开发、利用这座语音史的富矿,势必要进行两种研究:一是等韵学理的探讨,此可谓"务虚";一是语音史与方音史的考证,此可谓"务实"。"务虚"着重研究传统的语音学和语音理论,阐发先贤的语音思想以作中国语言学理论的资粮;"务实"则要研究韵图所描写的不同时段不同地域的实际语音,归纳其语音系统、辨析其语音特征、判断其语音性质,汇集同地域或同时代的相关韵图,作综合的比较研究,溯其源、探其流,追踪通语或方言语音的几百年历史演变,奠定汉语语音史和方音史的基础。虽然两种研究都很重要,且相辅相成不可或缺,但学术界对韵图的研究却是从"务虚"开始,然后才逐渐转向"务实"的。

现代学者对韵图的系统研究始于20世纪初期,迤逦于今,已近百年。为了读懂并解释韵图的原理,早期的研究者独青睐于韵图的理论部分,作"务虚"的研究,大都致力于阐发其网格结构、解释名词术语及其理论意涵、疏理传承源流、建构韵图的学术体系,等等。比如罗常培《释轻重》(1932)、《释内外转》(1933)等即是。20世纪40年代写成的第一部等韵学研究专著是赵荫棠的《等韵源流》,其"绪论"更是开宗明义地说道:"(等韵诸书)拿我们的眼光看起来,它实在是讲韵学内部精神的东西,换言之,就是音理的学问。"赵著介绍自宋元至明清韵

图 50 余种，以是否保存全浊声母为标志将它们区分为南、北两个流派，讲解其规制、音理与音类的区分等，而于韵图所描写的时音与方音则无与焉。其后应裕康（1972）、李新魁（1982）等所收韵图逐渐增加，到耿振生《明清等韵学通论》（1992），收集韵图已达 167 种。丰富的材料显示出多彩的音系，促使诸家对图中显示的实际语音有了关注，做出了官话及北方、南方方言音系的展示，如北京官话的徐孝《重订司马温公等韵图经》音系等、吴方言的王应电《声韵会通》音系等、闽方言的《戚参军八音字义便览》音系等都纳入研究，揭示了部分韵图音系的方言属性，有的甚至构拟了音系。虽然仅见轮廓，呈现为一种大纲式的粗线条研究，但却开启了韵图研究的"务实"一脉，有效地引领了韵图语音史的研究方向。

　　改革开放以来，针对韵图的专书语音研究悄然兴起。随着明清韵图或等韵化韵书一本一本地被开发研究，近代语音史上某一时代的某一地域语音状况也一点一点地被揭示、被描写。学者们数十年耕耘，有关明清历史方音点的论著逐年累增，渐渐地有如繁星散播于昊天，熠熠生辉。当然，这还只是"散点"的研究。以"散点多线"的思路视之，如果要形成"史"的规模，仅有"点"的表现是远远不够的。接下来，除了继续开发韵图以扩充"点"的描写外，还要将这"点"互相勾连，以形成近代语音史上通语音或某一方音的历史发展线索。由点到线或由散点到多线的变化，不仅仅是在单点的研究之上增加几个点而已，这将是从单一的平面考察到综合的纵向研究的转化，是语音发展史的一种历时演变研究，它的意义在于梳理历史发展，建立语音演变的历史轮廓。这对于构建汉语语音史和方音史来说，尤为迫切和重要。

　　周赛华教授的新著《明清等韵图新探》（以下简称"周著"）正是这样一种勾连散点形成多线，试图建立官话或各方音的语音史轮廓的综合性研究的成果。周著虽然仍重视"点"的考释，但不再拘泥于仅仅介绍单个韵图的内容与结构、考其音系，而是以方言系属为纲，分别收集明清韵图中各大方言的代表作或重要之作，形成一组一组的方言韵书韵图文献，作综合比较研究，力图通过由点到线的转变，实现"史"的规模。以一人之力普收方言韵图，其困难可想而知，但呈现在读者眼前的入选书目却颇为亮眼，参照现代方言的分野分别排列，计有官话韵图 24 种（其中北京官话 5 种、冀鲁官话 4 种、胶辽官话 4 种、江淮官话 3 种、西南官话 4 种、中原官话 4 种），粤方言韵图 5 种，湘方言韵图 2 种，客赣方言韵图 2 种，吴方言韵图 10 种，另有方言系属不明韵图 7 种，外加曲韵 2 种，共 52 种。其覆盖面之宏大，传统的重要方言，除闽方言外几乎都入吾彀中了。

　　所收韵图中有的前人已作过介绍与研究，有的是新发掘的材料，甚至还有不少孤本珍本。诸本之中，无论前人是否有研究成果，周著都从史的角度将其依时代先后排列作纵向的考察与研究，试图从中梳理出同一区域或同一方言语音的发展演变过程。以北京官话为例，收入5种韵书，列首的是刊于明万历三十四年（1606）《合并字学篇韵便览》，接着是成于清康熙十三年（1674）的《拙庵韵悟》、成于清嘉庆丙子年（1816）的《音泲》、刊于道光十七年（1837）的《正音辨微》、刊于光绪三十四年（1908）的《传音快字·北音》，其间又有刊于嘉庆十五年（1810）的《李氏音鉴》粗细理论及相关问题的专论。若不计《李氏音鉴》，5种北京官话韵图或等韵化韵书分布于近代约三百多年间不同的时间节点。各书间的时差，短的约二十年，长的达一个多世纪，俨然是北京语音近三四百年的历史长河中的5个清晰的坐标，有如孤峰突兀，雄峙于历史波涛之上，各有异同，将时代潮流不断冲刷的细微变化彼此映照出来，尽收眼底。

其研究思路，每组韵书之下先平面介绍各图的音系，揭示其音系特征，前人已论者略之，前人未论者详之，特别重视比对各书之间的异同及与现代方音的异同，讨论其特殊音变。将这些同系属不同时代韵书所反映的特殊音变，先后互相勾连，形成一个链条，以动态地显现历史演变过程，将单个方言点的考证升华为"历史的连线"。这无疑是近代韵图语音史的一种共时、历时相结合的全新研究，突破了以往仅仅平面介绍音系的研究框架，由"散点"进入了"多线"，成为真正的语音发展史研究。

周著主要从两个方面入手作"史"的深入探索：一是重点问题讨论，二是历史音变梳理。

重点问题的讨论例。如明初《韵略易通》（1442）中尚存于官话的微母，在北京官话中，明后期《重订司马温公等韵图经》（1606）中已经消失，但在《图经》之后约半个多世纪康熙初年（1674）的《拙庵韵悟》又出现了相当于微母的"巫母"，难道微母在北京话中失而复得？问题出在哪里？周著细细检查《拙庵韵悟》的韵字编排，发现《拙庵韵悟》韵图中"巫"母之下一概没有列字，经反复核查，确认巫母实为虚设，因而断定《拙庵韵悟》所记实际语音中已无微母，确证北京官话的微母至迟在17世纪初即已消失。这类问题讨论，单个地看可能都不算大，但涓涓细流汇成江海，通览全书，类似的讨论随处可见，如入声的有无、儿韵的音值、尖团的分混、泥来的分混、果摄开合的变化、平分阴阳、浊上归去，等等。汇集起来，就是近代语音的演变大势。

历史音变的梳理例。如《中原音韵》（1324）歌戈部有一部分来自入声觉药铎韵的字"却削约爵"等，诸家拟其元代的读音为［io］，都无异议。在两百多年后，徐孝《图经》（1606）中显示还念［io］，但到现代北京音变读为［yɛ］。后者是什么时候通过什么途径变来的呢？有学者指出，在富善的《官话萃珍》（1898）中这些字都已读为［yɛ］，音变可能是在 19 世纪末 20 世纪初完成的。但这只确定了音变的时代，问题并没有全部解决。由［io］变［yɛ］，音值的变化同样非常突出，既有介音由展唇变圆唇，又有主元音由后向前的移位，介音和主元音的两个音变，是一次完成的，还是分次完成的呢？这些细节《官话萃珍》不能给我们任何信息。

周著根据对《李氏音鉴》（1808）粗细理论的研究，确认李汝珍所制反切的介音由切上字确定，那么《李氏音鉴》卷四的"北音入声论"中所列出的如下反切就有很明确的语音意义了："学"许娥切，"角觉爵"举娥切，"略"虑货切，"却"劝卧切。上列切语中的被切字，通通都是自宕江摄入声韵归于《中原音韵》歌戈部的字，李汝珍给它们做的反切，切上字全部撮口，则表明介音已读撮口，而切下字全都为歌戈部字，表明其主元音仍维持原貌，介音变主元音不变，完美地显示了［io］在这里已变读［yo］，正好补上了音变的中间环节。可将音变过程简列为三个阶段：［io］→［yo］→［yɛ］。

由于三阶段中各阶段都有韵书实录的支持，每阶段音变的时间和发生音变的音素等问题就能大致确定。有了这个基础，就可以推测或描写它的音变过程及原理了，诸如同化还是异化、圆唇化或展唇化、舌位前移等等。无论怎样推测其变化过程和方式，其基本事实都是确定的。

近代语音史上诸如此类的音变，无论官话还是各大方言都非常之多，而明清两代留给我们的大量韵书韵图，又不同程度记录或描写了这些变化，提供了充足的研究材料。周著收集了近代六大方言的诸多重要韵图资料，通过共时、历时相结合的研究，将一个个方言点的考察引入方音发展史的纵向研究，由散点进入多线，既是近代语音史研究史的一个突破，也是一个有益的尝试。

我想，这应当是今后近代语音史的一个很有价值的研究选项，但可以考虑有所拓展和收缩。所谓收缩，是说"摊子"不要铺得太大，不要企图覆盖各大方言，而是略为收缩，暂时集中于一两种方言；所谓拓展，则是对选定的一两种方言的明清韵书韵图的收集要穷尽。正因为收集的范围有所收缩，才有必要尽力拓展收集对象，在选定的范围内边发掘、边收集、边研究，争取能全部收尽，如果做不到一网打尽，也要做到绝大多数都在掌握之中，形成某方言韵书韵图研究的资料中心。我想，如果有了某一方言的全部韵书韵图，对它们进行全方位的考证，比较异同，一定会有新的甚至惊人的发现。

序三　近代语音史的务实之作

孙玉文

去年年底，周赛华教授通过电子邮箱发来他的新作《明清等韵图新探》书稿，嘱我写一篇序。

他将书稿起名"新探"，是因为既往已有赵荫棠《等韵源流》、应裕康《清代韵图之研究》、林平和《明代等韵学之研究》、李新魁《汉语等韵学》、耿振生《明清等韵学通论》、王松木《明代等韵之类型及其开展》等论著，这些论著大约研究了150种等韵学著作，都涉足明清等韵学，成果不凡。但明清等韵学内容丰富，既有研究有进一步拓展的空间，还有一些韵图学者们没有注意到或来不及研究。因此，赛华教授很早就广搜韵图，细心分辨，经过近20年的努力，其成果结晶于这部《明清等韵图新探》。

明清等韵学在等韵研究史上留下辉煌的一笔。既往的研究，探讨了明清等韵学发达的原因，很有启发。据史料看，当时等韵图的发达，离不开当时寺庙的提倡和朝野的重视。据宋郑樵《通志·七音略》的《七音序》，那时"释氏以参禅为大悟，通音为小悟"，这种风气到明清时代犹未泯。清刘献廷《广阳杂记》卷三谈到明代的情况："虚谷大师，本无锡秦氏，其祖为长沙太守，遂流寓衡山，宗族间已久不通音问矣……尝受等韵之学于语拙韵主。韵主真定巨鹿县人，为黄山第二代教授师。当明中叶，等韵之学盛行于世，北京衍法、五台，西蜀峨眉，中州伏牛，南海普陀，皆有韵主和尚，纯以唱韵开悟学者。学者目参禅为大悟门，等韵为小悟门。而徽州黄山普门和尚，尤为诸方之推重。语拙师幼不识字，年三十矣，入黄山充火头，寒暑一衲，行住坐卧，惟唱等韵，如是者六年。一旦豁然而悟，凡藏典翻绎，无留难者，遂为第二代韵主教授师。岁在丁卯，传法南来，五台颛愚和尚甚器重之。桂王闻其名，延入藩府，执弟子礼，学等韵。后养于南岳以终老焉。虚谷师尝从之学，深有所得，受付属，迄今五十年矣。尝抱人琴俱亡之惧，逢人即诏之学韵，闻余至，甚喜。予于声音之道，别有所窥，自谓颇窃造化之奥，百世而不惑。然于等韵必殷殷访问者，则以唐宋元明以来诸书，切脚咸宗等韵，苟于门法稍有龃齝，则不能得字；而未经唱诵，则声韵不真。三四十年以来，此道绝传久矣。间有一二人留心此事者，未经师承口授，终属模糊，不足学也。大师始遇予于康甲夫家，为余唱诵《通释》一过，梵音哀雅，令人乐闻，确有指授，非杜撰也。余既愿学，大师复不吝教，留彼数日，而等韵之事毕矣。"

还值得注意的是，其中"桂王闻其名，延入藩府，执弟子礼，学等韵"一句，"桂王"应该指明神宗第七子朱常瀛或其子朱由榔，可见明代皇族对等韵之重视程度。

《广韵》和宋本《玉篇》都附有审音的文字说明，涉及等韵。明代梅膺祚《字汇》，附上《韵法直图》《韵法横图》，这是字典编纂时重视韵图的表现。到清代，《康熙字典》正文前列有《等韵切音指南》《字母切韵要法》，旨在帮助读者正确拼读《康熙字典》所列反切。《凡例》说："今详引各书音切，而悉合之等韵，辨析微茫，集古今切韵之大成，合天地中和之元气。后之言音切者，当以是为迷津宝筏也。"可见《康熙字典》对等韵的重视。《康熙字典》作为皇帝下诏编写的字典，这么重视等韵，必然会带来朝野上下重视等韵的客观效果。《康熙字典》十二集，编者的审音水平参差不一，有的编者的审音水平较高。例如卯集上"心部"，多利用等韵知识解决读音问题，"怌"下按语："按《玉篇》《广韵》皆敷悲切，而《集韵》《类篇》则攀悲切。敷悲，敷母；攀悲，滂母。盖切字有轻重交互法，以敷母切怌，是以轻唇音而切重唇音之字矣。顾野王作《玉篇》时，唇音仍未甚细分，多用交互，不能一归音和。《广韵》沿而未改，至《集韵》则一趋于音和，而音切乃亲，故切'怌'字者，以攀悲切为正，《韵会》《正韵》因之。""恢"字下按语："按《说文》《玉篇》《广韵》《集韵》《类篇》《正韵》皆切娘母，而《韵会》独切泥母，然泥母不如娘母之亲也。泥、娘二母，徵音既同，次浊又同，最易相犯。然泥母，舌动而音在舌端；娘母，舌静而音在舌上。二母虽次浊，泥轻而娘尤轻。如恢字'女交切'音铙，其音在舌上，则娘母切铙音为亲矣。凡泥娘二母当清者仿此。"王力先生《康熙字典音读订误》在《卯集上》"心"字下加按语："心部编者颇知音韵，'心'字下的按语是正确的。"在我看来，《康熙字典》列有两种韵图，既与继承《字汇》的编写传统有关，也与那些深通等韵的编者重视韵图有关。至于审音水平不高的编者，他们也不会反对。因为重视正音工作，这是当时的共识。康熙年间，李光地还奉敕修撰《音韵阐微》，由王兰生具体编纂，徐元梦校阅。总之，明清两代等韵学之发达，良有以也。

韵图的编纂，是为了拼读反切；我们今天利用韵图，主要是为了研究汉语语音史。唐宋以前，反映汉语方音的材料往往都是些片段。比如南北朝时期，人们很注重南北方音的差别，这固然与南北方音差别大有关，也与当时北方文人南渡，人们自然关注南北方音差异有关。但是要整理出当时南北各地方言的音系，目前来说，这几乎是不可能完成的艰巨任务。到元明清以后，尤其是明清以后，反映汉语方言的材料多起来，当时人的学术笔记、韵书、韵图等，都留下了极为珍贵的材料，某些方言甚至可以根据古书记载整理出一个音系。在明清语音史研究中，加进各方言音系的研究是值得尝试的工作。

研究汉语史，必须有明确的时空定位，才好利用音韵材料。因此，必须对韵图创制的相关时空信息、音系性质做必要而可信的研究。我经常拜读一些论著，对于韵书、韵图所反映的音系本身做了很精细的刻画，但是由于对韵书、韵图所反映的音系性质没有相对精确的时空定位，因此这样的研究对于汉语语音史基本上没有多大价值，令人深为惋惜。

我们知道，确定历史上一种音韵材料的音系性质不是一件容易的事。有人试图通过音系材料的作者籍贯证明该音系属于哪一个音系，但这不太可靠，王力先生早在 1936 年的《南北朝诗人用韵考》中明确指出："如果他们以祖父的籍贯为籍贯，这种籍贯在方音关系上就会失掉一半或全部的价值……南北朝也会有名不副实的籍贯"，"做官的人喜欢打官腔，也许还喜欢依照官音押韵。虽然有时候在蓝青官话里可以留些土音的痕迹，但已经很难代表一地的方音了。因此，我们发现时代对于用韵的影响大，而地域对于用韵的影响小"。有些人试图根据音系材料的产生地域证明该音系属于哪一个音系，这也不太可靠，因为某材料产生于某地，并不能必然推出该材料反映的是某地方音。有人试图在对一种材料做音系整理的基础上，跟后代某种或某些方音的语音状况进行对比，以确定这种音系跟后代方音的关系。这实际上要看研究者如何进行比较，论证是否严密。如果先入为主，只拿合乎自己结论需要的音系状况进行对比，碰到不合自己结论的语音现象，就一味委之于语音变化，或者匆忙委之于受别的方言的影响，就容易流于主观臆断，还是要细心论证，力争有十分之见。对比起来，根据提供这种音韵材料的作者本人对所采音系的说明文字，参证古今有关各地方言的其他记载，证明该材料反映了哪个音系，得出的结论是比较可信的。但要注意，即便如此，写书的人也会受正音的影响，不完全忠实地反映方音。

赛华教授这部书稿，将研究到的明清时期一些韵图按他认定的所反映的音系性质，分别纳入官话类、南方方言类两大类对所搜集的韵图进行音系研究，官话类下分北京官话、冀鲁官话、胶辽官话、江淮官话、西南官话、中原官话，南方方言类下分粤方言、湘方言、客赣方言、吴方言安置韵图，在各具体方言里对具体韵图展开研究。有 7 种韵图的音系性质，赛华教授还拿不准，因此在附录部分列出"系属不明韵图"做音系探讨。总起来说，书稿一共研究了 52 种韵图，涉及相当多的方言区域。

我拜读书稿，从研究汉语语音史的角度看，觉得它有这么几个优点：

一、既对以前研究过的一些韵图，特别是反映北京话的韵图做了进一步研究，又发掘出以前未曾寓目或注意得不够的明清以迄民国早期的韵图，都能拓展汉语语音史的研究。

二、对各韵图反映的音系性质大多有探讨，尤其是那些通过韵图中对所采音系的说明文字的内证材料提取，用以证明音系性质，就很有说服力。赛华教授对有些韵图所反映音系性质的分析、归纳常常采取我所说的最后一种研究策略，我认为其结论是很有道理的。

三、对各个韵图反映的音系提供了自己的整理方案。研究汉语语音史，需要从文献学的角度进行研究；但是不能止步于此，还必须花大力气研究音系本身。但从韵书、韵图中整理出音系，这不可能是一蹴而就的工作。我们看，《切韵》音系、《中原音韵》音系的研究，都是经过好多代学者的努力，才渐臻完善的。这些年来，对于韵图的研究，往往侧重于文献考证，而对音系的研究，则比较薄弱，亟待加强。赛华教授的这项研究，在音系整理方面有新贡献。

四、对近代汉语的一些关键性的演变线索的分析、论证，或补正前说，或提出新说，都有新突破，对推进近代音研究有积极意义。例如一般认为，见精两组分化出新舌面音 tɕ、tɕʻ、ɕ，不会晚于 18 世纪。赛华教授通过对大兴（今北京）人徐鉴于清嘉庆丙子年（1816）所作《音泲》反映的尖团音合流现象的分析，论证了《音泲》全面反映当时北京话尖团音已经合流，"《音泲》为我们提供了可供准确判断'尖团合流'下限时间的语言事实"，这就比以前的研究更进一步了。

赛华教授的看法对我本人的研究很有启发。尖音和团音的说法，明朝已经出现，万历年间（1573—1620）浙江衢州人叶秉敬《韵表》（1605）有"辨韵有粗细圆尖"条，"圆"就是"团"。虽然跟今天所指尖团音的含义不同，但都是用于语音分析，无疑与今天声母分尖团的概念、术语有关。这足可以证明尖团音的说法不是清朝才有的，也说明尖团音的说法是汉语音韵学家自创的分析汉语语音的术语。

我们知道，近代汉语的一些方言中出现了尖团音合流现象。一种音变现象的出现，其来有渐。据我考察，明代已有尖团音混并的端倪，这种混并现象可能不是从北京地区开始的，山东、河北、山西一带要早于北京，北京话的尖团合流应该是这一带方音北进而产生的音变。陆容（1436—1494，江苏太仓人）《菽园杂记》卷四记载了山东"去"读成"趣"："北人音韵不正者尤多……又如'去'字，山西人为'库'，山东人为'趣'，陕西人为'气'，南京人为'可'去声，湖广人为'处'……如此者不能悉举，非聪明特达、常用心于韵书者，不能自拔于流俗也。"去，溪母；趣，清母。明隆庆间（1567—1572）《韵略易通》有"见溪若无精清取，审心不见晓匣跟"，反映了见组、精组有些字变成了舌面音。叶秉敬《韵表》"辨韵有粗细团尖"条，透露出见组分化为粗圆（"庚干觥官"）和尖细（"经坚肩涓"），但未提及精组，可能见组声母音值上有差别了。山东一带自古就用"虹"指彩虹，《吕氏春秋·季春》"虹始见"高诱注："虹，螮蝀也，兖州谓之虹。"这个"虹"可能是取去声一读，后来山东话的去声与此一脉相传。明谢肇淛（1567—1624，福建长乐人）《五杂组》卷一《天部一》记载了燕齐一带将见母的"虹"读成精母的"酱"："燕、齐人呼为'酱'，又可笑矣。吾郡方言呼为'空'（去声）。按《韵书》，虹一音贡，又作虹。则闽音亦有自来也。"《广韵》古巷切："虹，又音红。"清桂馥（1736—1805，山东曲阜人）《札朴》卷九《乡里旧闻》所载与此可以互相印证："绛虹，俗谓之绛。裴注《三国志》：虹音降。吾乡声讹如酱，他处又讹如杠……祷雨有应，致祭曰谢绛，亦讹作酱音。"绛，见绛开二去；酱，精漾开三去。"机灵"本"精"的分音词，本是精母打头的一个词，宋代写作"即零"，但明末已经可以写作"机灵"，"机"是见母，《容斋续笔·三笔》："语音有以切脚著称者……如……精为即零……是也。"明末，可以写作"机灵"，浙江桐乡人陆时雍，可能生于明万历十几年，于崇祯十三年死于狱中，他的《诗镜总论》："诗贵真，诗之真趣，又在意似之间……《三百篇》赋物陈情，皆其然而不必然之词。所以意广象圆，机灵而感捷也。"傅山（1607—1684）是顾炎武的朋友，主要活动是在清朝，但他实出生于明万历年间，他的《霜红龛集》卷二九："太原人语多不正，最鄙陋恼人，吾少时听人语不过百人中一二人耳，今尽尔矣。如'酒'为'九'，'九'为'酒'，'见'为'箭'，'箭'为'见'之类，不可胜与辨。"这反映了山西太原尖团合流的现象。

据意大利人利玛窦（1552—1610）《西字奇迹》（万历三十三年，1605），尖团音分别甚严，说明 17 世纪初叶共同语尖团不混。结合这些材料似乎可以得出这么一个结论：北京话的尖团合流并非自源现象，而是受周边北方方言的影响形成的。如果这种推定能成立的话，那么我们应该有充足的理由进一步推定：明清时期的北京话，除了纵向继承元代以降的中原音韵，还横向接受了周边方音的影响，个别地方还接受了其他方音的影响，加上自身的演变，成为现在的格局。

2005 年，周赛华教授出版了《合并字学篇韵便览研究》一书，我给他写了一篇序，勉励他"坚持求真务实的科学精神，登上更高的学术山峰"，这是有感于当时的学术风气而发的。光阴一下子过去了 17 年。这 17 年时间里，世事多变，世界更精彩，对人们的诱惑巨大，导致学风每况愈下。变中必然有不变，既然我们对汉语语音的历史变迁还有很多不懂的地方，那么社会需要有一批批心性空灵的探索者，心无旁骛，顶住各种诱惑和压力，在语音史研究中奋力打拼，求真务实，留下实绩，这是时代的需要。赛华教授能一直坚持在近代音的研究园地，辛勤耕耘，实属不易，因此十分赞佩赛华教授的默默坚守，成就了这部《明清等韵图新探》。

当年扬雄"恬于势利"，"好古而乐道"，费尽心机撰著《太玄》，遭到群嘲，他创作《解嘲》以作还击；好友刘歆劝他："空自苦！今学者有禄利，然尚不能明《易》，又如《玄》何？吾恐后人用覆酱瓿也。"扬雄不为所动，坚持自己的信念，垂范后人，人们至今都在传承《太玄》。我以为赛华教授的学术工作有扬雄之风。

我希望赛华教授在《明清等韵图新探》的基础上，百尺竿头更进一步，"自我匍匐，好是冥德"，继续为汉语语音史研究做出新贡献。

2021 年 2 月 16 日
于京西五道口嘉园之天趣斋

目　录

弁 言

一、明清等韵图及其研究概况

等韵学是古代关于语音分析的原理方法，形成于唐末，其发展大致分两个阶段：唐至元为中古等韵学，明清至民国为近代等韵学。前期流传下来的韵图只有少数几种，后期的韵图数量大、形式多、内容丰富。

赵荫棠的《等韵源流》是现代学者撰写的第一本等韵学专著，收等韵五十多种，有两个突出特点：一是考证翔实，二是材料丰富。在文献考证方面，赵先生调查了一部分来历模糊的著作的成书情况和早期流传过程，如《字母切韵要法》的考证，等等；在材料搜集方面，他把向来不为人所关注的明清等韵表彰于世，且发掘出一些几乎是湮没无闻的著作，如明代徐孝的《重订司马温公等韵图经》，等等。书中"明清等韵之存浊系统"和"明清等韵之北音系统"对三十七种等韵作了简要的描写和分析，初步揭示了各书的语音系统。

1972年应裕康出版了《清代韵图之研究》。书中收清代韵图三十种，依内容和形式分为三类：（1）袭古系统之韵图；（2）存浊系统之韵图；（3）北音系统之韵图。应氏对三十种韵图作了研究。首先考证作者生平，生平不可考的，则根据序跋考证成书年代；然后详细叙述韵图的体例内容；最后简略考证出韵图的声韵调系统并且构拟出音值。

1975年台湾政治大学林平和博士撰写了学位论文《明代等韵学之研究》。全文对二十七种等韵学著作进行了综述，并把这些著作分为等韵图和等韵书两类。其中等韵图据声母与体例进行了分类叙述：（1）南派声母存浊系统十一种韵图；（2）北派声母化浊入清系统七种韵图；（3）外籍人士拼音韵图。然后分述了八种等韵书。最后归纳了明代等韵学的成就及其对后世的影响。总的来说，该论文也是偏重文献的考证，对语音的研究重视得不够。

1983年李新魁出版了《汉语等韵学》。上编"总论"论述了等韵学的主要原理，解释了一些基本概念，阐明了等韵学发生、发展和研究、应用的情况，从音理、音有定位定数和音律三个角度加以研究，为等韵图的研究提供了可借鉴的方法。下编"分论"介绍了一百二十余种韵图的内容，对赵氏《等韵源流》谈得较充分的，该书从略，对《等韵源流》未谈的韵图，该书从详。同时，还考虑了韵图本身的重要程度，对重要的或者鲜为人知的韵图，就花费较多笔墨加以介绍，突出韵图的特色。但该书对许多韵图音系的研究还不够深入。

1992年耿振生出版了《明清等韵学通论》。该书对近代等韵学作了较全面的分析，对其概貌、源流、理论、方法、音系以及相关的问题加以讨论，提出了许多新见解。其中音系是该书的侧重点，该书将明清等韵图根据音系的性质分为三大类：（1）反映时音的；（2）反映古音的；（3）混合型音系的。这三类之下再细分为若干小类。该书一共介绍了一百三十四种等韵图，并对韵图音系作了简明扼要的分析。

2011年台湾学者王松木出版了《明代等韵之类型及其开展》。该书从文化学角度来研究等韵图，即从社会功能和文化属性入手，除了关注描写韵图表现的语音框架外，还考虑语言外部因素对韵图所造成的影响和制约。

其间，学者们又陆续发现一些新的等韵图。

2003年李子君对《音韵集成》的音系作了细致深入的研究。2005年张鸿魁在《明清山东韵书研究》中对《韵助略集》《韵略新抄》和《等韵便读》从体例到音系作了深入的研究。2009年宁忌浮在《汉语音韵史》中对《类聚音韵》作了深入细致的研究。2010年李军对《切字捷要》进行了深入的研究。

去其重复，学者们研究过的等韵图有一百五十余种。

这一百五十余种等韵图，除了通论性的著作外，还有许多学者对其中一些等韵图进行了专门研究，发表了许多有分量的论文或出版了专著，这使得近代等韵图研究朝着纵深的方向发展。这些研究主要集中在明清的时音韵书方面，如《韵略易通》《韵略汇通》《等韵图经》《书文音义便考私编》《交泰韵》《声韵会通》《音声纪元》《戚参军八音字义便览》《元韵谱》《青郊杂著》《五方元音》《拙庵韵悟》《黄钟通韵》《李氏音鉴》，等等。

尽管学者们已在近代等韵图研究中做了大量开拓性的工作，但有待开垦的领域仍然十分广阔，这主要表现在两个方面：

（1）前人已经涉足过的许多等韵图，也还有深入发掘拓展的空间。这大致可以分为两个方面：①一些等韵图前人只做过很简单的介绍或研究，如《韵法捷径》《韵法指掌》《声律易简编》《切法辨疑》，等等。②有些等韵图前人虽然作过很深入的研究，但在某个或某些方面还可作进一步的探讨，比如《李氏音鉴》的粗细理论、《字学备要》的音系性质，等等。

（2）近代等韵图还有很多处女地尚未开发。如《坦菴天籁谱》《切音启蒙》《正韵窃取》，等等。

近代等韵著作数量众多，要靠学者们不断努力挖掘补充，方能步步深入，渐渐完备。这将为研究通语语音史、方音史以及中古音与上古音提供系统的、有价值的材料和线索。

二、近代等韵图研究的主要内容、思路与方法

（一）研究的主要内容和思路

首先，认真研读学者们有关的研究成果，了解前人对这些等韵图做了哪些研究，取得了哪些成绩，还存在哪些不足，哪些地方还可以进一步深入研究。经过长期的研读，发现有二十余种等韵图，还可在前人研究的基础上，作进一步的挖掘。其次，广泛查阅有关目录，了解哪些现存等韵图前人还未曾研究。经初步筛选，约有四十余种等韵图前人未曾研究或未见过。

对于这些韵图，要多方面搜集材料，尽可能弄清楚作者的生平事迹、刊刻时间、体例内容及版本流布情况，并结合韵图编排结构及其配合关系，探讨作者的编撰动机和理念，重点是从声韵调方面整理出语音系统，进行"音位化构拟"，归纳出声母、韵母和声调，进而将其音系与相关韵书、韵图及其他文献音系或者今方音进行比较，找出音系的主要特点，确定其语音性质。

在结构安排方面，时音类韵图在大类方面基本上根据今方音进行分类，只对每个大类下的小类根据韵图的实际情况作些适当的调整。

（二）研究的基本方法

1. 审音法。审音法是根据语音学的一般原理和语音发展演变的普遍规则来分析等韵图音系。等韵学是古代关于语音分析的原理方法，反映了我国古代音韵学者的语音分析水平和理论高度。因此等韵图中有些问题用别的方法是无法解决的，只能靠音理分析来解决。

2. 历史文献考证法与历史比较法相结合。历史比较法是比较两种方言、几种方言或亲属语言的差异，找出语音对应规律，然后构拟原始形式，重建原始共同语。汉语音韵学研究中使用的历史文献考证法，就是利用记录、反映历代语音现象的文献、典籍（含传世文献、考古发掘而得的地下文献和新发现的地上文献）来求解历代的语音状况。在研究历史音韵的时候，只有通过历史比较，我们才可以得到一个音类的来龙去脉和某个时期的大致音值。耿振生先生认为拟测近代汉语音值的时

候，现代方音材料不应超出一个大方言区之外，且在同一个方言区内也要尽量缩小范围，范围越小，关系越近，拟测的结果也就比较可信。我们构拟近代等韵图音系的时候，参考了现代方音，采用了历史比较法。

3. 音系对比法。音系对比法是将单个音系的描写和多个音系的比较相结合。音系描写是基础工作。处理单个韵图，首要工作应该是对它所反映的语音系统进行详细的描写。在此基础上，可以对多个韵图进行音系的比较，比较的方法是共时比较和历时比较相结合。共时比较就是把一个等韵图音系与另外一些同时代或者时代比较接近的文献音系进行比较，从其相关程度来考察音系的性质。历时比较就是把特定区域内不同历史时期的文献音系以及现代语音相互对照比较，以便发现特定区域内语音的发展演变情况和演变规律。

4. 内部分析法。内部分析就是把一部等韵图本身的全部资料联系起来考察它的音系。一般的等韵图，除了韵图外，还有序、跋、歌诀、议论等内容，这些材料与韵图关系密切，有时韵图中有些问题从其本身入手很难解释，但往往可以通过这些资料得到很好的解决。

由于近代等韵图数量较大，一时难以全部进行研究，只能根据手上所拥有的资料或方便情况来选择展开，有些资料待日后再进行补充[1]。对于这些等韵图，根据资料本身的状况，有些研究比较详细，有些研究比较简略。研究简略的，属于介绍性质的，只当补充一些新见的资料而已。另外，本书对等韵图资料的界定稍微宽松些，把少数稍稍类似等韵图的韵书也收录了进来。

本书对等韵图的研究，主要是从探讨音系的角度来对相关的韵图进行研究（当然也可从语音理论和文化学的角度来研究）。另外，本书旨趣是对等韵图的研究进行一些补充，故主要着墨于单个韵图音系的考察。

1　有些韵图本人已做过研究，来不及刊发。但有些学者早于我发表了自己的研究成果，对于这些韵图，如没有与他人持不同见解的，一般不再收入。

上篇

官话类韵图

　　官话方言通行于长江以北各省汉族地区，长江下游镇江（除丹阳、丹徒）、南京北部及皖南部分沿江地带，湖北除东南角以外的全部地区，广西北部和湖南西北角地区，云南、四川、贵州三省少数民族区域以外的全部汉族地区。官话可进一步分为八种次方言：东北官话、北京官话、冀鲁官话、胶辽官话、中原官话、兰银官话、江淮官话和西南官话。在这广袤的区域内，明清以来产生了大量反映官话的韵图，主要有《等韵图经》《谐声韵学》《五方元音》《元韵谱》《黄钟通韵》《交泰韵》《万韵新书》《书文音义便考私编》《五声反切正韵》等，前人对这些韵图中的许多都进行过非常深入的研究，取得了巨大的成绩，但也有些韵图，前人的研究还未尝涉及，另有些韵图，前人虽进行过研究，但有些方面还有待深入。

第一章　北京官话

北京官话又叫华北官话，主要分布于北京、河北北部和内蒙古中部地区。三声四调，古入声派入平、上、去三声。

第一节　《等韵图经》

《等韵图经》是徐孝所撰。徐孝，明末金台布衣，号韵轩居士，为贵族张元善的门客。他的著述目前所知道的只有《合并字学篇韵便览》（以下简称《便览》），刊于明代万历三十四年（1606）。该书包括四部分：其一是字书——《合并字学集篇》；其二是韵书——《合并字学集韵》（以下简称《合韵》）；其三是韵图——《重订司马温公等韵图经》（以下简称《图经》）；其四是反切总汇——《四声领率谱》。该书记录了明末北京官话的语音系统，是研究近代北方音不可多得的宝贵资料。《便览》中韵书、韵图、反切总汇三者在体例上关系密切。《图经》分为十三摄，除祝摄独韵外，其他各摄各分开合二图，总共二十五图，一百韵。每图列有二十二母，平上去如四韵。分上、中、下三等。上等是洪音字，下等是细音字，中等是照组字（除了止摄外，应该都是洪音字）。韵图中的字分为白文和黑文两种。韵书按平上去如（即阳平）分为四卷。每一声调下，韵的排列次序与韵图完全相同。每韵下的同音字组也按韵图中字母的编排顺序依次排列，最先是上等字，其次是中等字，最后是下等字。同音字组的首字即为韵图中所列之字，每字下注明反切，接着为简短的释义。凡韵图中的白文在韵书中不列为首字，即首字阙如，用"〇"表示。在反切总汇中，韵图中的每个音节都设有反切，其反切跟韵书中反切相吻合。可见《图经》《四声领率谱》《合韵》三者在语音系统上是一致的。其语音系统简述如下：

声母：

帮［p］、滂［p'］、明［m］、非［f］、端［t］、透［t'］、泥［n］、来［l］、精［ts］、清［ts'］、心［s］、照［tʂ］、穿［tʂ'］、审［ʂ］、捻（日）［ʐ］、

见［k］、溪［k'］、晓［x］、影［Ø］

韵母（拟音按开、齐、合、撮的顺序，没有的阙如）：

通摄［əŋ, iŋ, uŋ, yŋ］，止摄［ʅ, ɿ, i, y, ɚ（俗）］，祝摄［u, iu］，蟹摄［ai, iai, uai］，坠摄［ei, uei, iei］，效摄［au, iau, uau］，果摄［o, io, uo］，假摄［a, ia, ua］，拙摄［ε, iε, uε, yε］，臻摄［ən, iən, uən, yən］，山摄［an, ian, uan, yan］，宕摄［aŋ, iaŋ, uaŋ］，流摄［əu, iəu, uəu］

前修时贤对《等韵图经》进行了比较深入的研究，比如陆志韦先生、郭力等。各家的意见大致是一致的。但关于止摄合口中等照组字韵母的拟音存在较大的分歧。

止摄主要来源于中古的止摄、蟹摄、遇摄及部分入声字，大致相当于《中原音韵》的支思韵、齐微韵和鱼模韵的部分字。例字：资次四慈词［ɿ］；尔二而［ɚ］；时池尺支直［ʅ］；西妻细希宜［i］；珠出乳书［u］；居女鱼吕［y］。

止摄合口只有中等和下等字。关于合口中等照组字韵母究竟应拟为什么，历来意见不一。这个韵母赵荫棠先生在《等韵源流》（1957，第 217 页）中拟为［ʮ］。他说："止摄之包含颇为复杂。不如《中原音韵》之分为合理。然含［ɿ］音之字俱列上等，含［i］之音俱列下等；含［ʅ］与［ʮ］音之字俱列中等，含［y］音之字俱列下等，秩序犹并然可观也。［ʮ］为［ʅ］之圆唇，故作者将它与'模'韵分离而列于此摄。"而陆志韦先生拟为［y］（［ʉ］，［iʉ］？）。他说："［i］的合口应当是［y］。所可疑的，'珠撝乳书'要是也作为［y］，跟现代北京音不能联络。那么徐孝的方言就不能是国音的祖语。这韵的元音也许跟《西儒耳目资》的'u中'相同。'珠'是［tʂʉ］，不是［tɕy］。国语的［tʂu］是更后起的。第三排仿《西儒耳目资》作［iʉ］。"郭力在《等韵图经研究》中说："这一摄合口只有中等和下等字。中等照组字韵母是［ʮ］。……这个韵母的字均为中古章知₌组字，在《中原音韵》中读［iu］（鱼模韵），如：珠主出褥书等。它们与读［u］韵母的祝摄独韵照组字形成对立，后者多为中古庄组字，《中原音韵》中多为［u］韵母（鱼模韵），如：阻初楚梳疏等。这两类字在《图经》中界限分明，《合韵》中也互不相涉。徐孝在《便览引证》中也曾指出它们的区别：'平声疏书之音……分别自然也。'"赵郭二家拟为［ʮ］。这种拟音主要是从卷舌声母不能跟［y］

相拼而出发的。这种观点李新魁先生已有驳斥，言之凿凿，令人信服。他在《〈中原音韵〉音系研究》中批驳了持不同于自己见解的观点。他说："照我们看来，关键就在于不肯正式承认照组声母的音值是一个卷舌音［tʂ］等，而［tʂ］是能够与［i］音相拼的。并且，它们的相拼，不是在 tɕi→tʂ ɿ 的过程中倏然而逝的现象，而是存在已久、维持了几百年的长时间的。"他提出了五个方面的论据来支持自己的观点。1. 从照组声母在后代变为卷舌音的过程来考察，［tʂ］组声母应能与［i］音相拼。相拼之时也不是倏然而逝的。由于［i］是在［tʂ］的影响之下归于消失，［tʂ］应有与［i］相拼的机会才能施加这种影响。那种把照系声母的演变想象为"tʂ+i""立即"或"同时"变为"tʂ+ 非 i"，"tʂ+i"在演变的瞬间倏然而逝的情况，是不符合实际的。音变应是一个缓慢的过程，否则的话，就会得不到社会的承认。2. 把近代庄组与章组声母分别拟为不同的音值，是不符合实际情况的。《中原音韵》中存在着庄组与章组字合一的事实。另外《蒙古字韵》的八思巴对音中，这两者也没有什么分别。明代王文璧的《中州音韵》的反切，庄组与章组所用的反切上字也无区别。不同之处在于反切下字，庄组用原来的二等字，章知₂组用原来的三等字。3. 周德清在《正语作词起例》中的辨"方语之病"，在"齐微韵"下所分辨的"知有之，痴有眵，耻有齿，世有市，智有志"，是分辨韵母的不同。周德清解释说，"以上三声，系与支思分别"。明人沈宠绥的《度曲须知》与此出于一辙。此书的"音同收异考"一节中辨别"讹音"说："支收噫，唱来全是知音。"可知支与知的声母是一样的。4. ［tʂi-］在实际语言中是存在的，现代汉语方言中就不乏［tʂ］组声母与［i］音相拼的例子。如客家方言区的广东大埔话和兴宁话。京剧中的"上口字"是元明清各代以来照系读音的遗留。5.［tʂ］组声母与［i］音相拼读起来拗口，正是这种矛盾促使［i］介音的消失。

从以上可以看出，学者们关注的焦点就在于卷舌音能否跟细音韵相拼。这一问题究竟孰是孰非，《音泲》[1] 为我们提供了非常有价值的参考。在《音泲》中，知庄章三组已经合流为一。徐鉴说："中充搀，齿音也。"检查字韵中齿音的列字就看得更加清楚了，比如，字韵三橙第五框（齿音）第一行阴阳上去依次列有"征（章）○整（章）正（章）"，第二行列有"称（昌）成（禅）骋（彻）乘（船）"，第三行列有"生（生）绳（船）省（生）圣（书）"。再从历史源流来看，保守一点说，知庄章三组字最晚在明末时也应已经合为一组音了。徐孝在《便览引证》中说："声音由于自然，如平声梳书之音，生申之音，商山之音，中迍之音，分别自

1　关于《音泲》的情况见本书第一章第三节。

然也[1]。至于生升一音，森深一音，诗师一音，邹舟一音，举世皆以韵图重见析为二音。但言一音者，则有舌音不清之诮。""夫等韵者，谓以一音而领率众字，……如淄支、展盏、生升、邹舟之字，既成一音而又析为二音者，……岂足以为等韵之理乎？"又只要一检《合韵》，这种合流的大势至为明显。如平声一"登"韵，列有"征""争""蒸""贞"同音，"称""撑"同音，"生""升""声"同音。而在《音湘》中字韵三十六樏［yo］第五框第一行阴阳去分别列有黑底白文的"拙""浊""卓"，第二行阴平位上列有黑底白文的"戳"，第三行阴平位上有黑底白文的"说"。可见第五框齿音（卷舌声母）能跟［y-］韵相拼。又字韵八橘［in］中，第五框第二行阴阳上位上还残留着"参""槮""碜"三字。"参"字《广韵》一读为楚簪切（深开三平侵初），与此相应。另有所今切（深开三平侵生）一读，见于字韵七榛第四框第三行阴平位上。"槮"字《广韵》昨淫切（深开三平侵从），音与此不相应。"碜"字《广韵》初朕切（深开三上寝初），与此相应。可见卷舌音也能跟［i~］相拼。总之，一句话，在语音发展史上，舌尖后音声母曾经能跟细音韵相拼。

　　除此以外，还有几点也不能不使人怀疑。1. 在《图经》中［ʅ］有相应的圆唇元音［ʯ］，而［ɿ］却没有相应的圆唇元音［ʮ］，音系中存在明显的空当。2. 卷舌音与圆唇元音［ʯ］在发音上非常和谐，为什么后来不久（清初）就变成了［u］，音变的动力是什么？故而倒不如拟为［y］。由于卷舌元音与［y］相拼存在困难，这才促使［y］变为［u］。在清初的十三辙中，［ɿ］［ʅ］［i］［y］相压，即一七辙，［u］单独成一辙，即姑苏辙。如罗常培的《北京俗曲百种摘韵》中一七辙第四（第34页）收的韵脚字就是如此。例如，《十一月带五更》的韵段为：季一衣；题鱼犁；婿气女；姨奇悽；妻宜衣；妻女一；妻衣提；悽啼的；离提述；须知你气；一力矩；衣衣提。［i］［y］与［u］不同辙。这跟《图经》中祝摄独立相同。薛凤生先生在《徐孝的〈重订韵图〉》一文中说："徐氏的十三摄同清代早期流行的、用作北方地区俗文学押韵标准的十三辙是一致的。这件事有两个含义。首先，十三辙所代表的押韵标准，有着比我们迄今所估计的更长得多的历史，几乎可以追溯到明代中叶。第二，徐孝所使用的'摄'这个术语，指的是简单的'韵'，而不是传统意义的'韵的大类'。因而，在每一图里，高等（包括中等，

1　其中"生≠申，商≠山，中≠迡"，它们是韵母的不同（韵尾的不同），前面一字属后鼻尾，后一字属于前鼻尾。则"梳≠书"也应是韵母的不同，其中的对立也应是后与前的矛盾，即［u］与［y］的对立。详情见下文。

但止摄除外）同低等的区别，只不过是低等字在介音位置有 /y/，而高等则无。”可见，薛先生也认为这个元音应是［y］。又反映16世纪“官话”音的《正音捃言》中五居部“朱珠书厨虚鱼愚渔榆裾须隅竽居苴愚纡徐墟”等字为一韵，此部字在《便览》中属于止摄字。它们的具体情况是：朱珠，四居韵平声照母；书，四居韵平声审母；虚墟，四居韵平声晓母；裾居，四居韵平声见母；须，四居韵平声心母；苴四居韵平声精母，又见于五都韵平声精母；纡，四居韵平声影母；厨，四局韵如声穿母；鱼愚渔榆隅竽，四局韵如声影母；徐，四局韵如声心母。此部与六孤部对立，根据唐作藩先生的研究，此部音读为［y］。他说：“同样，现代一部分合口呼字，在《正音》里还念撮口呼。如五居部的‘朱、书、珠、厨’［-y］。”而中古知庄章三组早在《中原音韵》中就已经合而为一组卷舌声母，卷舌声母能跟［y］或以［y］为介音的细音韵相拼的。如果把这个韵母拟为［ʉ］，则不符合押韵的原则，同时整个音系中又增加了一个元音，且这个元音只分布在止摄合口的卷舌音后，这不符合语言的经济原则。即便是［ʉ］的话，它跟祝摄构成对立，也跟［i］［y］构成对立，因此应该单独列为一摄才对。可见，这个韵母拟为［y］应更加合理些。

再者，［y］→［u］的演变在《便览》中也能找到一些。例如：

四局韵[1]如声照母：逐，追也驱也疾也强也走也从也；五独韵如声照母：逐，追也驱也疾也强也走也从也。

四局韵如声照母：轴，车轴；五独韵如声照母：轴，车轴。

四局韵如声照母：碡，碌碡田器；五独韵如声照母：碡，碌碡田器。

四局韵如声照母：妯，妯娌兄弟之妇；五独韵如声照母：妯，妯娌。

四局韵如声照母：舳，舳舻；五独韵如声照母：舳，舳舻。

四局韵如声照母：鱁，鱁鱼；五独韵如声照母：鱁，鱁鱼。

四局韵如声照母：蚰，马蚿虫；五独韵如声照母：蚰，马蚿虫。

四局韵如声照母：柚，杼柚机具；五独韵如声照母：柚，杼柚机具。

四局韵如声照母：筑，水名出房陵；五独韵如声照母：筑，水名出房陵。

四局韵如声照母：騢，马騢兽名；五独韵如声照母：騢，马騢兽名。

四局韵如声照母：篴，竹名；五独韵如声照母：篴，竹名。

四局韵如声照母：蓫，马尾草；五独韵如声照母：蓫，马尾草。

1　四“局、句、举、居”属于止摄，五“杜、睹、独、都”属于祝摄。

四局韵如声照母：饐，饼也；五独韵如声照母：饐，饼也。

四局韵如声照母：躅，踯躅；五独韵如声照母：躅，踯躅。

四局韵如声心母：俗，风俗；五独韵如声心母：〇俗，风俗。又见去声五杜韵心母：俗，风俗。

四句韵去声照母：烛，灯烛也。五杜韵去声照母：烛，灯烛。

四句韵去声照母：瞩，视也。五杜韵去声照母：瞩，视也睹也。

四句韵去声照母：笁，竹笋生貌。五杜韵去声照母：笁，笋也。

四句韵去声穿母：触，抵也。五杜韵去声穿母：触，抵触。

四句韵去声稔母：辱，耻辱。五杜韵去声稔母：取辱又污也恶也。

四句韵去声稔母：褥，毡褥。五杜韵去声稔母：褥，毡褥。

四句韵去声稔母：氄，毡氄也。五杜韵去声稔母：氄，毡氄也。

四句韵去声稔母：溽，溽暑湿热。五杜韵去声稔母：溽，溽暑湿热。

四句韵去声稔母：蓐，草蓐又荐也又陈草复生也。五杜韵去声稔母：蓐，草蓐又荐也一曰〇也。

四句韵去声稔母：縟，黑垢。五杜韵去声稔母：縟，黑垢。

四句韵去声稔母：嗕，嚅嗕怜貌。五杜韵去声稔母：嗕，嚅嗕怜貌。

四句韵去声稔母：豚，牛马所蹂也。五杜韵去声稔母：豚，牛马所蹂也。

四句韵去声下等精母：欼，饮也又吮也。五杜韵去声上等精母：欼，吮也。

四句韵去声下等心母：宿，止息俗。五杜韵去声上等心母：宿，素也大也舍也宿止也。

四句韵去声下等心母：蓿，苜蓿。五杜韵去声上等心母：蓿，苜蓿。

四句韵去声下等来母：鹭，鸟名。五杜韵去声上等来母：鹭，白鹭也头翅背上皆有长〇毛今之鹭鸟也。

这样对徐氏为什么把照组字单独抽出来，列为中等就有一个比较好的认识了。由于照组字除止摄合口外，都是洪音字，假设把它们列在高等，就会在低等中留下明显的空当；而止摄合口也会在高等中留下空当。这样整个韵图就不美观了。而把照组字独立列出，更能显示出其读音的特殊性，同时也把洪细音之间的对立更加直观地突显出来。

王为民（2006）对以往的拟音都不同意，他认为应该拟音为 [u]。他不同意赵郭的拟音，认为止摄合口中等照组字韵母的音值如果为 [ʮ] 的话，[ʮ] 为 [ɿ] 的圆唇，应属细音，那么就与《图经》中照组字的整体格局矛盾了。王先生认为［ʮ］属细音，恐怕有误。对于这一点，大家都知道［ɿ］是舌尖元音是洪音，它的圆唇［ʮ］自然也是洪音，而不应是细音。王先生不同意周张的拟音，自然也是［y］音与《图经》中等照组字的格局矛盾。

另外，赵郭王都认为《图经》中等照组字是洪音，而王先生并进一步认定这是徐孝将它们单列为中等的原因。实际的情况可能并非如此。对于这点，徐氏在《便览引证》中说的情况可证明："声音由于自然，如平声'梳书'之音，'生申'之音，'商山'之音，'中迍'之音，分别自然也。至于'生升'一音，'森深'一音，'诗师'一音，'邹舟'一音，举世皆以为韵图重见，析为二音。但言一音者，则有舌音不清之诮。通不知此由'宕'摄'庄疮'不应入'章昌'开口同篇，更兼燕冀重浊，乖于正齿，以致诸篇效尤此例，故有'抵腭''点齿'之说，以惑于人。归于'精'之一母者，亦有之矣；谓以'淄'为'资'，以'邹'为'諏'，岂不谬乎？又言淄支之音，居近者呼声轻，点齿自然也，居远者呼声重，未必不抵腭也。不但《洪武正韵》'师''诗'二字可考，较之经史直音内，'淄锱'二式俱音'支'之字者是也。其理若不剖判明白，则是衅端复起于后世矣。"

可以看出，照组字列中等的原因是当时读音比较复杂。当时三等韵字正处在向洪音演变之中，因从徐氏举例的字来看，徐孝认为应读成洪音，但有人认为应读成细音，这些三等字在当时存在的差异读法正是音变处于进行之中的常见情形。在《图经》中有十个图是中古二三等字同图，徐氏在《便览引证》中举例指明了五个图：通摄开口（生升一音）、臻摄开口（森深一音）、止摄开口（诗师一音）、流摄开口（邹舟一音）、山摄开口（展盏一音）[1]，另外还有效摄、拙摄开口、祝摄独韵、拙摄合口和山摄合口。在以上这些图中，二三等字洪细之别应该消失了。但止摄合口只有中古三等字，可能是读细音，也可能读洪音。如果根据前面十图二三等不分洪细音来推断，也仅仅只能推出止摄合口可能读洪音，而不是必然读洪音。事实上照组字还有一部分正是读细音的（止摄合口中等照组字，论证见后）。此外还有一些照组字有人读成了精组字，可见照组字全列为中等不完全是因为已经读洪音的缘故。

王先生拟为［u］音的理由是：止摄合口和祝摄是基本互补的，止摄合口中等照组字与祝摄中等照组字在声母上没有任何分化的趋势，它们的区别肯定不会是声母上的不同。从韵母着眼，止摄合口中等照组字和祝摄中等照组字基本来源于中古

1　《便览引证》："如淄支、展盏、生升、邹舟之字，既成一音而又析为二音者……岂足以为等韵之理乎？"

的遇开三（鱼、语、御），遇合三（虞、麌、遇），通合三（烛）和臻合三（术），没有什么根本上的区别，这就证明止摄合口中等照组字与祝摄中等照组字在韵母上也不应该有什么差别。《图经》中的照组字虽在止摄合口篇和祝摄独韵篇中呈现出对立的状态，但它们没有对立的语音基础。这种状态应视为重出。这是徐孝处理止摄合口与祝摄之间特殊关系时的人为举措。

王先生上述观点，有些合理的地方，但不够严密。止摄合口和祝摄中等照组字来源相同，因此韵母也应相同，这并不是必然的结论。来源相同的一组字，在共时平面上不一定相同。如果一组字字音不变或者变化同步的话就相同，这一点是众所周知的。但如果变化不同步的话则不相同，如《图经》垒摄开口阴平收"黑勒"，阳平声收"贼"，上声收"给得"，而在拙摄开口阳平声收"特贼劾"，去声收"革刻德忒则塞厄黑勒"，这些字来源相同，都是曾摄开口一等入声"德"韵字。另外，在明兰茂（今云南嵩明人）《韵略易通》（1442）里，"居鱼"和"呼模"分韵，在"呼模"中列有"初锄楚傈疏梳数阻助"等字，在"居鱼"列有"朱书枢除叟暑乳汝"等字，它们的情况跟《图经》止摄合口和祝摄中等照组字相似。

另外，王先生通过徐孝对"非"母字的安排，来考察止摄合口和祝摄中等照组字的关系，这是富有创意的。尽管徐孝对"非"母字的安排跟中等照组字有联系，但不是决定性的因果关系。由于止摄合口和祝摄是基本互补的，从来源上看我们可以理解止摄合口字是从祝摄中搬出去的，"非"母字留在祝摄，这种安排是跟其他各摄有"非"母字且中等照组字是洪音的韵摄一样，反过来说，止摄合口之所以不列"非"母字，是因为中等照组字是细音的缘故。需要说明的是，尽管止摄合口和祝摄中等都列有照组字，从表面形式上看是对立的，但如果照组字按照洪音字列上等、细音字列下等的话，止摄合口和祝摄正好是互补的。

因此，"《图经》中止摄合口篇的照组字跟祝摄独韵篇中照组字是重出"的结论是站不住的，也就是说止摄合口照组字的拟音不应是[u]。

其实止摄合口和祝摄中等照组字的读音不同，徐孝自己在《便览引证》中作了清楚的说明，他的"声音由于自然，如平声'梳书'[1]之音，'生申'之音，'商山'之音，'中迍'之音，分别自然也"，十分清楚地说明了止摄合口和祝摄中等照组字的分列是以语音的不同作为基础的，而不是人为的重出，它们的不同就是[y]与[u]的不同。我们知道，从韵母着眼，止摄合口中等照组字和祝摄中等照组字基本来源于中古的遇开三（鱼、语、御）、遇合三（虞、麌、遇）、通合三（烛）

1　"书"在止摄合口篇，"梳"在祝摄独韵篇。

和臻合三（术）。在宋人的词韵中，鱼虞模合为一部[1]，在《中原音韵》中归入鱼模部，这时大部分鱼虞韵字读细音［iu］，到了《韵略易通》时，开始读［y］。宁继福先生在《中原音韵表稿》（第225页）中说："鱼字读y，大概要到《韵略易通》的时候。兰茂把鱼模分为居鱼、呼模两韵，居鱼的韵母是-y，呼模是-u。《中原音韵》无y韵母，也没有y介音。凡合口细音，本稿一律写作-iu-。"唐作藩先生也持相同的观点，他认为："15世纪的《韵略易通》将《中原音韵》鱼模部析为居鱼与呼模二部，表明居鱼的韵母已不是《中原音韵》那样读iu，而已变成y了。y是i的圆唇，当居鱼还读iu时，与呼模u同部；而当iu演变为y之后，则与i同部了。"此后从明代至清初反映北音的有关音韵资料在"居鱼"与"呼模"的分韵对立上大都跟《韵略易通》是一脉相承的。如明代桑绍良（今河南范县濮城镇人）的《青郊杂著》（1543—1581），书中韵母系统分为十八韵部：东、江、侵、覃、庚、阳、真、元、歌、麻、遮、皆、灰、支、模[2]、鱼、尤、萧。从书中的"韵说"中可知，作者方言时音中，江与阳、侵与真、覃与元各不分部，归为一部。每部内分为"四科"，它们是"重科""次重科""轻科""极轻科"，即"合、撮、开、齐"四呼。其中，鱼部跟模部对立。模部只有"重科"，鱼部只有"次重科"。在模部的"角音"[3]下列有"初锄雏楚疏梳蔬"等，在鱼部的"角音"下列有"朱主著诛柱注蛛株珠住煮诸猪铸蛀储蓄除处厨如乳汝孺儒书舒暑黍墅树竖署戍鼠输"等。可见，模部与鱼部的对立是［u］与［y］的对立。在毕拱辰（今山东莱州人）的《韵略汇通》（1642）中，"居鱼"与"呼模"韵对立，在"居鱼"韵下列有"书梳树竖除处如儒珠住煮主朱"等字。乔中和（今河北内丘人）的《元韵谱》（1611）把韵母系统分为十二韵部，称为"十二佸"。根据书前的"式例"，该书分柔律（合之开呼）、柔吕（合之合呼）、刚律（开之开呼）、刚吕（开之合呼），即合口呼、撮口呼、开口呼、齐齿呼。其中卜佸"柔吕"（合之合呼，即撮口呼）之下，列有"朱主输树儒乳竖"等字，卜佸"柔律"（合之开呼，即合口呼）之下，列有"挂

---

1 词韵中入声还没有消失，自然"术""烛"韵字不会归入鱼模部（后面凡有入声的韵书仅就平声而言）。到《中原音韵》始混入鱼模部，同时中古的一部分鱼虞韵字在《中原音韵》已经读洪音［u］，主要是庄组字，如"初锄雏阻楚助"等。这部分先从细音变洪音的字，跟后来明末清初才变洪音的鱼虞韵字演变途径不同。

2 《青郊杂著·韵说》模部第十五说："分鱼虞韵中'疏模'等字自为部。"鱼部第十六说："与虞通用，分出'疏模'等字自为模部。"

3 《青郊杂著》分为二十字母，其中"知、彻、穿、审、日"属于"五音"中的"角音"。而在"删定三十六母约为二十母分属次序"中说"照音重知，穿音重彻"。可知中古知、庄、章三组已经合而为一。

雏刍觟数"等字。很明显《韵略易通》后，北音鱼虞韵字由［iu］音变成了［y］音，自然反映北京音的《图经》音系也应发生了这种音变，也就是说"梳书"的对立就是［u］与［y］的不同。

下面我们再进一步观察一下跟《图经》差不多同时代、反映北京及其附近地区语音的音韵文献，看它们是怎样处理止摄合口与祝摄中等照组字的。

1.《四声通解》。该书是朝鲜中宗十二年（1517，即明代正德十二年）著名汉学家崔世珍为朝鲜人学习汉语而撰写的一部韵书。崔世珍将当时的音（汉语音）分成了正音、俗音和今俗音三类。其中今俗音可能反映了16世纪初期的北京音。其中有关的字如表1–1所示。

表1–1 "术"等字的今俗音

汉字	音韵地位	今俗音
术	臻合三入术澄	［tʃʰiuʔ］
轴	通合三入屋澄	［tʃiu］
妯	通合三入屋澄	［tʃiu］
枢	遇合三平虞昌	［ʃiu］
熟	通合三入屋禅	［ʃiu］又［ʂu］

注：1. 所引字来自李得春（1988）。

2. 术轴等字和鱼女居等字韵母对音一样是ㅠ，跟都布模等字的韵母对音ㅜ对立，因此术轴等字的读音应该是［y］。读细音时应该在止摄，而读洪音时应该在祝摄。

很明显，绝大部分读细音，但"熟"字有洪音又读。说明这些照组字正在从细音向洪音演变，跟《图经》一样。

2.《三教经书文字根本》（以下简称《三教》）[1]。该书据赵荫棠先生考证，刊行时间在康熙三十八年（1699）到康熙四十一年（1702）之间。《三教》的图一共分十二摄，每摄开合分二图，每图上栏是正韵，即"开口"跟"合口"，下栏是副韵，即"齐齿"和"撮口"。在《三教》十二摄中的"及"摄里，合口"轴阻助竹，鉏楚犍初，阻数疏束，○○入脑"列在正韵；"○主住诸，除杵处出，蜀暑怒书，如汝茹㙇"列在副韵。很明显，《三教》的这种列字安排，正显示出鱼韵、虞韵等照系三等字正在从细音向洪音演变。

3.《音韵集成》。作者莫铨是17世纪的北京人。书成于1615年至1642年间，书中音系反映了17世纪北京方言的一些语音现象。《音韵集成》分韵十六部，毕

---

1 所引材料来自陆志韦先生（1988），陆认为该书反映的是康熙年间的北京官话。

拱辰的《韵略汇通》与此同。《音韵集成》居鱼韵，从中古来源上看，是鱼韵、虞韵（唇音和照系二等字除外）字，是单独的一个韵母［y］[1]。

4.《善乐堂音韵清浊鉴》。该书是北京人王祚祯于康熙六十年（1721）所著。该书韵部系统是在《中原音韵》基础上，把"齐微"分为"机祺"和"归微"，"鱼模"分为"沽模"和"居鱼"，共二十一韵。而在沽模韵下有"初锄阻数所"等字，居鱼韵下有"猪厨朱书如"等字。很明显，《音韵集成》《善乐堂音韵清浊鉴》居鱼韵中鱼韵、虞韵照系三等字跟《图经》中止摄合口篇的照组字情况相似。

5.《五方元音》。作者为清初樊腾凤，尧山（今河北隆尧县）人。书成在顺治十一年（1654）到康熙三年（1664）之间。本书韵分十二类，其中第七"虎"韵列有"朱主柱术初除褚处出书叕暑树束如乳入"，跟"故胡枯孤苏租"同韵。而在十二"地"韵中，则没有列字。

6.《拙庵韵悟》。该书是河北易水赵绍箕于康熙十三年（1674）所著，有稿本存世而没有刊印。在书中"宫音"（合口）中收有"朱初舒""除叕如""主杵汝""住处恕孺"，这些字分别跟"姑枯乌""胡吾""故库悟"同韵，而"羽音"（撮口）中没有列字。

显然，《五方元音》《拙庵韵悟》反映鱼韵、虞韵等照系三等字已经从细音演变成了洪音。

以上韵书（图）反映了鱼韵、虞韵等照系三等字的三种情况：1.《音韵集成》《善乐堂音韵清浊鉴》反映的是仍然读细音；2.《四声通解》《三教》反映的是正在从细音向洪音演变之中；3.《五方元音》《拙庵韵悟》反映的则是已经从细音演变成洪音[2]。

而《图经》则属于第二种情况。并且在止摄合口和祝摄中有的精组字有又读：

> 四居韵平声下等精母：沮，虏姓；五都韵平声照母：沮，人姓。
>
> 四居韵平声下等精母：菹，淹菜；五都韵平声照母：菹，酢菜。
>
> 四居韵平声下等精母：苴，苞苴，又姓也；五都韵平声上等精母：苴，茅藉，祭也。

1　所引材料来自李子君（2003）。

2　在这里韵书（图）既有时间上的差异，也有空间上的差异。不是严格意义上通过共时空间上的差异反映历时的演变，只是一种粗略的观察而已。

四居韵平声下等精母：租，包也；五都韵平声上等精母：租，田税。

四局韵如声心母：俗，风俗；五独韵如声心母：○俗，风俗。又见去声五杜韵心母：俗，风俗。

四举韵上声下等精母：菹，茅藉，祭也；五睹韵上声上等精母：菹，茅藉。

四举韵上声下等精母：沮，止也；五睹韵上声照母：沮，止也，百沮阳，县名，在上谷。

四举韵上声下等心母：稰，熟获也；五睹韵上声审母：稰，祭神米也。

四举韵上声下等心母：糈，粮也；五睹韵上声审母：糈，儯也。

四句韵去声下等泥母：衂，伤也；五杜韵去声泥母：衂，伤也。

四句韵去声下等泥母：衂，鼻出血；五杜韵去声泥母（上等）：衂，鼻出血也。又见五杜韵去声泥母（下等）。

四句韵去声下等泥母：忸，忸怩；五杜韵去声泥母（上等）：忸，忸怩。又见五杜韵去声泥母（下等）。

四句韵去声下等精母：欬，饮也，又吮也；五杜韵去声上等精母：欬，吮也。

四句韵去声下等精母：卒，终也，尽也；五杜韵去声上等精母：卒，尽也。

四句韵去声下等心母：宿，止息，俗；五杜韵去声上等心母：宿，素也，大也，舍也，宿止也。

四句韵去声下等心母：蓿，苜蓿；五杜韵去声上等心母：蓿，苜蓿。

四句韵去声下等来母：鹭，鸟名；五杜韵去声上等来母：鹭，白鹭也，头翅背上皆有长翰毛，今之鹭鸟也。

这些精组字在止摄合口中读细音（排在下等），在祝摄中读洪音（排在上等），应该不是重出，也就是说，止摄合口中精组细音正处在向祝摄中洪音音读演变之中。

同样，止摄合口和祝摄中有的照组字也有又读：

四局韵如声照母：逐，追也，驱也，疾也，强也，走也，从也；五独韵如声照母：逐，追也，驱也，疾也，强也，走也，从也。

四局韵如声照母：轴，车轴；五独韵如声照母：轴，车轴。

四局韵如声照母：妯，妯娌兄弟之妇；五独韵如声照母：妯，妯娌。

四局韵如声照母：舳，舳舻；五独韵如声照母：舳，舳舻。

四局韵如声照母：柚，杼柚，机具；五独韵如声照母：柚，杼柚，机具。

四局韵如声照母：筑，水名，出房陵；五独韵如声照母：筑，水名，出房陵。

四局韵如声照母：躅，踯躅；五独韵如声照母：躅，踯躅。

四句韵去声照母：烛，灯烛也；五杜韵去声照母：烛，灯烛。

四句韵去声照母：瞩，视也；五杜韵去声照母：瞩，视也，睹也。

四句韵去声照母：筑，竹笋生貌；五杜韵去声照母：筑，笋也。

四句韵去声穿母：觸，抵也；五杜韵去声穿母：觸，抵触。

四句韵去声稔母：辱，耻辱；五杜韵去声稔母：取辱，又污也，恶也。

四句韵去声稔母：褥，毡褥；五杜韵去声稔母：褥，毡褥。

四句韵去声稔母：溽，溽暑，湿热；五杜韵去声稔母：溽，溽暑，湿热。

四句韵去声稔母：塚，牛马所蹯也；五杜韵去声稔母：塚，牛马所蹯也。

四句韵去声审母：束拣，装束，约也；五杜韵去声审母：拣，装拣。束，缚也，又姓。

同理，说明止摄合口中照组细音也正处在向祝摄中洪音音读演变之中。这样止摄齿音后的细音［y］向祝摄洪音［u］的演变刚好形成平行的变化。

从以上的论述可以看出，明末清初正是齿音后的细音［y］向洪音［u］演变（［y］→［u］）的历史时期，因此止摄合口照组字的拟音为［y］是相对比较合理的。

第二节　《拙庵韵悟》

《拙庵韵悟》是河北易水赵绍箕于康熙十三年（1674）所著，有稿本存世而没有刊印。它以审音精到，在书中首次揭示儿化韵而受人称道。

一、音系简介

1. 声母为二十母（见表 1–2）。

表 1-2   声母

宫	商	角	徵	羽	变宫	变羽
正喉之音	正齿之音	正牙之音	正舌之音	正唇之音	变喉之音	变喉之音
故枯呼乌	朱初舒如	租粗苏⑰	都琤奴庐	逋铺模⑰	巫	夫
伯仲叔季	伯仲叔季	伯仲叔季	伯仲叔季	伯仲叔季		
[k][k'][x] [Ø]	[tʂ][tʂ'] [ʂ][ʐ]	[ts][ts'] [s]※①	[t][t'][n] [l]	[p][p'] [m]※	[v]	[f]

①   该符号表示没有声母。下同。

2.韵母有十四通韵（见表 1-3）和六独韵（见表 1-4）。

表 1-3   通韵

序号	1	2	3	4	5	6	7
十四通韵	昆	官	公	光	规	乖	钩
拟音	[ən]	[an]	[əŋ]	[aŋ]	[əi]	[ai]	[əu]
序号	8	9	10	11	12	13	14
十四通韵	高	格	迦	戈	瓜	<姑儿>①	<阁儿>
拟音	[au]	[ə]	[ɛ]	[o]	[a]	[ər]	[ar]

①   <>符号原为菱形框，下文"姑儿"等不加<>符号者亦同。在"八十四偶韵"中，每个菱形框的右下角注有一个带圈的"俗"，即俗字。

表 1-4   独韵、六呼

序号	1	2	3	4	5	6
六独韵	姑	格	基	支	咨	居
六呼	合口	开口	启唇	齐齿	交牙	撮唇
	姑门	格门	基门	支门	咨门	居门
拟音	[u]	[ə]	[i]	[ʅ]	[ɿ]	[y]

3.声调为天（阴平）、平（阳平）、上、去、入。

二、相关问题

前人对《拙庵韵悟》作过一些研究，取得了许多可喜的成绩，但有几个问题似乎还值得深入探讨。

（一）究竟还有没有微母？

赵荫棠先生（1932）、李新魁先生（1983）等都认为《拙庵韵悟》中有二十母，其中包括微母。其实，《拙庵韵悟》中只有十九母，微母已经消失。在"音分五正二变"中（见表1-2），赵氏说："正音类合变音分出，俱余详审而增改者也。必得如此，音方有伦。"苏夫两母是空位，因为此二母没有中古的来源，且在"韵目图"中，此二母下都没有列字。除去苏夫两个空位之外，好像是二十。

在"音分五正二变"中，"巫"跟"苏 夫"两母不同，它没有外加圈，而且有中古的来源，跟"巫"相承的"无舞务"也是如此，似乎微母还存在。但在"韵目图"中，变喉之音"巫"母位下同样也没有列字，且在正喉之音"乌"母位下，列有来源于中古微母字，如"宫音平声"列有"文"字，"宫音上声"列有"吻罔"字，"宫音去声"列有"问万"字。在《拙庵韵悟》中，列字有一个显著的特点，就是表上层的声母代表字，跟表中的字不避重复。也就是说，凡是在实际语音中还存在的声母代表字音，就会在表中相应的音韵地位上出现，如"宫音天声"中的"姑枯呼乌夫"等字。但在"韵目图"中，变喉之音"巫武舞务"母位下，这些字都没有列出。因此《拙庵韵悟》中已经没有微母了。可是在后面的"太阴逆鼻""太极运腭"等中，"微"母字却成系统地出现，恐怕跟赵氏所说的"包罗万响，不漏不支"有关了。

（二）究竟还有没有入声？

在《拙庵韵悟》中还保留入声，其古入声韵并成如下几类（见表1-5）。

表1-5　入声韵

1	谷酷斛屋竹触属辱卒弗勿
2	格克赫
3	吉乙乞即七夕
4	质日自尺
5	局菊曲旭玉
6	蝈
7	郭获斡捉作索夺脱学岳若
8	竭揭曳帖折决诀
9	刮扎刷杂甲恰答拉八

在表1-5中，3与4可以合并，2和6可以合并（蝈格是开合口的不同），因此在《拙庵韵悟》中，可归并为七类入声韵。从表1-5中可以明显地看到中古的p、t、k尾已经相混，如果当时还真的存在入声的话，那么或带喉塞韵尾，或单独成一调类。这类入声究竟是真入声还是假入声呢？

赵氏在"十要"中说："吸者，声之收煞也。……有吸口，有吸字。吸口约八种，吸字计五十二声。……古名字尾，余名为吸也。……"其中的八吸[1]所统之韵见于"韵纲总图"和"韵分奇偶独通图"，如表1-6所示。

表1-6　八吸

1.运腭	故	格	基	支咨	居
2.逆鼻	昆	根	巾	真（居仁）	君
	官	甘	坚	占簪	涓
3.敛龈	规	（雷）			
	乖	该	皆	斋哉	
4.抑嗓	蝈	格			
			迦	遮	厥
5.顺鼻	公	庚	京	征增	扃
	光	冈	姜	张臧	
6.伸龈		钩	鸠	周陬	
		高	交	招遭	
7.扬嗓	戈	歌	角	酌昨	
	瓜	阁	加	查币	
8.曲咽	＜姑儿＞	＜格儿＞	＜基儿＞	＜支儿＞＜咨儿＞	＜居儿＞
	＜瓜儿＞	＜阁儿＞	＜加儿＞	＜查儿＞＜币儿＞	＜厥儿＞

根据赵氏理论来看，《拙庵韵悟》音系中的韵尾有［u］、［ə］、［i］、［ɿ］、［ʅ］、［y］、［ɛ］、［o］、［a］、［n］、［ŋ］、［r］。

从现代语音学理论来看，《拙庵韵悟》音系中的韵尾有：［Ø］（即无韵尾）、［i］、［u］、［n］、［ŋ］、［r］（即儿化）。

在"吸字提纲"中，韵尾的情况也是这样，如表1-7所示。

表1-7　吸字提纲

乌	陌	依	而	司	迁	恩	鞥	陌	厄	阿	姶	儿
读作阴平		读作阴平	借其尾音			借其尾音	借其尾音	读作阴平	或借耶字	读随歌韵	或借丫字	读照俗声

在"吸字统声"中，韵尾的情况同样如此（见表1-8）。

1　"八吸"为"运腭、逆鼻、抑嗓、顺鼻、扬嗓、敛龈、伸龈、曲咽"。

表 1-8　吸字统声

乌	依	司	恩	陁	阿	儿	陁	洏	迁	鞿	厄	姶
姑	基	赀	●	●	●	●	格	支	居	●	●	●
姑欧	规	●	昆	虢	戈	姑儿	●	●	●	公	●	●
钩	格叾	●	根	格	歌	格儿	●	●	●	庚	●	●
鸠	基叾	●	巾	基陁	角	基儿	●	●	●	京	●	●
周	支叾	●	真	支陁	酌	居儿	●	●	●	征	●	●
居攸	居威	●	君	居攎	居倭	瓜儿	●	●	●	扃	●	●
姑爏	乖	●	官	●	●	閣儿	●	●	●	光	姑叾	瓜
高	该	●	甘	●	●	加儿	●	●	●	冈	格叾	閣
交	皆	●	兼	●	支	支儿	●	●	●	姜	迦	加
招	斋	●	占	●	●	咨儿	●	●	●	张	遮	查
居幺	居歪	●	涓	●	●	玦儿	●	●	●	居狂	玦	居哇

注：吸音之字，有统一韵者，有统五阴韵者，有统五阳韵者，有统十韵者，有统十一韵者。其数不同，是以作此图以明之。凡黑点皆无韵之位。

从以上可以看出，当时《拙庵韵悟》音系中应该不存在喉塞韵尾。

那么《拙庵韵悟》中的入声是不是已经没有韵尾，只是单独成一调类呢？让我们先看一看"声分经纬叶调图"（如表 1-9 所示，中间有省略），然后再来回答。

表 1-9　声分经纬叶调图

二十二调	经四				二十二纬
	故	古	姑	姑	
	库	苦	枯	枯	
	户	虎	呼	呼	
	悟	五	吾	乌	
	…	…	…	…	
	务	武	无	巫	
	赴	府	扶	夫	
	叶四				

赵氏在"十要"中说："声者，气所激荡之响也。有经声，有纬声。经声，古未命名。余括以故枯呼巫，次以伯仲叔季。纬声，古之命名，其法不一。沈约名以平上去入，周舍名以天子圣哲……余取舍之一字，约之四字，定为天平上去，附以入声。"

从以上赵氏所说可知，所谓经声就是指声母的位次。赵氏注解"四经声"为：姑声，声之首位；枯声，声之次位；呼声，声之三位；乌声，声之四位。可见，经声实际上是指发音部位相同，发音方法不同的声母。所谓纬声就是指声调。赵氏注解"四纬声"为：天声，声之首位；平声，声之次位；上声，声之三位；去声，声之四位；入声，声寄五位。在"声分经纬叶调图"中，赵氏说："直呼者为声之经，横呼者为声之纬。同声想次为叶，异响想次为调。叶之数长，故名经；调之数短，故名纬。知声之经，则知韵之异同；知声之纬，则知声之平仄。正音之声，经四纬四；变音之声，经一纬一。"赵氏把声母分为五正二变。正音各分四母，故得四经；变音各分一母，故得一经。"异响想次为调"，也叫纬。一纬或一调就是含某一个声母的四声（天平上去，见表1–9）组合。正音各分四母，故得四纬；变音各分一母，故得一纬。所谓二十二纬、二十二调就是二十二声母的四声组合。赵氏说："知声之纬，则知声之平仄。"可见，平仄之中不包含入声。再根据赵氏涉及入声时所说的"附以入声"和"入声，声寄五位"来看，当时入声应是消失了。

（三）"儿耳二"等字的读音究竟是怎样的？

在《拙庵韵悟》的"韵纲总图"中列有＜姑儿＞＜格儿＞＜支儿＞等。他在"韵纲总图"的"看读各法"中说："单列读法如'姑、格、基、支、咨、居'是也。余列仿此。三列读法如'昆、规、蝈'至'君、（居威）、（居阮）'是也。余界仿此。"则知括号内的字应拼读为一音。＜姑儿＞＜格儿＞等右边标的是"口揭"[1]，左边标的是"曲咽"[1]。赵氏在"八应"[2]（应法俱以各韵之字腹为准）中解释"口揭"说："口揭：'曲咽'之应口，校呼少揭也。"在"八吸"（吸法俱以字腹之余音[3]为准）中赵氏解释"曲咽"说："卷舌，开口，曲其气于咽上。"在这里赵氏实际是把"儿"字的"吸法"标为"曲咽"。另外，赵氏在"韵分奇偶独通图"中也把＜姑儿＞＜格儿＞等标为"咽"，并解释说："咽者，尾音收于咽也。"故根据赵氏的描述，可以推测出"儿"的读音应是 $[\mathrm{\sigma}]$ 或 $[\mathrm{\chi}]$[4]。但在"吸字统声"中，"儿"统的是＜姑儿＞＜格儿＞等，"洏"统的是"支"，

1　在"韵纲总图"中，图的右侧标明的是"应"声，左侧标明的是"吸"声。

2　赵氏在"十要"之"应"中说："应者，声之承转也。……古名字腹，余名为应也。""八应"为"如呼、口舒、口放、口展、口纵、口张、口揭、口弛"。

3　"字腹之余音"就是韵尾。

4　根据现代语音学的知识，我们知道：发音时口腔打开（即开口），说明气流在口腔的通道上没有受到阻碍，同时声带震动发音（即曲其气于咽上）。这是发元音时的典型特征。又知发这一元音时要卷舌，则此元音应是卷舌元音或舌尖后元音。

说明"儿洏耳"等字有两种不同的读音。而在"韵目图"的"徵音平、上、去"图中，"儿耳二"等字跟"忍仁然让"等字同声母，这说明"儿耳二"等字有日母的音读［ʐɿ］。如果另一读音为［ɿ］的话，那么在"吸字统声"中，就不应该有两种不同的统字法了。可见，"儿"的另一种读音应是［ɚ］。那么＜姑儿＞等应为儿化韵。赵氏在"吸字提纲"中又说："儿：读照俗声。"则又可知"儿"读［ɚ］是俗音。另外，又在"八十四偶韵"中，记有＜姑儿＞＜孤儿＞＜格儿＞＜支儿＞等，并于每一个菱形框下加一个㊣字，表明＜姑儿＞等儿化韵也是时俗音。此外，赵氏在"韵纲总图"的"看读各法"中就明确指出＜姑儿＞＜格儿＞等是俗韵，他说："纵韵分五门，徵门又分二派。衡韵分五界，偶界又分三塍。俗韵系附界外。"

（四）儿化韵的范围究竟有多大？

《拙庵韵悟》在中国音韵学史文献上第一次正式记录了儿化韵。而对当时儿化韵的范围有多大，目前研究得还不够。李思敬先生（1981）认为应是"小人辰"和"小言前"[1] 两个小辙。

在《拙庵韵悟》中，儿化韵出现的地方主要有以下几处（只选有代表性的）：

1."八十四偶韵"。"八十四偶韵"其实就是一张韵母总表，其中列出的儿化韵有：＜姑儿＞＜格儿＞＜基儿＞＜支儿＞＜咨儿＞＜居儿＞＜瓜儿＞＜阁儿＞＜加儿＞＜查儿＞＜帀儿＞＜厥儿＞。

2."十四通韵"。＜姑儿＞＜阁儿＞。

3."吸字统声"。（见表1–8）

4."韵纲总图"。（与表1–6同）

其中"八十四偶韵""韵纲总图"中是一样的，"吸字统声"中比前两者少了＜查儿＞＜帀儿＞。赵氏把它们归为两韵，即"十四通韵"的＜姑儿＞＜阁儿＞。根据现代北京地区的方言可知，这两组儿化韵为［~ər］和［~ɐr］。从表面上看正好是"小人辰"和"小言前"两个小辙，如同李思敬先生所认为的那样。

但如果仔细阅读就会发现，当时的儿化韵范围还远没有这样宽。在"吸字统声"中，赵氏说得很明白："吸音之字，有统一韵者，有统五阴韵者，有统五阳韵者，有统十韵者，有统十一韵者。其数不同，是以作此图以明之。凡黑点皆无韵之位。"也就是说，赵氏是把所有韵尾所统的韵（母）都列举出来了，故而"儿"尾

1　明末清初在北方广大地区流行"十三辙"，即十三个韵部。"十三辙"以外还附有"小人辰"和"小言前"两个小辙。这两个小辙就是儿化韵母。

所统的"儿化韵"也都列举出来了。虽然"吸字统声"中的儿化韵比"八十四偶韵"和"韵纲总图"中少了＜查儿＞＜帀儿＞，但从儿化韵的角度来看，＜查儿＞＜帀儿＞跟＜閣儿＞是一样的（它们虽然介音不同，但舌尖元音作介音跟开口呼没有多少区别，因此归纳在一起也是无妨的）。现代汉语就是这样安排的。因此，当时儿化韵的个数最多也就只有"八十四偶韵"中的十二个。亦即六个单韵母［u］、［ə］、［i］、［ɿ］、［ʅ］、［y］和［ua］、［a］、［ia］、［ʅa］、［ʮa］、［yɛ］韵有儿化韵。而"小人辰"和"小言前"所包含的［en］、［an］、［ai］等韵儿化后的情形当时还没有出现。

第三节　《音泭》

赵荫棠先生在《等韵源流》中把《音泭》作为研究近代北音的代表文献之一，在《〈李氏音鉴〉的周围》一文中也有论述。但相对来说赵先生都谈得比较简单，而且有些重要的地方似乎还没有论及，故而有必要更加详细地作些介绍。

《音泭》是清嘉庆丙子年（1816）大兴（今北京）人徐鉴所作，次年镌刻，其目的是"为童蒙设也"。该书设有三十六个字韵[1]，如表 1-10 所示。

表 1-10　三十六个字韵

	1	2	3	4	5	6	7	8	9	10	11	12
字韵	公	姑穹切	更	个英切	昆	姑君切	根	个因切	官	姑渊切	干	个焉切
便蒙	公	穹	更	京	昆	君	根	斤	官	捐	干	奸
标韵	松	榕	橙	樱	椿	裙	榛	檎	桓	橼	柑	棉
拟音	uŋ	yŋ	əŋ	iŋ	un	yn	ən	in	uan	yan	an	ian

	13	14	15	16	17	18	19	20	21	22	23	24
字韵	高	哥幺切	钩	个悠切	姑些切	个些切	个兹切	个衣切	姑	个迁切	归	根
便蒙	高	交	钩	鸠	厥	接	兹	基	姑	拘	归	而
标韵	桃	椒	榱	榴	橛	栶	栀	椑	梧	樗	梅	楠
拟音	au	iau	əu	iəu	yɛ	iɛ	Ï	.i	u	y	ui	ə

---

[1] 拟音主要来自赵荫棠先生（1932）。原拟音都改写成国际音标。介音是笔者所加。赵先生解释说："锅哥约之韵母为 o——惟以今日之音理析之，其中实含有 ɤ 音。"这不合押韵原则。其实是以今律古，故不取。理由见"有关［ɛ］→［ə］韵的演变"一节。表中的"便蒙"指"便蒙字韵"。徐氏说："初学每苦难读，故又拟便蒙三十六字韵。""标韵"是各韵的实际韵目用字。徐氏说："每韵即就本韵中标一木旁字为识，不过取其便于记忆耳。"

（续表）

	25	26	27	28	29	30	31	32	33	34	35	36
字韵	光	冈	个央切	乖	该	个皆切	瓜	格沙切	个鸦切	锅	哥	○
便蒙	光	冈	姜	乖	该	皆	瓜	渣	家	锅	哥	约
标韵	桄	枫	杨	槐	柰	楷	桦	槎	枷	椤	柯	檴
拟音	uaŋ	aŋ	iaŋ	uai	ai	iai	ua	a	ia	uo	o	yo

　　该书从表面上看好像只有十九母，比如以第一字韵"松"为例。字韵横排为相连的六框，竖排为阴阳上去入五声（见表1-11）。（徐鉴说："北音无入声。其入声字皆读入平上去四声中。……然文人摛藻，不可不知。"）前面五框每框各排三列，第六框排四列。徐鉴解释说："辨唇齿牙舌喉各音法。公空翁，喉音也。东通哝，舌音也。○豑○，唇音也。宗聪松，牙音也。中充撪，齿音也。烘，喉音也；风，轻唇音也；○○半舌半齿音也。余仿此。"故而从表面上看它的声母纵向依次排列是：第一框，见［k］、溪［kʻ］、影［∅］；第二框，端［t］、透［tʻ］、泥［n］；第三框，帮［p］、滂［pʻ］、明［m］；第四框，精［ts］、清［tsʻ］、心［s］；第五框，照［tʂ］、穿［tʂʻ］、审［ʂ］；第六框，晓［x］、非［f］、来［l］、日［ʐ］。赵荫棠先生在《等韵源流》中就认为跟《五方元音》一样，只有上述十九母。现列表如表1-11所示。

表1-11　声母表

	第一框			第二框			第三框			第四框			第五框			第六框			
	喉音			舌音			唇音			牙音			齿音			喉音	轻唇	半舌	半齿
	见	溪	影	端	透	泥	帮	滂	明	精	清	心	照	穿	审	晓	非	来	日
	k	kʻ	∅	t	tʻ	n	p	pʻ	m	ts	tsʻ	s	tʂ	tʂʻ	ʂ	x	f	l	ʐ
阴	公	空	翁	东	通	哝	○	豑	○	宗	聪	松	中	充	撪	烘	风	○	○
阳									蒙									龙	绒
上																			
去																			
入						卜													

　　其实，该书的声母还应加上舌面音：［tɕ］、［tɕʻ］、［ɕ］。也就是说，它反映了"尖团合流"现象。下面择其对研究近代汉语语音史有一定价值的地方简要叙述。

一、有关"尖团合流"的情况

徐鉴说："便蒙字韵之字，亦须识准。'穹'依《广韵》读去宫切，'厥接'二字皆读阴平声，至'奸'字《广韵》古延切，若读作阴平声，则与个焉切不远。当听江右及粤东人语，每读'京'为个英切，'君'为姑君切，'斤'为个因切，'捐'为姑渊切，'奸'为个焉切，'交'为个邀切，'鸠'为格悠切，'拘'为姑迁切，'姜'为个央切，'皆'为个皆切，'家'为个加切。盖皆以牙音作喉音读也。若初学于此有会，即可通于前三十六字韵之正音矣。"徐氏所说的上述字韵"穹厥接奸京君斤捐奸交鸠拘姜皆家"都是细音字韵，它们都以牙音读作喉音了，而徐氏所说的牙音为传统三十六字母的精组字，即字韵"穹厥接奸京"等都已混入精组字音了，但它们原本在传统的三十六字母中属于牙音见组字，即徐鉴所说的喉音。可见传统的三十六字母中的见组字与精组字读音合流了。再查各细音字韵中的列字，在第一框第一列见母、第二列溪母及第六框第一列晓母的位置上都没有列字，而在第四框的精清心位置上见组字精组字混列。比如二十七字韵杨，在第四框的精列上列有"姜（见）讲（见）酱（精）"，清列上列有"羌（溪）强（群）勥（群）哓"，心列上列有"香（晓）降（匣）想（心）像（邪）"。然而在其他洪音字韵"公更昆"等中，则见组字精组字互不相涉。因此在《音沜》中，尖团音已经合流。而徐鉴都把它们归于"牙音"。从音位学的角度来看，把它们独立出来应该是更为合理些。关于"尖团合流"现象，首先论及的是《圆音正考》（1743），其序说："第尖团之辨，操觚家阙焉弗讲，往往有博雅自诩之士，一矢口肆笔，而纰缪立形，视书璋为麋，呼枕作杖者，其直钩也。试取三十六字母审之，隶见溪群晓匣五母者属团，隶精清从心邪五母者属尖，判若泾渭。"后来，李汝珍在《李氏音鉴》（1805）卷首凡例中说："如四卷所载北音不分香厢姜将羌枪六母。"卷四中说："以枪羌将姜厢香六母论之，即如妻悠切，秋也，亲烟切，千也，而北音或以秋为期悠切，千为钦烟切，是以秋千为邱牵矣，又如箭艺切，祭也，挤有切，酒也，而北音或以祭为见艺切，酒为几有切，是以祭酒为计九矣，又西妖切，潇也，星秧切，湘也，而北音或以潇为希妖切，湘为兴秧切，是以潇湘而为鸮香矣，此枪羌将姜厢香六母，南音辨之细，北有数郡或合为三矣，此则窃就南北而言。"《李氏音鉴》的北音主要是指北京话，而当时的北京音见组精组细音字已经合流了。前述两家只是略微论述而已，而徐氏则以韵书的形式全面地反映了这种现象。李得春在《介绍一份19世纪末的汉朝对音资料》中说："上述几种对音材料所显示的语音情况告诉我们在《朴通事新释谚解》《汉清文鉴》时期（即18世纪中叶），见晓组字的腭化还处于开始阶段，到了《重刊老乞大谚解》时期（18世纪末或19世纪初），腭化有所增加，但还是占见晓组字的少数，仍处于过渡阶段。又到了19世纪中叶以后，见晓组字基本上腭化，但还不能说全部字都完成了，因为我们发现《千字文》《百家姓》正文对音中还有几个字还没腭化，跟《变异》[1]同时期的《华语类抄》对音资料中我们也可以发现有些见晓组字仍没有腭化。……王力先生在《汉语史稿》（中华书局，1980年，第124页）中说：'在十八世纪以前，不但齐撮呼的见溪群匣已经变成了［tɕ］［tɕʻ］［ɕ］，连精清从心邪也变为［tɕ］［tɕʻ］［ɕ］了'。有的学者以为腭化始于十六世纪，而到十八世纪腭化已经全面完成。……从朝鲜对音资料中得出的结论与这些结论是稍有一些差异，需要我们继续探讨。"金基石先生在《尖团音问题与朝鲜文献的对音》一文中说："王力先生《汉语史稿》依据《圆音正考》（1743）推论18世纪以前尖团音已经完全合流，似乎证据还不够充分。把朝鲜对音文献《朴新释》（1765）、《重刊老》（1795）注音情况与中国19世纪前期《李氏音鉴》、中后期《韵籁》《等韵学》等韵书相互参证，把18世纪看成见晓组与精组腭化的过渡期更为确切些。虽然对音文献反映现实汉语音会晚一些，不过作为汉语会话读本《朴新释》和《重刊老》[2]的谚文对音是比较可信的。藤堂明保先生把19世纪初看成是尖团音完全混同的时期，其推论不无道理。"可见，《音泩》为我们提供了可供准确判断"尖团合流"下限时间的语言事实。

二、有关［io］→［yɛ］韵的演变

《等韵图经》的果摄大致相当于《中原音韵》[3]的歌戈韵。果摄开口下等字来源于中古的入声字：大部分来源于宕摄开口三等药韵，比如"却削约爵"等；少数来源于江摄开口二等觉韵，比如"角学"等。这个韵母在《等韵图经》中是［io］，但它在今北京音中读［yɛ］。这种音变是何时产生的，迄今为止好像还没有明确的答案。王力先生在《汉语史稿》（第155页）中说："药韵的非知照系字和觉韵喉音字转入车遮，则比较晚得多。发生的时代还没有能够考证出来；大约不会早于十八世纪。在《圆音正考》里，'觉''决'还不同音。到底先变撮口呼然后改变主要元音呢，还是先改变主要元音然后改变韵头呢？我们以为前者合理。因为韵头带动主要元音的情形在汉语发展史中是比较常见的。"而郭力先生在《等韵

1　《变异》指《华音正俗变异》，书成于1883年。

2　《朴新释》指《朴通事新释谚解》；《重刊老》指《重刊老乞大谚解》。

3　有关《中原音韵》的拟音引自杨耐思先生的《中原音韵音系》。

图经研究》中说："从我们考察过的材料看，这一时限似乎还可以推后一些，……但到《官话萃珍》（1898）中已经完成：该书'却爵雀约略角学'等字均已读为［yɛ］韵，与今北京音相同了。"实际上，这种音变在《李氏音鉴》中就已经开始了。《李氏音鉴》卷四的"北音入声论"中有如下反切："学"许娥切，"约"雍窝切，"角觉爵"举娥切，"略"虑货切，"却"劝卧切。根据《李氏音鉴》中反切的"切异粗细"理论来看（李氏反切的被切字的介音是由反切上字决定的）[1]，则其韵母应读［yo］，故这种音变实际上已经迈出了第一步，韵头已经由［i］变成了［y］[2]。

　　历史语言学告诉我们，任何音变都不是瞬间完成的。音变是一个渐变的过程。故而在《李氏音鉴》至《官话萃珍》这一段历史时期，应该是这一音变的过渡时间。在这一段历史时期内，如果有记录时音的音韵文献的话，应该是有记载的。在《音泲》的第三十六字韵櫗中列有"约药虐爵角鹊学拙戳说浊卓蓄"这些字。徐鉴在后面的字韵的解释中说："三十六字韵，皆系喉音。字字谨严。……天下方音不同，微特南北不同。即北与北亦不同。余北人也。故就北音定为字韵。……若二十四桭三十六櫗诸韵。尤系专为北人而设。……字韵第三十六字。不但有音无字，并无字可切。必欲切之，须将个迁二字，切成一字，再将约字读作阴平声，作下一字，庶几可得其音矣。"赵荫棠先生说："以意断之，当为yo。"前引的第三十六字韵为〇，即"有音无字"。"无字可切"是因为细音前的"喉音字"都混入了"牙音字"。这个韵母徐鉴费了好大的劲才把它弄清楚。反切上字用"个迁"相切后的字音，之所以用"个"字相切是因为所有的字韵字都用喉音字，用"迁"的目的是增加一个［y］音。把"约"［yo］字读作阴平声是因为字韵字都是阴平声。（徐鉴说："此字母必须分粗细也。"）如果去掉声母，那么该字韵的韵母就可能为［yo］，但是这也只能是"庶几可得其音矣"。由于"约"字中主要元音受介音的影响，其音值当要靠前一些，故而该字韵的实际音值可能是［yə］。后来主要元音再受前高介音［y］的影响而前移，故而不久就与［yɛ］合流了。但在《音泲》时代应是没有合并，否则三十六字韵櫗［yo］就不会与十七字韵櫗［yɛ］对立

1　见杨亦鸣先生（1990）。

2　此部分写完后，读到高晓虹《北京话入声字文白异读的历史层次》一文，其中有《李氏音鉴·北音入声论》的入声字的拟音。宕江摄入声字：白读［iao］嚼学削略脚雀钥药疟；文读［yo］爵角觉却鹊确虐约岳乐跃。曾开一入声字：白读［ei］北勒肋黑贼；文读［o］墨默得德忒则克刻。曾开三庄组梗开二入声字：白读［ai］柏百白拍麦陌摘翟宅窄；文读［o］脉隔格客额核赫恻册策测仄貊。高文所引又来自杨亦鸣先生（1990）。

了。这说明王力先生认为先变撮口呼的观点是十分正确的，同时又一次验证了音变的规律性。《音泎》这种记载和描写应该是符合实际的。清道光庚子年（1840）裕恩所作的《音韵逢源》中也记载着这一音变。其中列在《等韵图经》果摄开口下等中的"角爵嚼雀学削约略"等在《音韵逢源》中列在申部震四，则"角爵嚼雀学削约"等字的音值为 $[y\vartheta]$。到《官话萃珍》时，音变就已经完成了。

三、有关 $[\varepsilon] \to [\vartheta]$ 韵的演变

《等韵图经》的拙摄大致相当于《中原音韵》的车遮韵。开口上等及照组字应读 $[\varepsilon]$。例字有"德百舍革遮车惹特则塞奢热册"等，这些字在现代北京话中读 $[\vartheta]$。郭力先生在《等韵图经研究》中说："ε 韵字有些在垒摄中有异读，如：黑 $[x\varepsilon°]$ 晓母去声，又音 $[_cxei]$《图经》垒摄开口晓母洪音平声；勒 $[l\varepsilon°]$ 来母去声，又音 $[_clei]$《图经》垒摄开口来母洪音平声；德 $[t\varepsilon°]$ 端母去声，又音 $[°tei]$《合韵》垒摄开口上声垒韵端母洪音；得 $[t\varepsilon°]$ 见《合韵》拙摄开口去声哲韵端母洪音，又音 $[°tei]$《图经》垒摄开口端母洪音上声；贼 $[_cts\varepsilon]$ 见《合韵》拙摄开口如声宅韵精母洪音，又音 $[_ctsei]$《图经》垒摄开口精母洪音如声。这些字见于《图经》的 ε 韵音均为阳文，ei 韵音均为阴文。其中'黑勒贼'三字的 ei 韵音在《合韵》中还注有'俗~''俗用'，可见这种重读是 ε 韵为文读，ei 韵为俗读。"那么，这些字的 $[\vartheta]$ 韵一读在什么时候产生的呢？让我们先来看一看《李氏音鉴》中一些字的读音之后，再来回答。在"北音入声论"中有这些反切：橐，同蛾切，音酡；佛，焚娥切；昨，祖娥切；夺铎，董娥切；索，髓我切，音锁；错，寸饿切，音锉；亳驳箔钵脖蘖搏博，补娥切，音波阳平；各，垢贺切，音个；椁郭，古我切，音果，又郭字亦读孤窝切，见前；泼，铺婀切，音坡；约，雍窝切，又去声；额，昂和切，音娥，又按个切；克客刻酷，抗贺切，音课；墨默脉貊末沫莫漠寞，孟饿切，音磨；没，茫回切，音梅，又暮贺切；得德，等娥切，或读斗美切；角觉爵，举娥切；则泽择，子娥切，又择字亦读掌崖切；雹雹薄，本敖切，又薄字亦读本娥切；雀，起狡切，音巧；渴，恳跛切，音可；百柏，本矮切，音摆，又补讹布个二切；略，亮要切，音料，又虑货切；削，希腰切，音枵；学，螬尧切，音枵阳平，又许娥切；虢蝈郭，孤窝切，音锅，又郭字亦读古我切；拨饽字剥，奔窝切，音波；鹤，寒鳌切，音豪，又号个切；或惑涸豁霍霍，护卧切，音货；货，护卧切；特忒，透贺切；乐，浪个切；恻，次个切；虐，女饿切；割搁鸽隔，岗婀切，音哥，又隔字亦读敢我切；阁葛革格胳挌骼蛤膈鬲，敢我切，音哥阳平；仄昃，字个切；策册，次个切。又《李氏音鉴》卷五：婴，安歌切；婆，蒲娥切；

波，奔婴切。又《李氏音鉴》卷六：摸，扪婴切；诃，蒿歌切；簸，布饿切。

以上材料中的"昨夺锁果窝"等字在《图经》中列在果摄合口［uo］韵中，在《音泭》中列在字韵椤［uo］（即"锅"韵）中，它们应该还读［uo］韵。但它们作"饿个娥"等字的切下字或直音或被切字，故而"饿个娥"等字的主要元音仍然读［o］，这就说明"勒得德"等字在《音鉴》中只有［ei］韵和［o］韵两读。故从上述资料还可以看到"德册则仄特"等字从［ɛ］韵变成了［o］韵。[1]这种情形在《音泭》中表现得更加明白。在字韵三十五柯中列有"饿鹅可个课贺河佛乐热塞特册则仄测这车奢遮惹赊蛇舍[2]河婴婆破颇磨魔簸诃"等字，根据《音泭》的体例（见前），一般是先排合（撮）口呼，再排开口（齐齿）呼。既然三十四椤为［uo］韵，则三十五柯为［o］韵。徐鉴在书后解释说："有可从俗者，有不可从俗者，皆于字母内甄别。以醒初学之目。……字母中，有不依古本音而相沿以久或另有所本者，此皆可从者也。用○。……有北人以入声为阴平阳平上去四声者，填词家填北曲，或用之诗文中，断不可从用●。有世俗讹读，或南北方言，而于临文有碍断不可从者，用◎。"这说明"德册则"等字在当时北京话中确实读为［o］韵字。另外，这从北京地区有关俗曲押韵的状况也可得到印证。罗常培先生所著《北京俗曲百种摘韵》"梭波辙第二"中收有"遮车蜇折贼客刻热得德"（这些字在《图经》中是拙摄开口上等中的字，包括照组中的字），它们应读［o］韵。[3]这里产生了一个有趣的现象，《图经》拙摄开口上等及照组的［ɛ］韵字在变［ə］韵之前，先与果摄开口的一部分字（比如，"个哥可"等［o］韵字）合流为［o］韵字。另外果摄合口上等的一部分字（［uo］韵），如"科课"等，从合口变成了开口，也加入了这一行列，这一变化在《图经》中已经有了萌芽。郭力先生在《等韵图经研究》中说："讹（音［ɛuo］影母如声），《合韵》异读［ɛo］，果摄开口如声何韵影母洪音。这个音很可能是 uo → ə 的过渡音。"这种音变（ɛ → ə）的最后完成是在《音韵逢源》时代。耿振生先生在《明清等韵学通论》（第 177 页）中说："（《等韵图经》）拙摄开口呼［ɛ］与果摄开口呼［o］合流为申部开口呼的［ə］，拙摄合口呼［uɛ］与果摄合口呼［uo］合流（上表标作［uə］）。"

1　相关研究，见杨亦鸣先生（1990）。

2　用外加方框的字表示●字，即黑底白文字。用黑体字表示加◎的字。

3　《北京俗曲百种摘韵》所收的俗曲时间难以确定，绝大部分应是清初至清中叶时的作品。姑且作为旁证。

四、有关［iai］→［iɛ］韵的变化

《等韵图经》的蟹摄大致相当于《中原音韵》的皆来韵，其开口下等的韵母为［iai］。而现代北京话大都读［iɛ］。郭力先生在《等韵图经研究》中说："这一变化在《图经》中已见端倪。如：我们在前面已提到的'解'字（音［kiai］）又见拙摄开口（擤），音［kiɛ］。另外《合韵》中还有'鞋'字，一音［xiai］，见《合韵》蟹摄开口如声孩韵晓母细音。另一音［ᵉxiɛ］，见拙摄开口如声宅韵晓母细音。这两个字重读的情况当是 iai→iɛ 音变的先声，很值得注意。但是这种音变的大面积出现与完成似乎是比较晚的，在《拙庵韵悟》中，'皆谐解戒械'等字与'夜借谢耶茄野姐且写些'等字分属于'八十四偶韵'中的'皆'韵和'迦'韵。在《李氏音鉴》中，皆佳韵的喉牙音字同样也自成一韵，与读 iɛ 韵母的麻韵三等字划然两类，当仍读 iai 韵母。到《官话萃珍》中，情况才大变，原读 iai 韵的皆、佳韵字（如：街皆阶解鞋懈蟹等）都失去了 iai 音，与［iɛ］韵的麻韵三等字（如：姐些邪写谢等）、咸摄入声（如：接捷劫等）、山摄入声（如：揭疖竭洁结杰歇褻等）字读音相同了。"今补充一例，平声六咍韵下等溪母：揩，擦也，音［ₑk'iai］。又平声十六遮韵下等溪母：揩，擦也，音［ₑk'iɛ］。其实，这一音变在《音泲》中得到了进一步的发展。字韵十八桝第四框第一行收有一个外加双圈的街（街）。可见，在当时街字也有了［iɛ］韵的读音了。徐氏在后面的解释说："街音佳。四通道也。又音皆。今北音读鸡些切。"而皆戒解蟹谐等字列在三十字韵楷，其前二十九字韵桼为［ai］韵，故其仍然为［iai］韵。而到了《音韵逢源》中，情况大不一样了。耿振生先生在《明清等韵学通论》（第 177 页）中说："（《等韵图经》）蟹摄齐齿呼［iai］的'皆解戒谐'等字变为［iɛ］，与拙摄齐齿呼合流，归西部齐齿呼。《逢源》韵母系统只比现代北京话多一个［yə］和一个不安定的［iai］（其中很多与［iɛ］两见）。"其实《音韵逢源》中绝大部分字已经读［-iɛ］音，只有少量字有异读［-iai］音，如皆戒等。另外还有少数几个字只有［-iai］韵的读音，如蟹椰。可见读［-iai］韵的字并没有多少了，音变基本上快完成了。

五、有关儿化韵方面

清初赵绍箕的《拙庵韵悟》因首次记录了儿化韵颇受世人称道。可是，其后的音韵学文献记载儿化韵的并不多见，而《音泲》则是这极少数中的一种。其中的字韵二十四桝中，把"二耳儿"加圈（二耳儿）列在第一框第三栏的位置上。在《音泲》的三十六个字韵中，这第一框第三栏的位置上列的都是零声母字，而且桝

字韵第一框第一栏还在阴声的位置上列了一个"根"字，加于双圈之中（⑱）。除此之外，二十四柄不再列别的字。徐鉴解释说："若二十四柄……尤系专为北人而设。""字韵第二十四之根字，乃系北音。非如第七字［韵］葛恩切之根字也。须以个儿二字切之。又须读作阴平声方合。然儿字字书之音，亦不同于今。若虑难以晓悟，试听清晨报晓鸡声。即可得此字之音矣。"赵荫棠先生称赞说："这种譬况，在当时可以说是美妙之极。"可见，徐鉴所描述的"二耳儿"字的音读是［ɚ］，加双圈的根字（⑱）的音读应是"根儿"之音。徐鉴又说："有可从俗者，有不可从俗者，皆于字母内甄别。以醒初学之目。……字母中，有不依古本音而相沿以久或另有所本者，此皆可从者也。用○。……有世俗讹读，或南北方言，而于临文有碍断不可从者，用◎。"则又可知，"二耳儿"读［ɚ］，加双圈的根读"根儿"之音（即读儿化音），都是白读音（时俗音）。

六、首见与今北京音相同的有关单字音

在单字音方面，该书也有一些是非常有价值的，比如"妞"字，《集韵》女九切，"姓也，高丽有之"。《合韵》上声二十四吼韵泥母下有"妞"字，"姓也，高丽有之"。以上妞字读音应为［ᶜniəu］。《音泲》十六榴字韵中第二框第三行阴声位上有⑭字。徐鉴解释说："妞，古文'好'字。又音纽，人姓也，高丽有之。今读泥悠切，俗以呼女。"故该字音应为［₌niəu］。这可能是"妞"字读阴平［₌niəu］音的最早记录了。又如"瑞"字，《广韵》是伪切，属禅母止摄合口三等去声寘韵，《中原音韵》属齐微韵，与"睡税"同音。《等韵图经》属审母垒摄合口，音［ʂueiʔ］。《南北方音》（1810—1864）中仍注："北音霜畏切。"书中凡例称北音主要是顺天音。但此字今北京音读［ʐueiʔ］。"瑞"的［ʐ］母读音其实在《音泲》中就产生了。字韵二十三梅第六框第四行去声位上列有"瑞"字。此外还有一些较有价值的单字音，就不一一列举了。

七、给研究《中原音韵》提供了有一定参考价值的语言事实

在研究近代语音史时，有一个聚讼不断的问题：在《中原音韵》中，中古的知庄章三组是一分为二，还是合而为一？在这个问题上，主要有两派：一派以赵荫棠、李新魁等先生为代表，认为已经合流，故而拟为一组卷舌音（也有拟为舌叶音的）；另一派以陆志韦等先生为代表，把不跟细音韵相拼的一组拟为卷舌音，其他的则拟为舌叶音或舌面音。两派关注的焦点就在于卷舌音能否跟细音韵相拼。持肯定态度的大多拟为一组卷舌音，持否定态度的就拟为两组。这一问题究竟孰是孰

非，《音泭》为我们提供了非常有价值的东西。在《音泭》中知庄章三组已经合流为一。徐鉴说：“中充搘，齿音也。”检查字韵中齿音的列字就看得更加清楚了，比如，字韵三橙第五框（齿音）第一行阴阳上去依此列有“征（章）○整（章）正（章）”，第二行列有“称（昌）成（禅）骋（彻）乘（船）”，第三行列有“生（生）绳（船）省（生）圣（书）”。再从历史源流来看，保守一点说，知庄章三组字最晚在明末时也应已经合为一组音了。徐孝在《便览引证》中说：“声音由于自然，如平声梳书之音，生申之音，商山之音，中迍之音，分别自然也。至于生升一音，森深一音，诗师一音，邹舟一音，举世皆以韵图重见析为二音。但言一音者，则有舌音不清之诮。”“夫等韵者，谓以一音而领率众字，……如淄支、展盏、生升、邹舟之字，既成一音而又析为二音者，……岂足以为等韵之理乎？”又只要一检《合韵》，这种合流的大势至为明显。如平声一“登”韵，列有“征”“争”“蒸”“贞”同音，“称”“撑”同音，“生”“升”“声”同音。而在《音泭》中字韵三十六檏［yo］第五框第一行阴阳去分别列有黑底白文的“拙”“浊”“卓”，第二行阴平位上列有黑底白文的“戳”，第三行阴平位上列有黑底白文的“说”。可见第五框齿音（卷舌声母）能跟［y-］韵相拼。又字韵八檎［in］中，第五框第二行阴阳上位上还残留着“参”“梣”“碜”三字。“参”字《广韵》一读为楚簪切（深开三平侵初），与此相应。另有所今切（深开三平侵生）一读，见于字韵七榛第四框第三行阴平位上。“梣”字《广韵》昨淫切（深开三平侵从），音与此不相应。“碜”字《广韵》初朕切（深开三上寝初），与此相应。可见卷舌音也能跟［i-］相拼。总之，一句话，在语音的发展史上，舌尖后音声母曾经能跟细音韵相拼。

《音泭》中字韵十八栵［iɛ］第五框（齿音）第一行阴上去依次列有遮者鹧，第二行阴上依次列有车扯，第三行阴阳上去依次列有赊佘捨舍。这些字属于［iɛ］韵。徐鉴解释说：“些遮车赊邪也姐且写者扯捨惹夜借泻鹧舍偌，以上十九字皆当入枏韵，而今皆读入栵韵者。”从语音的发展历史来看，《广韵》中它们属于麻三韵字，应为［ia］韵。可见读［iɛ］韵不是中古语音的遗留。又这些字在明末的《等韵图经》中属于拙摄，读［ɛ］韵。可见读［iɛ］韵也不是明末以来读音的继承。因为在明末读［ɛ］韵的字，到19世纪初时，北京音已经读［o］韵，前面已经说到，此不赘述。这些字在《中原音韵》中属于车遮韵，读［iɛ］韵。可见在《音泭》中读［iɛ］韵应是《中原音韵》以来读音的残留（《音泭》中齿音跟细音韵相拼的只有以上所述的这些）。由此可见，把《中原音韵》中知庄章三组拟为一组卷舌音是比较合理的，卷舌音跟细音韵相拼是完全可能的。

对于三十六字韵欙[yo]韵，有些学者存在不同的看法，认为应该是[io]，如台湾学者王松木等，但我仍然觉得应是撮口呼，为此，特撰专文附于此节之后。

附 《李氏音鉴》的粗细理论及其相关问题

《李氏音鉴》是清嘉庆时期大兴人李汝珍（字松石）所撰，该书刊于嘉庆十五年（1810），是一部引导孩童学习反切的论著。其中反切的粗细理论是其核心，也是弄清楚李氏反切的关键。杨亦鸣先生对此有很深入的研究，并有诸多创见。后来，王为民在杨先生研究的基础上，利用非线性音系学的理论，进一步归纳推导，使得李氏粗细理论的研究似乎更趋完善；王松木也对粗细理论作过补充探讨。尽管如此，其中的某些观点仍旧存在可商榷之处，最根本的差异在于：以往学者认为字母和韵分粗细的条件是不同的，而我则认为字母和韵分粗细的条件是一致的。今略呈拙见，特就正于方家。

一、粗细理论

（一）字母粗细

《李氏音鉴》凡例第十二条对粗细进行了比较详细的解释："母[1]中所收各音，以翻切论之，其中粗细最宜区别，第十三问言之详矣。今将《五声图》所列平音，除无字空声，余皆各别粗细，备录于后。其上去入粗细之分，亦皆仿此。此亦北音而言，若以南音论之，杭州读毡为庄渊切，苏州读猪为真诗切，皆与北异。惟江宁淮扬徐海等处，于粗细之分，其音略近于北，盖南与南亦多未同耳。"表一为凡例各母中粗细情况。

表一 各母中粗细音情况

一春	昌瞋超钗痴车捵抽差称细音	二满	音皆一律粗细不分
	充穿吹春疮粗音		
三尧	阳银尧崖移爷颜延尤牙盈细音	四天	挑梯天厅细音
	喁鱼圆云粗音		粗音无字粗音

---

1 "母"应该是字母，不应该是韵母。因为《李氏音鉴》只论及了"母"与"韵"的概念，没有论及"韵母"的概念。在卷二的"第十二问母韵总论"中说："或曰'母与韵，其义何也？'对曰'母者，子之所由出也。母不异乎子，子不异乎母。乃子母相因，共为一类之义也。'庄子云'同类相从'。老子云'既得其母，以知其子'。其字母之谓乎？韵者，音之所由聚也。韵不离乎音，音不离乎韵，乃音韵同萃。其应如响之义也。"

（续表）

五溪	羌钦敲揩溪牼牵邱轻细音	六水	商申烧诗赊山膻收沙声细音
	区圈粗音		书拴衰霜粗音
七清	枪亲锹妻千秋清细音	八涟	良林寮离涟留灵细音
	趋铨粗音		间粗音
九嫩	囊铙髽南穤挐^①能细音	十红	航痕豪孩含侯何恒细音
	农奴蘑挪粗音		红湖回魂还华淮黄粗音
十一飘	音皆一律粗细不分	十二粉	音皆一律粗细不分
十三蝶	凋低爹丢丁细音	十四惊	姜金交皆肌艰坚鸠加京细音
	粗音无字		居涓军粗音
十五眠	音皆一律粗细不分	十六松	桑臊腮思三搜僧细音
			松苏酸虽孙娑粗音
十七峦	郎劳来阑楼楞细音	十八空	康鞥尻开堪抠科龃坑细音
	笼庐峦论罗粗音		空枯宽亏坤夸匡粗音
十九翠	仓操猜雌参细音	二十鸥	恩爊哀安鸥婀细音
	聪粗撺催村蹉粗音		翁乌豌威温湾窝哇歪汪粗音
二十一鸟	娘尼年嗓宁细音	二十二盘	音皆一律粗细不分
	秾粗音		
二十三翾	降谐闲贤遐形细音	二十四对	当刀憻丹兜登细音
	雄翾粗音		东都端堆敦多粗音
二十五酒	将津椒赍嗟尖揪精细音	二十六陶	唐陶台弹头滕细音
	亘粗音		同涂团颓豚跎粗音
二十七然	瓤仁饶然柔仍细音	二十八便	音皆一律粗细不分
	戎如挼绥犉粗音		
二十九博	音皆一律粗细不分	三十个	冈根高该甘钩哥庚细音
			工孤观归关锅瓜乖光粗音
三十一醉	臧糟哉资簪邹增细音	三十二中	张真招斋知遮詀毡周渣蒸细音
	宗租钻啐尊倅粗音		中珠专追谆拽庄粗音
三十三仙	厢新萧西些仙修星细音		
	须宣粗音		

① 挐字在《五声图》中的反切是"囊牙切"。

李氏提到的《五声图》，即卷六的"字母五声图"。李氏在凡列中说："前人释论音义类，多分韵名篇，而罕有分母之书，故学者每遇切音，但知字隶某韵，而不喻应归何母。"这是李氏编"字母五声图"的根源所在。因此上表中提到的粗音与细音，应该是指字母的粗细音。

另外，李氏提到"母中所收各音，以翻切论之，其中粗细最宜区别，第十三问言之详矣"。下面看一看"第十三问切分粗细论"：

或曰："敢问切东，凡与同母者，皆可列乎？"对曰："未可也。切有粗细之分，方音有不同耳。……""敢问切异粗细何谓也？"对曰："即如踟蹰二音，皆与长字同母。如切长则踟昂切，若以踟昂而为蹰昂，以粗细辨之，其音近于床矣。又如一元两音，皆与银字同母，如切银则一臣切，若以一臣而为元臣，则音近于匀矣。……故凡切字，必使母韵相等，粗细相同，苟失其当，则声因之而讹。"

从上面可以得出：

1. 一与元、踟与蹰的粗细是不一样的。即齐齿与撮口粗细不一样，开口与合口粗细不一样。

2. 其中的粗细是指字母而言的。因为反切上字是管字母的。[1]

3. 李氏切字的关键在于"母韵相等、粗细相同"，反对"切异粗细"。

4. "开口＋开口"（踟昂）和"齐齿＋开口"（一臣）母韵粗细是相同的，而"合口＋开口"（蹰昂）和"撮口＋开口"（元臣）母韵粗细是不同的。

从字母粗细角度来看，这与表一李氏的归纳是一致的，即开口齐齿是一类，合口撮口是一类。

后来在卷二的"第十四问字母粗细论"中，对各母下粗细的具体情况作了配对的说明：

"敢问母中所收各音，其粗细之别可得闻乎？"对曰："以珍所撰同母二十二音分之，细音十二，粗音十也。其中有细音而无粗音可分者三，有粗音而无细音可分者一[2]，余十八皆粗细可分耳。其所分者，一与二十二分，二与十六分，三与十七分，六与二十一分，七与十五分，九与十八分，十与十一分，十三与十九分，十四与二十分，是皆不可移易也。今以三十三母有字之音择而论之：一与二十二分者，春母昌与疮也，水母商与霜也，红母杭与黄也，空母康与匡也，鸥母昂与王也，个母岗与光也，中母张与庄也；二与十六分者，春母瞋与春也，尧母银与云也，溪母勤与群也，水母神与淳也，红母痕与魂也，惊母筋与军也，空母艰与坤

---

1 卷三的"第二十四问初学入门总论"："盖切以两字成音，上为切字之母，下为切字之韵。"在卷二的"第十二问母韵总论"中也提及。"敢问上字归母，下字归韵，其义何也？"对曰："今以一东之韵与珍所撰字母二十四对，合而言之，假令切东，上列松石字母与东同母一字，下列今韵与东同韵一字，以二字合而呼之，则得其音矣。"

2 剩下四、五、八和十二母，其中四母只有粗音，五、八和十二母只有细音。

也，鸥母恩与温也，翩母欣与勖也，然母仁与犉也，醉母簪与尊也，中母真与谆也；三与十七分者，春母程与虫也，尧母英与雍也，溪母擎与穷也，嫩母能与农也，红母恒与红也，峦母楞与龙也，空母坑与空也，翠母层与崇也，翩母兴与胸也，对母登与东也，陶母滕与同也，然母仁与戎也，个母庚与工也，醉母增与宗也。中母蒸与中也；六与二十一分者，水母筛与衰也，红母孩与淮也，鸥母哀与歪也，个母该与乖也；七与十五分者，春母痴与吹也，水母时与谁也，松母思与虽也，翠母雌与炊也，醉母资与嗺也，中母知与追也；九与十八分者，水母山与闩也，红母含与还也，鸥母安与弯也，个母甘与关也；十与十一分者，春母缠与传也，尧母烟与渊也，溪母牵与圈也，清母钱与全也，惊母艰与涓也，翩母贤与翩也，然母然与㨄也，中母毡与专也，仙母仙与宣也；十三与十九分者，鸥母婀与窝也，个母哥与锅也；十四与二十分者，空母觖与夸也，中母渣与挝也。余皆有音无字，未能历举耳。"（卷二的"第十二问母韵总论"）

李氏的论述可以归纳为下表（以表一为基础，见表二的**黑体字**）：

表二　字母粗细配对情况

一春	（缠）昌瞋超钗痴车搀抽差称（程）细音	二满	音皆一律粗细不分
	疮充（虫）穿（传）吹春　粗音		
三尧	阳银尧崖移爷颜延（烟）尤牙盈（英）细音	四天	挑梯天厅　细音
	喁（雍）鱼圆（渊）云　粗音		粗音无字　粗音
五溪	（勤）羌钦敲揩溪悭牵邱轻（擎）细音	六水	（时）（筛）商申（神）烧诗赊山膻收沙声　细音
	（穷）（群）区圈　粗音		（谁）（衰）（淳）书拴衰霜　粗音
七清	（钱）枪亲锹妻千秋清　细音	八涟	良林寮离涟留灵　细音
	趋铨（全）　粗音		间　粗音
九嫩	囊铙髯南糯挐能　细音	十红	航痕豪孩含侯何恒　细音
	农奴磨挪　粗音		红湖回魂还华淮黄　粗音
十一飘	音皆一律粗细不分	十二粉	音皆一律粗细不分
十三蝶	凋低参丢丁　细音	十四惊	（筋）姜金交皆肌艰坚鸠加京　细音
	粗音无字		居涓军　粗音
十五眠	音皆一律粗细不分	十六松	桑臊腮思三搜僧　细音
			松苏酸虽孙娑　粗音
十七峦	郎劳来阑楼楞　细音	十八空	康䫜尻开堪抠科齿觖坑　细音
	（龙）笼庐峦论罗　粗音		空枯宽亏坤夸匡　粗音

（续表）

十九翠	（雌）（层）仓操猜雌参　细音 （炊）（崇）聪粗撺催村蹉　粗音	二十鸥	恩燻哀安鸥婀○（昂）　细音 翁乌豌威**温湾窝**哇歪汪（王）　粗音
二十一鸟	娘尼年哝宁　细音 秾　粗音	二十二盘	音皆一律粗细不分
二十三翾	（兴）（欣）降谐闲**贤**遐形　细音 （胸）（勋）雄翾　粗音	二十四对	当刀憛丹兜登　细音 东都端堆敦多　粗音
二十五酒	将津椒赏嗟尖揪精　细音 苴　粗音	二十六陶	唐陶台弹头滕　细音 同涂团颓豚跎　粗音
二十七然	瓤仁饶然柔仍　细音 戎如挼缕惇　粗音	二十八便	音皆一律粗细不分
二十九博	音皆一律粗细不分	三十个	冈根高**该**甘钩**哥庚**　细音 工孤观归**关**锅瓜乖光　粗音
三十一醉	臧糟哉**资簪**邹增　细音 宗租钻**唯尊**俎　粗音	三十二中	**张真**招斋**知**遮詀毡周**渣蒸**　细音 **中珠**专追谆拽庄　粗音
三十三仙	厢新萧西些**仙**修星　细音 须**宣**　粗音		

　　从表二来看，字母的对立与表一基本是一致的。（黑体加括号的字，少数是"字母五声图"中没有出现过的，少数是表一中某字相配的阴平字或阳平字。）

　　在卷三的"第二十四问初学入门总论"中李氏也明确指出了字母粗细：

　　"敢问同母粗细，何谓也？"对曰："今以中母择而论之：张，细音也；庄，粗音也。渣，细音也；拽，粗音也。蒸，细音也；中，粗音也。合而论之，庄为张之粗音也，拽为渣之粗音也，中为蒸之粗音也。"

　　母中所收各音之粗细，有人认为是指韵母的洪细，可能理解有误。原因就是：1.李氏要回答的是字母的粗细，如果理解成指韵母的洪细，有点答非所问。2.字母的粗细必须在一定的语音环境中判断，即同母与二十二韵相拼后的字音，这样才有声介合母的变化，才好归纳总结。由于语境涉及了二十二韵，容易让人错误理解为指韵母的洪细。

　　综上可以看出，声母的粗细[1]是由介音来决定的，即声介合母。所谓粗音，

1　李氏粗细之分还涉及轻重。卷二的"第十四问字母粗细论"："即如痕魂二字，既归一韵，而又同归一母。以反切论之，侯门为痕，红盆为魂。盖侯与痕，母音近，门与痕，韵音近。其音皆细而轻，红与魂亦母音近，盆与魂亦韵音近，其音皆粗而重，二者稍不区别，则痕魂二音，孰能辨之。"至于轻重究竟是什么，李氏没有细说。

就是撮口呼和合口呼；所谓细音，就是开口呼和齐齿呼。（以上都是就非唇音字而言。）

（二）韵的粗细

李氏不仅声母分粗细，而且韵也分粗细。见卷二的"第十五问平分阴阳论"：

"'敢问仄别粗细何谓也？'对曰：'仄别粗细亦犹切异粗细之义。彼以母言，此以韵言也。即如意见为宴，以意见而为意倦，则音近于院，而非宴矣。如智量为帐，以智量而为智旷，则音近于壮矣。而非帐矣。以此推之，故凡切字，不惟母得其当，而韵亦必粗细得宜。以方就矩，以圆就规，自然上下则相应矣，呼吸则相通矣。'"

从上面可以得出：

1. 切异粗细是指字母而言的，仄别粗细是指韵而言的。

2. 韵也是分粗细的，即"韵亦必粗细得宜"。

3. "齐齿＋齐齿"（意见）和"开口＋齐齿"（智量）是母韵粗细得宜的。而"齐齿＋撮口"（意倦）和"开口＋合口"（智旷）母韵粗细是不得宜的。

4. 字母和韵分粗细是一致的，即"仄别粗细亦犹切异粗细之义"。

可见，李氏韵分粗细，跟母分粗细是一致的，即合撮为粗，开齐为细。

（三）李氏反切要义

李氏反切的要义就是"以粗切粗，以细切细"。这是李氏所倡导的。见前引卷二的"第十三问切分粗细论"所论。另在卷三的"第二十三问切音启蒙总论"中，李氏也对切音的要点有所分析："或曰：'今有人焉，而于花下徘徊，子将何以切之。'对曰：'瓜也。盖取观花二字而为切也。'敢问易观而为看，切亦同乎？对曰：否。母不同也。看花乃夸，非瓜也。敢问观看二切，以音辨之。观近而看远者，何也？然则切有误呼？对曰：此切异粗细耳。非误也。瓜音所以近者，盖瓜本粗音，观与花亦粗，以粗切粗，母韵等。故音近也。至于夸字，虽亦粗音而看音属细，以细切粗，故有微异。其所以不失夸之本音者，盖花本粗音，以韵叶之，故无变也。若求尽善，则易看为空，母韵等而切音当矣。即如书箱为霜，亦属切异粗细，以书箱易梳妆，母韵始得其平耳。"

对于切异粗细的反切进行切音，李氏认为没有一定的规律可循。李氏在卷二的"第十九问母韵重切论"中有所论述："'敢问所切之音，亦能一一如律乎？'对曰：'未也。音有粗细之分耳。以粗切细，以细切粗，音有不同。《心书》所谓美恶既殊，情貌不一矣，岂能一一如律哉。'"[1]

（四）粗细观的检验

本文理解母韵分粗细的条件是一致的，即合撮为粗，开齐为细；而前人理解母韵分粗细的条件不同，即母分粗细是齐撮为细、开合为粗，韵分粗细是合撮为粗、开齐为细。究竟哪一种理解是符合李氏的原意呢？下面把李氏涉及母韵粗细的反切归在一起，加以检验（相同用"√"表示）。

1. 从反切上下字配合情况来看（见表三）。

表三　粗细观比较

所切字	长	床	银	匀	宴	院	帐	壮
反切	踟昂	躕昂	一臣	元臣	意见	意倦	智量	智旷
母韵粗细	开开	合开	齐开	撮开	齐齐	齐撮	开齐	开合
李氏观	母韵等	母韵不等	母韵等	母韵不等	母韵等	母韵不等	母韵等	母韵不等
本文观	√	√	√	√	√	√	√	√
前人观	母韵不等	√	√	母韵等	√	√	母韵不等	母韵等
所切字	瓜	夸	霜	霜	㊋①	淤②	虚	
反切	观花	看花	书箱	梳妆	萱花	雍虚	胸淤	
母韵粗细	合合	开合	合齐	合合	撮合	撮撮	撮撮	
李氏观	母韵等	母韵不等	母韵不等	母韵等	母韵等	母韵等	母韵等	
本文观	√	√	√	√	√	√	√	
前人观	√	母韵等	√	√	母韵不等	母韵不等	母韵不等	

①　卷三的"第二十三问切音启蒙总论"："兹以草木之类言之，即如萱花，虾也；梧桐，翁也。以音之粗细、平之阴阳，分而论之。花粗而虾细，桐阳而翁阴也。其所以不能以粗切粗，以阳切阳者。盖因虾字虽有粗音而无其字，翁字虽有阳平，亦无其字。既无其字，则疑似之间，或呼之为虾，或呼之为翁矣。然细推之，非粗细不分，阴阳莫辨乎？则何如希家切虾、乌公切翁之为当也。"从这里可以看出，李氏认为萱花皆为粗音，是以粗切粗，所切字应该为粗音［ɕya］（无字，本文用外加圈的虾表示），不应是细音虾。

②　卷三的"第二十四问初学入门总论"："又如切淤，则雍虚切。切虚，则胸淤切。淤

1　对于切异粗细的反切，李氏主要是以韵叶之。在卷三的"切音启蒙总论"中论"夸"之本音时有过此论。在后面李氏又说"霁雪为绝，霁雪而谓雪霁则为细矣。吉月为厥，吉月而谓月吉则为逸矣。余则大略相同，子苟以类而求，其音自得矣。"《李氏音鉴》中有部分不合粗细理论的例子。有些是无法避免的，如霁雪条，这是拿身边浅近的事物来说明反切，事物的名称早已经约定俗成了，李氏不可能随意改变事物名称来满足粗细理论。另外有些例子，是后人以今律古，如"津，镌因切"，镌字今读撮口呼，则镌因切不合粗细理论。其实，镌字在清嘉庆年间大兴话中读齐齿呼，如《音泲》十二棉韵下收有镌字，应读［ian］，则镌因切是符合粗细理论的。

列尧母第四，虚列翾母第四，皆韵归六鱼也。他如烟休切幽、掀幽切休、医兴切蝇、羲蝇切兴之类，皆可类推。其中阴阳粗细，最为切要。"可见这些反切，是母韵相等的反切。

2. 有些字音的粗细，李氏已经明确交代过，而前人看法明显与李氏相龃龉。

（1）上文提到看花切，切上字"看"李氏明确指出是"细音"，然根据前人所论，"看"为"粗音"。

（2）卷二的"第十四问字母粗细论"中"即如痕魂二字"条[1]。李氏明确指出"侯和痕"的母音是细音。从前人观点来看，侯和痕的母音是粗音。

由上观之，本文理解母韵分粗细的条件比较符合李氏的原意。

（五）李氏切音条例归纳

李氏反切切音可以归纳为以下规则：

1. "粗+粗"组合。

这有四种组合（见下），其中一、二种好确定。关键是三、四种组合，切音是由切语上字决定还是切语下字决定的？根据"字母五声图"来看，是由切语上字决定的。

（1）合口+合口=合口。

（2）撮口+撮口=撮口。

（3）合口+撮口=合口。

比如"一春"，"春"字母下：蠢"喘允切"；出"宠术切"。"穿"字母下：穿"窗渊切"；传"虫员切"；喘"褚选切"。

（4）撮口+合口=撮口。

比如"三尧"，"雍"字母下：雍"渊冬切"；颙"圆彤切"；用"院供切"。

这样，上述组合可以合并为"圆唇+圆唇=圆唇$_{(上)}$"，即被切字圆唇由切语上字决定。

2. "细+细"组合。

这有四种组合（见下），其中一、二种好确定。关键是三、四种组合，切音是由切上字决定还是切下字决定的？根据"字母五声图"来看，是由切上字决定的。

（1）开口+开口=开口。

（2）齐齿+齐齿=齐齿。

（3）开口+齐齿=开口。

比如"九嫩"，第一个字母"○"下：囊"能杨切"；曩"乃养切"；儾"奈

漾切"。

（4）齐齿＋开口＝齐齿。

比如"十四惊"，"交"字母下：教"觊闹切"；交"经稍切"。"皆"字母下：皆"襟钗切"。"艰"字母下：艰"兢山切"。

这样，上述组合可以合并为"展唇＋展唇＝展唇（上）"，即被切字展唇由切语上字决定。

李氏反切粗细理论，把切语上下字分为两类：圆唇与不圆唇。这种分类，从发音时的口型就可直观观察到，对初学反切的人来说，确实降低了难度，易于把握。不像从开齐合撮四呼出发，要求反切上下字等呼相同，尽管这种反切切音可能会更加精准，但对于初学的人来说，要分清这四呼恐怕都不太容易，自然难以掌握反切要领。

二、今［ye］音字在《音鉴》中的读音

今［ye］音字主要来源于：

1. 月韵合口三等（牙喉音）字：厥阙掘橛月越曰粤
2. 薛韵合口三等（非知照系）字：绝雪悦阅
3. 药韵开口三等（非知照系）字：略掠爵鹊雀嚼削脚却虐约药钥跃
4. 觉韵开口二等（牙喉音）字：角确岳嶽乐学
5. 屑韵合口三等字：决诀缺血穴

这些字在《李氏音鉴》（卷四的"第二十五问北音入声论"）中的反切如下，读音根据反切推出：

削：希腰切，音枵　［$_c$ɕiau］

学：蟪尧切，音枵阳平，**又许娥切**　［$_c$ɕiau］又［$_c$ɕyo］

薛：虚梭切，音鞡[1]（靴）　［$_c$ɕyo］

约：雍窝切，又去声　［$_c$yo］又［yo^ɔ］

曰：迁靴切，又雍瓜切　［$_c$yo］又［$_c$ya］

阙缺：区靴切　［$_c$tɕ'yo］

嚼：几尧切　［$_c$tɕiau］

角觉爵：举娥切　［$_c$tɕyo］

1　在"字母五声图"二十三虩十九母下写成"靴"，音"兄窝切"。

决诀厥掘绝：举夜切 ［tɕyɛ˒］

雀：起狡切，音巧 ［ᶜtɕ'iau］

脚：紧杳切，音皎 ［ᶜtɕiau］

雪：许锁切 ［ᶜɕyo］

血：享野切，又许者切 ［ᶜɕiɛ］又［ᶜɕyɛ］

略：亮要切，音料，又虑货切 ［liau˒］又［lyo˒］

钥籥疟藥药：印钓切，音要，又藥药二字亦读用卧切 ［iau˒］又藥药［yo˒］

虐：女饿切 ［nyo˒］

穴恤衄：楦坐切 ［ɕyo˒］

却鹊确碏：劝卧切 ［tɕ'yo˒］

嶽岳乐跃：用破切，又跃字或读意教切 ［yo˒］又跃［iau˒］

月刖悦阅域越：遇鹬切 ［yɛ˒］

其中绝大部分符合李氏的粗细理论，有少数不符合粗细理论（见上黑体字）。这不符合粗细理论的反切，上字是粗音（撮口），下字是细音（开口或齐齿）。

首先看切下字"饿娥"字（属于古果摄字）。古果摄字在《字母五声图》中各母下排在十三和十九位：

1.一春、三尧、四天、六水、七清、八涟、十一飘、十二粉、十三蝶、十四惊、十五眠、二十一鸟、二十五酒、二十七然、二十八便、三十二中、三十三仙没有列字。

2.二满十三十九位都是唇音字"摸摩么磨"，二十二盘十三十九位都是唇音字"坡婆叵破"，二十九博十三十九位都是唇音字"波跛簸"。

3.五溪十九位列有"瘸"，九嫩十九位列有"挪娜懦"，十六松十九位下列有"梭锁"，十七峦十九位下列有"罗攞逻"，十九翠十九位列有"蹉矬脞剉"，二十三飙十九位下列有"靴"，二十四对十九位下列有"多朵剁"，二十六陶十九位下列有"拖跎妥唾"，三十一醉十九位下列有"痤左做"。

4.十八空十三位下列有"科颗课"。

5.十红十三位下列有"诃何歌呵"，十九位下列有"火货"；二十鸥十三位下列有"婀娥"，十九位下列有"窝我卧"；三十个十三位下列有"哥个"，十九位下列有"锅果过"。

　　除了唇音字外[1]，十三位下只有古果摄开口牙喉音字，与十九位古果摄字互补。可见其他字已经开合不分，全部归入合口。这开口的牙喉音字是仍旧与其他字同韵，只是介音不同呢，还是主要元音已经发生了变化，与其他字已经不同韵了呢？从《李氏音鉴》凡例来看答案是后者，主要元音发生了变化。《李氏音鉴》在凡例中说："同母于歌韵双列者，系为北音而设。盖北于'贺货''个过'之类，俱分两音，非双收则音不全。至于麻部，按西域四等法当有二韵，如沙奢查遮之类。今于母韵凡三列者，盖音有不同，兼多轻重之异耳。又同母于寒删双列者，系为南音而设。盖南以'官关''潘攀'之类，分之甚详。非双列则音不全，亦如北音'贺货''个过'之别也。""'贺货''个过'之别"这种情形，就如同今北京音一样。另外从反切的实际情况来看，可能开口牙喉音字仍旧读开口音（与合口音同韵），比如："椁郭古我切音果""百柏本矮切音摆又补讹布个二切""错寸饿寸切音锉""橐同蛾切音酡""昨祖娥切"。所以对于开口牙喉音字的读音，究竟是哪个音，有时还不太好办。

　　如果是第一种情况，上述反切之所以用"饿娥"字作反切下字，是不得已而为之，因为没有对应的舒声合口音字。如果是第二种情况，尽管"饿娥"等字属于开口，但元音的圆唇性，在拼读反切中仍旧适应于"圆唇＋圆唇＝圆唇$_{(上)}$"的规则。（文中拟音取第二种情况。）

　　再看反切下字"夜者遮鹧"字（属于古假摄麻韵三等字）。凡例中说（见上），麻韵分三韵，有语音的不同。其中麻韵三等字属于主要元音不同。比如在三尧八位下列有"爷野夜"，十四位下列有"鸦牙雅迓"，都是齐齿呼，存在对立。其反切列表（反切拼读适应于"展唇＋展唇＝展唇$_{(上)}$"）如表四所示。

表四　麻韵三等字与麻韵二等字牙喉音比较

八位		十四位	
○	衣爹切	鸦	因家切
爷	移斜切	牙	银霞切
野	以写切	雅	引假切
夜	意谢切	迓	异架切

　　这样，反切下字用"夜者遮"等字，是因为没有相应的舒声撮口呼或合口呼字，不得已而为之。因"血，享野切，**又许者切**"反切上字齐撮存在对立，"享野

1　《李氏音鉴》里唇音字粗细不分。有关唇音字的情况可参考杨亦鸣（1990）。

切"为［˚ɕiɛ］，故"许者切"为［˚ɛyɛ］[1]（其他可根据此切类推）。

王力先生在《汉语史稿》（［2001］，第155页）中说："药韵的非知照系字和觉韵喉音字转入车遮，则比较晚得多。发生的时代还没有能够考证出来，大约不会早于十八世纪。在《圆音正考》里，'觉''决'还不同音。到底先变撮口呼然后改变主要元音呢，还是先改变主要元音然后改变韵头呢？我们以为前者比较近理。因为韵头带动主要元音的情形在汉语发展史中是比较常见的。"在《音鉴》中"觉""决"还不同音，但首先是"觉"的介音先变成了撮口呼。正好可以印证王先生的推测。

三、《音泲》三十六韵欒韵的拟音

对于《音泲》三十六韵欒韵的拟音，目前有两种观点：（1）拟音［yo］，有赵荫棠（1957），郑智颖（2012）。（2）拟音［io］，有王松木（2016）。笔者持第一种观点。王松木特别对笔者（2004）的论述作了商榷，指出其失误主要有两点：（1）误解了李汝珍"切异粗细"的解说。（2）未能仔细观察《音泲》三十六韵的排序规则。王松木认为被切字介音之洪细／开合两项特征，由上字、下字分开管辖：开口度大小（洪／细），由切语上字粗细所决定；嘴唇之圆展（开／合），则由切语下字所决定[2]。再引用王为民（2008）的分析，《李氏音鉴》中可以拼切出撮口呼、齐齿呼之切韵搭配类型共有八种。其中跟《音泲》三十六韵拟音有关的两条为：（1）举（［y］，细音）＋娥（［ø］，开口）→觉［-i-］；（2）镌（［y］，细音）＋因（［i］，开口）→津［-i-］。

首先，王松木和王为民的观点都是建立在对《李氏音鉴》粗细理论认识失误的基础之上的，因此二王的补充论述也就难免存在这样或那样的问题。引徐鉴关于"切韵"的论述，就可证二王之失。徐氏说："魏孙叔然始用反切注经，自是切韵渐盛。顾历来成书，于字母多不分粗细，于字韵多不分阴阳。学者每疑切成之字，终非此字本音。如'船'字，必窗前切，若昌前切则成蝉字矣。此字母必须分粗细也。"这里"窗（［u］，合口）＋前（［i］，齐齿）→船（［u］，合口）"，若按

1　这些被切字都是合口三等字，在《等韵图经》《音韵逢源》中是撮口呼。另"缺撅曰月厥雪穴"在《音泲》中也读撮口呼，故在《李氏音鉴》中不可能是齐齿呼。

2　如果李氏粗细理论真的这样复杂的话，那比以往的反切理论都难得多，恐怕初学者是难以掌握的。他的"俾吾乡初学有志于斯者藉为入门之阶"的目的恐怕就难以实现了。

二王之推定，则应该切出的是"蝉"[1]。

其次，以二王与欚韵拟音有关的条例来说，即"举"条和"镌"条，也与实际存在不符的地方。比如在《音泲》中有："靴……今俗读徐遮切遮字借韵。"这条反切中反切上字在《音泲》中二十二韵樗韵[y]，反切下字"遮"在《音泲》中有两读：（1）三十五柯韵[o]；（2）十八椰韵[iε]。根据二王规则，靴字应该读[io]或[iε]。经查靴字在《音泲》中十七橛韵，读[yε]。

最后，《音泲》三十六欚韵字绝大部分在《音鉴》中读[yo]。再加上徐氏的特别描述，用"个迁"切成一字作切上字，再将"约"字读作阴平作切下字。反切上字用"个迁"相切后字音，之所以用"个"相切是因为所有的字韵字都用喉音字。而在《音泲》"字韵"与"便蒙字韵"中，"个迁"切对应的是"拘"字。很明显用"迁"字是增加一个[y]音，再加上反切下字"约"（[yo]）是撮口，这样符合粗细规则。因此把欚韵拟音为[yo]应该是可以成立的。

至于《音泲》的排序规则，确实规律性很强。按合撮开齐排列。但对于初学者来说，更重要的是学习的难易程度，一般都是先易后难。徐氏考虑到了这个学习规律，可能有意打破了前面的规则。徐氏对于"欚韵"指出："字韵第三十六字，不但有音无字，并无字可切，必欲切之……庶几可得其音矣。"在徐氏看来，欚韵拼音实在不易，比前面的字韵都难拼，所以放到了最后。

第四节　《正音辨微》

1728年清朝雍正皇帝下谕旨令闽粤两省督抚为确保正音（即"官话"），要聘用能讲标准"官话"的教官任教，此后闽粤开始陆续建立正音书院。为了配合正音的教学，各种正音教科书也雨后春笋般出现。其中清中后期在广东有一位满洲人，名叫莎彝尊，字秬芗，先后编辑了一系列的正音教材[2]。这些教材是：（1）道光十七年（1837）刊的《正音辨微》六卷；（2）咸丰三年（1853）刊的《正音咀

1　徐氏对粗细理论没有详细的论述，而且只论及字母分粗细。他的粗细理论究竟是怎样的，不得而知。但从字母粗细来看，是开合分了粗细。可见，徐氏是基本接受了李氏的粗细理论的。"船"字在《音泲》九桓韵下，应该读[uan]，"蝉"字在《音泲》十一柑韵下，应该读[an]，"窗"字在《音泲》二十五桄韵下，应该读[uaŋ]，"昌"字在《音泲》二十六枬韵下，应该读[aŋ]。"前"字在《音泲》中没有列出，但在《李氏音鉴》"字母五声图"七清十位千母下列出：前，齐筵切，属于细音，齐齿呼。

2　莎氏不仅懂正音，而且十分了解当时的粤语，此外还熟知英语。同治四年（1865）刊印的《英语官话合讲》就是莎氏所讲授，由他的儿子编辑。其中英语的发音，就是用粤语标注的。

华》三卷，续编一卷；（3）咸丰三年刊的《正音切韵指掌》一卷；（4）同治六年（1867）刊的《正音再华》一册。后三种比较常见，故研究者多，前一种罕见，前人少见研究。笔者在此主要研究第一种，再简略地与后面几种进行比较，以便找出这些正音书之间的一些差异和变化。

一、音系及其特点

《正音辨微》主要包括以下几个部分：序文、音韵、千字文、分类词汇、问答对话。其中音韵和千字文部分是本文研究的对象。音韵部分包括：切音法序言、总韵字母、八音指要、正音切韵。

"总韵字母"前署有"长白伊星阿伯乡氏编辑长白彝尊莎氏重校"，可见音韵部分是莎氏在伊星氏编辑的基础上重新加以校订而成的。这部分其实就是介绍韵母及其读法（见表1-12）。

表 1-12　总韵字母

韵字母	1 昂	2 鞥	3 翁	4 安
	正音阿冈切，广城土音硬平声	正音阿更切，广城土音莺	正音阿公切，广城土音瓮平声	正音阿干切，广城土音宴平声
口法	开口读，舌头不动，收音缓入鼻中，其音收后方可合唇	接昂字唇吻不可稍有转动，舌根微缩便合，收音与昂字同	接上二音，口一笼便合，但上下唇不可令其粘合	两颐用力，下唇贴紧，下齿收音后，方可合口
韵字母	5 恩	6 弯	7 温	8 汪
	正音阿根切	正音阿关切，广城土音同弯	正音阿裈切，广城土音同温	正音阿光切
口法	接上安字唇吻，合口读，收音时，舌放在齿肉便合	开口读，两颐之力比安字加重，上齿打下唇便合。凡每韵遇有两字相同者，则读后一字与前一字音实不同	从乌字，然再齿缝送出音，问口而止	开口读，唇吻与昂字同，惟上齿打下唇耳。此韵下有翁字韵，不录。以其有韵而无切也
韵字母	9 央	10 英	11 雍	12 帮
	正音阿江切	正音阿京切，广城土音同英	正音阿绒切	正音阿涓切
口法	舌尖顶下齿，不可缩回，放松牙关，缓开口读，收音纳入鼻中	唇吻与央字同，但口微合，而舌根与大牙相摩，收音缓入鼻中	从上二字读落，紧撮其口便合	开口读，舌顶下齿，其唇先笼后开，收音后方合唇
韵字母	13 赟	14 烟	15 因	16 阿
	正音阿君切，广城土音冤	正音阿坚切	正音阿金切，广城土音烟	正音乌夏切，广城土音鸦
口法	从帮字读落，一合口便是	开口读，两颐用力而舌顶下齿	唇舌与烟字同，而口微合便是	开口读，唇舌俱不动

（续表）

韵字母	17 额	18 衣	19 歪	20 威
	正音阿歌切	正音阿基切，广城土音同衣	正音阿乖切，广城土音同歪	正音阿归切，广城土音同威
口法	与阿字口吻相同，惟换音耳，唇口与舌俱不可转动便合，惟喉间吞气要紧	从上二字读落，舌顶下齿便是	扁口读，上齿打下唇，两颐微有力，口亦微开	从歪字口吻，但不开口耳
韵字母	21 唉	22 餀	23 厓	24 ○
	正音阿该切，广城土音同唉	正音阿给切	正音阿皆切	
口法	舌在下齿不动，开口读	开口读阿字，再读额字，缓缓收音	舌根与大牙相摩荡，开口读，舌顶下齿，收音后，方可合口	
韵字母	25 哇	26 窝	27 乌	28 爊
	正音阿瓜切，广城土音同哇	正音阿锅切，广城土音同窝	正音阿姑切，广城土音同乌	正音阿高切，广城土音爻
口法	上齿打下唇，开口读	上齿打下唇，口半开，两颐用力便合	从上二字读落，两颐加力合口便是	开口读，舌在中间
韵字母	29 欧	30 夭	31 幽	32 呀
	正音阿钩切，广城土音同欧	正音阿交切	正音阿鸠切，广城土音夭	正音阿嘉切
口法	笼口读，舌在中间	舌顶下齿，舌根由两边大牙撑开下颊	舌点下齿，唇吻与夭字同，但口微合耳	大开口读，舌在下齿，两颐用力，下唇贴紧下齿，舌根先撩大牙，然后出声
韵字母	33 爷	34 哟	35 胐	36 於
	正音阿迦切	正音阿觉切，广城土音弱	正音阿厥切	正音阿居切，广城土音同於
口法		撮口读，舌唇下齿不动便合。	撮口读，唇皮用力，音出微开唇而缓收声	从胐字读落，口一合而舌顶下齿便合

注：韵字编号是笔者所加，原书没有编号。

"八音指要"是根据发音部位（同时与四呼相拼）来介绍声母的（见表1-13）。

表1-13　八音指要

牙音	喉音	舌头音	重唇音	撩舌音	上腭音	齿缝音	轻唇音
夏喀	哈阿	搭他纳	巴葩麻	○拉髻	渣叉沙	帀攃萨	发哇
歌珂	诃额	德忒讷	波颇麼	○勒热	遮车赊	则城塞	佛窝
基欺	希衣	低梯呢	箆披弥	○离日	之痴师	孜雌丝	○○
姑轱	呼乌	都㻛奴	通铺模	○卢如	朱初书	租粗苏	夫乌
居驱	虚於	○○衵	○○○	○驴於	沮趋须	○○○	○○
锅科	豁謞	多拖挪	○○○	○罗若	桌绰说	侳磋莎	○○

"正音切韵"就是用上面的三十六韵母分别与二十一声母相拼（只有上平［阴平］和下平［阳平］声），如"昂"与二十一声母相拼（阴平）为：冈康炕昂[1]当汤囊邦滂茫〇郎穰章昌商臧仓桑方汪。

"千字文"全名为"正音千字文四声"，这是莎氏自己编辑的，由顺德黎淇修所参校。正文千字文，每字注明反切和声母的发音部位，"千字文"的下面列出与此字四声（阴平、上声、去声、阳平）相承的字。比如第一字"天"字：天，梯烟切，舌头音，天添靔，腆忝餂，掭，田甜填磌畋阗恬。如果一个字在前面已经出现过，则注曰："某注入某字"，比如"玉"字，其下注"玉注入宇字"。

根据以上四个部分内容，可以归纳出声韵调的特点：

（一）声母的特点

1. 浊音清化，塞音、塞擦音平声送气，仄声不送气。

在"千字文"中，"唐"字下四声列字为：汤，倘淌，烫，唐糖塘堂棠膛。"遐"字下四声列字为：虾瞎，〇，下夏，遐瑕霞匣侠狎暇。"白"字下四声列字为：波饽玻菠，〇，播，白帛百伯柏拨薄博驳钹。"及"字下四声列字为：机鸡讥畿饥基姬，己纪给，既记寄计济祭季妓技继忌，及积藉集迹吉绩即极。"此"字下四声列字为：疵，此，次刺赐，慈磁辞雌祠词。"金"字下四声列字有：金斤筋巾今矜，谨仅紧谨，晋禁噤尽近进靳觐劲，〇。

2. 知庄章组合流（但少数庄组字归入精组），与精组对立。

在"八音指要"中"上腭音"与"齿缝音"对立。在"正音切韵"中乌韵下，"上腭音"有"朱初书"，"齿缝音"有"租粗苏"。在"千字文"中，"四"字下四声列字有：司私丝斯撕思厮，死，四俟嗣耜似巳泗祀寺肆驷，〇；"师"字下四声列字有：师狮施诗尸湿蓍蛳，使史始屎，是试世势事士市侍氏示视，石十拾识食实时释适失；"善"字下四声列字有：山删珊衫，陕闪，善膳缮扇擅鳝禅骟，〇；"散"字下四声列字有：三叁，伞，散，〇；"宙"字下四声列字有：周州洲舟粥诌，肘，宙咒胄绉昼，轴；"奏"字下四声列字有：邹诹驺骤，走，奏绉，〇。

在"千字文"中，"字"字下列字有：资孜咨姿赀滋兹孳辎淄；"侧"字下列字有：侧拆册测策侧。

---

3. 日母独立存在，但部分日母字有与影喻母字合流的又读音。

在"千字文"中，"人"（撩舌音，髯恩切）字下四声列字有：○，忍，任认刃仞轫，人仁壬；"戎"（撩舌音，如翁切）字下四声列字有：雍，○，○，戎荣绒容蓉镕庸佣。但在"千字文"中，"若"（喉音，阿觉切）字下四声列字有：哟，○，若[1] 药岳嶽约，○。

4. 影喻疑微合流，但影疑喻微母合口字独立成母（但单元音 u 除外）。

在"千字文"中，"严"字下四声列字有：烟淹奄燕胭腌，眼演掩衍，雁厌砚验彦燕宴焰艳，严妍沿言延盐；"五"字下四声列字有[2]：乌屋呜，五伍午忤武舞侮鹉郚，勿毋悟误物务雾恶戊晤，无吴梧蜈吾虎。

在"八音指要"中，"哇"为轻唇音，来源于影微喻疑母的合口字，与喉音"阿"对立。在"千字文"中，"往"（哇昂切）字下四声列字有：汪，往枉罔惘网誷魍妄，望旺，王亡忘；"为"（哇馂切）字下四声列字有：威煨，委萎伟炜苇纬尾唯，渭未谓畏慰位魏味卫，为帷维韦违围闱危桅惟微；"文"（哇恩切）字下四声列字有：温瘟，稳，问，文纹蚊雯闻。

5. 非敷奉合流。

在"千字文"中，"非"字下四声列字有：非扉菲妃飞绯霏，匪斐翡，费肺废吠，肥淝；"凤"字下四声列字有：风峰枫蜂锋封丰丰疯烽，唪俸讽，凤奉，逢冯缝。

6. 尖团音合流。

在"千字文"中"剑"字下四声列字有：坚肩奸煎兼间尖笺监笺[3]，检捡拣柬茧剪简减，剑鉴监建健件践见谏贱，○；"薑"字下四声列字有：薑将疆僵姜江缰浆桨，讲，奖蒋将降绛匠酱，○；"鹹"字下四声列字有：仙先鲜，鲜显冼癣险，县宪献现限馅陷线，鹹咸衔贤嫌闲弦絃。

7. 泥来母不混。

如在"正音切韵"中，昂韵下有"囊郎"对立，鞥韵下有"能棱"对立，央韵

1　在"正音切韵"中"乌"韵下，"如"字归在"髯"母下。在"千字文"中，注音为"撩舌音，若乌切"，下列字为"○，○，入辱，如"。

2　在"八音指要"中，"乌"既归入喉音，又归入轻唇音。应该存在两读，但在"千字文"中，只归喉音。

3　在"正音切韵"中"笺千先"列在"上腭音"下。其他韵也基本如此。但在"正音切韵"中，尖团音在形式上仍保持独立，比如在"央"韵下，"江羌香"列在"牙音"下，"将跄相"列在"上腭音"下。这样安排在形式上节省了位置，却掩盖了尖团合流的事实。

下有"娘良"对立。

8.止摄开口三等日母字读来母。

在"千字文"中"迩"（撩舌音拉额切）字下四声列字有：呢，迩尔耳珥駬，二贰樲，儿而枘輀。

（二）韵母的特点

1.果摄开口一等歌韵的牙喉音字和果摄合口一等戈韵的唇音字读开口，归"额"韵。果摄开口一等歌韵的非牙喉音字和果摄合口一等戈韵的非唇音字读合口，归"窝"韵。

在"正音切韵"中"窝"韵下收有：锅科豁窝多拖挪罗若桌绰说伾磋莎佛；"额"韵下收有：歌珂诃额德忒讷波颇麽勒热遮车赊则城塞佛窝。

2.假摄麻韵开口三等的知章组字与果摄开口一等歌韵的牙喉音字同韵。

在"正音切韵"中"额"韵下所收字（见上）。

3.曾摄开口一等德韵端组精组字与果摄开口一等歌韵的牙喉音字同韵，又与止摄合口三等的唇音字和泥来母字同韵（部分止摄开口三等唇音字也归入）。

在"正音切韵"中"额"韵下所收字（见上）。

在"正音切韵"中"餩"韵下收有：给尅黑餩德忒内悲裴眉勒谁贼城塞非威。

4.麻韵开口三等字与麻韵二等字不同韵。

在"正音切韵"中"呀"韵下收有：嘉剻虾呀。

在"正音切韵"中"爷"韵下收有：迦呿苛爷爹贴鳖擎咩列嗟些。

（三）声调的特点

1.平分阴阳。

比如"昂"韵，上平下列有：冈康炕昂当汤囊邦滂茫○郎穰章昌商臧仓桑方汪；下平下列有：扛杭昂唐囊傍茫郎穰常裳藏房王。

2.全浊上声归去。

在"千字文"中"商"字下四声列字有：商伤殇觞，赏，上尚，晌；"道"字下四声列字有：刀，倒祷捣岛，道盗到蹈悼稻，○。

3.入派三声。

由于"正音切韵"只有平声，没有上去声。而"千字文"因受音节数的影响，也没有把常见的所有入声字都包括进来。我们以"额"韵为例，把"千字文"中有关的同音字都纳入相应的音韵地位中（见表1–14）。

表 1-14　额韵同音字表

声母	17 额			
	上平（阴平）	上	去	下平（阳平）
戛	歌哥割		个個箇	革葛隔鸽各阁格骼橺
喀	珂克科刻磕柯	可坷	课	咳客壳
哈	诃呵喝黑		贺荷嚇	河何合盒盍
阿	阿		恶饿	额讹鹅娥俄峨
搭				德得悳
他			忒特	
纳	讷①			
巴	波餑玻菠坡	○	播	白帛百伯葡拨薄博驳钹
葩	坡泼	颇叵	魄破簸	婆
麻	麼	抹	莫末漠没膜殁默寞墨麦	磨魔摩
○				
拉			勒肋泐	
臒			热	
渣	遮	者赭	蔗这鹧	浙折哲蜇
叉	车			
沙	赊	捨	舍赦社设瑟射麝	摄舌涉
帀				则仄昃贼泽择宅摘翟责
擦	墄		侧拆册测策侧	
萨	塞			
发	佛			
哇	窝			

注：表中黑体字只在"正音切韵"中出现，在"千字文"中没有出现，其究竟读什么声调，较难确定，故不在统计范围之列。

其中清入声字四十七个，读阴平七个：割克刻磕喝黑泼；读去声十二个：嚇恶忒魄设瑟侧拆册测策侧；读阳平二十八个：革葛隔鸽各阁格骼客壳德得悳百伯拨博驳浙折哲蜇摄则仄昃摘责。

其中次浊入声字十六个，读上声一个：抹；读去声十四个：莫末漠没膜殁默寞墨麦勒肋泐热；读阳平一个：额。

其中全浊入声字十六个，读阴平一个：餑；读去声一个：特；读阳平十四个：合盒盍白帛薄钹舌涉贼泽择宅翟。

从上面的数据可以看出，古次浊入声主要归去声，古全浊入声主要归阳平，古清入声派入三声（额韵上声缺收入声字）[1]。

二、音系性质及其拟音

（一）莎氏编撰此书的目的是教粤人学习正音

这种正音是以北方话为基础的。有人认为是北京话，有人认为是江淮官话。从整个音系来看，应该是以北京话作为基础的。理由如下：

1. 全浊音消失，入声消失，只能是官话方言。而在官话方言中，只有北京官话才清入派三声，其他官话都不具备这个特征（见表 1-15）。

表 1-15　官话入声归派表

	北京官话	冀鲁官话	胶辽官话	中原官话	兰银官话	西南官话	江淮官话
清入	阴阳上去	阴平	上声	阴平	去声	阳平	入声
次浊入	去声						
全浊入	阳平						

资料来源：张世方（2010），第 178 页。

2. 在北京官话中，北京话是权威方言，因此应是当时正音的标准。

下面我们把书中音系跟与它差不多同时代、反映北京音的《音泲》音系进行大致比较。

从表 1-16 的比较可以看出，《正音辨微》音系比《音泲》多出一个微母。这个微母从今天的北京官话区来看，与天津、辽宁朝阳、内蒙古赤峰、黑龙江黑河、齐齐哈尔比较一致[2]。因作者是满人，可能把自己的方音掺了进来。

表 1-16　声母的比较

《正音辨微》	戛喀	哈阿	搭他纳	巴葩麻	○拉髯	渣叉沙	帀攃萨	发哇	精细	清细	晓细
《音泲》	见溪	晓影	端透泥	帮滂明	来日	照穿审	精清心	非○	精细	清细	晓细

1　清入字归上声的字不多，在"千字文"中，"些"字下四声列字有：些，写**血**，谢卸泻，泄屑邪鞋协斜洩亵；"鼇"字下四声列字有：鼇，**瞥**，○，别；"衣"字下四声列字有：衣伊噫依医漪，以已依椅乙矣蚁，意逸壹邑亦义艺义易异，移益忆忆宜疑贻仪遗夷；"逼"字下四声列字有：逼，**笔**彼比，弊陛壁壁毕篦敝庇臂闭避，必弼鼻碧；"发"字下四声列字有：发，**法**，○，伐罚乏阀筏。其中黑体字为清入声字。

2　参见张世方（2010），第 95 页。

表 1-17　舒声韵母的比较（含只有入声字构成的"哟肥"二韵）

《正音辨微》	1 昂	2 鞥	3 翁	4 安
中古主要来源	宕摄一三等开口	梗摄二三等开口 曾摄一三等开口	通摄一三等合口	山摄一二等开口 咸摄一二等开口
《音泚》	二十六枫	三橙	一松	十一柑
	√	√	√	√
《正音辨微》	5 恩	6 弯	7 温	8 汪
中古主要来源	臻摄一等开口和三等开口 深摄三等开口	山摄一二等合口	臻摄一二等合口	宕摄一三等合口
《音泚》	七榛	九桓	五椿	二十五桃
	√	√	√	√
《正音辨微》	9 央	10 英	11 雍	12 帣
中古主要来源	宕摄三等开口 江摄二等开口	梗摄三四等开口	通摄合口三等牙喉音	山摄三四等合口
《音泚》	二十七杨	四樱	三榕	十橼
	√	√	√	√
《正音辨微》	13 赟	14 烟	15 因	16 阿
中古主要来源	臻摄三等合口	山摄三四等开口 咸摄三四等开口	臻摄三等开口 深摄三等开口	假摄一二等开口
《音泚》	六裙	十二棉	八檎	三十二櫃
	√	√	√	√
《正音辨微》	17 额	18 衣	19 歪	20 威
中古主要来源	果摄一等开口 假摄三等开口（知章组）	止摄三等开口	蟹摄一二等合口	止摄三等合口（唇音字泥来母字除外）
《音泚》	三十五柯、二十四桶	二十椑、十九栀	二十八槐	二十三梅
	√<	√<	√	√>
《正音辨微》	21 唉	22 餘	23 厓	24 ○
中古主要来源	蟹摄一二等开口	止摄三等合口唇音字和泥来母字	蟹摄开口二等牙喉音	
《音泚》	二十九柰	○	三十楷	
	√	在二十三梅	√	
《正音辨微》	25 哇	26 窝	27 乌	28 燘
中古主要来源	假摄二等合口	果摄一等合口	遇摄一三等合口	效摄一二等开口
《音泚》	三十一桦	三十四椤	二十一梧	十三桃
	√	√	√	√

（续表）

《正音辨微》	29 欧	30 夭	31 幽	32 呀
中古主要来源	流摄一三等开口	效摄三四等开口	流摄三等开口	假摄开口二等牙喉音
《音泲》	十五楳	十四椒	十六榴	三十三枑
	√	√	√	√
《正音辨微》	33 爷	34 哟	35 胆	36 於
中古主要来源	假摄开口三等	宕通江山摄入声	山摄三四等合口入声	遇摄三等合口
《音泲》	十八椥	三十六橪	十七橛	二十二樗
	√	√	√	√

注：1. 洪音韵母中三等字主要是指知照组字和非组字。
　　2. "√"表示相同，"√<"表示小于，"√>"表示大于。

从表 1-17 可以看出，两书在舒声韵母系统上基本一致。不同主要有以下几个方面：

1.《正音辨微》中的"衣"韵，在《音泲》中有三个韵母。其中止摄三等开口的齿音字，读舌尖前后元音，在《音泲》中跟舌面元音分开，归为两个音位，但在《正音辨微》中却跟舌面元音归纳为一个音位。这点上《音泲》与今北京音同。

2.《正音辨微》中"威"韵和"餒"韵，在《音泲》中是一个韵母，即在《正音辨微》中止摄三等合口唇音字和泥来母字读开口音，失去了［u］介音，这点与今北京音相同。

3. 其中止摄三等开口日母字"儿耳二"等字，在《正音辨微》中读来母，跟"额"韵母同，而在《音泲》中读卷舌韵母。

笔者根据"正音切韵"，同时利用"千字文"中的四声相承，把入声字都归纳起来，主要得到以下几个韵母，然后再与《音泲》中的韵母进行比较（见表1-18）。

表 1-18　入声韵母的比较

《正音辨微》		《音泲》	
韵	例字	韵	例字
16 阿	戞喀哈搭达答踏沓纳衲捺呐八拔跋捌拉发法伐罚乏阀筏杀煞察帀撒萨	三十二樝	搭答塔塌闸乏法拉蜡哈拔砸撒煞发
17 额	割革葛隔鸽各阁格骼槅克刻磕咳客壳喝黑嚇盒盍恶额讹德得惠忒特讷觱白帛百伯葡拨薄博驳钹泼抹莫末漠没膜殁默寞墨麦勒肋阞热浙折哲蜇设瑟摄舌涉则仄昃贼泽择宅摘翟责城侧拆册测策侧塞佛	三十五柯	摺磕抹佛弗热德麦百特则仄测塞册稿乐

（续表）

《正音辨微》		《音泲》	
韵	例字	韵	例字
18 衣	给及积藉集迹吉绩稷即极乞戚漆七习夕息席晰悉析昔锡媳乙壹亦的敌嫡笛迪狄籴逼笔壁壁必弼鼻碧闢辟僻密蜜立力日直植殖职执侄质赤湿石十拾识食实释适失	二十桦、十九栀	级笛逼席鼻执
25 哇	滑猾刷	三十一桦	刷
26 窝	国郭廓虢桲帼豁获或惑活夺洛烙络骆落乐桌绰说昨作索	三十四椤	夺阔活国昨弱
27 乌	谷縠骨毂屋勿物督笃牍毒渎匵犊独读椟秃不木睦沐苜穆牧陆鹿禄录入辱竹祝筑烛嘱逐竺浊出黜忲戌叔孰熟殊属淑蜀术述赎足宿凤俗束速粟率肃续服伏袱复福幅拂弗腹覆	二十一梧	毒秃族俗不赎出
28 燋	薄凿	十三桃	
29 欧	粥轴熟	十五榱	妯熟
30 夭	嚼	十四椒	嚼学
32 呀	甲袷颊夹荚瞎匣侠洽狎	三十三桬	夹掐恰
33 爷	接结杰桀碣竭絜洁节诘掖叶页业谒牒揲迭跌叠蝶贴鼈瞥别擎咧列烈劣裂猎躐血泄屑协亵切妾窃	十八栵	捻叠贴捷桌灭撇别瘪铁切裂
34 哟	觉爵角雀脚确学哟若药岳嶽约乐钥略鹊削	三十六榉	学蓄浊卓戳虐药爵角鹊拙约说
35 胠	阙缺厥蕨诀哕月悦曰玥越粤刖钺阅绝雪	十七榍	曰月撷厥缺雪穴
36 於	鞠菊局掬橘蹄曲屈玉浴欲育郁律绿	二十二梈	橘
22 餲	尅黑德忒勒贼城塞	二十三梅	北
20 威			
21 唉		二十九柰	拍伯白翟色

两书的各入声韵母其来源也大致相同（两者收字都不全），不同的主要有以下几个方面：

1.《音泲》三十六榉韵中的照组字读细音，《正音辨微》归在 26 窝韵中，读洪音。

2.《音泲》二十九柰韵中的入声字，《正音辨微》归在 17 额韵中。

3.《音泲》二十三梅韵中的入声字读合口音，《正音辨微》归在 22 餲韵中读开口音。

通过表 1-19 可见，《正音辨微》与《音泲》的声调基本一致。

表 1-19　声调的比较

《正音辨微》	上平（阴平）	上	去	下平（阳平）
《音泲》	阴平	上	去	阳平

从上面的比较可以看出，《正音辨微》音系跟《音泲》音系基本一致，但也存在一些差异，这些差异有些可能是古今的差异，如"馀"韵的独立，有些可能是方音的反映，如"儿耳二"等字的读音。

作为正音书，在前面有北京音文献如《李氏音鉴》《音泲》可供参考的情况下，《正音辨微》音系却跟土生土长的北京人的读音存在差异，这应该是在当时北京音中，满人说的北京话跟土生土长的北京人说的北京话存在少许差异，后来道光庚子年（1840）满人裕恩所编的反映北京音的《音韵逢源》音系也是如此。在有清一代闽广的正音书编撰者中往往总能见到满人的影子，要么是满人所编，要么有满人参校，这应该是满人北京话在当时更具有权威性，彼时正音推广的正是满人所说的北京话的缘故。

（二）音系的构拟

通过上面的分析知道，书中音系是当时北京音的反映，其音系参考今北京音可以构拟如下。

声母：

歌［k］、珂［kʻ］、诃［x］、额［Ø］、德［t］、忒［tʻ］、讷［n］、波［p］、颇［pʻ］、麽［m］、勒［l］、热［ʐ］、遮［tʂ］、车［tʂʻ］、赊［ʂ］、则［ts］、城［tsʻ］塞［s］、佛［f］、窝［v］、居沮［tɕ］、驱趋［tɕʻ］、虚须［ɕ］

韵母：

1 昂［aŋ］、2 鞥［əŋ］、3 翁［uəŋ］、4 安［an］、5 恩［ən］、6 弯［uan］、7 温［uən］、8 汪［uaŋ］、9 央［iaŋ］、10 英［iəŋ］、11 雍［yəŋ］、12 帮［yan］、13 赟［yən］、14 烟［ian］、15 因［iən］、16 阿［a］、17 额［o］、18 衣［i］［ɿ］［ʅ］、19 歪［uai］、20 威［uei］、21 唉［ai］、22 馀［ei］、23 厓［iai］、24 ○、25 哇［ua］、26 窝［uo］、27 乌［u］、28 爊［au］、29 欧［əu］、30 夭［iau］、31 幽［iəu］、32 呀［ia］、33 爷［iɤ］、34 哟［yo］、35 脵［yɤ］、36 於［y］

声调：

阴平［55］、阳平［35］、上声［214］、去声［51］

三、从《正音辨微》到《正音咀华》《正音切韵指掌》的变化

《正音咀华》对《正音辨微》作了些调整和补充，主要有：

凡例前增加了"十问"。这十问对一些音学术语作了解释，比如"正音"[1]、南音和北音，等等。

增加了"正北音异"。列举了五十四个正音与北音读音有差异的字，如"着"字：正音朱或切，北音渣敖切。

"音韵"部分，增加了声母（少数标目字更换了，发音部位名称有些也改变了）的读法，删掉了韵母的读法（见表1-20）。

表1-20　声母读法

牙音	喉音	舌尖音	重唇音	卷舌	上腭音	齿缝音	轻唇音
戞喀	哈阿	搭他纳	巴葩麻	○拉髯	渣叉沙	帀攃萨	发袜
用两腮内大牙力读	用喉气嘘嘘贯出读	用舌尖舔上读	用上下两唇相拍读	用舌头微微卷上读	用舌头缩短贴紧上腭读	用舌尖松放，顶出齿𪘏读	用唇如轻轻吹火读

增加了"音注"部分。这部分对声母标目字和韵母标目字作了注音，如"戞读作家""胆鱼靴切"。

删掉了韵图——"正音切韵"部分。

"千字文"部分叫作"同音汇注"。这部分改作只汇集常见的同音字，抛弃了四声相承的其他字。其中止摄开口三等日母字"儿耳二"等字，改作了卷舌髯母，韵与"衣"韵同。

从音系上看，最显著的变化就是：（1）分尖团；（2）入声独立。

《正音切韵指掌》是一部等韵化的韵书，在"正音切韵"基础上进行了些补充和修改，主要有：

1. 每韵以上平、下平、上声、去声和入声（入声配阴声）为次序，在"正音切韵"的基础上增补了上声、去声和入声部分的韵图，且在每个标目字后，列举了常见的同音字。这样音节和收字都比"正音切韵"要全面。

2. 每韵在平声前增加了"口法"，指明了该韵和《中原音韵》相关韵的关系（独立的入声韵说明中古来源），并说明了该韵属于开合齐撮四呼的某呼。比如

1　莎氏说："'何为正音？'答曰：'遵依钦定《字典》《音韵阐微》之字音即正音也。'""'何为北音？'答曰：'今在北燕建都，即以北京城话为北音。'"

"於"韵的口法是"属鱼模撮口呼"，"曰"韵的口法是"属月越撮口诀之合口呼"。

3. 在每韵中各标目字的反切前增注了满文音。

4. 入声韵都独立成韵，即从原来与阴声韵的混读，变为与原来混读的阴声韵相配，并且把几个入声字较少的韵中的入声字删掉了，即22餘、28燃、29欧、30夭韵的入声字删掉了。这些被删掉的入声韵，主要是今北京音口语中的白读音。

5. "类内"字归在"威"韵，读合口呼。

从音系上看，《正音切韵指掌》与《正音咀华》的音系基本上是一致的。但莎氏说正音是遵依《康熙字典》和《音韵阐微》的读音，这显然不符合实际。《正音切韵指掌》的音系与《康熙字典》和《音韵阐微》音系相差甚远，莎氏的说法只是个幌子而已，在当时的朝代面对皇帝钦定的权威韵书，莎氏不敢不说遵依，然而事实上《正音切韵指掌》音系却并没有遵依。那么，《正音切韵指掌》音系究竟是一种什么样的语音呢？

《正音切韵指掌》音系是在《正音辨微》基础上修改后形成的，尽管跟《正音辨微》音系存在一定的差异，但大致框架还是一致的。这种音系只不过从口语音，改成了读书音罢了，显得相对保守些。

第五节　《传音快字·北音》

张文龄的《传音快字》是光绪三十四年（1908）在广州刊刻的一本速记专书。张文龄，字伟卿，广东东莞人，是一位热衷于邮务的工作者。张氏的《传音快字》（初阶）包括"南音"和"北音"两卷，主要讲述快字的书写符号和拼音。每卷包括"分音"和"反切汇（类）编"两部分。其中"分音"部分主要讲述声母、韵母和声调；"反切汇编"讲述的是声韵调的配合，即韵图部分，以韵为单位，每韵纵列十九音母，横列四声（上平、下平、上声和去声），内中计有北音韵图二十四张。

一、声母

张氏在"分音"中说："音者，系反切字二字之中第一字是也。如《康熙字典》所用以切寒字之胡安二反切字，胡字即所谓音者也，北音共计有十九音母。"十九个音母如表1–21所示。

表 1-21　十九音母

北音音母	分口音法	呼唤法	英文音母
悲	合唇	将唇合埋张口呼音出	B
披	合唇	将唇合埋喷音由唇出	P
非	缩唇	将唇收缩吹音由上唇出	F
威	伸唇	将唇伸长呼音由两唇出	W
迷	唇鼻	将唇合埋用鼻力呼音出	M
地	舌尖	将舌尖顶在齿中用下颌力呼音出	D
提	舌尖	将舌尖顶在齿中喷音由齿出	T
泥	舌鼻	将舌尖顶在齿中用鼻力呼音出	N
离	卷舌	将舌卷上顶在上齿脚收舌呼音出	L
益	昂舌	将舌昂起顶在下齿呼音由舌面出	Y
姑	喉音	用喉力呼音出	G
枯	喉音	用喉力喷音出	K
呼	喉音	吹丹田气由喉出	H
志	顶腭	将舌顶在上腭呼音出	CH
迟	顶腭	将舌顶在上腭喷音出	CH'
诗	顶腭	将舌顶在上腭吹音出	SH
自	齿缝	将舌尖顶在上齿缝呼音由齿鏬出	TS
此	齿缝	将舌尖顶在上齿缝喷音由齿鏬出	TS'
思	齿缝	将舌尖顶在上齿缝吹音由齿鏬出	S

注：张氏在书后用英文作了些说明，并对北音和南音的声韵用拉丁字母进行拼音，并用英语相同或相近的音进行描述，但声韵代表字有些地方跟前面不一致。

　　声母部分通过"反切汇编"的列字来看，其中威母和益母应该合并。例如，在"医"韵和"宾"韵"益"母下列有：壹益蚁易、因淫引印；在"安"韵和"腌"韵"威"母下列有：湾完碗万、汪王网忘。可见疑、影、喻、微母合流，在北音中应该读零声母。但张氏把零声母合口介音和零声母齐齿介音处理为半元音声母，这是受自己粤音的影响。另外，张氏把日母字也归在"益"母下，如"腌"韵下列有：穰扬嚷让。这也是受粤音的影响。此外，要增加一组舌面前音声母，如在"宾"韵"顶腭"声母下列有：斤谨进、侵勤寝浸、心寻信。可见尖团音已经合流。张氏把舌面前音与舌尖后音声母归为一组，是因为这两组声母互补，这样安排在清末以来是比较常见的方式。

二、韵母

张氏在"分韵"中说:"韵者,系反切字二字之中第二字是也。如《康熙字典》所用以切寒字之胡安二反切字,安字即所谓韵者也。"张氏对韵母进一步作了分析,分析了韵中的元音(张氏叫韵母)和韵尾。张氏说:"凡韵必有韵母。韵母者,韵之所以发响声之字母也。如'班'字,系'避'音'安'韵反切,'安'韵系阿然反切,'阿'字即所谓韵母也。"韵中元音分为两类:单韵母和孖韵母[1]。韵尾主要有 2 个:泥、泥音母加喉力(见表 1–22)。

表 1–22　韵母表

字韵总号数	北音字韵	该字韵之韵母	所用之韵母系单者抑系孖者	该孖韵母系由某单韵母拼合而成者	该字韵系用某音母拼在韵母之后而成	英文韵
1	阿	阿	单韵母			A
2	安	阿	单韵母		泥	An
3	腌	阿	单韵母		泥音母加喉力	Ang
4	逼	医①	单韵母			i
5	宾	医	单韵母		泥	in
6	兵	医	单韵母		泥音母加喉力	ing
7	哦	哦	单韵母			o
8	翁		单韵母		泥音母加喉力	ung
9	婀	婀	单韵母			Ê
10	恩	婀	单韵母		泥	Ên
11	哼	婀	单韵母		泥音母加喉力	êng
12	沽		单韵母			u
13	军		单韵母		泥	un
14	於		单韵母			ü
15	晕		单韵母		泥	ün
16	馂	馂	单韵母			ei
17	欧	欧	单韵母			ou
18	儿	儿	单韵母			Erh
19	哀	哀	单韵母			Ai
20	堆		单韵母			ui
21	胞	爊	孖韵母	阿欧		ao

1　张氏说:"单韵母者,独一韵母之谓也。孖韵母者,系连合数韵母而成者也。"

（续表）

字韵总号数	北音字韵	该字韵之韵母	所用之韵母系单者抑系孖者	该孖韵母系由某单韵母拼合而成者	该字韵系用某音母拼在韵母之后而成	英文韵
22	幽		孖韵母	医於		iu
23	鳌		孖韵母	医〇		ieh
24	约		孖韵母	医哦		io
25	家		孖韵母	医阿		ia
26	江		孖韵母	医阿	泥音母加喉力	iang
27	标		孖韵母	医阿欧		iao
28	篇		孖韵母	医〇	泥	ien
29	兄		孖韵母	医翁	泥音母加喉力	iung
30	瓜				沽阿	ua
31	官				沽阿	泥	uan
32	光				沽阿	泥音母加喉力	uang
33	乖				沽哀		uai
34	鸳				於阿	泥	üan

① 张氏解释说："医字如系拼在顶腭音，则有两读：一照原韵读，其韵清朗如机溪西等字是也。一读作沉哑声，如脂吃诗字等字是也。若拼在齿缝音，亦读作沉哑声，如资疵司等字是也。"

这个韵母系统跟今北音系统基本一致。

三、音系及其性质

这个北音系统应该是当时的北京语音。理由是：入声消失，入派三声。

下面把"反切汇编"中出现的常用入声字作一个归纳（见表1–23）。

表1–23 入声字归调表

	上平	下平	上声	去声
阿	拉发笪嘎	杂拔罚掣苔榻闸煞	诈髪塔	纳辣拍榻痄霎萨
医	逼匹壹	嫡益	笔	蜜
哦	讷豁说	佛昨夺活百酌撮	抹脱	帛仆墨诺落朔
婀	色	择德阁折	恶各嚇	特恶各客嚇撒窄册色
沽	秃出	熟读骨窟烛足促速		辱
於		局		玉
餲	勒刻黑塞	贼	黑	
儿	曰缺	绝蹶学	略	月雀雪

（续表）

	上平	下平	上声	去声
哀	**拍**	白宅	**百窄色**	
鼊	**捏鼊撇贴切歇**	别跌	蝶	枭灭列叶**铁妾**
约	**约**	学爵雀	略	虐掠药却
家	**掐**	夹		**恰**
标		爵学		
瓜	**刷**	滑		

注：表中黑体字代表清入声字。

从表 1–23 可以看出，全浊入声主要归下平（阳平），次浊入声主要归入去声，清入声归平上去三声。清入归派三声在北音官话中只有北京官话。而在其他官话方言中，都不具备这个特征（见表 1–24）。

表 1–24　官话入声归调表

	北京官话	冀鲁官话	胶辽官话	中原官话	兰银官话	西南官话	江淮官话
清入	阴阳上去	阴平	上声	阴平	去声	阳平	入声
次浊入	去声						
全浊入	阳平						

资料来源：张世方（2010），第 178 页。

参照今北京音，可以把音系构拟如下。

声母：

悲［p］、披［pʻ］、非［f］、威［Ø］、迷［m］、地［t］、提［tʻ］、泥［n］、离［l］、益［ʐ］、姑［k］、枯［kʻ］、呼［x］、志［tʂ］、迟［tʂʻ］、诗［ʂ］、自［ts］、此［tsʻ］、思［s］、斤［tɕ］、侵［tɕʻ］、心［ɕ］

韵母：

阿［a］、安［an］、腌［aŋ］、遍［i］［ʅ］［ʮ］、宾［iən］、兵［iəŋ］、哦［uo］、翁［uəŋ］、婀［ə］、恩［ən］、哼［əŋ］、沽［u］、军［uən］、

於［y］、晕［yən］、餧［ei］、欧［əu］、儿［ə˞］［yɛ］[1]、哀［ai］、堆［uei］、胞［au］、幽［iəu］、鳖［iɛ］、约［io］、家［ia］、江［iaŋ］、标［iau］、篇［ian］、兄［yəŋ］、瓜［ua］、官［uan］、光［uaŋ］、乖［uai］、鸳［yan］

声调：

阴平［55］、阳平［35］、上声［214］、去声［51］

四、一些语音变化

1.古果摄开口一等牙喉音字（含部分合口）的变化。

在近代北京音中，发生了几次韵母的变化，这些韵母的变化不是一下子完成的，而是有一个逐渐变化的过程，这些过程的某一环在本书中有所反映。比如，古果摄开口一等牙喉音字（含部分合口）主要元音发生了变异，由圆唇变成了展唇。

在《等韵图经》果摄中，开口列字有"何哥可诺恶我贺络"，合口列字有"锅科惰妥懦博颇魔左锁火果过"。《李氏音鉴》在凡例中说："同母于歌韵双列者，系为北音而设。盖北于'贺货''个过'之类，俱分两音，非双收则音不全。至于麻部，按西域四等法当有二韵，如沙奢查遮之类。今于母韵凡三列者，盖音有不同，兼多轻重之异耳。又同母于寒删双列者，系为南音而设。盖南以'官关''潘攀'之类，分之甚详。非双列则音不全，亦如北音'贺货''个过'之别也。"'贺货''个过'之别这种情形，就如同今北京音一样。另外从反切的实际情况来看，可能开口牙喉音字仍旧读开口音（与合口音同韵），比如："椁郭古我切音果""百柏本矮切音摆又补讹布个二切""错寸饿切音锉""橐同蛾切音酡""昨祖娥切"。《李氏音鉴》首先记载了果摄开口一等字与合口字在主要元音方面发生了变化，但在当时还不是主流。在《音泭》中，合口一等字列在三十四椤，开口一等牙喉音字列在三十五柯。而根据《音泭》的体例，开口合口主要元音还是相同的。在《语言自迩集》中，开口牙喉音字有圆唇 o 和展唇 ə 两读，有些字还只有 o 的读音。但到《传音快字》中，"婀"韵中列字有：婀娥歌柯何，只有展唇一读，说明音变已经完成了。

1　这韵的字排列可能存在问题，"儿而尔二"与"月曰略绝缺雀靴学雪"应该分为两个不同的韵母。

2. 蟹摄开口二等的牙喉音字的变化。

蟹摄开口二等牙喉音字，在《等韵图经》中开始与麻韵开口三等字合流已见端倪，即发生［iai］→［iɛ］韵的转变。这一转变在《音泔》中得到了进一步的发展，在《音韵逢源》中，音变基本上快完成了，在《语言自迩集》中也还有两读，但到《传音快字》中，音变彻底完成了，"街鞋"等字与"姐爷"归在同一韵中，且没有又读音了。

3. 宕摄开口三等药韵（比如"却削约雀"等）和少数来源于江摄开口二等觉韵（比如"学"等），与山摄合口三等韵（比如"月却"）等，合流还没有最后完成，因为"学雀"等字还有［io］的又读音。

第二章　冀鲁官话

冀鲁官话主要分布于河北大部、天津、山东北部和西北部。冀鲁官话是与北京官话较为接近的官话，主要特征是三声四调，古入声主要派入平、去两声。

第一节　《韵学入门》

《韵学入门》是山东历城[1]刘柏（新甫）所撰，成书在道光九年（1829）以前[2]，具体时间不详。该书附于刘氏所著《四书五经音韵》之卷首，光绪八年（1882）由东昌鲍乾元梓行。

《韵学入门》包括"对平仄法""朱文公早梅诗翻字法""十三转音法"和"三十六韵切字法"。其中"三十六韵切字法"是以韵母为单位编排的等韵图（即声韵调配合表），每个韵母（标明开齐合撮）横列五声，纵按十九字母列出相应的代表字。

一、音系及其特点

（一）声调及其特点

"对平仄法"其实就是说明书中有几个声调。刘氏说："凡学韵先识五声，必将'央烟英因'十三字念熟。""对平仄法"所列举的十三对字样见表2-1。

1　西汉景帝四年设置历城县，因位于历山即千佛山下而得名，公元1987年撤县设历城区（位于济南市东、南部）。

2　书前道光九年刘家龙（左青）所作的序说："己丑腊解馆，有同宗新甫先生邮寄书一册，详阅之。首载《韵学入门》，纸仅十余页而条辨开口合口齐齿撮口者甚详，非精于音韵之学，其能如是之简而该乎？"

表 2–1　对平仄法表

赊	衣	丫	窝	乌	灰	悠①	挨②	腰③	因	英	烟	央	上平	
蛇	姨	牙	蛾	吴	回	油	厓	尧	银	楹	言	羊	下平	对平仄法
捨	依	哑	我	五	毁	有	矮	㲋	引	影	眼	养	上	
赦	意	亚	饿	恶	会	宥	隘	拗	印	硬	雁	漾	去	
舌	一	押	恶	屋	或	●	●	●	●	●	●	●	入	

① 在正文中，"悠"韵有入声韵"虐"，"钩"韵有入声韵"各"。

② 在正文中，"该"韵有入声韵"葛"，"挨"韵有入声韵"业"，"乖"韵有入声韵"刮"。

③ 在正文中，"腰"韵有入声韵"角"，"高"韵有入声韵"郭"。

从表 2–1 可以看出，书中有五个声调，即阴平、阳平、上声、去声和入声。平声分阴阳，有入声，但不分阴阳。这个声调系统跟《万韵书》[1]一样，有五声。不同的是《万韵书》中浊入声已经舒化，归入其他三声。

（二）韵母及其特点

"十三转音法"其实就是说明书中有多少个韵母。刘氏把韵母按开合齐撮四呼相配排列（见表 2–2）。

表 2–2　十三转音法表

合口呼	光	官	公	裩	○	乖	○	归	姑	戈	瓜	规	
开口呼	刚	干	庚	根	高	该	勾	○	○	歌		**赀**	
齐齿呼	江	间	经	金	骄	皆	鸠	○	○		家	鸡	**赊**
撮口呼	○	捐	弓	军	○	○	○	**居**	○	○			

注：刘氏在"十三转音法"中漏列了几个韵（"十三转音法"与"三十六韵切字法"中的韵母代表字有些地方不同），表中用黑体标出。至于开合相配，可以根据后面的"诸韵相似"得出：裩根金君、官干坚涓、公庚经局、归姑基居、光冈江……结决。另"归"与"规"重复。

韵母的主要特点：

1. "二耳"等字归在"赀"韵日母下，不读零声母卷舌音。

2. 蟹摄开口二等牙喉音字读齐齿呼音仍跟一等字同韵[2]。

3. 蟹摄止摄合口来母字一律读合口呼。

4. 知章组细音字绝大部分仍读细音（除了通摄合口三等部分知章组字、遇摄合

口三等部分知章庄组字、流摄开口三等庄组字、止摄开口三等齿音字）。

这个韵母系统跟《万韵书》基本相同，不同的是《万韵书》浊入声字归入了舒声韵中，因此有个别入声字构成的韵母，在《韵学入门》中是没有的。主要区别是：

1.《韵学入门》中没有"瓜"韵的开口呼字，这个由麻韵二等字构成的韵，除了牙喉音字外，连唇音字和齿音字，都归在了齐齿呼[1]。《万韵书》中唇音齿音都归在开口。

2.《韵学入门》中归（规）韵只有合口呼字，没有对应的开口呼字[2]。《万韵书》中有开口呼字。

3.《韵学入门》中赊韵没有合口舒声韵。《万韵书》中有合口韵母。

书中入声韵，既配阳声韵，又配阴声韵。但根据"对平仄法"可知，入声只是配阴声韵的，即分为六部（实际有七部，玉部漏列）。下面把入声韵与阴声韵按四呼相配（见表2-3）。

表2-3　入声韵配阴声韵表

	平	入	平	入	平	入	平	入	平	入	平	入
合口	灰	或（国）			姑	穀	瓜	刮	戈	郭		国①
开口		格	赀②					葛	歌	各		
齐齿			衣	一			家	夏		觉③	耶（赊）	结（舌）
撮口					居	玉						决

①　在"对平仄法"中，国（或）韵是灰韵的入声，但在正文中，国韵字单列。根据今济南方音归入此处，作为又读。

②　赀韵下有入声韵"力翕"，可能有误。

③　在正文中，有些入声是单独成韵的。如"觉"韵，把它与"郭各"韵相配，主要是根据古来源。

书中入声韵可以分为两种情况，一是配阳声韵，这是存古，如"公"韵的入声配"谷"。二是配阴声韵，又可分为两种情况：一是出现在"对平仄法"中；另一是没有出现在"对平仄法"中，这种情况的入声字[3]跟出现在"对平仄法"中的入

---

[1] 麻韵二等唇音齿音字读齐齿呼，在今山东方言中不存在。这种归派可能有误。

[2] 在《韵学入门》中，这韵的唇音字都放在合口中。

[3] 这类入声字在对平仄法中没有出现，即高、该、钩、骄、乖、鸠、皆韵后的入声字，即小括号中的字。

声字是又读关系。如下 [1]：

> 高－（郭）－戈　该－（葛）－葛　钩－（各）－戈
> 骄－（角）－觉　乖－（刮）－瓜　鸠－（脚）－觉
> 皆－（劫）－耶

（三）声母及其特点

"朱文公早梅诗翻字法"其实就是说明书中有几个声母，根据诗句可知有二十个声母 [2]。事实上，在"三十六韵切字法"中，竖行只有十九个声母（见表 2-4）。

表 2-4　声母表

喉			舌			唇			前齿			后牙		喉兼牙	唇齿合	舌兼喉	齿兼牙
君	困	甌	东	通	农	崩	蓬	蒙	遵	逡	荀	谆	春	顺	熏	风	拢	润

> 注：书中没有列出声母的代表字，只是按发音部位归九类，这里的声母例字是笔者从书中挑选的。

声母的主要特点：

1. 全浊音消失。

2. 影喻疑微母合流。

3. 泥来母不混。

4. 分尖团。

5. 知庄章组合流。

6. 这个声母系统跟《万韵书》的声母系统一致。

二、音系性质

刘氏在自叙中说："读书必先识字，从古以然。第音韵未晰，则所识者，非真识也。余思就傅而后于四书五经字无音注者，或仿佛读为此音，或依稀读为彼音。有音注者，口音未清，音注读错而本字亦讹。恍惚游移，茫然莫据，殆数年矣。"又说："又于卷首列对字法与十三转，以清口音。列早梅诗及三十六韵以为翻切之资。庶读字者，确有可据，无讹以传讹之患焉。"很明显，刘氏在正文前作此一卷

1　这些入声韵的又读音在今山东方音中，除了第一组（高骄组）较常见外，其他两组没有见到。

2　早梅诗刘氏误为朱熹所作，我们知道是兰茂所创。但刘氏在"三十六韵切字法"中并没有利用诗句中的字作声母代表字。

等韵图，目的是让人读准字音，即正音。刘氏在《韵学入门》卷首说："如国字，古或切是正音也。今京都读郭音，转音也。余可类推。"查韵图，郭是歌戈的入声，与国不同音。又韵图末，刘氏说："上结韵，耶平上去皆俗音，正音在嘉韵。"可见，书中音系主要是当时山东济南一带的读书音（正音），但也杂收了一些口语音。

下面把"十三转音法"中的舒声韵与今济南方音进行比较（见表2-5、2-6）：

表 2-5　舒声韵

合口呼	光	官	公	裩	○	乖	○	姑	戈	瓜	规		
开口呼	刚	干	庚	根	高	该	勾	○	歌				赀
齐齿呼	江	间	经	金	骄	皆	鸠	○		家	鸡	赊	
撮口呼	○	捐	弓	军	○	○	○	居	○	○	○	○	○
中古主要来源	江宕摄	山咸摄	曾通梗摄	深臻摄字	效摄字	蟹摄一二等字	流摄字	遇摄字	果摄字	假摄二等字	止摄字和蟹摄三四等字	假摄三等字	止摄开口三等齿音字

表 2-6　今济南方音

合口呼	uaŋ	uã	uŋ	uê	○	uɛ	○	u	uə	ua	uei	
开口呼	aŋ	ã	əŋ	ê	ɔ	ɛ	ou	○	ə[1]	a[2]	ei[3]	ə[4]	ɿ
齐齿呼	iaŋ	iã	iəŋ	iê	iɔ	iɛ	iou	○		ia	i	iə	
撮口呼	○	yã	yŋ	yê	○	○	○	y	○	○	○	
中古主要来源	同上	同上	同上	同上	同上	同上	同上	同上	同上	同上	同上	同上

① 《韵学入门》全部归合口。今济南方音唇音字归开口，另牙喉音字有开合的对立。

② 《韵学入门》唇音字归齐齿，另正齿音字也归齐齿。可能有误。

③ 《韵学入门》唇音字归合口。

④ 《韵学入门》正齿音字读细音。

上面舒声韵母，除了"戈"韵与"赊"韵在今济南方音中合流外，其他韵的中古的来源与分类基本上是一致的（唇音字的开合口归字存在些许差异，正齿音字由细音变洪音）。

下面再看入声韵（因今济南方音已无入声韵，故与《万韵书》进行比较）：

1. 灰（或、国）：主要来源于臻合一等没韵和曾合一等德韵。

2. 格：主要来源于曾开一等德韵和梗开二等陌麦韵。

3. 衣（一）：主要来源于臻开三等质韵。

4. 姑（縠）：主要来源于通合一等屋沃韵、通合三等屋韵部分正齿音非组字。

5. 居（玉）：主要来源于通摄合三等烛韵。

6. 瓜（刮）：主要来源于山合二等鎋黠韵。

7. 葛：主要来源于山开一等曷韵和咸开一等合盍韵。

8. 戛：主要来源于山开二等黠韵字。

9. 戈（郭、各）：主要来源于宕摄一等铎韵。

10. 觉：主要来源于江摄开口二等觉韵的牙喉音唇音字、宕摄开口三等药韵。

11. 耶（结）：主要来源于山摄开口四等屑韵、咸摄开口三等业韵、山摄开口三等薛韵。

12. 决：主要来源于山摄合口四等屑韵、山摄合口三等薛韵。

《万韵书》十五韵中，除了阳声韵外，阴声韵"该勾子"三韵只有少数入声字。其余韵的入声字较多。跟《韵学入门》的关系大致如表2-7所示。

表 2-7　入声韵比较

《韵学入门》	一	郭	各	觉	玉	国	格	刮	葛	结	决	或	穀
《万韵书》	吉	戈			高	举	国		家		杰		孤

跟《万韵书》的入声韵的主要不同是（由于韵图列字有限，《万韵书》中的许多入声字在《韵学入门》中没有出现）：

1. 臻摄合口一等末韵字在《万韵书》中归戈韵，而在《韵学入门》中是灰韵的入声。

2. 曾摄合口一等德韵字在《万韵书》中归国韵，而在《韵学入门》中是灰韵的入声，同时还有结韵的合口又读音。

3. 江摄开口二等觉韵在《万韵书》中主要是高韵的入声，而在《韵学入门》中是戈韵的入声，但有高韵的又读音。

4. 另在《韵学入门》中，高该钩韵中入声字的读音绝大部分是《万韵书》中没有的。

由上面可知，书中音系是当时济南一带的读书音。下面构拟音系如下。

声母：

帮 [p]、滂 [pʻ]、明 [m]、非 [f]，精 [ts]、清 [tsʻ]、心 [s]，照 [tʂ]、穿 [tʂʻ]、审 [ʂ]、日 [ʐ]，见 [k]、溪 [kʻ]、晓 [x]，端 [t]、透 [tʻ]、泥 [n]、来 [l]，影喻疑微 [Ø]

韵母：

公〔uəŋ〕、弓〔yəŋ〕、庚〔əŋ〕、经〔iəŋ〕，裩〔uən〕、军〔yən〕、根〔ən〕、金〔iən〕，官〔uan〕、捐〔yan〕、干〔an〕、间〔ian〕，光〔uaŋ〕、刚〔aŋ〕、江〔iaŋ〕，规〔uei〕，高〔ɔ〕、交〔iɔ〕，勾〔ou〕、鸠〔iou〕，乖〔uɛ〕、该〔ɛ〕、皆〔iɛ〕，瓜〔ua〕、家〔ia〕，姑〔u〕、居〔y〕、赀〔ɿ〕〔ʅ〕、鸡〔i〕，赊〔iə〕，歌戈〔uo〕，或〔ueiʔ〕，格〔eiʔ〕，一〔iʔ〕，縠〔uʔ〕，玉〔yʔ〕，刮〔uaʔ〕、葛〔aʔ〕、戛〔iaʔ〕，郭各〔uoʔ〕，觉〔ioʔ〕，国〔uəʔ〕、结〔iəʔ〕、决〔yəʔ〕

三、古今语音的差异及其变化

1. 在书中入声韵还是独立的，今济南方音入声韵已与相对应的舒声韵合流。另书中一些入声韵存在又读音，今济南方音已经消失。如"国"韵存在〔uei〕和〔uə〕的读音，今济南方音读〔uə〕音。

2. "戈"韵读〔uo〕韵，因牙喉音后发生了〔uo〕→〔uə〕音变，后来类推到其他声母字，导致"戈"韵与"耶"韵的合流。今济南方音牙喉音字存在开合口的对立，应该是后来受北京官话的影响形成的。《山东方言研究》（第67页）："果摄见系字的韵母从东部的合口呼到西部地区的开口呼，在地理上呈现逐渐过渡的态势，东部保存 uo（或 uə）韵母读音的字多，而西部则读开口韵母 ə 的字较多。胶东几乎全读 uo（或 uə），鲁中地区是过渡的中间地带，口语还读合口，文读则是开口。"

3. "耳二"在书中读〔ʅ〕，今济南方音读〔ɚ〕。

4. 古"麻"韵三等正齿音字"遮车奢"在"嘉"韵和"耶"韵下有又读，今济南方音基本上只读耶韵音。

5. 知庄章组细音字在书中绝大多数读细音，今济南方音读洪音。如"车"〔iə〕，今济南方音读〔ə〕音。

6. 书中音系分尖团，如"居≠沮，去≠趣，虚≠胥"，今济南方音已尖团合流。

第二节　《读韵入门》

《读韵入门》是古斟[1]人孙建勋（生平事迹不详）所著。该书成于咸丰乙卯年（咸丰五年，1855），包括自序、凡例、分四声法、牙舌唇齿喉歌、韵头和正文。

韵头分十一叶，其中七阳叶，四阴叶[2]。这十一叶，其实就是十一个韵部（见表 2–8）。

表 2–8　十一叶表

		七阳叶							四阴叶			
韵头	齐	兼	金	京	江	皆	交	鸠	加	迦	鸡	机
	开	干	根	更	冈	该	高	钩	葛⃝①	哥	格⃝	裓⃝
	合	官	裩	公	光	乖	○	○	瓜	戈	归	姑
	撮	涓	君	扃	○	○	○	○	厥⃝	脚⃝	居	菊⃝

注：原表为竖排，今改为横排。

① 凡例："遇迦葛厥格裓数韵，平上去中无领韵之字者，仍用此字领韵，而以圆圈圈之，均为借用。读时务照各处应读之音读之便了，可执为本字也。"

正文中，以一叶为单位，按齐开合撮分别与牙舌唇齿喉音相拼，再按平上去入分别列字。其中平声字分清浊两行（即上平、下平），以犍（兼）[3]韵为例，如表 2–9 所示。

表 2–9　犍韵平声音节表

	牙			舌			唇			齿			轻舌齿			喉	老	人
清	犍	铅	烟	颠	天	○	鞭	篇	○	笺	千	鲜	毡	襜	苫	杴	○	○
浊	、①	乾	盐	、	田	年	、	便	绵	、	钱	涎	、	缠	○	醎	镰	然

注：1. 原表为竖排，今改为横排。

2. "、"为原书字符。

一、音系及其特点

（一）声母及其特点

从正文列字来看，书中有十八个声母。根据列字的情况，声母的主要特点有：

1　清人先著《赠海云子》诗："相逢炎月亦萧森，来处家乡是古斟。"自注："寿光即古斟国。"

2　凡例："韵头古十三叶，今减去二叶，而音韵分毫不少。非妄更张，取其便于诵读也。"

3　凡例："读时止读中行大字，旁小字与大字同音，不读自知。"

1. 全浊音声母清化，其中全浊塞音、塞擦音平声送气，仄声不送气。

在三阳叶开口去声舌音下列有"邓（橙）○○"，齿音下列有"赠蹭○"，齐齿平声浑平牙音下列有"○擎赢"，舌音下列有"○亭宁"，唇音下列有"○瓶名"，齿音下列有"○情○"，轻舌齿音下列有"○城（程）绳"。

在四阳叶齐齿呼去声齿音下列有"酱（匠）蹡相"，轻舌齿音下列有"帐（杖）唱尚"。

在二阴叶入声浊末牙音下列有"杰○叶"，舌音下列有"碟○捏"，唇音下列有"别○灭"，齿音下列有"截○○"，轻舌齿下列有"辙○舌"。

在三阴叶入声浊末牙音下列有"极郐逆"，唇音下列有"逼匹密"，齿音下列有"集（籍）○席"，轻舌齿下列有"直○十"。

2. 非敷奉合流。

作者在凡例中说："韵中轻唇音句，惟合口行有。其重唇音，阳叶中与开口行同，故以三角圈代之。阴叶中兼有者，注在右旁。"可见，书中还有三个轻唇音声母。不过根据书中轻唇音列字的情况来看，轻唇音非敷奉三母已经分辨不清，比如在三阳叶合口平声下依次列有"风（鄷）封鞤、缝冯○"；在二阳叶合口平声下列有"分芬瘟、芬（焚）坟纹"；在四阳叶合口平声下列有"方芳○、芳房亡"，上声下列有"纺髣罔"；在三阴叶合口平声下列有"非飞威"，上声下列有"匪榧唯"，去声下列有"肺废纬"；在四阴叶合口去声下列有"赋付（傅）误"。

3. 影喻疑微合流（合口呼字在微母下有又读音）。

在一阳叶平声牙音第三位下列有：烟盐（阎）、鞍（安）○、湾完、冤园（元），在唇音合口第三位下列有：剜丸。

在二阳叶平声牙音第三位下列有：殷银、恩○、温文（闻）、氲云，在唇音合口第三位下列有：瘟纹。

在三阴叶平声牙音第三位下列有：衣倪（疑）、○○、威韦（隗）、淤虞（余），在唇音合口第三位下列有：威危。

在四阴叶平声牙音第三位下列有：医夷（姨）、○○、乌（巫）吴，在唇音合口第三位下列有：乌无。

4. 知庄章组字合流，与精组字对立。

书中齿音下列的是精组字，轻舌齿下列的是章知庄组字。在一阳叶齿音下列有：笺煎簪钻镌千钱参蚕寁攒筌全鲜涎三酸宣；轻舌齿下列有：毡詹砖襜缠搀镵穿船苫衫拴。在三阳叶齿音下列有：菁曾缯宗青情蹭层葱从星僧松；轻舌齿下列有：蒸筝钟称城充虫升绳牲。

5. 鼻音边音对立，即泥母与来母不混。

书中泥母字列在舌音第三位下，来母字列在老母下。在一阳叶舌音第三位下列有：年男；老母下列有：连篮。在三阳叶舌音第三位下列有：宁能农浓；老母下列有：绫棱笼隆。

6. 日母独立存在。

书中日母字列在人母下。在一阳叶人母下列有：人然。在三阳叶人母下列有：仍荣绒。

7. 分尖团。

在三阳叶齐齿呼牙音下列有：京（经）、轻擎；喉音下列有：兴邢。而在齿音下列有：菁○、青情、星○。

在三阴叶撮口呼牙音下列有：居（驹）、区璖（渠瞿）；喉音下列有：虚○。而在齿音下列有：且○、蛆○、须（胥）徐。

8. 止摄开口三等日母字除了日母读音外，还有来母又读音。

在四阴叶平声齐齿呼日母下有"儿"，开口呼来母下有"儿"；上声齐齿呼日母下有"耳"，开口呼来母下有"耳"；去声齐齿呼日母下有"二"，开口呼来母下有"二"。

根据声母的特点，书中的声母可以归纳为二十个，即在原有的十八声母的基础上可增加非母和微母。

（二）韵母及其特点

根据韵头来看，书中有三十八个韵母（只算韵头的平声韵，不算相配的入声韵）。但实际上只有三十六个韵母，因为果摄字开合口字同韵，都读合口（见下）。另外，阴三叶与阴四叶齐齿呼字读音应该相同，因为它们来源于止摄开口三等韵字和蟹摄开口四等齐韵字，除了在平去声下的列字有少数相同外，特别是在上声齐齿呼下的列字完全相同[1]，这很明显是为四呼的整齐所做的人为拆分。

韵母的主要特点：

1. 蟹摄开口二等的牙喉音字读齐齿呼，但仍旧跟一等字同韵。

在五阳叶齐齿呼下列有：稽揩挨鞋；开口呼下列有：该开哀唉孩；合口呼下列有：乖歪灰。

2. 麻韵三等字与果摄一等字合流（果摄字开合口合流，读合口音）。

---

[1] 在四阴叶齐齿呼上声下，除了列有首字"几"外（三阴叶首字也是"几"字），其他未列字，注曰："同三叶"。

在二阴叶齐齿呼下列有：迦〇、佉茄、〇爷、爹〇、〇〇、〇乜、〇〇、撒〇、咩〇、罝〇、〇〇、些邪、遮〇、车〇、赊〇、〇〇、〇〇、〇〇。

在二阴叶合口呼下列有：戈[1]（锅）〇、科〇、窝鹅、多〇、拖橐、〇挪、菠〇、坡婆、〇摩、〇〇、蹉矬、蓑（梭）〇、〇〇、〇〇、〇〇、呵和、〇罗（骡）、〇〇。

3. 知章组开口三等字读齐齿呼（但止摄开口三等部分字读开口呼），其他知庄章组字大多数读洪音（少数合口三等字读撮口呼，如遇摄合口三等鱼虞韵知章组字，或者有撮口呼的又读音，如通摄合口三等东钟韵的知章组字），见表2-10。

表2-10　知庄章组字读音表

	齐齿呼	开口呼	合口呼	撮口呼
阳一叶	毡（詹）襜苫；缠詀搀衫；馋	詀搀衫；馋	砖穿拴；船	〇〇
二叶	针（甄珍）琛身（申）；陈神	榛岑参（莘）	谆春；淳	〇〇
三叶	蒸称升；城（程）绳	筝枨牲	锺充；虫	鐘充
四叶	张昌尚（商）；肠（常）	〇〇	庄（装）窗霜（双）；床	〇〇
五叶	〇〇	斋差（钗）筛；柴	摨衰；揣	〇〇
六叶	招超烧；朝（晁）召（韶）	抄筲（捎）；巢	〇〇	〇〇
七叶	周（州）抽收；紬	邹（诌）篘搜；愁	〇〇	〇〇
阴一叶	〇〇	差纱；茶	抓	〇〇
二叶	遮车赊	〇〇	〇〇	〇〇
三叶	知筜；池	〇〇	吹锤；谁	猪（朱）樗书（舒）；除（储）殊（殳）
四叶	知；治	支差师（施）；匙（时）	初梳；锄	〇〇

（三）声调及其特点

凡例："教童子读韵，先将上平、下平、上去入声，为之写出，使识此数字，掂出上平、下平、上声、去声来，使掐指中平上去入，掂得烂熟。然后读韵，则圈点读之不难矣。"因此书中有五个声调。

声调的特点：

1. 全浊上声归去声。

在阴阳叶每叶后，都附有"丈上似去"，其中在一阳叶后注曰："丈上似去，却是上声，切字牢记，可无庸读。"这说明实际口语中全浊上声已经读入了去声，

1　作者注曰："此戈韵平上去俱无轻唇，故全不著。"

但在切字的时候，要把它当作上声。

2. 全浊入声归阳平，次浊入声归去声，清入声仍旧是一个短促的入声。

在一阴叶入声注曰："入声有三色，浊入似平 [1]，末入似去，余皆促入。首行促入，次行每句首字为浊入，末为末入。惟重轻二齿音末字亦是浊入。按此读之，又次行末句下二字俱是末入。"

一阴叶入声开口列字如表 2-11 所示。

表 2-11　一阴叶入声开口字表

	牙			舌			唇			齿			轻舌齿			喉	老	人
促	葛	礚	○	荅	塔	○	八	汃	儚	喳	擦	撒	劄	刹	杀	哈	拉	○
浊末	蛤	○	○	达	○	纳	拔	○	○	杂	○	○	鑈	○	○	合	辣	○

上表"促"行中主要是清入字，"浊末"行中，"达拔杂鑈合"是全浊入声字，"纳辣"是次浊入声字，即末入 [2]。

二、音系性质

书中记录的音系主要是当时的寿光方音。下面把书中音系的一些特点与今寿光方音比较一下（见表 2-12 到表 2-14）。

表 2-12　声母的比较

《读韵入门》	1	2	3①	4②	5	6③	7④	8⑤
今寿光方音	√	√	√	√	√	√	√	√

注："√"表示相同。下同。

① 《寿光方言志》："有的人在零声母以 u 开头的时候，读得带有轻微的摩擦近于 v。"

② 《寿光方言志》："普通话读 tʂ、tʂ'、ʂ 的字（古代属于"知""庄""章"三组声母）是否二分及其读音。北区二分，分别读 tʂ、tʂ'、ʂ 和 tʃ、tʃ'、ʃ；其他各区不分，读作 tʂ、tʂ'、ʂ。如"喳"与"吃"，北区分别读 tʂʅ 和 tʃi'ʃʅ，其他各地都读作 tʂʅ。再如"瘦"和"寿"，北区分别读 sɤu 和 ʂɤu，其他各地统读 ʂɤu。"书中音系跟北区应该同属一个类型，因为知章组开口三等字绝大部分读细音，其他知庄章组字绝大部分读洪音。

③ 《寿光方言志》："普通话 ʐ 声母字（古代日母字）的读音。西区及中南区的南部（包括寿光城）读 l，如'肉'音'漏'、'瓤'音'狼'；东南区读零声母 i- 或 y-，如'肉'音'又'、'人'音'银'、'软'音'远'；北区及中南部的北部读 ʐ 同于普通话。"书中音

1　浊入似平，此平声应该指浊平，即阳平。因为书中平声字根据声母的清浊分阴平、阳平两个调类。浊声母的入声字归入平声后，应该是归入阳平。

2　次浊入声字还有少数字仍旧保持入声，如"促"行的"儚拉"，也有少数清入声字归入其他声调，如"浊末"行的"蛤"，读入阳平。

系日母字与来母字对立，在日母下和来母下都列有字，同于北区。

④《寿光方言志》："普通话读 tɕ、tɕ'、ɕ 的字（古代精组声母和见组声母的细音字）是否二分及其读音。今寿光西区和中南区不分尖团，同读 tɕ、tɕ'、ɕ，同于普通话；东南区也不分尖团，但同读 ts、ts'、s，如精清星和经轻兴都读作 tsiŋ、ts'iŋ、siŋ；北区区分尖团，尖音读 ts、ts'、s，团音读 tɕ、tɕ'、ɕ，如精清星读 tsiŋ、ts'iŋ、siŋ，经轻兴读 tɕiŋ、tɕ'iŋ、ɕiŋ。"书中音系同于北区，分尖团音。

⑤《寿光方言志》："'儿耳二'音节的发音比较特殊。发音时，先发一个边音的本音，然后舌尖稍离开上腭，发出一个舌尖略起作用但同时舌位也较高的元音。声母的部位可略前也可较后，只要保持后面的元音的特色即可。如果发得较慢的话，主要是延长边音声母的持阻时间，一般不延长其后的元音（发"葱热"音节时也是这样）。根据其发音特点和语感，本书将'儿耳二'的声母记为 l。韵母元音记为 ɨ，其实际音值是一个舌位较高同时舌尖也略起作用的元音，舌位不到 i 而比央元音 ə 高。"书中除了来母的读音外，还有日母的又读音。

表 2-13　韵母的比较

《读韵入门》	1	2①	3②
今寿光方音	√	√	√

① 今寿光方音果摄字除了唇音字归在开口外，其余都读合口。

② 今寿光方音与书中音系绝大部分一致，但有少数字从细音变成了洪音。（见后文的变化部分）

表 2-14　声调的比较

《读韵入门》	1	2①
今寿光方音	√	√ ×

注："√ ×"表示部分相同，部分不同。下同。

① 浊入声一致，不同的是清入声在今寿光方音中归入了阴平，而在书中还是一个单独的调类。这应该是古今的差异造成的。因为在寿光方音中，清入声的消失在时间上应该是不久的事情，因为清入声字在轻声前的变调跟阴平字不同。北部清声母入声字在轻声前与上声同调，而南部清声母入声字在轻声前虽与一般的阴平不同，但与上声不同调。这说明清入声归入阴平的时间还不太久，因此在连读变调中还能区别出来。在寿光西部不远的利津、桓台、章丘和邹平等地的老派读音中清入声字大多还保持独立的入声调类。

下面再看一看入声韵的归派。在书中入声韵有四叶，分别与今寿光方音进行比较。（见表 2-15—表 2-18）

表 2-15　一阴叶入声的比较

	齐	开	合	撮
例字	夹恰鸭瞎岳洽匣	葛磕瘩塔八汃呷擦撒剳刹杀拉蛤达纳拔杂鍘合辣	刮发苫刷刖妠伐袜滑	镢阙蕝雪薛拙说血月越绝勺穴劣

（续表）

	齐	开	合	撮
主要来源	咸摄开口二等洽狎韵牙喉音、山摄开口二等鎋黠韵牙喉音	山摄开口一等曷韵、咸摄开口一等合盍韵	山摄合口二等黠鎋韵、山摄合口三等月薛韵	山摄合口四等屑韵、山摄合口三等月薛韵
今寿光方音	√	√	√①	×②

注："×"表示不同。下同。

①　关于来源，我们只考虑韵部，对于少数的字的开合洪细忽略不计，比如"发伐"等字，书中归在合口呼中，今寿光方音归在开口呼中。这种归派只是作者处理韵字时的方式不同，但都归于同一个韵部。至于某些字的洪细不同，有些是古今演变的差异造成的，有些可能是作者受传统韵图的影响，保留了传统读音造成的。另外照组月薛韵字今寿光方音归在二阴叶中。

②　这韵字今寿光方音归在二阴叶撮口呼中。

表 2-16　二阴叶入声的比较

	齐	开	合	撮
例字	结怯冶谒跌铁捏鼈撇节切屑摺掣设蝎杰叶碟聂别灭截辙舌协烈热	○○○○○○○○○○○○	割渴恶掇脱作撮索桌绰烁郝格鄂蕚夺诺缚箔搏泊佛摸凿浊勺鹤烙若	脚却握爵鹊削靴缩谑乐岳嚼学略若
主要来源	山摄开口四等屑韵、咸摄开口三等业叶韵、山摄开口三等月薛韵、咸摄开口四等帖韵		山摄开口一等曷韵少数牙喉音字、宕摄开口一等铎韵、山摄合口一等末韵、江摄开口二等觉韵、宕摄开口三等药韵	宕摄开口三等药韵
今寿光方音	√		√	√

表 2-17　三阴叶入声的比较

	齐	开	合	撮
例字	吉汲乞一的剔妮必劈七戚锡职尺失吸极郤逆益邑籴溺逼匹密集籍席直十檄历日	格革客得北坏则塞侧策色黑嚇特墨贼翟宅	国百或白麦获	菊鞠曲郁屈笔足促缩竹①出叔畜入局玉女觅俗孰勖律
主要来源	臻摄开口三等质迄韵、深摄开口三等缉韵、梗摄开口三四等昔陌锡韵、曾摄开口三等职韵	梗摄开口二等陌麦韵、曾摄开口一等德韵	曾摄合口一等德韵、梗摄合口二等麦韵	通摄合口三等屋烛韵、臻摄合口三等术韵
今寿光方音	√	√	√	√

注：这一叶在四呼相配方面不太合理。应该齐撮相配为一叶，开合相配为一叶。如果仅仅单从入声与其相配的舒声韵来看，与今寿光方音是具有较强的对应性的。

①　知庄章组字今寿光方音归在四阴叶合口呼中。

表 2-18　四阴叶入声的比较

	齐[①]	开[②]	合		撮
例字		澁	骨谷哭屋笃秃福弗扑沃木卒簇速烛畜束 物服兀轴熟斛禄陆辱		
主要来源		深摄开口三等缉韵 生母字	臻摄合口一等没韵、通摄合口一等沃屋 韵、臻摄合口三等物韵		
今寿光方音		√		√	

注：这叶的字，齐齿呼与三叶同，其相配的舒声韵也与三叶的舒声韵同。
① 书中注曰："吉菊二韵与三叶同。"
② 凡例："惟祴字一韵，圈多字少，去之不能，存之难读。"

通过上面的比较可以看出：书中入声韵与阴声韵相配的格局与今寿光方音具有较强的对应性，当入声消失后，相配的入声韵绝大部分与相配的阴声韵归并，与今寿光方音一致，只是少数字的洪细和少数字的归部发生了变化。

这样，我们可以参照今寿光及其附近地点的方音，对书中的音系构拟如下。

声母：

　　见［k］、溪［k'］、影［Ø］，端［t］、透［t'］、泥［n］，帮［p］、滂［p'］、明［m］，精［ʦ］、清［ʦ'］、心［s］，照［tʂ］、穿［tʂ'］、审［ʂ］，晓［x］、来［l］、日［ʐ］，非［f］、微［v］，章［tɕ］、昌［tɕ'］、书［ɕ］[1]

韵母：

　　兼［iã］、干［ã］、官［uã］、涓［yã］，金［iõ］、根［õ］、裩［uõ］、君［yõ］，京［iəŋ］、更［əŋ］、公［uəŋ］、扃［yəŋ］，江［iaŋ］、冈［aŋ］、光［uaŋ］，皆［iɛ］、该［ɛ］、乖［uɛ］，交［iɔ］、高［ɔ］，鸠［iəu］、钩［əu］，加［iA］［iAʔ］[2]、⊕葛［A］［Aʔ］、瓜［uA］［uAʔ］、⊕厥［yAʔ］，迦［iə］［iəʔ］、哥戈［uə］［uəʔ］、⊕脚［yəʔ］，⊕鸡［i］［iʔ］、⊕格[3]［ei］

──────────

1 书中章知组开口细音仍旧读细音，其他大多读洪音，跟今寿光方音北区音较为接近，故增加此组声母。

2 入声韵如果有喉塞韵尾的话，应该是一个非常弱的音。

3 开口呼列的字不多，主要是唇音字，有"颏培梅厄美"。

［eiʔ］、归［uei］［ueiʔ］、居［y］［yʔ］，机［ ］[1]、祴［ʅ］［ɿ］［ɿʔ］［ɨ］、姑［u］［uʔ］、菊［ ］

声调：

阴平［213］、阳平［53］、上声［55］、去声［21］、入声［33̲］[2]

三、古今的差异和变化

书中音系与今寿光方音相比，主要的差异和变化为：

1. 书中音系开口呼零声母字仍旧读零声母，而今寿光方音已经增生了一个后鼻音声母［ŋ］。

2. 知章组部分开合口细音字变成了洪音。

（1）麻韵开口三等知章组字"遮车赊"等从齐齿呼变成了开口呼，从而增加了一个韵母［ə］。

（2）遇摄合口三等鱼虞韵知章组字"猪（朱）、樗、书（舒），除（储）、殊（殳）"，从撮口呼变成了合口呼，通摄合口三等东钟韵的知章组字撮口呼的又读音字"鐘充"等失去了撮口呼的读音，只读合口呼了。

3. 山摄合口四等屑韵和山摄合口三等月薛韵字"镢阙蕝雪薛拙说血月越绝勺穴劣"等从读［yʌʔ］变成了［yəʔ］，从而音系中少了一个韵母。

4. 清入声消失，入声韵相应地归入了相配的舒声韵，使得韵母系统进一步简化。

四、与相关韵图的关系及其价值

《读韵入门》是在古代某种韵图的基础上归并而成的。究竟是根据哪种韵图，书中没有说，但通过书中的一些术语来看，应该是依据清代山东寿光人王鹏飞的《等韵便读》[3]，如书中入声字分为"浊入、末入和清入"三类，有"丈上似去"，等等。虽然《读韵入门》是在《等韵便读》的基础上归并而成的，但由于根据当时

---

1 机韵列字与鸡韵列字来源相同，且有许多字相同，应该读音是一样的。多列一韵，是为了凑足四呼，使得鸡机两叶四呼俱全。

2 从保留清入声的方言来看，都是一个平调。

3 应是根据《等韵便读》的未刊稿。

寿光方音进行了改进，因此极具革新性，如把三十六字母的形式改成了十八行的声母形式，且在这种形式中，还暗含非微等声母，把当时寿光方音的声母基本上都归纳了出来。在韵部的归并方面，也把古麻韵三等字和果摄一等字合并，这都是当时寿光方音的真实反映。另外，在入声韵与舒声韵的配合方面，也跟今寿光方音具有较为一致的对应性。当然，《读韵入门》也存在一些保守的地方，如在每叶的后面，列出"丈上似去图"，在书的最后列出"阳借阴入图"，把非母字列在合口呼，等等。但瑕不掩瑜，《读韵入门》根据当时寿光方音对《等韵便读》所作的删改，为我们留下了当时宝贵的寿光方言音系，这在清代山东韵书方面是值得特别赞赏的，因为清代山东韵书资料虽多，但绝大部分反映的都是读书音。因此，反映实际音系的《读韵入门》是研究清代寿光方音的重要资料，也是研究山东方音史的宝贵语音资料。

第三节　《韵学正宗》

抄本《韵学正宗》，是在《五方元音》的基础上改编而成的，不著撰人姓名和时间，大约是清中后期。该书包括序言（残缺）、韵目、字母和正文。

该书韵目分为十三韵：一天、二人、三龙、四羊、五牛、六鳌、七虎、八河、九野、十马、十一海、十二地、十三对。

字母分为五类，每类根据介音的情况再分几个小类，亦即声介合母（见表2-19）。

表 2-19　字母表

唇音		舌音				齿音		牙音				喉音			
班	边	丹	端	颠		专	占	尖	钻	镌	簪	间	干	捐	官
潘	偏	贪	天	湉		川	搀	千	攒	铨	参	谦	堪	棬	宽
蛮	绵	年	南	○	暖	山	拴	先	宣	三①	酸	枚	欢	轩	憨
番		连	蓝	孪	栾	然	软	燕	渊			弯	安		

① 书中缺"三"母，但在正文中有"三"母，故补上。

正文是等韵化的韵书，以韵为单位，横列五音字母（小类各母），每母下再按四声列字，四声用①②③④表示。韵字下有简单的释义。

一、音系及其特点

（一）声母及其特点

根据书前的字母分类和正文中每母下的列字，可以归纳出书中声母的数量为十九个。其中有几点需要说明：

1. 唇音下的番母，应该是轻唇音。"天"韵番母下的例字来源于古轻唇音字：番翻幡，樊凡繁烦，反返，犯范泛贩梵饭。

2. 牙音下的"燕渊"和喉音下的"弯安"应该是同一个声母。这几母下的例字来源于古影喻疑微母字，以"天"韵为例：燕焉咽烟，言严研颜炎延盐妍岩，眼演掩偃淹，宴衍彦砚验谚厌艳雁；渊冤鸳，元袁原员园圆援垣源猿，远，怨愿院；弯湾豌剜，完顽玩，晚挽腕碗，万；安庵鞍，○○，俺揞，按暗案岸。

声母的主要特点：

1. 全浊音清化，其中塞音、塞擦音平声送气、仄声不送气。

在"天"韵中，班母下有：㊀班颁般㊁○○㊂板版㊃半伴办绊；潘母下有：㊀潘攀㊁盘蟠胖磻㊂○○㊃泮判盼畔；颠母下有：㊀颠癫巅㊁○○㊂典点㊃奠殿惦垫电佃店甸靛；天母下有：㊀天添㊁田甜填㊂忝餂㊃○○；川母下有：㊀川穿㊁传船椽㊂喘舛㊃串篆；尖母下有：㊀尖煎笺㊁○○㊂践剪戬㊃贱僭荐渐钱箭；千母下有：㊀千迁阡签㊁前钱㊂浅潜㊃茜倩；间母下有：㊀间兼坚奸艰肩监㊁○○㊂俭简减检拣柬缄茧㊃见件建健剑谏；谦母下有：㊀谦牵骞铅㊁乾虔遣黔钳㊂慊㊃欠；欢母下有：㊀欢貛㊁桓还环㊂缓幻㊃宦换焕患。

2. 影喻疑微母合流。（见上文声母说明第 2 条）

3. 分尖团音。

在"人"韵中，尖母下有：津浸；间母下有：金今斤巾筋襟；千母下有：亲侵；谦母下有：钦；先母下有：心辛新薪；枕母下有：欣忻炘。

在"牛"韵中，尖母下有：揪啾；间母下有：究鸠阄；千母下有：秋鞦；谦母下有：丘邱蚯；先母下有：修羞脩馐；枕母下有：休貅咻。

在"地"韵中，尖母下有：积即绩脊迹籍藉寂疾辑；间母下有：吉姬急激击级饥肌基；千母下有：戚妻漆刺七；谦母下有：欺乞迄泣；先母下有：西夕昔悉析惜息栖犀锡；枕母下有：奚希熙稀兮吸羲溪牺嘻橄。

4. 知章庄组字合流，与精组字对立。

在"地"韵中，占母下有：知支指之职执质汁织秩脂缁芝枝栀雉；簪母下有：资赀咨滋兹孜恣；挽母下有：赤尺吃叱嗤痴笞媸；参母下有：磁雌龇；山母下有：

师施诗示失识释湿适尸狮室；三母下有：思私司斯厮丝。

在"鳌"韵中，占母下有：朝招钊诏；簪母下有：遭糟；搀母下有：超绰抄；参母下有：操；山母下有：烧捎梢稍；三母下有：臊。

在"羊"韵中，占母下有：张章彰樟獐；簪母下有：臧赃；搀母下有：昌娼猖倡阊；参母下有：仓苍沧；山母下有：商伤；三母下有：桑丧。

5.泥来母不混。

在"龙"韵中，年母下有：宁咛；连母下有：灵零陵伶龄玲聆羚；南母下有：能；蓝母下有棱楞稜；暖母下有：浓农脓；栾母下有：龙聋笼胧珑。

（二）韵母及其特点

1.曾梗通摄字合流。

在"龙"韵下有：彭蓬朋棚膨鹏篷硼，平评凭苹萍瓶屏，灯登，东冬，藤腾誊疼，亭廷停庭，同童桐瞳铜。

2.江宕摄字合流。

在"羊"韵下有：邦帮梆，江姜疆，枪戕锵，冈刚钢缸肛，庄妆装桩。

3.山咸摄字合流。

在"天"韵下有：扁匾贬，犯范泛贩梵饭，谈谭弹澹檀痰坛潭，占詹瞻沾霑毡，阎严言研颜炎妍延筵盐岩檐。

4.臻深摄字合流。

在"人"韵下有：真甄珍臻箴斟针榛蓁，因殷阴姻音瘖氤茵，心辛新薪，亲侵，申莘身伸绅森琛参。

5.古麻韵三等字与麻韵二等字对立。

书中麻韵二等字归在"马"韵，麻韵三等字归在"野"韵。在"野"韵下有：者车奢赊姐借谢夜；在"马"韵下有：巴怕麻拿茶沙耍牙家瓜夸花。

6."儿耳二"等字读来母。

在"地"韵蓝母下有：㊁而儿輀㊂耳尔迩㊃四二。

7.入声韵失去了塞音韵尾，归入阴声韵。

书中古入声字都归在阴声韵中，如在"鳌"韵燕母下有：㊀约要腰夭妖邀㊁姚肴烧尧遥摇谣窑㊂咬㊃要耀乐药岳钥；在"虎"韵端母下有：㊀都督笃㊁独毒犊㊂杜赌读肚堵㊃杜度肚渡镀妒；在"河"韵憨母下有：㊀郝喝呵㊁何合曷河鹤荷盒㊂〇〇㊃贺阖。

8.歌戈韵在牙喉音下存在开合对立。

在"河"韵下有：（歌哥戈）≠（锅过）；（珂轲苛）≠（科扩颗蝌）；（禾

和）≠（何河荷）；（窝莴涡）≠屙。

（三）声调及其特点

书中一共有四个声调，分别在每母下用一二三四表示，即阴平、阳平、上声和去声。

1. 平分阴阳。

在"天"韵中，贪母下有：一贪摊瘫滩二谈谭弹檀痰坛潭；川母下有：一川穿钏二传船椽；参母下有：一参餐骖二残惭蚕。

2. 全浊上声归去声。

在"天"韵中，边母下有：四卞便辨辩变辫汴遍；间母下有：四见件建健谏剑；班母下有：四半伴办绊。

在"人"韵中，端母下有：四顿遁遯腞囤沌。在"羊"韵中，先母下有：四相像象；占母下有：四丈杖仗胀账帐。在"龙"韵中，尖母下有：四静靖净。在"地"韵中，山母下有：四事士仕氏世侍是恃试势式视誓市柿豉。

3. 全浊入声主要归阳平，次浊入声主要归去声，清入声主要归阴平。

在书中，入声字都归入了阴声韵，下面把各韵归入的常用入声字按四声列表（见表 2-20）。

表 2-20　入声字归韵表

	一	二	三	四
牛				六肉褥
鳌	爵削约觉角脚	灼嚼凿学	鹊雀	乐落洛弱药岳钥
虎	福复幅辐覆蝠督笃突戮烛竹祝筑嘱逐出叔束淑辱猝促速谷骨哭窟酷忽屋	服伏独毒犊徒轴妯孰熟塾族卒斛	腹读术属	簿目穆睦沐木陆禄录入肉褥勿物
河	拨博泼剥驳搏寞脱托讬络酌桌拙捉戳黜朔说缩作沃握恶葛郭渴阔揭霍豁藿鋈喝	薄簿拔泊跋雹膊缚佛铎夺浊啄琢镯芍凿鄂胳割鸽各阁活鹤曷	沫诺掠昨	末莫落洛乐骆若弱索客
野	鼈憋撇瞥跌铁帖贴捏劣略哲折浙彻设节接窃切屑薛雪噎腋曰粤结竭揭洁诀决客怯阙缺却血歇	别叠牒辙摺捷截绝劫革隔鬲蹶协携挟穴	碟蝶列烈裂孑格	灭篾聂镊猎冽撤热妾业叶月越悦阅岳杰倔怯
马	八发法答搭塌榻褟纳拉邋扎察插刹煞杀刷擦甲夹刮恰掐瞎	拔伐乏罚达撮闸杂狎狭鍘匣峡滑猾		腊辣蜡袜
海	柏伯百拍迫仄窄侧责摘谪策拆册测色涩啬瑟塞格隔革国克刻	白帛泽择宅或惑获	额厄	魄脉麦
地	毕必逼劈霹僻滴剔踢职执质赤尺失识适室积绩脊籍寂疾鲫戚漆刺七夕昔悉析惜锡戌戚一乙挹益郁吉急激击级及菊鞠橘乞迄泣屈曲吸旭蓄	敌嫡食拾蚀石集疾辑蒺膝席俗液浴极觚给	习袭	辟碧壁密蜜立力历粒绿律溢亦玉欲育域
对	北笔德得忒勒色则国黑赫	特贼		默墨

二、音系性质

书中音系从总的情况来看，应该反映的是官话。如古全浊音的消失，无入声，山咸摄字合流，臻深摄合流、曾梗摄合流且臻深摄与曾梗摄字对立，等等。

在官话方言中，应该反映的是冀鲁官话。因为只有冀鲁官话仅有古清入声字主要归阴平，其他官话都不具备这个特征（见表2-21）。

表 2-21   官话入声归调表

	北京官话	冀鲁官话	胶辽官话	中原官话	兰银官话	西南官话	江淮官话
清入	阴阳上去	阴平	上声	阴平	去声	阳平	入声
次浊入	去声						
全浊入	阳平						

资料来源：张世方（2010），第178页。

在冀鲁官话中，书中音系应该反映的是石济片或沧惠片的语音，这两片的清入声主要归阴平。下面把《汉语官话方言研究》（钱曾怡［2010］，第131页，表4-1）冀鲁官话入声调演变类型表引用如下（见表2-22）。

表 2-22   冀鲁官话入声调演变类型表

类型	分布	清入	次浊入	全浊入
甲	石济片、沧惠片	阴	去	阳平
乙	保唐片	阴阳上去		
丙	章利片	入		

在这两片中，书中音系反映的是河北省境内的语音，这主要从江宕摄入声字和曾梗摄入声字的读音来看，书中江宕摄入声字有归入效摄的读音，曾梗摄入声字有归入蟹摄和止摄合口的读音，能满足这些条件的只有河北境内的冀鲁官话，山东境内的冀鲁官话不能全部满足条件。下面把《汉语官话方言研究》（钱曾怡［2010］，第155页，表4-21）冀鲁官话内部韵母特点比较表简化如下（见表2-23）。

表 2-23   冀鲁官话内部韵母特点比较表

大片	小片	代表点	曾梗摄入声字洪音韵母	宕江摄入声字	前响复合元音
石济片	赵深小片	石家庄	ai/ei/ɤ/uo	ao/ɤ/uo	ai、ao
	邢衡小片	衡水	ai/ei/ɤ/uo	ou/ɤ/uo	ai、ao
	聊泰小片	济南	ei/uei	əy/əu/e	ɛ、ɔ

（续表）

大片	小片	代表点	曾梗摄入声字洪音韵母	宕江摄入声字	前响复合元音
沧惠片	黄乐小片	沧州	ai/ei/ɤ/uo	ao/ɤ/uo	ai、ao
	阳寿小片	寿光	ei/uei	ə/uə/yə	ɛ、ɔ

在石济片和沧惠片中，书中音系更加接近石济片的语音。主要有以下几点：

1. 古知照系字合流，与精组字对立。这点与石济片的语音相同，而在沧惠片的语音中，古知照系字二分，一部分读 tʂ 组，一部分读 ts 组与精组字相混。

2. 在石济片的赵深小片和邢衡小片中，绝大多数地点都分尖团音。

3. 在石济片的邢衡小片中，"儿耳二"读自成音节的 ɭ。

这样就可以把书中的音系构拟如下。

声母：

唇音：班［p］、潘［p'］、蛮［m］、番［f］；舌音：丹［t］、贪［t'］、年［n］、连［l］；齿音：专［tʂ］、川［tʂ'］、山［ʂ］、然［ʐ］；牙音：尖［ts］、千［ts'］、先［s］、燕［Ø］；喉音：间［k］、谦［k'］、枕［x］、弯［Ø］

韵母：

一天［an］［uan］［yan］［ian］、二人［ən］［uən］［iən］、三龙［əŋ］［uŋ］［yŋ］［iəŋ］、四羊［aŋ］［uaŋ］［iaŋ］、五牛［əu］［iəu］、六鳌［au］［iau］、七虎［u］、八河［o］［uo］、九野［iɛ］［yɛ］［ɛ］、十马［a］［ua］［ia］、十一海［ai］［uai］［iai］、十二地［ɿ］［ʅ］［i］［y］、十三对［uei］［ei］

声调：

阴平［213］、阳平［53］、上声［55］、去声［31］

三、古今的主要差异和变化

由于书中作者的籍贯不明，书中音系尽管反映的是河北境内的冀鲁官话，但具体地点不得而知，因此探讨古今差异和变化的时候，只能就石济片的广泛共同的语音特点而谈。其主要的变化主要有：

1. 书中影疑母开口呼洪音字读零声母，今石济片影疑母开口洪音增生了一个鼻音声母〔ŋ〕。

2. 书中蟹摄开口二等牙喉音字与一等字同韵，归在海韵，读〔iai〕音，今石济片归在野韵，读〔iɛ〕音。

清代以来，反映河北冀鲁官话的文献不多，除了《五方元音》外，目前还未发现其他的有关文献[1]。《韵学正宗》成书于《五方元音》之后，在分韵方面更加合理些，如把《五方元音》的地韵分为对韵和地韵。另外，《韵学正宗》更加接近冀鲁官话的实际，如把入声韵归入相应的阴声韵。因此，《韵学正宗》是研究清代冀鲁官话的宝贵资料。

第四节　《直隶官音字》

《直隶官音字》附在《儒林字音贯通·卷首》内[2]，应该是吴达邦所撰。成书时间应该跟《儒林字音贯通》同时，即光绪丙午年（1906）。

《直隶官音字》是一张等韵图，该图横列三十七韵，纵列二十一母，声韵交叉处列出代表字，所列字主要是平声韵字（少数韵只有入声字），声韵皆有英语、法语字母注音，笔者在本章仅取英文注音。

一、声母及其特点

韵图列有二十一母，但图中没有给出标目字，下面以列字比较全的"纲"韵为例（见表2-24）。

表2-24　声母表

1	2	3	4	5	6	7	8	9	10	11
纲	康	狇	磕	殃①	张	娟	伤	赃	仓	桑
k	k‘	ng	h	元音	ch	ch‘	sh	ts	ts‘	s

1　华长忠的《韵籁》目前属于天津；《直隶官音字》音系不全。

2　清朝直隶省，省府在保定。明朝时称北直隶，清顺治二年（1645）改称直隶，康熙八年（1669）称直隶省。1928年国民政府将直隶省改为河北省。另《儒林字音贯通》有关情况见后有关章节。

（续表）

12	13	14	15	16	17	18	19	20	21	
当	汤	哝	廊	瓟	邦	滂	猇	方	汪	
t	t'	n	l	j	p	p'	m	f	v	

注：原为竖排，现改为横排，序号为笔者所加。

① 此处书中无字，只有一个〇。笔者把邻近"江"韵的"姎"字放在此处填补空位，即零声母字。

声母的主要特点：

1. 分尖团，且精见组字都未腭化。

在"机"韵下有：机≠跻，欺≠妻，稀≠西；在"居"韵下有：居≠趄，躯≠趋，虚≠须；在"京"韵下有：京≠精，轻≠青，兴≠星；在"捐"韵下有：捐≠镌，圈≠诠，喧≠宣。

在第一位下列有：家瓜机歌锅加居阶该乖高交鸠；在第九位下列有：嗟跻租趄栽遭焦揪煎尊赃将精宗。

2. 影母开口一等字前增生了一个后鼻音声母。

在"该"韵第三位下列有"哀"字。在"钩"韵第三位下列有"欧"字。在"高"韵第3位下列有"鏖"字。在"根"韵第三位下列有"恩"字。在"甘"韵第三位下列有"安"字。

3. 影母合口洪音前（含合口三等读洪音的字）的合口介音变成了一个唇齿浊擦音声母。

在"家"韵第二十一位下列有"洼"字。在"歌"韵第二十一位下列有"窝"字。在"雷"韵第二十一位下列有"威"字。在"该"韵第二十一位下列有"歪"字。在"根"韵第二十一位下列有"温"字。在"甘"韵第二十一位下列有"弯"字。在"纲"韵第二十一位下列有"汪"字。

4. 全浊音清化，其中塞音、塞擦音平声送气。

在"君"韵第二位下列有"群"字。在"穹"韵第二位下列有"穹"字。在"瘸"韵第二位下列有"瘸"字。在"锅"韵第四位下列有"和"字。在"加"韵第四位下列有"虾"字。在"阶"韵第四位下列有"鞋"字。在"庚"韵第十位下列有"层"字。在"姑"韵第十三位下列有"图"字。在"该"韵第十八位下列有"排"字。在"钩"韵第十八位下列有"掊"字。

5. 古来母与泥娘母不混。

在"间"韵下：年≠连。在"甘"韵下有：难≠兰。在"江"韵下有：娘≠

良。在"锅"韵下有：挪≠罗。在"姑"韵下有：奴≠炉。

6.古日母字仍旧独立成母。

在"遮"韵第十六位下列有"惹"字。在"姑"韵第十六位下列有"如"字。在"钩"韵第十六位下列有"柔"字。在"高"韵第十六位下列有"饶"字。在"根"韵第十六位下列有"人"字。在"工"韵第十六位下列有"戎"字。

7.在合口呼前晓匣母与非敷奉母不混。

在"工"韵下有：风≠薨。在"姑"韵下有：夫≠呼。

8.古知庄章组字合流，与精组字有对立。

在第六位下列有：渣抓遮朱知斋追周招真潺专谆占张衷贞庄。在第九位下列有：嗟跻租滋栽诹遭焦揪簪钻尊赃将精宗增。

二、韵母及其特点

图中分三十七韵，其实就是三十七个韵母，但图中没有给出韵目字，每韵取第一位字为名称（第一位没有的取第二位，以此类推），如表2-25所示。

表2-25 韵母表

1	2	3	4	5	6	7	8	9	10	11	12	13
家	瓜	耶①	遮	机	歌	锅	姑	加	雷	瘸	居	儿
a	ua	e	ieh	i	o	uo	u	ia	ei	üeh	iu	ih

14	15	16	17	18	19	20	21	22	23	24	25	26
阶	该	乖	归	钩	高	交	鸠	根	甘	间②	金	君
iai	ai	uai	ui	ou	ao	iao	iou	en	an	ien	in	ün

27	28	29	30	31	32	33	34	35	36	37
官	昆	捐	占	纲	江	京	穷	工	庚	光
uan	un	üan	en	ang	iang	ing	üng	ung	eng	uang

① 耶韵的英文注音与遮韵的英文注音弄反了，根据图中知庄章字的读音来看，都拼洪音，不拼细音。

② 间韵的主要元音应该是a，跟捐韵相同。同理占韵的主要元音也应是a。

韵母的主要特点：

1.山咸摄合流。

在"甘"韵下有：甘堪安酣潺搀山簪餐三单贪难兰班攀瞒番弯。

2.深摄与臻摄合流。

在"金"韵下有：金钦欣因浸亲新纫林宾贫民。

3. 曾摄与梗摄合流。

在"庚"韵下有：庚坑哼贞称升增层僧登能楞扔崩烹萌。在"京"韵下有：京轻兴婴精青星丁厅宁灵兵娉明。

4. 蟹摄开口二等的牙喉音字与麻韵开口三等字不同韵母。

在"阶"韵下有：阶揩鞋挨。在"耶"韵在有：耶嗟且些爹。

5. 止摄开口三等日母字"儿"等字读零声母。

在"儿"韵下列有止摄开口三等的齿音字"知痴诗滋雌思"和"儿"字，其中第 5 位列的是"儿"字，属于零声母。因此，"儿"字读 $[ɚ]$。

三、声调

在图的后面有关于声韵调的说明："右官音三十七韵，侵覃盐咸混入寒山先。……声分夫扶府父福为上下平上去入五声。"因此有五个声调。但书中没有列入声韵，究竟这入声是真存在，还是已经没有了，难以判断。

从图中音系来看，确实跟今冀鲁官话（河北境内）差别不大，主要的不同是：今冀鲁官话中声母只有少数地方还分尖团音，且在分尖团音的方言中，也还有些地方见组字已经腭化。另韵母方面，蟹摄开口二等的牙喉音字已经与麻韵开口三等字合流。

第三章　胶辽官话

胶辽官话分布于胶东半岛、辽东半岛和吉林省的东南部等地。胶辽官话中古知、庄、章组声母今读的分合比较复杂，是分片的依据。

第一节　《新订韵略反切易知录》

《新订韵略反切易知录》（本章简称《韵略》）是山左（今山东）林正风（字金麓）所撰，目前见到两个版本：（1）刻印本。具体刊刻时间不详。书前有林氏自序，序后署有"乾隆三年菊月谷旦栖霞恩贡林正风金麓氏书于成均率性堂"，可见此书成于1738年。（2）北京天华馆民国戊辰年（1928）印制的铅字本。是书只有正文，没有作者自序，与《韵法直图》合印。

该书包括自序、目录、简便切字法三十六韵、五音歌、五声歌、切字宜知喉舌唇牙齿和按图取字法等内容。其中"切字宜知喉舌唇牙齿"就是等韵图，亦即三十六韵与十八字母相拼的直列音节表，主要是平声字（也有少数入声字），并在下面注明每个韵所属的呼。

一、音系简介

（一）韵母

该书分为三十六韵，其实就是三十六个韵母。这三十六个韵母，林氏分为六纲"礼乐射御书数"，每纲六韵（见表3-1），但没有四呼相配。在"切字宜知喉舌唇牙齿"中，这三十六个韵母分为五呼：合口、齐齿、撮口、开口、混口 [1]。

1　林氏的五呼很明显是从《韵法》直图脱胎而来。除了"混呼"不好理解之外，"赀"韵列齐齿呼也不太合适。

表 3-1 三十六韵表

礼		乐		射		御		书		数	
君	撮口	居	撮口	姑	开口	官	合口	觉	混口	狷	撮口
公	合口	高	开口	革	开口	江	混口	嘉	齐齿	甘	混口
光	混口	骄	齐齿	乖	合口	金	开口	经	齐齿	歌	合口
国	合口	该	开口	钩	开口	滚	合口	赀	齐齿	皆	齐齿
基	齐齿	决	撮口	葛	开口	扃	混口	冈	开口	结	齐齿
坚	齐齿	庚	开口	根	开口	鸠	齐齿	瓜	合口	规	合口

（二）声母

该书声母为十八个，在"简便切字法三十六韵"中，林氏说："此图六纲，三十六领。每领十八字为目，用之切字，只熟读领与目。"这十八个声母在"切字宜知喉舌唇牙齿"中可以表现出来。以列字全的"姑"韵为例，添加传统字母进行比较（见表 3-2）。

表 3-2 十八字母表

书中例字	故	库	吴	都	徒	奴	补	蒲	木	祖	粗	苏	竹	初	疏	胡	扶	庐
传统字母	见	溪	影	端	透	泥	帮	滂	明	精	清	心	照	穿	审	晓	非	来

（三）声调

书中在"辨五声撮要"中，列举了一些代表字（见表 3-3）。

表 3-3 声调表

声调	平	上	去	入	全
例字	幽	有	幼	业	游

其中的全声即阳平声。至于入声，林氏说："入声全在五声之中，只读平上去入全时，稍一勒则入声自出。其本韵叶韵入声，借用入声，皆系天然。不烦思索，必区而别之。曰某韵本用入声，特为初学指南耳。其实不必分也。盖入声有顺转、有拗转。如孤古故谷姑、基纪寄吉鸡，此顺转也。若公幪贡谷宫、钩苟构谷勾，则拗转矣。"从林氏的论述中可知，入声配阴声韵是正转，配阳声韵是拗转。可见，书中入声配阴声韵。又在"切字宜知喉舌唇牙齿"中，入声韵与阴声韵已经同韵，如在"结"中列有"结怯叶碟贴涅别撇灭截且谢浙彻舌协列"。因此，入声韵已经没有塞音韵尾了，只是还保持着独立的调类。

二、音系性质

书中音系应该是当时山东栖霞方音的反映或部分反映了栖霞方音。理由如下：

1. 书中音系是官话音的反映。

（1）全浊音消失。在"切字宜知喉舌唇牙齿"中，"溪"母下有"群空欺坤琼求卿康魁"，"透"母下有"通天陶条台腾徒偷吞听汤"，"清"母下有"秦聪千樵层粗擦存墙秋清全催"，等等。

（2）影微喻疑合流。在"切字宜知喉舌唇牙齿"中，"影"母下有"云翁汪握衣妍鱼熬哀月吴羊音温荣由若牙昂瓦元巍湾"。

（3）山咸两摄合流。在"切字宜知喉舌唇牙齿"中，"坚"韵下有"坚牵妍颠天年边偏眠煎千先占缠苫轩连"，"官"韵下有"官宽湾端湍南班潘瞒酸专穿拴欢翻鸾"，"甘"韵下有"甘看犴丹滩难班盘慢钻参三专巉山汉番兰"。

（4）江宕摄合流。在"切字宜知喉舌唇牙齿"中，"江"韵下有"江羌羊娘将墙襄章昌商乡良"，"光"韵下有"光匡汪邦旁茫撞闯霜恍方郎"。

（5）深臻摄合流。在"切字宜知喉舌唇牙齿"中，"金"韵下有"金钦音宾贫民浸亲心斟沈深欣林"。

（6）曾梗摄合流。在"切字宜知喉舌唇牙齿"中，"经"韵下有"经卿凝丁听宁兵平明精清星征成升兴陵"，"庚"韵下有"庚坑登腾能崩烹增层僧争撑声亨风楞"。

2. 声韵母的一些特点与栖霞方音相符。

（1）书中知照组独立成母，但没有日母。今胶东方音中，日母字读零声母，与影喻疑微母合流。

（2）书中音分尖团。在"坚"韵下有：坚≠煎，牵≠千，轩≠先。在"居"韵下有：居≠疽，区≠趋，虚≠须。

（3）蟹摄开口二等牙喉音字独立成一个韵母，与麻韵开口三等字不混。书中皆韵有"皆楷崖鞋"，而书中"结"韵有"且谢"，书中"嘉"韵有"嘉掐牙鍜"。

（4）果摄开口、合口一等字合流，在《韵略》中，果摄一等字都归在"歌"韵：歌科峨朵妥讹波坡摩矬梭卓所和缚罗。今栖霞方音读合口［uo］。

当音系性质确定后，参考今栖霞的方音，构拟声韵如下。

声母：

　　　　帮［p］、滂［p‘］、明［m］、非［f］，精［ts］、清［ts‘］、心［s］，

照［tʃ］、穿［tʃʻ］、审［ʃ］，见［k］、溪［kʻ］、晓［x］，端［t］、透［tʻ］、泥［n］、来［l］，影喻疑微日［Ø］

韵母：

公［uəŋ］、扃［yəŋ］、庚［ə̆ŋ］、经［iəŋ］、滚［uən］、君［yən］、根［ən］、金［iən］，官［uan］、狷［yan］、甘［an］、坚［ian］、光［uaŋ］、冈［aŋ］、江［iaŋ］，规［uei］，高［ɔ］、骄［iɔ］，钩［uə̆］、鸠［iə̆i］，乖［uɛ］、该［ɛ］、皆［iɛ］，瓜［ua］、葛［a］、嘉［ia］，姑［u］、居［y］、赀［ɿ］［ʅ］、基［i］，歌［uo］、觉［io］，国［uə］、革［ə］、结［iə］、决［yə］

三、古今的差异和变化

1. 书中臻摄合口一等韵和山摄合口一等韵的精端组字合口介音正在消失之中。在"根"韵下有"敦尊存孙"，在"滚"韵下有"敦吞"，在"甘"韵下有"钻"。今栖霞方音臻摄合口一等韵、山摄合口一等韵的精端组字合口介音已经消失。

2. 山摄薛月屑韵、臻摄物韵与宕摄药韵、江摄觉韵的字韵母有别，在《韵略》中，山摄臻摄入声字归"决"韵：决阙月别撇灭绝雪拙说穴；江宕摄入声字归"觉"韵：觉却若爵雀削绰学略。在长岛、牟平、荣成、文登等地：月 ꞌye ≠ 药 ꞌyo，越 yeˀ ≠ 悦 yoˀ。但今栖霞方音这两组字音已经合流。

3. 书中入声韵已经失去了塞音韵尾，但仍旧保留入声调。今栖霞方音入声调已经消失。

第二节 《韵谱》

《韵谱》是清嘉庆年间山东栖霞人牟应震所撰。牟氏是一位古音学家，古韵著作有《毛诗古韵杂论》一卷、《毛诗古韵》五卷、《毛诗奇句韵考》四卷、《韵谱》

一卷。其中《韵谱》是一个声韵配合表[1]，是用今音[2]来阐释古韵和说明定切音的便蒙之作，因而它反映的是时音。他说："沈韵行而天下归于一，沈韵行而古今判若二矣。迺即今音汇为一谱，无复音，亦无遗音，纵横不爽，以之定切音，求转音，举目可得，为幼学指南，或亦捷径与？""且谱为转音作，巴当转卜，马当转木，瓜寡当转孤，可一览而得。使改今音以存古，绝其踪迹，无自而知其是非矣。""韵谱为初学设，横读为叠韵，竖读为双声，切字之法，上一字为双声，下一字为叠韵。"

一、韵母

牟氏归纳时音为十三个韵部，叫"十三声"，即光官公绲高钩乖规[3]歌国瓜基。每"声"分四音：开（合口呼）、发（开口呼）、收（副开口呼）、闭（副合口呼）。

声分四音，如表 3-4 所示。

表 3-4　"声"分四音表

开	光	官	公	绲	○	○	乖	傀	○	国	瓜	孤	○	合口呼
发	冈	干	庚	根	高	钩	该	毑	歌	革	蛤	○	○	开口呼
收	江	坚	京	金	交	鸠	皆	○	脚	结	甲	○	基	副开口呼
闭	悁	涓	洞	君	○	○	○	○	○	厥	○	居	○	副合口呼

注：原为竖排，现改为横排。

根据现代栖霞方言，拟音如表 3-5 所示。

表 3-5　韵母拟音表

开	uaŋ	uan	uəŋ	uən	○	○	ʒu	uei	uo①	uə	ua	u	○	合口呼
发	aŋ	an	əŋ	ən	ɔ	əu	ɛ	ei	o	ə	a	○	ʅ	开口呼

1 因为牟氏接受了顾炎武的"四声一贯"说，认为上古无四声。他说："平仄乱收者，诗无四声切字。但取其音，孤亦可读谷，谷亦可读孤，基亦可读吉，吉亦可读基。若必以平上去入为是非，则仍囿于沈韵，非三代以前之韵矣。"故而在表中不能反映当时的声调情况。

2 牟氏认为口语保留有古音。他在《毛诗古韵杂论·论古今音》中说："……今去沈约千五百年，有未能变者，皆口头习语父传子授家喻户晓之音也。六呼溜，肉呼柔，溺呼鸟，合呼阁，药呼乌，教加呼孤阿，皆古音也。而斥为土音，呫哗之声偶与切音未符，相与非笑之。故言韵愈精，去古韵愈远也。"

3 "规"字在"声分四音"中没有出现，改成了"傀"。

（续表）

收	ian	ian	iəŋ	iən	ci	uei	iɛ	○	io	iə	ia	○	i	副开口呼
闭	yaŋ	yan	yəŋ	yən	○	○	○	○	yo②	yə	○	y	○	副合口呼
													ɚ	

①　根据韵表中的列字增加此音。
②　根据韵表中的列字增加此音。

关于韵母的几点说明：

1.〔yaŋ〕韵母在现在栖霞方言中没有。在韵表中除了惶字外，再也没有其他字，可见此韵母可能是为了说明古韵而增添的，也有可能是受旧等韵的影响，如《切韵指南》等，达到牟氏所说的"无复音，亦无遗音"。当然也有可能是古孑遗之音。

2.〔iai〕韵母在现在栖霞方言中还存在。而在跟《韵谱》差不多同时代而反映北京方言的《音汯》中，〔iai〕韵正处在向〔iɛ〕韵变化的过程之中。

3.〔ei〕韵在当时的栖霞方言中不存在。牟氏解释说："傀字发声尚有革危切一音，衍之为克危切，再衍为厄危切，皆有音而无字，此作等韵之疏也。罞，呼鸭声，《篇海》作羊委切，读唯。今齐语呼鸭皆作革危声，故取以为傀韵之发声。"韵表中傀韵开口除了罞字外，没有列其他字。钱曾怡先生在《胶东方言概况》一文中说："就声母、韵母的配合关系来看，胶东语音都没有〔t〕〔tʻ〕〔tsʻ〕〔ts〕〔s〕这五个声母和〔uei〕〔uan〕〔uən〕相拼的音节，凡普通话中这些音节的字，像'堆'〔tuei〕、'端'〔tuan〕、'吞'〔tʻuən〕和'嘴'〔tsuei〕、'酸'〔suan〕、'村'〔tsʻuən〕等字，胶东话都没有其中的〔u〕介音。"

在《韵谱》中，〔t〕〔tʻ〕类字跟上述三韵相拼都有〔u〕介音，但〔tʻ〕类的"吞"字收在了开口，显示了失去〔u〕介音的初始。〔ts〕〔tsʻ〕〔s〕与〔uei〕〔uan〕相拼有〔u〕介音，跟〔uən〕相拼没有〔u〕介音，如"尊村孙"列在开口呼。说明〔ts〕〔tsʻ〕〔s〕跟上述三韵相拼的字正处在失去〔u〕介音的过程之中。此外，〔l〕声母的〔uən〕音节也列在开口，如"伦"。

4.〔o〕韵母在今栖霞方言不存在。《胶东方言概况》一文中说："……栖霞……调查点没有〔o〕韵母，凡青岛等点和普通话中的〔o〕韵母，这些地方都合并在〔ɤ〕韵母中，如：'波、坡、模、佛'等字。"而在《韵谱》中"波"字就列在

［o］韵母中，说明在当时栖霞方音中，［o］→［ɤ］的演变还没有发生[1]。

5.［uo］韵母在"声分四音"中不存在，但在韵表开音中却列有"各廓愕错索浊戳朔壑洛"这些字，这些字都是古入声字。[2] 可见［uo］韵母在当时栖霞方言是存在的。

6.［io］韵母在今栖霞方言不存在。韵表中读［io］韵母的字，如"脚却若爵鹊削酌绰烁学略"等字，在今栖霞方言读［yo］韵。在同时代的《音泭》中，这些字都读［yo］韵。但牟氏在韵表中列有一个读［yo］韵的"矍"字，反映当时栖霞方言［io］韵正在向［yo］韵变化。

7.基韵［i］在"声分四音"发音中没有列字，但在韵表的齿音、牙音开口位上却列有字，如"子此死止齿始"，因此应该增加舌尖元音。

8."基"声后附有加圈的"二"字。牟氏解释说："二字孤音，等韵附日母下。"今借附'基'部后，以备一声。"二"字单独为一声（韵部），说明"二"字跟舌面前高元音有较大的差异，根据现代栖霞方言可知，二字应读［ɚ］音。

二、声母

牟氏说："等韵三十六母，今减为十八，盖去其重音。"究竟是哪十八个声母，牟氏尽管没有明言，但根据韵表及有关的论述，我们能够加以推定。为了便于说明，下面把韵表的一部分展示出来（见表3-6、3-7、3-8）。

表3-6　《韵谱》缩减表

音舌						音腭前					
娘 ○	囊 ○	○ ○	汤 ○	○ ○	当 ○	㊉羊 王	昂 王	羌 ○	康 匡	江 慳	冈 光
…	…	…	…	…	…	㊉言 渊	安 丸	塞 圈	堪 宽	尖 涓	干 官
…	…	…	…	…	…	…	…	…	…	…	…
尼 女	蠹 奴	替 ○	忒 土	底 ○	得 杜	乙 汝	厄 五	乞 曲	克 苦	吉 菊	革 谷

注：该表为从右向左，表3-7、表3-8同。

1　在当时的栖霞方音中，古果摄字开合已经混同。牟氏说："戈歌同音也。等韵以戈为开声，以歌为发声，异其切音，亦以意为之耳。"

2　韵表排字的情况参见解说声母时的有关解释。

表 3-7　《韵谱》缩减表

音齿						音唇重					
厢〇	桑	枪	仓	将	臧	〇	忙	〇	旁	〇	邦
…	…	…	…	…	…	…	…	…	…	…	…
…	…	…	…	…	…	…	…	…	…	…	…
息胥	塞苏	七取	城粗	即足	则祖	米〇	默木	匹〇	迫普	比〇	北卜

表 3-8　《韵谱》缩减表

音唇轻	音腭后				音牙					
方	梁〇	郎〇	香〇	杭荒	裳〇	〇霜	昌〇	〇窗	章〇	〇庄
翻	…	…	…	…	…	…	…	…	…	…
…	…	…	…	…	…	…	…	…	…	…
夫	里旅	勒鲁	喜许	黑呼	势书	色数	饬处	拆楚	质主	侧著

韵表横向（从右到左）依次徘列是：前腭音、舌音、重唇音、齿音、牙音、后腭音、轻唇音。纵向按十三"声"（从光官到孤基）依次排列。每一"声"下"开口呼"与"合口呼"、"副开口呼"与"副合口呼"同列，"开口呼"与"副开口呼"、"合口呼"与"副合口呼"同行。依次循环，没有字音的地方用"〇"表示。

韵表最下面列出的是反切上字，牟氏说："谱中标出羊言等字，谱下另排革吉等字，以备反切之用，以羊言等字为韵，以革吉等字为声，如谷羊切光，革羊切冈，吉羊切江，菊羊切惶，得羊切当，忒羊切汤，尼羊切娘，女羊亦切娘。"根据"竖读为双声"的原理，从反切上字来看，洪细音字是分两组的，这两组是声母读音的不同，还是因介音而分的呢？结合牟氏论述零声母的情况来看，应该属后者。牟氏说："等韵切字以影喻为韵而分清浊，三十六母而'疑'与'影喻'复音。故言韵者，或去疑母，或改字音。今为初学指南，改疑字音则读之不顺于口。故去'影喻'而用疑。谱中所标'羊''言'等字，皆疑母所属也。不分清浊，不拘平上去入……"根据说明，中古疑影喻三母合为一音，变成了零声母[1]。如表 3-6 的"昂王"与"羊〇"、"安丸"与"言渊"、"厄五"与"乙汝"这些字，尽管介音的洪细不同，但其前的声母是相同的。可见，反切上字分二组是因介音洪细不同而分的。又牟氏论述"傀字发声"时也说明了这一情形（见前），"革"与"吉"

1　其实日微母也读零声母，在"韵表"中"无若汝"字与"昂王"等同母。

的声母无别，"革"与"克"的声母才不同，同样"克"与"乞"、"厄"与"乙"声母也相同。这样一来，韵表中的声母个数可归纳为十八个，与牟氏所说"十八"之数刚好相符。

根据今栖霞方言，每类拟音如下（从右到左）：

前腭音：[k] [k'] [Ø]；舌音：[t] [t'] [n]；重唇音：[p] [p']
[m]；齿音：[ts] [ts'] [s]；牙音：[ʧ] [ʧ'] [ʃ]；后腭音：[x] [l]；
轻唇音 [f]

关于声母的说明：

1. 中古全浊声母已经清化。如在韵表中"村从""徒忒""盘篇""坤勤"等同母，这表明了浊音清化。

2. 无 [ʐ] 音。除了中古止摄开日三等日母字读 [ɚ] 音外，其他中古日母字也都变成了零声母字，如在韵表中零声母下列有"若汝"。这种情形同今栖霞方言一样。

3. 中古知庄章三组不读卷舌音，而读舌叶音。因为在韵表中这组声母既拼洪音，也拼细音。具体情况见表 3-9（常用字）。

表 3-9　知庄章组字音表

	开	发	收	闭
光声	庄窗霜	○	章昌商	○
官声	专川拴	湛产山	占缠膻	○
公声	中冲	争撑生	贞称声	○
绳声	谆春	臻岑森	真琛身	○
高声	○	嘲巢稍	昭超烧	○
钩声	○	邹愁搜	舟抽收	○
乖声	揣衰	斋柴	○	○
傀声	追吹水	○	○	○
歌声	浊戳朔	○	酌绰烁	○
国声	○	侧折色	哲舌	拙说
瓜声	抓刷	楂叉沙	遮车奢	○
孤声	烛楚疏	○	○	诸处书
基声	止齿始	○	质饬势	○

在今栖霞方言中，开发组字归入了精组字。收闭组字也发生了分化，部分字仍旧保留舌叶音，部分字变成了舌面前音［tɕ］［tɕ'］［ɕ］[1]。

4.齿音［ts］［ts'］［s］既能跟开合口呼字相拼，也能跟齐撮呼字相拼，故细音字没有腭化。在今栖霞方言中，细音字部分已变成了［tɕ］［tɕ'］［ɕ］，部分已变成了［tʃ］［tʃ'］［ʃ］。

5.前腭音［k］［k'］和后腭音的［x］既能跟开合口呼字相拼，也能跟齐撮呼字相拼，故细音字没有变成舌面中音。今栖霞方言中，细音字已经变成了舌面中音［c］［c'］［ç］。

三、与《新订韵略反切易知录》的比较

《韵谱》和《新订韵略反切易知录》反映的都是当时的栖霞方音，两书的音系大致相同，但也有些许差异，主要有：

1.在《韵谱》中，古果摄字列在发音，读开口。但在《新订韵略反切易知录》中，古果摄字列在合口。

2.止摄开口三等日母字"二"等，在《韵谱》中读卷舌元音，而在《新订韵略反切易知录》中，"儿"字列在基韵非母下，读［ɦi］，可能有误，只不过在基韵中只有非母下有空位，刚好可把它安排下。应该也是附在基韵后，读卷舌元音。

第三节　《反切捷要》

《反切捷要》抄本一册，不知何人何时所撰。其书名由来就是作者认为其书拼读反切比较简捷。其序说："……风气不同，音律各异。按之此法，未有不若合符节者。即三尺童子，稍解语言，一授即能成诵，至简至精，故名之曰《反切捷要》。"

全书包括序言、声韵调介绍、韵图和反切法几个部分。其中最重要的是正文韵图部分，以韵为单位，每韵再分别与声母相拼，纵列所得小韵首字。

1　也许收闭组字在当时从音值上也可分成两组，由于这两组字读音很接近，所以牟氏把它们归在了一组。

一、音系及其特点

（一）声母及其特点

书中声母是《韵略易通》前的早梅诗，作者把这些声母大致按发音部分进行了分类（见表3-10）。

表3-10　声母表

1	2	3	4	5	6	7	8	9	10
见	开	一	东	天	暖	冰	破	梅	早
喉			舌			唇			牙
11	12	13	14	15	16	17	18	19	20
从	雪	枝	春	上	向	风	来	人	无
牙			齿		喉牙	唇齿	舌喉	齿牙	喉唇

注：原为竖排，现改为横排，序号为笔者所加。

声母好像是二十个，但实际上并没有这么多，从书中韵图来看，其中19号和20号在韵图中没有出现（见声母特点1和2），只有前面的十八个声母。

声母的主要特点：

1. 19号"人"字是古日母字，在韵图中古日母字没有独立成母。在早梅诗助纽字中，"人"的助纽字为"仁言"，可见书中古日母字跟疑母合流，而书中疑母是跟影喻母合流的（见下文），因此书中古日母字与影喻疑母合流，应该变成了零声母。

2. 20号"无"字是古微母字，在韵图中古微母字没有独立成母。书中微母字跟影疑喻母字合流，在韵图中3号的位置上，各韵下列的字有"云翁王倪妍鱼熬尧艾月湾扬银文由原安吴额欧"等等，在早梅诗助纽字中，"无"的助纽字为"文完"，因此书中微母字应该变成了零声母。

3. 泥来母不混。

早梅诗中6号"暖"字与18号"来"字就是泥母和来母，可见书中泥来母是对立的，各自成母的。如在"公"韵下有"浓"与"隆"的对立，在"坚"韵下有"年"与"连"的对立，在"居"韵下有"女"与"闾"的对立，在"庚"韵下有"能"与"楞"的对立。

4. 知章庄组字合流与精组字有对立，且知庄章组字分为两类。

早梅诗中10、11、12号"早从雪"字与13、14、15号"枝春上"字就是精组字和知章庄组字，可见书中精知两组声母是对立的，各自成母的。如在"君"韵下有"准春顺"与"俊皴旬"对立，在"基"韵下有"知痴食"与"集妻西"对立，在"该"韵下有"斋钗筛"与"栽猜腮"对立，在"官"韵下有"专穿拴"与"钻攒酸"对立。

在三十六字韵中，知庄章组字分洪细两类（见表3-11）。

表3-11　知庄章组字读音表

韵字	公	光	歌	高	该	庚	官	棍	干	过	规	孤	格	乖	钩	葛	根	赀	冈	瓜
洪音	仲充春	庄闯双	琢擢所	嘲巢稍	斋钗筛	争撑生	专穿拴	○	斩谗山	○	追捶谁	竹锄疏	责策色	○	邹篘搜	诈察沙	臻岑莘	支齿师	○	捉○要

韵字	君	基	坚	居	交	厥	江	金	扃	鸠	涓	皆	结	觉	家	京
细音	准春盾	知痴食	占缠禅	诸储树	昭嘲绍	拙歠说	章昌商	斟沉神	○○	周抽收	转川	○	浙彻舌	着绰杓	○	征成绳

从知庄章组字的分布来看，书中音系大致属于《官话方言研究》（贺巍〔2002〕，第110页）提到的第二种情况。不同的是书中山臻合口知章组字部分归甲类，部分归乙类。

5. 非敷奉母合流。

在韵图中17号的位置上，各韵下列的字有"风方缚否翻分非夫浮法"等字。

6. 分尖团音。

在"基"韵下有"基欺戏"与"集妻西"对立，在"坚"韵下有"坚牵轩"与"煎前先"对立，在"江"韵下有"江羌香"与"将枪详"对立，在"厥"韵下有"厥阙穴"与"绝雀雪"对立。

7. 全浊音消失，其中塞音、塞擦音平声送气，仄声不送气。

在韵图中2号的位置上，各韵下列的字有"群空科欺区敲坑宽勤琼求圈看魁库却恰卿康"等字。在韵图中5号的位置上，各韵下列的字有"同他梯天陶挑台腾徒偷亭唐"等字。在韵图中4号的位置上，各韵下列的字有"东朵低刀代登端丢丹迭德"等字。在韵图中11号的位置上，各韵下列的字有"皴从樵猜层餐全清苍此"等字。在韵图中10号的位置上，各韵下列的字有"俊宗集煎聚遭栽绝增将浸尊赞截租则杂嚼精"等。

8. 影喻疑母合流。

在韵图中3号的位置上，各韵下列的字有"云翁王谔妍鱼熬尧艾月湾扬银文由安吴额欧"等字。

（二）韵母及其特点

书中有"字母三十六韵"，也就是三十六个韵母：君公光歌基坚居高交该厥庚官江金棍扃鸠涓干过皆迦规孤格乖钩葛根觉家京赀冈瓜。

韵母的主要特点：

1. 果摄歌戈韵字合流，但牙喉音字、来母、非敷奉母字存在又读。

歌韵：歌科谔和缚骡朵挪波坐琢所。

过韵：过课羰火缚罗〇〇〇〇〇〇。

2. 月≠约，即江摄开口二等觉韵、宕摄开口三等药韵字与臻摄合口三等物韵牙喉音字、山摄合口三四等薛月屑韵字不同韵。但合流趋势已经萌芽，即有少数字合流了。如"雀略"本该属于觉韵，书中已经归入了厥韵。

觉韵：觉却约嚼鹊削着杓学掠。

厥韵：厥阙月绝雀雪拙说穴略。

3. 臻摄合口一等魂韵的端精组字和合口三等谆韵的来母字存在开口或合口的读音[1]。

根韵：敦吞您咱村孙伦。

棍韵：困[2]吞麢尊村孙论。

4. 蟹摄开口二等的牙喉音字与麻韵开口三等字不同韵。

皆韵：皆楷崖鞋。

结韵：结茄也蝎且谢。

5. 蟹摄合口一等灰韵的端组字和止摄合口三等的精组字有开口或合口的读音。

规韵：堆退内醉崔随锐。

格韵：德腿内则翠塞雷。

6. 入声韵失去了塞音韵尾，变成了阴声韵。

葛韵：葛答那把怕麻杂擦靸诈察沙法拉。

格韵：格客额德腿内北裴妹则翠塞责策色黑非雷。

（三）声调及其特点

书中"八声出切取韵说"说："八音者：曰清平，其声清扬。曰浑平，其声重浊。曰猛上，其声高列。曰丈上，其声长，似去声。曰去声，其声悠长。曰促入，其声短，无后音。曰浊入，其声下，似浑平。曰末入，其声长，似丈去二声。清猛去促为四正，浑丈浊末名四偏。"

根据书中的描写，有五个声调：阴平、阳平、上声、去声和入声五个声调。

1　书中唇音字很多有开合两读，因唇音字的特性，近代韵图归在开口或者合口都有，在此不作讨论。

2　困字可能是囷字之误。

其中全浊上声归去声，全浊入声归阳平，次浊入声归去声，清入声独立成一个短促调。

二、音系性质

从书中音系的特点来看，应该是当时莱州一带方音的反映。下面把书中音系的一些特点跟今莱州方音进行一下比较。

（一）音系特点的比较

1.声母的比较（见表3–12）。

表3–12　声母特点比较表

书中音系	1	2	3	4①	6	7	8
今方音	√	√	√	√×	√	√	√

①　书中音系跟今莱州方音稍微有点差异，今莱州方音已经有一组庄知章组字与精组字合流了。这是后来的发展演变造成的。

2.韵母的比较（见表3–13）。

表3–13　韵母特点比较表

书中音系	1①	2	3②	4	5	6
今方音	√×	×	√	√	√	√

①　书中音系跟今莱州方音稍微有点差异，今莱州方音牙喉音仍旧存在开口和合口的对立（所属字跟书中不完全相同），但唇音字归在了开口。

②　《莱州方言志》（第2页）说："由于其特定的地理位置，莱州方言存在着东潍和东莱两片方言的过渡特点。……东莱和东潍的过渡特点，如：古蟹止山臻四摄的端系合口洪音如'堆''岁''团''酸''吞''村'等字，有的读开口呼，有的读合口呼，有的字两可，读开口呼是东莱方言的特点，该合口呼则是东潍方言的特点。"

3.声调的比较。

除了平分阴阳外，书中音系跟今方音主要有以下不同：

（1）今方音全浊上声、去声和次浊入声归入阴平或阳平，但还不稳定。这可以看出全浊上、去声和次浊入声曾经应是一类，跟书中音系一样。

（2）今方音清入声已经归入上声，但书中音系仍旧独立成一调。

（二）音系的构拟

通过上面的比较，可以看出书中音系应该是当时莱州一带方音的反映。尽管书中音系跟今方音存在一些差异，但是这些差异是可以通过古今的演变来加以解释的（见下文）。故根据今莱州方音，把音系构拟如下：

声母：

见 [k]、开 [k']、一人无 [Ø]，东 [t]、天 [t']、暖 [n]，冰 [p]、破 [p']、梅 [m]，早 [ts]、从 [ts']、雪 [s]，枝 [tʂ₁]、春 [tʂ'₁]、上 [ʂ₁]，枝 [tʂ₂]、春 [tʂ'₂]、上 [ʂ₂]，向 [x]，风 [f]，来 [l]

韵母：

君 [yən]、公 [uəŋ]、光 [uaŋ]、歌 [uo]、基 [i]、坚 [ian]、居 [y]、高 [ɔ]、交 [iɔ]、该 [ɛ]、厥 [yə]、庚 [əŋ]、官 [uan]、江 [iaŋ]、金 [iən]、棍 [uən]、扃 [yəŋ]、鸠 [iəu]、涓 [yan]、干 [an]、过 [o]、皆 [iɛ]、迦 [iə]、规 [uei]、孤 [u]、格 [ei]、乖 [uɛ]、钩 [əu]、葛 [a]、根 [ən]、觉 [yo]、家 [ia]、京 [iəŋ]、赀 [ɿ] [ʅ]¹、冈 [aŋ]、瓜 [ua]

声调：

阴平 [213]、阳平 [42]、上声 [55]、去声 [31]、入声 [44]

三、古今的主要差异及其变化

1. 书中知庄章组字分两类，其中甲类字拼洪音，乙类字拼细音，这两类字都跟精组字对立，但今莱州方音中甲类的字与精组字合流，乙类字的韵母也从细音变成了洪音。因此，从书中音系到今莱州方音发以下变化：庄章知的甲类并入精组，乙类的韵母从细音变成了洪音（从齐撮呼变成了开合呼）。

2. 止摄开口三等止摄日母字"儿耳二"等字在书中读来母音，即读 [lə]，今莱州方音已经变读为 [ɚ]。

3. 果摄字在书中与麻韵开口三等字不同韵，即主要元音不同。随着圆唇元音 [o] 变读为展唇元音 [ə]，书中歌过韵与迦韵字合流为洪细的一组音，入声韵觉

---

1 在书中最后一条关于赀韵的注释："赀韵反切用去上三句，传响用顶上头，读末句有立耳字。"可见止摄开口三等止摄日母字"儿耳二"等字读来母音，即读 [lə]。

与厥也合并，从而形成了今莱州方音的格局。

4.清入声字在书中单独成调，由于调值音高与上声比较接近，今莱州方音绝大部分已经与上声合并为一调。

5.去声在书中单独成调。今莱州方音正在归入阴阳平之中。

第四节　《四声备字》

《四声备字》为即墨县范玉符（肇玺）所撰，范氏生平事迹不详，据书前民国二十四年营邱张元生的序可知，范氏是一位老师，专注于音韵学[1]。有即墨文焕印书局民国年间的石印本。具体撰写时间不详，但书中有注音符号的注音，因此推测最早成书年代不早于民国七年（1918），据张元生的序可知，成书最晚不迟于1935年。该书包括序言、说明、"三十四目次序"和"四声备字分韵浅解"几个部分。"三十四目次序"是一个声韵配合表（主要是平声字），即韵图部分。"四声备字分韵浅解"是正文，即韵书部分，每韵下以字母为纲，每个字母下再按平上去（入）四声分别列出同音字，韵字下有简短的释义[2]。

一、声母

从"三十四目次序"中，可以知道书中有十八个声母，下面以列字较全的几个韵为例加以说明（见表3-14）。

表3-14　声母表

1	2	3	4	5	6	7	8	9	10	11	12	13	14	15	16	17	18
见	溪	影	端	透	泥	帮	滂	明	精	清	心	照	穿	审	晓	非	来
沽	枯	乌	都	徒	奴	舖	匍	模	苴	粗	苏	竹	初	梳	胡	夫	卢
基	奇	衣	低	提	尼	卑	陂	迷	莩	齐	西	知	驰	世	希	○	梨
高	叐	敖	刀	叨	呶	包	泡	毛	糟	操	搔	喌	巢	梢	蒿	缶	劳
居	区	鱼	○	○	女	○	○	○	聚	趣	胥	朱	除	书	虚	○	闾

注：表中序号和传统字母为笔者所加。

---

[1]　序曰："即墨范玉符先生，老师绩学，素即致力声韵之学，辑其讲授所得，著为《四声备字》一书。"

[2]　韵图与韵书部分有时候不一致，比如在韵图中，"涓"韵来母下有"软"字，但韵书中没有来母读音，"软"字列在影母下。另韵图"局"韵来母下有"龙"字，但在韵书中龙字下注曰"与隆韵合载"，即归在"公"韵来母下。

但实际的情况，并不止这些声母，根据"四声备字分韵浅解"中的注音字母的注音，可能还要加上三个舌面前音声母，这就是见溪晓三母在细音前腭化（见表3-15）。

表3-15　声母注音表

	见	溪	晓	见	溪	晓	见	溪	晓	见	溪	晓
例字	沽	枯	胡	基	奇	希	高	岋	蒿	居	区	虚
注音	ㄍ	ㄎ	ㄏ	ㄐ	ㄑ	ㄒ	ㄍ	ㄎ	ㄏ	ㄐ	ㄑ	ㄒ
	精	清	心	精	清	心	精	清	心	精	清	心
例字	粗	苏	竹	苃	齐	西	糟	操	搔	聚	趣	胥
注音	ㄗ	ㄘ	ㄙ	ㄗ	ㄘ	ㄙ	ㄗ	ㄘ	ㄙ	ㄗ	ㄘ	ㄙ

另外，根据书中的音注，似乎还要增加一组声母：

京韵：贞［ㄓㄥ］、成［ㄔㄥ］、升［ㄕㄥ］；庚韵：争［ㄓㄥ］、撑［ㄔㄥ］、生［ㄕㄥ］

巾韵：真［ㄓㄣ］、晨［ㄔㄣ］、申［ㄕㄣ］；根韵：臻［ㄓㄣ］、岑［ㄔㄣ］、莘［ㄕㄣ］

坚韵：占［ㄓㄢ］、蝉［ㄔㄢ］、膻［ㄕㄢ］；干韵：狦［ㄓㄢ］、屏［ㄔㄢ］、山［ㄕㄢ］

注"ㄓㄔㄕ"的字主要是庄组字和知章组字。根据注音，应该两两合并。但书中并没有合并，说明这两组字在声母上应该存在区别，只是作者采用注音字母进行注音，由于字母符号数量的限制，只能用相近的一组注音符号来注音。

根据书中的注音，可以知道声母的音值：

见ㄍ［k］、溪ㄎ［k']、影［Ø］，端ㄉ［t］、透ㄊ［t']、泥ㄋ［n］，帮ㄅ［p］、滂ㄆ［p']、明ㄇ［m］，精ㄗ［ts］、清ㄘ［ts']、心ㄙ［s］，见细ㄐ［tɕ］、溪细ㄑ［tɕ']、晓细ㄒ［ɕ］，庄ㄓ［tʂ］、初ㄔ［tʂ']、生ㄕ［ʂ］，晓ㄏ［h］，非ㄈ［f］，来ㄌ［l］，知［tʃ］、昌［tʃ']、书［ʃ］[1]

1　庄组字与知章组字对立，注音符号的注音只能告诉我们有一组字读卷舌音。究竟是哪组字读卷舌音，另一组字读相近的音，只能根据今方音（见后论述）。

声母的主要特点：

1. 影喻疑微母和大部分日母字合流。

在"扃"韵下：戎融茸绒容蓉庸慵佣溶雍邕榕荣荧萤。在"衮"韵下：文纹闻雯瘟温。在"光"韵下：王汪望亡忘。在"决"韵下：月曰悦越阅粤乐钥虐疟约岳弱若喔渥握幄。

2. 部分日母字与来母合流。

在"庚"韵下：仍棱楞扔冷。在"沽"韵下：禄肉绿陆录辱勒六鹿麓潞褥缛。在"孜"韵来母下：而儿洏尔迩耳二饵贰刵腻。在"规"韵下：锐未睿芮泪累类。

3. 分尖团音，但见组细音已经腭化。

在"居"韵下"举去虚"与"聚趣胥"对立；在"骄"韵下"骄乔桥"与"焦樵萧"对立；在"江"韵下"江腔香"与"将戕相"对立；在"均"韵下"均群熏"与"津逡旬"声母的对立。

腭化的情况见表 3-15 的注音。

4. 泥来母不混。

在"公"韵下"侬浓农脓哝"与"隆笼聋珑胧窿龙"对立；在"京"韵下"宁咛狞拧"与"令灵龄铃伶零玲聆陵绫菱羚"对立；在"戈"韵下"那挪傩"与"螺罗锣骡啰脶"对立。

5. 知庄章组字与精组字有对立。

在"公"韵下有"宗棕淙踪；葱聪璁匆；松"，与"中衷忠终钟；充忡崇冲重虫；春憧摏"对立。在"庚"韵下有"增曾憎罾；丛层曾；僧"，与"争筝峥铮；撑瞠橙；生笙甥牲"对立。在"京"韵下有"晴精晶旌；清情晴青；猩星腥惺"，与"贞正钲侦征蒸烝；成城诚呈程承丞称乘澄；升昇声绳"对立。

在"勾"韵下有"掗篼搜；周抽收"，与"奏凑叟；啾秋修"对立。

6. 全浊音消失，其中塞音、塞擦音平时送气，仄声不送气。

在"京"韵下：（平）丁钉仃叮（上）鼎顶（去）定锭钉订；（平）亭庭廷霆蜓停婷（上）挺艇。在"江"韵下：（平）将浆（上）桨奖（去）匠酱；（平）戕枪锵墙蔷樯（上）抢（去）跄呛。在"戈"韵下：（平）波菠（上）簸跛（去）播（入）薄剥博驳拨泊搏钵舶北白百伯迫帛柏擘；（平）坡婆颇鄱（上）叵颜（去）破（入）璞朴粕扑泊泼。在"规"韵下：（平）规归皈圭闺龟瑰（上）癸鬼诡跪轨（去）愧匮馈贵桂瑰柜（入）国蝈掴虢帼；（平）葵亏窥逵馗魁奎睽（上）揆傀跬（去）愧喟。

7. 庄组字与知章组字有对立。（见前有关论述）

二、韵母

根据"三十四目次序"可知，书中分韵为三十四个，书中用注音符号注了音（见表3–16）。

表3–16　三十四韵表

韵	公	庚	肩	京	衮	巾	根	均	官	干	涓	坚	杠	光	江	乖	荄	皆
注音	此四韵属ㄥ				此四韵属ㄣ				此四韵属ㄢ				此三韵属ㄤ			此三韵属ㄞ		

韵	瓜	割	加	勾	鸠	戈	决	高	骄	规	格	结	基	沽	居	孜	
注音	此三韵属ㄚ			此二韵属ㄡ		此二韵属ㄛ		此二韵属ㄠ		此一韵属ㄟ	此一韵属ㄜ	此一韵属ㄝ	此一韵属ㄧ	此一韵属ㄨ	此一韵属ㄩ	此独立之韵	

但在韵书中，有些韵下不止一个韵母：

公［ㄨㄥ］［ㄥ］[1]、庚［ㄥ］、肩［ㄩㄥ］、京［一ㄥ］［ㄥ］[2]，衮［ㄨㄣ］［ㄣ］、巾［一ㄣ］、根［ㄣ］、均［ㄩㄣ］，官［ㄨㄢ］、干［ㄢ］、涓［ㄩㄢ］［ㄨㄢ］、坚［一ㄢ］［ㄢ］，杠［ㄤ］、光［ㄨㄤ］、江［一ㄤ］［ㄤ］，乖［ㄨㄞ］、荄［ㄞ］、皆［一ㄞ］，瓜［ㄨㄚ］［ㄚ］、割［ㄚ］、加［一ㄚ］，勾［ㄡ］、鸠［一ㄡ］［ㄡ］，戈［ㄨㄛ］［ㄛ］、决［ㄩㄛ］［ㄨㄛ］，高［ㄠ］、骄［一ㄠ］［ㄠ］，规［ㄨㄟ］［ㄟ］、格［ㄜ］、结［一ㄝ］［ㄝ］、基［一］［ㄓ］、沽［ㄨ］、居［ㄩ］［ㄓ］、孜［ㄗ］、而[3]［ㄦ］

去其重复，用国际音标转写如下：

公［uəŋ］、庚［əŋ］、肩［yəŋ］、京［iəŋ］，衮［uən］、巾［iən］、根［ən］、均［yən］，官［uan］、干［an］、涓［yan］、坚［ian］，杠［uaŋ］、光［aŋ］、江［iaŋ］，乖［uai］、荄［ai］、皆［iai］，瓜［ua］、割［a］、加［ia］，勾［əu］、鸠［iəu］，戈［uo］［o］、决［yo］，高［ao］、骄［iao］，规［uei］［ei］、格［ɛ］、结［iɛ］、基［i］、沽［u］、居［y］、孜［ʅ］［ʅ］、而［ər］

1　唇音字没有合口介音。其他韵同，不再说明。

2　知章组字读洪音。其他韵同，不再说明。

3　而字附在孜韵最后，注音"ㄦ"，排在19位。

韵母具备北方官话的一些普遍特点，如：

1. 曾梗摄与通摄合流。

2. 山咸摄合流。

3. 臻深摄合流。

另外也具有一些方言特色：

1. 歌戈开合不分（唇音字读开口）。

2. 蟹摄开口二等字与蟹摄一等字同韵，不与麻韵开口三等字同韵。

此外有些字读音有又音：

1. "津"本开口三等字，但书中收在"均"韵下，读撮口呼，今即墨方音同，另在"巾"韵下也收录此字。

2. 在"戈"韵下：北白百伯迫帛柏擘[1]，在"规"韵下也出现。在"规"韵下：（入）国蝈捆虢帼，在"戈"韵下也出现。

三、声调

从韵书来看，书中有平上去入四声。这种声调可能是作者人为的结果。凡例说："字分四声，平仄分为两类。平为平，上去入为仄。如学作诗和对联，以及四六对偶韵文等，必须论平仄者，尤宜注意。"故书中平声字不分阴阳，入声独立成一个调类。这应该是存古守旧的做法。

书中音系大致反映了当时即墨方音，主要不同于今音的就是：

1. 书中果摄字与麻韵开口三等字不同韵，即书中的"戈"韵和"结"韵，今即墨方音已经合流为一韵。

2. 书中去声字独立存在，今即墨方音去声字归入阴阳平。

1　以上自北以下系兼韵，亦读背。

第四章 江淮官话

江淮官话分布于今江苏和安徽的大部、湖北局部、江西部分地区等地，人口主要分布于安徽省除蚌埠的长江以北地区、镇江以西、九江以东的长江南岸沿江一带。

第一节 《坦菴天籁谱》

徐石麒（生卒年不详），字又陵，号坦庵，扬州人[1]（其祖上明初从浙江鄞县迁扬州）。精研名理，通音律，善画花卉，长于诗词兼制曲。终生布衣，晚年隐居北湖，约清世祖顺治初年前后在世。清顺治二年（1645），清兵攻陷扬州，他冒死入城取出其所著书残本，著有《坦庵词曲》六种，其中二种系词集，四种系杂剧。相传他的杂著及诗词多至二百余卷，大多亡佚。

《坦菴天籁谱》是在他去世后，由他的侄子徐元美整理，于康熙庚申年（1680）刊行的。这是一部讲研音韵的著作。全书分上下两卷，上卷是音论部分，下卷是等韵谱——"经纬图"。在音论部分他谈到了书名的由来："吾坦庵自总角时，即好审辨音律，积二十余年研究之苦，乃有悟焉。为之定正五声以为经，推原六气以为纬。谓天地自然之音，可以了然知所从出矣。故命之曰天籁谱。"

《坦菴天籁谱》是一部反映清初正音情况的音韵文献，徐元美在序中说："今之学者，得其正音者少，非字无正音也，以讹传讹，将天地自然之声，变而为方言，为土音，渐失其真矣。"又书中"父音图"中说："右'而'字，吾乡土音多以卷舌贴上腭呼之，非本音也……盖此字与'日'字同律，与'之诗痴'等字同音呼之便得正音。"而正音在书中是指中土之音，徐元美在序中说："余少失怙，常侍教于坦庵叔父之侧，诵读之际，每遇讹字，必求正之，以准乎中土之音而后已。"而实际上，他的正音——所谓的"中土之音"，并不是中原官话，可能是以

---

1 《坦菴天籁谱》署名前加有"邗上"二字，即今扬州市。另外有关徐氏事迹，见安舒（2010）。

扬州话为基础而形成的江淮官话读书音系统（详情见下文）。

声调为五个，即所谓的"五声"，指开声、承声、转声、应声和煞声。音论"五声说"："坦菴所谓开承二声即沈约之平；所谓转声即沈约之上；所谓应声即沈约之去；所谓煞声即沈约之入。"也就是通常所说的阴平、阳平、上声、去声和入声。

介音有六个，即所谓的"六气"[1]，也就是六个单元音（见表4-1）。

表4-1　"六气"表

六气名	描述的发音状况	拟音
呜	努唇悬舌自喉中直吐入口鼻间出声为呜	[u]
欤	撮唇向下卷舌自舌本吐从唇间出声为欤	[y]
咿	掀唇下舌自上腭吐从齿间出声为咿	[i]
如	撮唇向上舌浮上腭自舌间吐至唇齿出声为如	[ʮ]
而	掀唇齐齿以舌尖逼气从齿间出声为而	[ɿ]
呃	悬唇合齿缩舌自舌四旁吐至齿出声为呃	[ɤ]

在音论部分，徐氏把声母根据六气归为五十八字，即五十八个父音（见表4-2）。

1　"六气说"："何谓六气？气者，声之始也。……而细审父音母音之所出，则又归之祖气六字。……乃知此六字者，天地与人之祖气也。一曰'呜'，二曰'欤'，三曰'咿'，四曰'如'，五曰'而'，六曰'呃'。凡父音之字，皆归此六字，是父音以之为母也。凡母音之字，又自此六字而来，是母音以之为父也。而此六字之音，无父无母，所谓天地予人自然之气也。""父音说"："何谓父音？凡口吐一字，未落音响，先有声自气中来者，是父音也。……即每字之上半截是也。"可见，父音即声母。"母音说"："何谓母音？凡字既出口，归于某韵，自成一声，是母音也。……即每字之下半截是也。"可见，母音即韵母。而"六气"是父音的母音，母音的父音，即处于父音与母音之间，自身无父无母，也就是介音。在六个介音中，前面三个好理解，后面三个不好理解。在"母音图"中，徐氏说："以上'如而呃'三音，皆当以开声呼之为协。盖有其音无其字，故以此代之。"在"母音图"中，"攘仍人绕然柔而"这七音俱从"而"字来；在"父音图"中，"诗之痴而"四音俱归"而"字，可见从"而"气的字都是卷舌声母开口呼字，"而"字只是其中的一个代表字而已（找不到只读 [ɿ] 音的字）。这跟《拙庵韵悟》的"齐齿"呼相通（见李新魁［1983］，第361页），但耿振生先生不同意这种观点（见耿振生［1992］，第137页）。同理，从"呃"气的字是其他声母开口呼字，"呃"字只是其中的一个代表字；从"如"气的字是舌尖后圆唇元音或以其为介音的字。

表 4-2　父音表

六气名	父音
呜	呼呱枯都哺铺夫图卢奴粗苏租母呜
欤	嘘居区驴女趋须咀欤
咿	欹基欺低比披飞梯离尼妻嘶斋米咿
如	书诸摅如
而	诗之痴而
呃	黑格客得忒勒搦疵思咨呃

根据父音可以得出声母的个数为十九个，根据现代扬州方言[1]和巴克尔（E. H. Parker）的《扬州方言》记音拟音为：

呼［h］、呱［k］、枯［k‘］、都［t］、哺［p］、铺［p‘］、夫［f］、图［t‘］、卢［l］、奴［n］、粗［ts‘］、苏［s］、租［ts］、母［m］、书［ʂ］、诸［tʂ］、痴［tʂ‘］、如［ʐ］、呜［Ø］

在音论部分，徐氏把韵母依据六气归为四十六个字，即四十六个韵母（徐氏归纳的母音是举平以赅上去入，不过有遗漏）。根据书中每个母音各配以五声（有的母音无入声韵），再根据经纬图的编排体例[2]，由此可以得到有多少个入声韵母，再经过分析归纳整理出韵母相配（舒入声相配）的情况（见表 4-3）。

表 4-3　韵母表

	呜	欤	咿	如	而	呃		呜	欤	咿	如	而	呃
江	荒		秧	双	穰	昂	花	蛙		呀	抓	沙	哑
	霍		约	朔	若	恶		○		○	○	○	○
东	翁	雍		茸			阴	温	筠	因	谆	申	哏
	屋	玉		辱				勿	郁	一	入	十	核
青			英		声	亨	娇	※		腰		饶	熬
			亦		识	黑				○		○	○

<hr>

1　见王世华（1959）。

2　经纬图根据声调分为五卷，每卷下再根据六呼列图。每图最上面横列父音，右面纵列相关的母音，实际上就是一个声韵调配合表。在母音右侧列有十六个韵部：江东青山飞遮多端花阴娇鲜猗欤休哉。每图中相关的母音都跟十六个韵部中有关的韵部相对应。

（续表）

	呜	欤	咿	如	而	呃		呜	欤	咿	如	而	呃
山	湾		湪	拴	山	酾	鲜		渊	烟		褏	
	袜		鸭	刷	煞	纥			月	业		热	
飞	威			葳			猗			咿		而	咨
	○			○						○		○	○
遮		靴	耶		遮		欤	呜	欤		如		
		○	○		○			○	○		○		
多	窝					阿	休	※		攸		柔	欧
	○					遏				○		○	○
端	欢			塅			哉		歪		挨		哀
	活			熱					○		○		○

利用上表，根据现代扬州方言和巴克尔的《扬州方言》记音[1]，拟音为：

江部［uaŋ］［iaŋ］［ʮaŋ］［aŋ］[2]，［uak］［iak］［ʮak］［ak］；东部［uɔŋ］［yɔŋ］［ʮɔŋ］，［uɔk］［yɔk］［ʮɔk］；青部［iəŋ］［əŋ］，［iək］［ək］；山部［uæn］［iæn］［ʮæn］［æn］，［uæʔ］［iæʔ］［ʮæʔ］［æʔ］；飞部［uəi］［ʮəi］；遮部［ie］［ye］［e］；多部［uo］［o］，［oʔ］；端部［uon］［ʮon］，［uoʔ］［ʮoʔ］；花部［ua］［ia］［ʮa］［a］；阴部［uən］［yən］［iən］［ʮən］［ən］，［uəʔ］［yəʔ］［iəʔ］［ʮəʔ］［əʔ］；娇部［iɔ］［ɔ］［uɔ][3]，鲜部［yen］［ien］［en］，［yeʔ］［ieʔ］［eʔ］；猗部［i］［ɿ］［ʅ][4]；欤部［u］［y］［ʮ］；休部［iɤɯ］［ɯɤ］［uɤɯ］；哉［uai］［iai］［ai］

1　巴克尔在文章中记录当时扬州话入声字有两种韵尾：一种是古"p 和 t"尾，用"h"表示，如"出 ts'wêh、术 swêh、掘 ts'wêh、率 swêh、骨 kwêh、忽 hwêh、入 lwêh、物 wêh"；一种是古"k"尾，主要用"k"表示，如"驳 pak、各 kak、恶 ak、洛 lak、白 puk、国 kuk、削 hsiak"，其中有少数也可用"h"表示，如"褥"字，读"juk"或"juh"。这说明当时古"p 和 t"尾变为"ʔ"尾，古"k"尾大部分还是"k"尾，但有少部分也开始向"ʔ"尾转变。

2　其中"而"字与"呃"为开口呼，拟音不作区别。

3　《坦菴天籁谱》中的唇音声母洪音字全部归在合口呼，而其中［uɔ］［uɤɯ］两个韵母只拼唇音声母。

4　由于舌尖后不圆唇元音已经单独列出为一介音，舌尖前不圆唇元音本应该也像舌尖后不圆唇元音一样，单独列出为一介音，但在《坦菴天籁谱》中，都归在"猗"部开口呼中。

一、声韵的特点

1. 全浊音清化，塞音、塞擦音平声送气，仄声不送气。如"承声"父音"梯"母下有"田提亭"等，父音"忒"母下有"堂谈桃头"等；"应声"父音"低"母下有"定"等，父音"得"母下有"道豆"等，"煞声"父音"得"母下有"铎"等。

2. 古影微疑喻母合并为一母。如"应声经纬图"父音"呜"母下有"望瓮万未饿凹问务外"等；"承声"父音"咿"母下有"阳迎颜爷遥由"等。

3. 古非敷奉母合并为一母。如"应声经纬图"父音"夫"母下有"放凤范忿富"等。而且在合口呼前与"晓"母合口不混，如在"转声经纬图"父音"呼"母下有"晃悔虎"等字，与父音"夫"母下的"访匪府"等字不同音。

4. 古知庄章三组合并为一母。如"开声"父音"诸"母下有"庄中追专抓屯"等，"转声"父音"诗"母下有"赏捨傻审少闪矢手"等，跟"精"组字对立。

5. 分尖团。如"香≠箱，经≠精，轻≠青"。

6. 鼻音边音不混。父音"卢≠奴"，又如"隆≠农，凉≠娘，连≠年"。

7. "青"韵≠"阴"韵，前后鼻韵不混，如"兴≠欣，经≠今，擎≠勤"。

8. 古山咸两摄合并后三分，其中大致为山摄合口一等"桓"韵字为一韵，即"端"韵，如"端盘团弯瞒完"等；山摄开口一等、开合口二等和咸摄一、二等以及山咸两摄合口三等轻唇音字为一韵，即"山"韵，如"酣干丹贪堪三安"等；山咸两摄三四等为一韵，即"鲜"韵，如"天千连年塞遣点忝敛碾浅剪免俨"等。

在《中原音韵》中，古山摄与古咸摄还泾渭分明（唇音字除外），基本上不混。古山摄分为"桓欢、寒山和先天"，其格局同《坦菴天籁谱》。在《洪武正韵》中，古山摄与古咸摄也基本上不混。古山摄分为"寒、删和先"，其格局大致同《坦菴天籁谱》。而《坦菴天籁谱》在"闭口字音"中说："谱中于闭口字，不甚为区别，正以闭口则无正音也。"可见，《坦菴天籁谱》中"山咸两摄"合并后三分的格局，并不是沿袭以往的旧韵书，而是有一定的"活"语音作为基础的。这个活的语音基础就是当时的"正音"，也就是当时江淮官话的读书音。这说明江淮官话在明清时期作为一种官话（或正音）曾经在一定的范围内流行。正如李光地在《榕村别集·卷一》（第9—10页）中说："等韵凡三十六，今云二十一者，以京师、江宁府及中州之声为凡也。"

今扬州方言"山咸两摄"合并后也是三分的格局。而坦庵先生是扬州人，因此《坦菴天籁谱》这种三分格局的依据应当是那时的江淮官话扬州话。根据古屋昭弘

《万济国〈官话语法〉中的罗马字拼音》[1]一文，"端瞒完"等读"on"韵，"干贪三安"等读"an"韵，"天千连年"等读"en"韵，"山咸两摄"合并后也是三分的格局。清光绪丙戌年（1886）江苏浦口人胡垣《古今中外音韵通例》也分为"甘""坚""官"三韵[2]。在记录江淮官话的汉语音韵文献中，《坦菴天籁谱》这种三分格局是较早的。

而在差不多同时代的北京官话（如徐孝《等韵图经》、赵绍箕《拙庵韵悟》等）、中原官话（如李子金《书学慎余》）、冀鲁官话（如樊腾凤《五方元音》）、西南官话（如郝敬《五音谱》）这三部都是合而为一的。

9. 记载了舌尖后圆唇元音。在"六气"中，两种"撮唇"对立，从作者的不甚精确的描述中，可以知道是舌尖后圆唇元音与舌面前圆唇元音的对立。在书中，舌尖后圆唇元音ʅ或以ʅ为介音的韵母只分布在"书诸摅如"四个来源于古知庄章组字和日母字的卷舌声母下（有少数以母字和心母字也读卷舌音了）。这些舌尖后圆唇元音ʅ或以ʅ为介音的韵母主要来源于古合口三等韵字，如"中冲茸栓追吹蕤专川堧屯春辱书诸厨如帅叔竹触辱刷说拙歠熟述出入"等字。此外还有部分的古江韵开口二等字，如"双窗朔卓戳"等字；古阳韵的开口三等字，如"庄"等字；古效摄开口二等字，如"抓爪"等字（跟麻韵读音同）；古麻韵的合口二等字，如"耍"等字。

详细情况如表4-4所示。

表 4-4　ʅ和含ʅ介音字表

			知	彻	澄	以	庄	初	崇	生	日	章	昌	船	书	禅	心
江	开	二			撞			窗	漺	双							
觉	开	二	卓	戳							朔						
阳	开	三					庄	创	床	爽	傸						
麻	合	二						爪		耍							
肴	开	二						爪									
东	合	三	中		虫						戎		铳				
屋	合	三	竹												叔		
钟	合	三		宠	重						茸	踵					㑞
烛	合	三									辱		触				

1　万济国《华语官话语法》反映的是17、18世纪的南京音。

2　明末上元人（今南京）李登的《书文音义便考私编》分为"桓""寒""元""先"四韵，耿振生和宁忌浮先生都拟音为三部。而叶宝奎先生拟为四部。

（续表）

			知	彻	澄	以	庄	初	崇	生	日	章	昌	船	书	禅	心
仙	合	三	转						撰	拴	软	专	川	船			
薛	合	三								刷	爇	拙	歠		说		
脂	合	三	追		坠					帅	蕤				水	谁	
支	合	三									蕊	捶	吹			垂	
祭	合	三				睿											
虞	合	三	住		厨						乳	主				殊	
鱼	合	三									如	诸	处		书		
谆	合	三	屯								埻	准	春	唇	瞬	纯	
术	合	三											出	述			
删	合	二					撰	涮									
缉	开	三									入						

舌尖后圆唇元音 ʮ 是汉语方言中较有特色的一个元音，核心区主要分布在黄孝片方言的绝大部分地区及其附近地区[1]。黄孝片诸方言 ʮ 韵系字主要分布于遇蟹止山臻等摄的知章组合口；果遇山臻曾梗通等摄见系合口；遇山等摄日母合口及假深山宕等摄日母开口；遇摄合口三等泥组（见表4-5）。

表4-5 黄孝片方音 ʮ 和含 ʮ 介音韵母来源表

	果	遇		蟹	止			山					臻		宕	江	曾	梗		通
中古韵系	戈	鱼	虞	祭	支	脂	脂	删	仙	元	先	鎋	谆	文	阳	江	蒸	庚	昔	屋
方言韵母	ʮ	ʮ		ʮei		ʮai		ʮan				ʮa	ʮən		ʮaŋ		ʮəŋ			ʮ
例字	瘸靴	鱼猪	雨主	缀锐	吹炊	追水	帅	拴	专员	劝愿	犬玄	刷	准允	群云	壮霜	双窗	扔孕	永泳	疫役	菊

资料来源：周杨、王琪（2013）。

《坦菴天籁谱》跟黄孝片诸方言 ʮ 韵系字相比，大致情况是：在韵摄方面没有果曾梗摄的字，但在黄孝片诸方言中通摄舒声字没有归入 ʮ 韵系，而在《坦菴天籁谱》中却归了入 ʮ 韵系；在声母方面，《坦菴天籁谱》中没有黄孝片诸方言中果遇山臻曾梗通等摄见系合口字和遇摄合口三等泥组。

这个舌尖圆唇元音的记录可能是受吴语的影响，在今吴语区许多地方老派读音还保留有 ʮ 音，如苏州、无锡等地。且作者是一个词曲家，康熙年间扬州一带戏曲事业非常繁荣，昆曲盛行，昆曲中有 ʮ 韵字，如当今昆曲中的上口字（如"珠"

---

1 详见周杨、王琪（2013）。

畜书如"等）就念 ʅ 音。根据以往的研究来看，此书是目前所知道的最早也是唯一一部明确指出了舌尖后圆唇元音的汉语音韵文献。

10. 中古"灰"韵一部分字（如"雷杯灰"等字）归入"哉"部［ai］，而不归入"飞"部［uəi］。

11. 入声韵分为八部（每部取一字为标目），各部的古音来源大致如下：

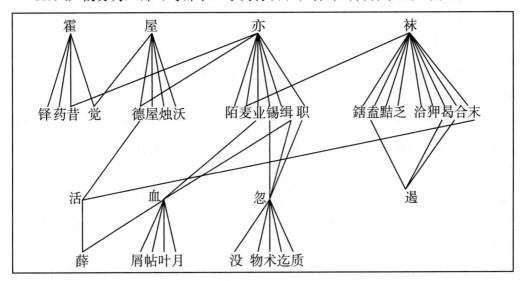

入声韵多数配阳声韵（"多"部除外），八部界限是相当明显的。这些入声韵音类跟今扬州方言入声韵类比较接近，而跟中土韵书（如《五方元音》）中保留有入声韵类的差异较大（见表4-6）。

表 4-6　入声韵比较表

	《坦菴天籁谱》	今扬州方言	《五方元音》
霍	郭廓薄朴敷莫约学觉确掠虚鹊削爵朔卓戳若硕恶鹤各铎托错索作	同类 ①	同类
屋	或国哭笃璞福秃六俗足木玉局旭曲录粟叔竹触辱	同类	同类
亦	吸极隙滴壁辟剔力逆戚息寂 厄识直赤黑格得忒勒侧色则呃	基本同类	不同类
袜	滑刮榻八法抹鸭甲掐刷煞扎察达塔腊纳擦萨杂	同类	同类
遏	合割遏	同类	同类
活	括阔夺北泼脱撮末说拙	不同类	不同类
忽	骨窟不勃佛突猝入卒没勿郁橘屈律戌核涩 及一乞必力七出日十职述	基本同类	不同类
血	月决缺雪绝业歇竭怯别撇帖烈妾接灭舌哲热	同类	同类

① 这里说的同类是指在今扬州方言和《五方元音》各自的语音系统中而言的，偶尔有一两个字不同类也视为大致的一类。因为语音是在不断变化的，在《坦菴天籁谱》中为不同韵类

的，现在扬州方言有些已经合并为同类了。

特别是"亦"和"忽"两部，今扬州方言读音各部又大致分为两部，但因读音十分接近，也有人把他们归为一部的。而在《五方元音》中，这两部读音内部不一致。以"忽"部字为例，大致分为三部：其中"骨窟不勃佛突猝入卒没勿核出述"属"虎"韵；"郁橘屈律戌及一乞必力七十职"属"地"韵；"涩"属"蛇"韵。

二、音系性质

《坦菴天籁谱》音系可能是以扬州话为基础形成的江淮官话读书音系统，理由如下：

1. 语音系统中浊音消失，塞音、塞擦音平声送气，仄声不送气。这是明清官话方言普遍具有的语音特征，如《等韵图经》《交泰韵》《五方元音》《韵略汇通》《五声谱》等。而南方的吴语还保留全浊音，如《太古元音》《荆音韵汇》等，南方的赣语全浊音清化后不论平仄都送气，如明末宜春人张自烈《正字通》所注的反切音。当然南方的粤语全浊音清化后的规则跟北方官话一致，如《分韵撮要》。这说明具有这条语音特征只是官话方言的必要条件之一。

2. "山咸两摄"合并后，寒桓先三分的格局是明末清初以来江淮官话的主要方言特征之一。中原官话、北京官话、冀鲁官话、西南官话都不具备这一特征。吴语虽然具备这一特征，但吴语不具备上面第一条特征，还保留全浊音。粤语虽然浊音清化后的规则相同，但"山咸两摄"不合并。

3. 保留入声。入声八部的分布跟今江淮官话相似之处甚多，而差不多同时代的北京官话、中原官话入声已经消失。保留入声的冀鲁官话《五方元音》中的入声分布跟《坦菴天籁谱》有明显的区别。

以上条件基本上可以说明书中音系是江淮官话音系，同时作者在书中又明确指出要排除土音（口语音），因此书中音系是江淮官话读书音。

4. 《坦菴天籁谱》音系基础不是南京音。反映明末清初南京音系的音韵文献，如《书文音义便考私编》音系[1]、《韵法横图》[2]音系，声母中有微母和疑母，《坦菴天籁谱》没有此二母。《书文音义便考私编》萧豪分韵、先元分韵、庚青分韵，《坦菴天籁谱》不分。入声韵《书文音义便考私编》为九部，《坦菴天籁谱》只有八部。《韵法横图》有闭口韵，入声为七部，也跟《坦菴天籁谱》不同。《华语官

---

1 见宁忌浮先生（2009），第 291 页。

2 见邵荣芬先生（2009），第 304 页。

话语法》可能有微母，入声只有五部，跟《坦菴天籁谱》也不同。因此《坦菴天籁谱》音系基础最可能就是扬州话了（区域性共同语在不同的地域会有小的差异，也就是说清初扬州人说的江淮官话正音与南京人说的江淮官话正音存在些许差异是很正常的，但核心语音特征是一致的），因为徐氏是扬州人，说的自然是扬州话，记录的正音应当是扬州人说的江淮官话正音了。

5.《坦菴天籁谱》音系跟今扬州方音相比，在声母、韵母方面尽管有些差异，但是这些差异都是可以解释的，因为这些差异都是后起的语音变化。

（1）鼻音、边音不混。今扬州方言都读边音 l，但 l 声母有条件变体 n，l 多与开合韵配合，n 多与齐撮韵配合。在巴克尔的《扬州方言》中 l 与 n 基本不混。巴氏说："辅音 l 与 n 能清楚区别，但有些以 l 开头的字却莫名其妙读 n，于是'吝冷和劣'读'ning''nêng''nieh'。"巴氏在音节表中列有多组对立字音，如"li~ni；liu~niu；lou~nou；lêng~nêng"，等等。今南京方言也都读边音，但在记录南京话的《华语官话语法》中，鼻边音也是对立的。这些例子说明，在清初，江淮官话还普遍存在鼻边音的对立，这种对立的消失应该从清代后期才开始的。

（2）古精照组的对立。在今扬州方言中，精照组字已经合流，都读精组。但在巴克尔的《扬州方言》中还残存着照组日母字的读音。巴氏说："另一方面，j（按注：巴氏用作古日母字的标音）跟 l 很不规则地混合……n 和 j 不能单独存在 u 前，诸如'如乳'读 lu……尽管 jung［戎］和 yung［容］都能分别存在，但'冗'却读 lung。"在音节表中列有"jak，jang，jêk，jêng，jêo，joa，jou，juk，jung"这些音节，可惜的是巴氏没有列出汉字（当然巴氏的记音不一定十分准确，但可以给我们提供一些有用的信息）。这说明扬州方言照组字曾经跟精组字是不同音的。

（3）"青"韵 ≠ "阴"韵，前后鼻韵不混。巴克尔在《扬州方言》中说："声音 ên 和 ngên 是一个，êng 和 ên 也是一个，因此 ên、êng、ngên 和 ngêng［恩硬］都是一个。"说明 ên、êng 前后鼻音是自由变体，在音节表中巴氏全部记为后鼻音。今扬州方言也是条件变体，一般齐撮为后鼻音，开合为前鼻音。这说明 ên、êng 前后鼻音曾经是对立的，就如同鼻边音一样。

（4）分尖团。目前所发现的康熙年间的官话韵书都分尖团。尖团合流是比较晚起的音变。巴克尔的《扬州方言》中尖团音已经不分了。但在《华语官话语法》中，尖团音是对立的，如"西 si—熙 hi；欺 ky'—妻 çhi'；祭 çhy—寄 ky"。今南京方言仍然是分尖团音的，这说明江淮官话曾经也是分尖团的。

第二节 《音纬》

《音纬》[1]一书，系清代著名数学家罗士琳（1789—1853）所撰。罗氏，字次璆，号茗香，安徽歙县人。因长期寄居扬州，所以自称甘泉人。咸丰三年（1853）于扬州死于兵祸。他是海州（连云港）人许桂林的学生。书前"序文"中说："吾师许月南夫子，经学名家。诸如象纬音韵一切学，靡不精通。前次从游时，夫子正撰《许氏说音》，问字之余，间亦聆其余绪。"

《音纬》一书初稿撰于清道光壬午年（1822），成书于1824年。书名由来罗氏在"序文"中作了说明："因思历来音韵诸书，汗牛充栋，皆以音隶韵。爰遵《钦定音韵阐微》韵部为经、字母为纬之语，增华严十四音为十九经以配韵，俾无韵缺之虞，减温公三十六字为三十五纬以收音，庶免音重之弊。纵横经纬，音韵秩然。'经体纬用'则以韵统之，凡有字之音计得二千四百九十音。'纬体经用'则以音齐之，凡同音之字计得一万七千三百三十二字。厘为上下四卷。复以'备要（考）''附存'二种系于后，名之曰《音纬》。其不兼言经而专言纬者，以详于音而略于韵。未免有背于经尔。"

《音纬》一书包括例言（十二则）、正文（四卷）、备考和附存四部分。其中正文四卷为：（1）卷上之上（经纬总图、经体纬用图、纬体经用图）；（2）卷上之下（韵总）；（3）卷下之上（字总，第一纬至二十二纬）；（4）卷下之下（字总，第二十三纬至三十五纬）。备考包括：六书释、四呼释、四声释、五声释、五音释、反切释、字母辨、古今切音、古今字音、古今字体、古今字义、分并韵部说、增删字音说。附存包括：有字无音考、神珙反纽图。

一、音系及其特点

（一）声母及其特点

"经纬总图"又名"纵横音韵图"，纵列韵部十九经，横列字母三十五纬，经纬相拼的字音以阴平字为代表，无阴平字的用阳平字。在"经纬总图"中罗氏把传统的三十六字母改为三十五纬，并用"江城子"半阕名之，其词曰："年来清景畅诗瓢，砚田抛，醉乡逃。午餐刚罢，闭户续离骚。空耐春宵眠弗得，任茅店，酒旗招。"在"增删字音说"中，罗氏对三十五纬作了说明：

---

1 《音纬》一书系稿本，原为积学斋徐乃昌藏书，今藏国家图书馆善本室。

第一纬　年　古分泥娘二母，粗音并附。今以细音归年，另立耐纬以粗音归之。

第二纬　来　与古来母同，古细音并附。今以粗音归来，另立离纬以细音归之。

第三纬　清　古分清澄二母，粗音并附。今以细音归清，另立餐纬以粗音归之。

第四纬　景　古见母，附群母。今另立刚旗二纬，见母粗音归刚，群母细音归旗。

第五纬　畅　古彻母，附澄母。今另立招纬，细母归畅，粗音归招。[1]

第六纬　诗　古分审禅二母，附床母。今另立春纬，细音归诗，粗音归春。

第七纬　瓢　古附滂并二母。今另立抛纬，细音归瓢，粗音归抛。

第八纬　砚　古分影喻疑三母，粗音并附。今以细音归砚，另立午纬以粗音归之。

第九纬　田　古附透定二母。今另立逃纬，细音归田，粗音归逃。

第十纬　抛　古分滂并二母，粗音并附。今以粗音归抛，另立瓢纬以细音归之。

第十一纬　醉　古附精从二母。今另立酒纬，粗音归醉，细音归酒。

第十二纬　乡　古分晓匣二母，粗音并附。今以细音归乡，另立户纬以粗音归之。

第十三纬　逃　古分透定二母，细音并附。今以粗音归逃，另立田纬以细音归之。

第十四纬　午　古微母，附影疑二母。今另立砚纬，粗音归午，细音归砚。

第十五纬　餐　古附清从二母。今另立清纬，粗音归餐，细音归清。

第十六纬　刚　古附见母。今另立景纬，粗音归刚，细音归景。

第十七纬　罢　古附帮并二母。今另立闭纬，粗音归罢，细音归闭。

第十八纬　闭　古附帮并二母。粗音并附。今以细音归闭，另立罢纬以粗音归之。

第十九纬　户　古附晓匣二母。今另立乡纬，粗音归户，细音归乡。

1　畅纬主要是古彻母字和澄母字，春纬主要是古穿母字和床母字，应该与畅纬粗细相配。但春纬下只拼齐齿和撮口呼，应该改为拼开口和合口呼。但《音纬》一书，知照组字都归细音，这个矛盾无法解决。招纬主要是知母字、照母字和澄母字，不应该与畅纬粗细相配。诗纬主要是审母和禅母字，春纬不应与其粗细相配。

第二十纬　续　与古邪母同。

第二十一纬　离　古附来母。今另立来纬，细音归离，粗音归来。

第二十二纬　骚　古附心母。今另立宵纬，粗音归骚，细音归宵。

第二十三纬　空　古附溪母。今另立旗纬，粗音归空，细音归旗。

第二十四纬　耐　古附泥母。今另立年纬，粗音归耐，细音归年。

第二十五纬　春　古分穿床二母，细音并附。今以粗音归春，另立诗纬以细音归之。

第二十六纬　宵　与古心母同，粗音并附。今以细音归宵，另立骚纬以粗音归之。

第二十七纬　眠　与古明母同，粗音并附。今以细音归眠，另立茅纬以粗音归之。

第二十八纬　弗　古分非敷奉三母。今俱归弗纬。

第二十九纬　得　古分端定二母，细音并附。今以粗音归得，另立店纬以细音归之。

第三十纬　任　与古日母同。

第三十一纬　茅　古附明母。今另立眠纬，粗音归茅，细音归眠。

第三十二纬　店　古附端定二母。今另立得纬，细音归店，粗音归得。

第三十三纬　酒　古分精从二母，粗音并附。今以细音归酒，另立醉纬以粗音归之。

第三十四纬　旗　古分溪群二母，粗音并附。今以细音归旗，另立空景[1]（刚）二纬，群母粗音归景（刚），溪母粗音归空。

第三十五纬　招　古分知照澄三母，细音并附。今以粗音归招，另立畅纬以细音归之。

可见，这三十五纬分粗细，其实就是分洪细，即拼开合口呼为粗音，拼齐撮口呼为细音，比如在"纬体经用图[2]"中第二十四纬"耐"下只有开口合口呼字，第一纬"年"下只有齐撮口呼字。因此，这三十五纬就是声介合母，这样就可以归并如表 4-7 所示。

1　景纬收齐齿撮口呼字，是细音，有误，应改为刚纬。

2　"纬体经用图"就是按"纬"来编排的韵图，横列十九经（每经都注明了"呼"），分别与该纬相拼，每经下按阴平、阳平、上、去、入列字。"纬体经用图"题首对"纬"的发音进行了描述。

表 4-7　三十五纬表

年	离	清	景	畅	诗	瓢	砚	田	酒	闭	乡	续	宵	旗	眠	弗	店	任	招
穿鼻抵龈清音	卷舌抵腭清音	透齿兼腭音	腭上舌中音	腭舌两开音	半腭半舌齿缝音	合唇微撮清音	嘘唇舌上音	舌抵腭清音	舌尖透齿清音	合唇兼喉清音	穿鼻舌上音	舌尖齿缝音	透齿兼鼻音	穿鼻舌上腭音	合唇穿鼻清音	齿丽唇开音	抵龈舌清音	曲舌悬中音	腭下舌尖音
耐	来	餐	刚	春		抛	午	逃	醉	罢	户		骚	空	茅		得		
穿鼻抵龈浊音	卷舌抵腭浊音	透齿兼喉音	半腭半喉舌根音	半齿半唇舌尖音		合唇微撮浊音	齆鼻兼喉音	舌抵腭浊音	舌尖透齿浊音	合唇兼喉浊音	半喉半鼻腭上音		透齿兼唇音	舌根带腭音	合唇穿鼻浊音		抵龈舌浊音		

　　因此，从表 4-7 可以归纳为二十母。但其中景纬、乡纬和旗纬与其相配的粗音在发音上明显存在差异，应该独立成母。另续纬只有古邪母字，不应该独立成母（因为古全浊音已经消失），应与宵纬合并。罗氏在例言中说："是稿所定之音，前例但言于四呼五音中各分粗细清浊，尚未详言于粗细清浊中又一遵《钦定音韵阐微》之合声法也。故其中有应从古者，既未便随俗而致盭正音，如'松'字，《广韵》《集韵》并详容切，近读若藕宗切，音近送字之阴平。考之合声当为徐容切，读如诵字之阳平。'神'字，《广韵》食邻切，《集韵》乘人切，近读若韶银切，音近申字之阳平。考之合声当为舌银切，读如瞋字之阳平，故一仍续纬，一仍春纬[1]。有应从今者，亦未便泥古而致滋众感，如'弓宫供恭'等字，广集二韵定为见音第三等呼，于例应入景纬。'逵匮狂恇'等字，广集二韵定为群音第三等呼，于例应入旗纬。以今音呼之，则不协。故一则改收个（刚）纬，一则改收空纬。……要皆各取其宜，余仿此例。"这样应该有二十二母。

　　声母的主要特点：

　　1. 影喻疑微母合流。见砚纬、午纬。

　　2. 全浊音消失，其中全浊塞音、塞擦音平声送气，仄声不送气。见田纬、逃纬、清纬、餐纬等。另有"经体纬用图"第一经"央阳"之"十三纬"阴平、阳平、上、去、入下依次列有"汤唐曭傥佗"，"二十九纬"列有"当〇党宕铎"；第二经"清情"之"十一纬"阴平、阳平、上、去、入下依次列有"增〇静赠

1　春纬也不应该独立成母。

责"，"一十五纬"列有"皣层○蹭城"。

3. 知庄章系字合流，与精组字对立。见招纬、酒纬、醉纬等。

4. 泥（娘）母与来母字对立。见年耐纬、离来纬。

5. 非敷奉母合流。见弗纬。

6. 日母仍独立存在。见任纬。

7. 分尖团，但见系细音字已经腭化。见景纬、乡纬、旗纬、酒纬、清纬和宵纬。

（二）韵部与韵母

"经纬总图"中把韵部归为十九经。在"分并韵部说"中，罗氏对十九经作了说明：

第一经　央阳摄　收江阳部之开口、齐齿音

第二经　清情摄　收真殷元庚青蒸侵部之开口、齐齿音

第三经　兄雄摄　并东冬部

第四经　区渠摄　并鱼虞部

第五经　嚣肴摄　并萧肴豪部

第六经　钗柴摄　收佳灰部之开口、齐齿音

第七经　诗时摄　收支微齐部之开口、齐齿音

第八经　奢蛇摄　收麻部之撮口、合口音

第九经　换屏摄　收寒删覃咸部之开口、齐齿音

第十经　千前摄　收元先盐部之开口、齐齿音

第十一经　鸳元摄　收元寒先部之撮口、合口音

第十二经　优尤摄　与尤部同

第十三经　呵何摄　与歌部同

第十四经　鸦牙摄　收麻部之开口、齐齿音

第十五经　温文摄　收真文元庚青蒸侵部之撮口、合口音

第十六经　亏逵摄　收支微齐佳灰部之撮口、合口音

第十七经　翻烦摄　收元寒删咸部之撮口、合口音

第十八经　窗床摄　收江阳部之撮口、合口音

第十九经　虺怀摄　收支佳灰部之撮口、合口音

书中这十九经即十九个韵部，从上文可以看出，这些韵部是开齐为一类，合撮

为一类，这样做的目的只是分粗细清浊（呵何部就是开齐合撮四呼为一类）。根据罗氏的描述和每部收字的情况，可以把韵部归纳为下（见表4-8）。

表4-8　韵部表

开齐	央阳	清情			嚣肴	钗柴	诗时	鸦牙	搀孱	千前		优尤	呵何	奢蛇
合撮	窗床	温文	兄雄	区渠		虺怀	亏逵		翻烦		鸳元			

注：在这些韵部中，其他部的分合都比较清楚，只有山咸摄字分为四部，合并起来有点麻烦。"翻烦部"主要是山摄合口二等牙喉音字（包含山摄开口二等滂母字，标注为合口），而"搀孱"部主要是山咸摄开口一二等字（包含山摄开口二等帮母字，标注为开口），故合为一部。"千前"部主要是山咸两摄开口三四等字，与"搀孱"部在齐齿呼字上有对立，故分开为两部。"鸳元"部与"翻烦"部在合口呼上有对立，因此也应该分为两部。"鸳元"部主要是山摄合口三四等字和山摄合口一等桓韵字，与"千前"部虽然互补，但仍分为两部。这是因为合并这两部的话，既不符合中原官话（《书学慎余》）、冀鲁官话（《五方元音》）、北京官话（《等韵图经》），也不符合一般通语（《等音》《声位》），同时也不符合江淮官话（《五声反切正韵》），再考虑受到许桂林《许氏说音》的影响，故把这两部独立。另外，"鸦牙"部与"奢蛇"部要分开，因为"奢蛇"部主要是古麻韵开口三等的齿音字，都归在撮口。"鸦牙"部主要是古麻韵的一二等字，其中古合口字归在开口，牙喉音和正齿音字归在齐齿。很明显，这是罗氏为了契合自己的系统人为做的调整。

各韵部下的韵母，可以根据"经体纬用图"的四呼标注和列字情况来加以确定，具体情况见后面的拟音。

入声韵在书中配阳声韵，具体情况如表4-9所示。

表4-9　入声韵表

阳声韵	央阳	清情	兄雄	区渠	嚣肴	钗柴	诗时	鸦牙	搀孱	千前		优尤	呵何	奢蛇
	窗床	温文				虺怀	亏逵		翻烦		鸳元			
入声韵	药铎觉	质职缉陌德昔锡物术没迄	屋沃烛							曷黠合洽鎋狎盍	屑月薛帖业叶	月薛末屑			

很明显，这些入声韵的合并跟相应的阳声韵是一致的。

但罗氏在例言中说："其支微鱼虞齐佳灰萧肴豪歌麻尤十三部无入声者，《切韵指南》及吕坤《交泰韵》皆以质配支，月配鱼。其余亦各有分配，然于义多嫌未协。今依等韵十二摄引邻法，引'曲欲沃'为第四经区渠摄，引'戟液额'为第五经嚣肴摄，引'积麦'为第六经钗柴摄，引'亿食一极栭'为第七经诗时摄，引'泄哲舌茁'为第八经奢蛇摄，引'翼刻勒'为十二经优尤摄，引'愕'为第十三经呵何摄，引'鸭滑'为第十四经鸦牙摄，引'郁崛勿惑'为第十六经亏逵摄，引'浊握'为第十九经虺怀摄。"

因此，书中入声韵配阴声韵，并且打乱了古入声韵的分部，是根据时音进行的分并。

韵母的主要特点：

1. 臻深梗曾摄字合流。见清情温文经。

2. 山咸两摄字合流后三分。见搀屒、翻烦、千前和鸳元经。

3. 止摄开口三等日母字"儿耳二"，仍读日母，归在"诗时"韵部下。

4. 果摄字仍分开合。

5. 古麻韵三等字与一二等字不同韵。见鸦牙、奢蛇经。

（三）声调及其特点

罗氏在"五声释"中说："五声者，阴阳上去入是也。……盖每一上去入声皆有两平声，此两平声即分阴阳，如'通桶痛秃'与'同桶痛秃'……是也。若以音辨之，则阴平其声低而悠，阳平其声高而扬，亦即古之所谓重声轻声是也。"另从"经体纬用图""纬体经用图"都可以看出书中有五个声调，即阴平、阳平、上声、去声和入声。罗氏在"卷上之上"前言中说："是编既一本等韵，又复增以等音，俾为全璧。……次'经体纬用图'亦名'等韵图'，取总图中各音之同韵者，按阴平、阳平、上、去、入五声纵横分列。"

声调的主要特点：

1. 平分阴阳，上去入声不分阴阳。

2. 古入声的塞音韵尾［p］［t］［k］合流，入声韵配阳声韵，应该有一个喉塞韵尾。

3. 全浊上声仍归上声。例言："是稿所载之字，除重音互列不计外。其字只一音而与俗音互异者，如阴平之'於衾罴'，阳平之'乎蝇分'等字，类皆阴阳互反。此外……尤可异者，上声之肿部'奉'字……虞部'部杜户'字……讹为去声之类，实不胜枚举，兹悉各从正音。"

二、音系性质及其拟音

《音纬》音系框架基本上是时音，反映的是江淮方音。比如全浊音消失，疑微影喻四母合并，曾梗臻深四摄合流，山咸摄合流后三分，古入声仍保留一个喉塞韵尾，等等。这与罗氏受其师许桂林《许氏说音》[1]的影响有关，但跟《许氏说音》也存在差别。下面把罗氏与许氏的音系加以比较（见表4–10、4–11）。

---

1 《许氏说音》音系见耿振生（1998），第193页。

表 4-10　声母的比较

音纬	年	离	清	景	畅	诗	瓢	砚	田	酒	闭	乡	宵	旗	眠	弗	店	任	招
	耐	来	餐	刚	春		抛	午	逃	醉	罢	户	骚	空	茅		得		
许氏说音	郎		仓	姜冈	昌	商	旁	央昂	汤	臧	帮	杭香	桑	羌康	忙	方	当	攘	张

二者声母的主要差别是：

1.《许氏说音》泥来合流。

2.《许氏说音》中"张昌商攘"母只拼开口呼。

表 4-11　韵部的比较

音纬	央阳	清情		兄雄	区渠	嚣肴	钗柴	诗时		鸦牙	挼屖	千前		优尤	呵何	奢蛇
	窗床	温文					䶎怀	亏逵			翻烦		鸳元			
许氏说音	昂	成	神	同	模	敖	埃	时	雷	拿	庵	安	完	瓯	俄	而

两者韵部主要的区别是：

1.《许氏说音》曾梗摄合流，臻深摄合流，两者对立，在《音纬》中是一部。

2.《许氏说音》"时雷"两部在《音纬》中是一部。

3. 止摄开口三等日母字"而"等字，在《许氏说音》中与古麻韵三等字合流，《音纬》仍归在"诗时"部。

声调两者相同，都分阴平、阳平、上声、去声和入声。

另外，《音纬》受正音的影响，有时比较趋于保守，不及《许氏说音》趋时。这主要有：

1. 知照组细音字都归在齐齿呼或撮口呼，而《许氏说音》归在正粗音，即开合呼。

2. 非母即弗纬都归在齐齿呼或撮口呼，而《许氏说音》归在粗音。

3. 全浊上声字仍归在上声，而《许氏说音》归在去声。

更有甚者，为了适应自己的粗细系统，存在削足适履的现象。这主要有：

1. 知照组二等字归在齐齿呼。如"钗柴"部二十五纬齐齿呼下有"钗柴莅瘥"，三十纬齐齿呼下有"斋○跐债"。

2. 古麻韵开口三等字归在撮口呼，麻韵合口二等字归在开口呼。

《音纬》音系的特点正如罗氏在例言中说："是稿所定之音，多有与旧音不同者，非立异也，实为四呼五音中各分粗细清浊。近则有合于国书十二部头，如收喉音者，即第一部之'阿额伊'与第十部之'阿傲、额欧、伊优'；收齿音者，即第二部之'阿衣、额衣、伊衣'与第七部之'阿斯、额斯、伊斯';收鼻音者,即第五部之'阿昂、额鞥、伊英'与第六部之'阿克、额克、伊克';收腭音者,即第四部之'阿安、额恩、伊因'与第八部之'阿特、额特、伊特';……远则有合于古音……自韵书出而'於'入九鱼属影音,'于'与十虞属喻音,'丰薑'入一东属敷音,'葑'入三钟属非音。兹则各并为同纬,用期复古。"

尽管《音纬》有时比较保守,有时甚至有些人为的改造,但其音系框架基本上还是江淮官话的反映,因此对我们了解清代中期的江淮官话还是有一定的参考价值的。最后把声韵母构拟如下。

声母:

刚 [k]、空 [k']、户 [h]、景 [tɕ']、旗 [tɕ']、乡 [ɕ]、闭 [p]、瓢 [p']、茅 [m]、弗 [f]、店 [t]、田 [t']、来 [l]、耐 [n]、酒 [ts]、餐 [ts']、骚 [s]、招 [tʂ]、畅 [tʂ']、诗 [ʂ]、任 [ʐ]、砚 [Ø]

韵母[1]:

千前 [ie],嚣肴 [iɔ][ɔ],鸳元 [uõ][yõ],央阳 [uaŋ][iaŋ][aŋ][yaŋ],清情 [uəŋ][yəŋ][iəŋ][əŋ],兄雄 [uoŋ][yoŋ],区渠 [y][u],优尤 [əɯ][iəɯ][məɯ],诗时 [i][ɿ][ei][yei],挽屑 [ã][iã][uã][yã],鸦牙 [ia][a],钗柴 [ɛ][ɜ][iɛ][uɛ][yɛ],呵何 [o][uo][yo],奢蛇 [yɿ]

第三节 《正音新纂》

《正音新纂》刊于光绪二十八年(1902),成书于光绪己亥二十五年(1899)。作者是江宁(南京)人马鸣鹤,字九皋,生平事迹不详。作者编撰此书的目的是为童蒙正音提供教材。凡例:"是书原为童蒙正音而设,不敢作为儒林诸大雅考音之券。"

《正音新纂》全书包括序言、说音、发义、发明[2]、凡例、官音总目、子音

---

1 韵母的开合齐齿根据"经体纬用图"。

2 说音、发义、发明是有关语音的论说。

三十四字生音法、母音二十字生音法、子母生音法，正文后附有：正音类读。

其中"官音总目"中包括母音[1]二十、子音[2]三十四和子母相生音[3]三百零七。

"子音三十四字生音法"即子音代表字所能有的音节。每个子音都用其他两个子音作反切上字，切出音节，并在该音节下注明四声相承的音。以子音"野"为例：以吔野，口微开上腭掀上舌曲抵下齿音○野音，凡五声，耶爷野夜啮，耶上平，爷下平，野上声，夜去声，啮入声。

"母音二十字生音法"即母音代表字所能有的音节。每个母音用反切注明音读，并在该音节下注明四声相承的音。以母音"持"为例：迟日持，上下齿合舌贴上腭平送气○持音，凡五声，痴持齿滞吃，痴上平，持下平，齿上声，滞去声，吃入声。

"子母生音法"即母音与子音相拼的音节。每个母音与能相拼的子音依次拼成音节，然后在该音节下注明四声相承的音。以母音"比"为例：

　　比安班，班音，凡三声，班板半，班上平，板上声，半去声。

　　比拘报，报音，凡三声，包保报，包上平，保上声，报去声。

　　比额白，白音，凡四声，卑彼倍白，卑上平，彼上声，倍去声，白入声。

　　……

为了研究的方便，我们根据生音法，把所有的音归入相应的音节表中，形成声韵调配合表，即韵图（见后附的 12 张图）。目前《正音新纂》只见到韩国学者彭静有声韵方面的研究，但总觉得还有进一步研究的空间，同时整理出一份韵图资料，以便学者进一步研究。

一、音系及其特点

（一）声母及其特点

在"官音总目"中，母音总共有二十，即"比持抵符知隔及嘻克气离靡辟耳视时喜蹋此子"。

声母的主要特点：

1　"母音"书中说："即开口音也。"即声母。

2　"子音"书中说："即收尾音也。"即韵母。

3　"子母相生音"即声韵相拼所成的音，即音节表。

1. 全浊音清化，塞音、塞擦音平声主要送气，仄声不送气。

在"额"韵比母下五声依次有：卑○彼倍白。在"崖"韵比母下五声依次有：○○摆败○。在"我"韵抵母下五声依次有：多○躲惰夺。在"无"韵抵母下五声依次有：都○堵杜读。在"有"韵子母下五声依次有：揪○酒就○。在"以"韵气母下五声依次有：欺奇起气乞。在"因"韵辟母下五声依次有：拼平品聘○。在"安"韵蹉母下五声依次有：贪唐躺踢○。在"扔"韵此母下五声依次有：操曹草糙○。

2. 非敷奉合流。

在"安"韵符母下五声依次有：方防反范○。在"额"韵符母下五声依次有：非肥菲废○。在"恩"韵符母下五声依次有：分坟粉份○。在"无"韵符母下五声依次有：敷符府付弗。

3. 泥（娘）来母合流。

在"安"韵离母下有：难懒烂。在"岩"韵离母下有：拈年脸念。在"爱"韵离母下有：奶来乃赖。在"无"韵离母下有：奴鲁路六。在"啊"韵离母下有：拉拿娜那纳。在"羊"韵离母下有：娘凉仰亮。在"遇"韵离母下有：驴女虑律。

4. 影喻疑微母合流。

在书中，影喻疑微母没有出现在二十母音中，但在"子音三十四字生音法"中都是用其他两个子音作反切上字，如"吧"韵的反切为"额野吧"，"安"韵的反切为"额扔安"，"我"韵的反切为"额无我"，"危"韵的反切为"无额危"，"问"韵的反切为"无恩问"，"云"韵的反切为"以遇云"，"崖"韵的反切为"以爱崖"。而子音就是韵母，故此处应是一个零声母，即影喻疑微母合流。

5. 知庄章组字合流与精组字对立，但少数知庄组字（主要是庄组字）归入精组字。

在"安"韵持母下有"昌长产唱"，此母下有"仓残惨儳"；知母下有"张斩站"，子母下有"臧偺趱赞"；时母下有"山裳闪尚"，视母下有"三伞散"。在"恩"韵持母下有"称成逞趁"，此母下有"撑层樘"；知母下有"珍疹症"，子母下有"争怎挣"；时母下有"深神审慎"，视母下有"生省"。

书中知庄组字归入精组字的有：在"吧"韵视母下有"视"。在"安"韵此母下有"儳"。在"额"韵视母下有"色"，此母下有"测"。在"偶"韵此母下有"愁"，子母下有"邹"。在"翁"韵此母下有"崇"。在"恩"韵视母下有"生省"，此母下有"撑樘"，子母下有"争挣"。在"无"韵视母下有"数"，此母下有"雏楚"，子母下有"助"。

6.分尖团音，但见组字已经腭化。

在"以"韵及气喜三母下有"鸡欺希"，视此子三母下有"西悽跻"。在"羊"韵及气喜三母下有"江腔香"，视此子三母下有"箱跄将"。在"遇"韵及气喜三母下有"俱驱吁"，视此子三母下有"蛆疽胥"。

在视此子三母下既列洪音字，也列细音字。例如"扫"韵视母下有"骚嫂埽"，此母下有"操曹草糙"，子母下有"遭早皂"。"要"韵视母下有"消小肖"，此母下有"鳌瞧诮"，子母下有"焦剿"。说明精组字尚未腭化。

而见组字，书中分为六母。其中"及气喜"下列细音字，"隔克嗍"下列洪音字。如"扫"韵"及气喜"下无字；"隔克嗍"下列有：高稿告，考靠，蒿毫好耗。"要"韵"及气喜"下列有：交绞教，敲桥巧窍，枵淆晓孝；"隔克嗍"下无字。"原"韵"及气喜"下列有：捐卷倦，圈权犬劝，喧悬泫；"隔克嗍"下无字。"忘"韵"及气喜"下无字；"隔克嗍"下列有：光管贯，荒还谎换，宽狂款旷。说明见组字洪细音字已经不同母，在细音前已经腭化。

（二）韵母及其特点

在"官音总目"中，子音总共有三十四，即"吧安扫额偶以野羊要因岩崖约用日有雅爱嗯我翁郁恩遇越云原无忘危歪啊娃问"。

韵母的主要特点：

1.山咸摄一二等韵字（开口二等的牙喉音字除外）、三四等的非组、知章庄组字与江摄字（牙喉音字除外）、宕摄一等韵字和宕摄三等的非组、知章庄组字合流。

在"安"韵下有：昌长产唱，丹挡旦，方防反范，冈敢干，然冉让，仓残惨傪，安昂暗暗，张斩站，山裳闪尚。在"忘"韵下有：穿床戗钏，光管贯。

2.臻曾梗深摄字合流。

在"因"韵下有：金谨敬，拼平品聘，亲寻请亲，侵尽浸。在"恩"韵下有：崩本笨，根耿更，争怎挣，深神审慎。在"问"韵下有：昏横浑混。

3.果摄字开合不分。

在"我"韵下有：哥果个，窝俄我卧，拖驼妥，啰罗掳懦，呵河火贺。

4.麻韵三等的章组字与精组字、牙喉音字不同韵部。其中章组字归在"额"韵，精组字和牙喉音字归在"野"韵。

在"野"韵下有：些邪写谢，且，姐藉，耶爷野夜。在"额"韵下有：卑彼倍，车扯，非肥菲废，遮者这，胚陪配，惹，赊余捨设。

5.止摄开口三等日母字"儿耳二"等字仍旧读日母音，韵母应该是舌尖后音。

在"日"韵"耳"母下有：而耳二。

6. 遇摄合口一等模韵的明母字及部分来母字归入了果摄。

在"我"韵下有：摸摩慕，啰罗掳懦。而在"无"韵下有：母，奴鲁路。

（三）声调及其特点

1. 平分阴阳。

在"安"韵中："符"母下，上平有"方"，下平有"防"；"嘻"母下，上平有"憨"，下平有"寒"；"辟"母下，上平有"潘"，下平有"盘"；"时"母下，上平有"山"，下平有"裳"；"此"母下，上平有"仓"，下平有"残"。

2. 全浊上声归去声。

在"额"韵比母去声下有：倍。在"无"韵抵母去声下有：杜。在"安"韵符母去声下有：范。在"问"韵嘻母去声下有：混。在"抝"韵时母去声下有：绍。在"偶"韵时母去声下有：受。在"羊"韵视母去声下有：像。在"日"韵时母去声下有：恃。

3. 塞音韵尾混同，仍旧保留入声，入声韵与阴声韵相配。

在"以"韵入声下有：必的及乞力密辟息吸踶戚集一。在"野"韵入声下有：别迭竭裂蔑撇洩歇铁切接喢。在"我"韵入声下有：脖戳夺卓各合渴落末泼若索芍托撮凿愕。

二、音系性质

书中音系记录的应该是当时的南京话。自序："正音者，为正语言文字之声音也。顾声音之别有二：一官音，一土音。官音如南北二京音者是，土音如土俗及外地纤巧油滑之音者是。"又"发义"中"九问"："今汝正音之法，其仅正南京音乎？抑并正同在畊畽内之音乎？"曰："余为南京人，姑正音必先自南京始，示不忘本也。"

下面把书中音系的特点与高本汉《中国音韵学研究》中的"南京字汇"进行比较（见表4-12、4-13、4-14）：

表4-12 声母的比较

书中特点	1	2	3	4	5	6
南京字汇	√	√	√	√	√	√

表 4-13　韵母的比较

书中特点	1	2	3	4	5	6
南京字汇	√	√	√	√	×	√

表 4-14　声调的比较

书中特点	1	2	3
南京字汇	√	√	√

可见，书中音系特点与"南京字汇"基本一致（不同的地方见下文的论述），因此书中音系应是当时南京音的记录。但不是口语音，而是读书音。这主要有两点：一是"儿耳二"仍旧读日母。二是"麻韵开口三等精组字（含相配的入声的端帮组字）"仍旧读细音。这些特点仍旧保留了元明以来的读书音特点，如《书文音义便考私编》。而在口语中，南京音已经发生了变化（见下文）。

下面根据"南京字汇"和今南京方音（见《南京方言志》），对书中的声韵调进行构拟。

声母：

比［p］、持［tʂʻ］、抵［t］、符［f］、知［tʂ］、隔［k］、及［tɕ］、嘻［x］、克［kʻ］、气［tɕʻ］、离［l］、靡［m］、辟［pʻ］、耳［ʐ］、视［s］、时［ʂ］、喜［ɕ］、堤［tʻ］、此［tsʻ］、子［ts］、额［Ø］[1]

韵母：

吡［ɿ］、安［aŋ］、抝［au］、额［ɛi］［ɛiʔ］、偶［əu］、以［i］［iʔ］、野［ie］［ieʔ］、羊［iaŋ］、要［iau］、因［iəŋ］、岩［ien］、崖［iai］[2]、

---

[1]　书中没有把零声母统计为一个声母，故只有二十个。今学界认为零声母也是一个声母，故书中实际上有二十一个声母。

[2]　"崖"韵在"额"母下列了蟹摄开口二等的部分牙喉音字，而在"爱"韵及气喜母下列有蟹摄开口二等的牙喉音字"皆楷蟹"等字。根据书中体例，"皆楷蟹"等字应该归在"崖"韵下：一是书中及气喜母腭化，只拼细音。另是书中一韵就是一个韵母，不会一韵下出现两个韵母。另在"崖"韵比持母下列有"摆豸"等字，根据蟹摄开口一等字归在"爱"韵，"摆豸"等字应归在"爱"韵。

约［ioʔ］、用［yoŋ］¹、日［ʅ］［ʅʔ］、有［iəu］、雅［ia］²［iaʔ］、爱［ai］、嗯［ ］³、我［o］［oʔ］、翁［uoŋ］、郁［ ］⁴、恩［əŋ］、遇［y］［yʔ］、越［ye］［yeʔ］、云［yəŋ］、原［yen］、无［u］［uʔ］、忘［uaŋ］、危［uɛi］［uɛiʔ］、歪［uai］、啊［a］［aʔ］、娃［ua］［uaʔ］、问［uəŋ］

声调：

上（阴）平［31］、下（阳）平［13］、上声［212］、去声［44］、入声［55］

三、古今的差异和演变

1. 书中古麻韵三等字的章组字与其他声母字不同韵部。这种情况在《南京官话》中仍旧如此，章组字主要元音为［ê］，其他声母字主要元音为［e］。在"南京字汇"中，主要元音也存在着差别，前者为［ə］，后者［e］。在《南京音系》中也存在差别，前者为［e］，后者为［ê］。到了今南京方音（老派）中，章组字和精组字的主要元音已经相混为［ê］，只有牙喉音字主要元音不同为［e］。

2. 书中麻韵三等的精组字（含相配的帮组端组入声字）和牙喉音字同韵，即韵母相同。在《南京官话》中精组字已经读洪音（端帮组入声字也读洪音），失去了前高元音介音，在"南京字汇"和《南京音系》中也是如此，今南京方音（老派）相同。

3. 书中古曾梗摄一二等韵入声字、山摄三等薛韵知章组入声字、曾摄开口三等职韵庄组字，开口归在"额"韵入声，合口归在"危"韵入声。即分别与古止摄开口三等韵的唇音字、麻韵开口三等的章组字和古止摄合口三等韵字（另有蟹摄合口

1　"用"韵下只列了古通摄合口三等的部分喉音字，而在"翁"韵及气喜母下列有通摄合口三等的牙喉音字"窘穷凶"等字。根据书中及气喜母腭化，只拼细音，"窘穷凶"等字应该归在"用"韵下。

2　"雅"韵只列了古麻韵开口二等的部分喉音字。而在"啊"韵及气喜母下列有麻韵开口二等的牙喉音字"家卡虾"等字。根据书中及气喜母腭化，只拼细音，"家卡虾"等字应该归在"雅"韵下。

3　此韵没有列字。

4　此韵只有"郁"字，本是入声字，书中归在去声。

一等韵部分端组字）相配。在《南京官话》中，入声字与古蟹摄一二韵字相配。在"南京字汇"中，入声字独立成韵，没有相配的阴声韵。在《南京音系》中，入声字与麻韵开口三等的章组字相配。在今南京方音中，入声字与古蟹摄一二韵字相配。可见，这些入声字在南京音中，有人发音开口度大些，与蟹摄字相配；有人发音开口度小些，与止摄字相配；有人发音介于两者之间，独立成韵。这是个人发音的差异所致。

4. 书中"儿耳二"等止摄开口三等日母字仍旧读日母音。在《南京官话》、"南京字汇"、《南京音系》和今南京方音中相同，读零声母的卷舌元音。可见书中此类字的读音应该是读书音，而不是口语音。

《正音新纂》是目前所见明确记录南京方音且音系完整的较早音韵文献，在南京方音史上具有较高的学术价值。

附　韵图

	吧					安					拗				
	上平	下平	上	去	入	上平	下平	上	去	入	上平	下平	上	去	入
比						班		板	半		包		保	报	
持						昌	长	产	唱		抄	潮	吵	钞	
抵						丹		挡	旦		刀		岛	到	
符						方	防	反	范						
知						张		斩	站		招		找	兆	
隔						冈		敢	干		高		稿	告	
及															
嘻						憨	寒	罕	汉		蒿	毫	好	耗	
克						康	掯	砍	炕				考	靠	
气															
离							难	懒	烂		捞	牢	恼	闹	
靡						漫	曼	满	慢		眸	毛	卯	貌	
辟						潘	盘		盼		抛	匏	跑	泡	
耳							然	冉	让			饶	扰	遶	
视	偲		死	视		三		伞	散		骚		嫂	埽	
时						山	裳	闪	尚		稍	韶	少	绍	
喜															
蹝						贪	唐	躺	踢		韬	逃	讨	套	
此	疵	慈	此	次		仓	残	惨	傸		操	曹	草	糙	
子	龇		子	字		臧	偺	趱	赞		遭		早	皂	
额[1]	◎	◎	◎	◎	◎	安	昂	俺	暗		熿	熬	袄	拗	

1 "子音三十四字生音法"都是用其他两个子音作反切上字，如"吧"韵的反切为"额野吧"。而子音就是韵母，故此处应是一个零声母。都用"额"字来表示，后同。书中凡有音无字的，笔者在图中都用"◎"实之。

	额					偶					以				
	上平	下平	上	去	入	上平	下平	上	去	入	上平	下平	上	去	入
比	卑		彼	倍	白	褒							比	闭	必
持	车		扯		彻	抽	绸	丑	臭						
抵					得	兜		斗	斗		低		抵	地	的
符	非	肥	菲	废			浮	否	缶						
知	遮		者	这	折	周		肘	咒						
隔					隔	沟		苟	彀						
及											鸡		几	记	及
嗜					嚇	齁	喉	吼	后						
克					克	抠	悭	口	扣						
气											欺	奇	起	气	乙
离					勒		偻	篓	漏			离	礼	利	力
靡		媒	美	妹	墨		侔	某	昧			靡	米		密
辟	胚	陪		配	珀		哀				批	皮	丕	屁	辟
耳			惹		热		柔		肉						
视					色	搜		叟	瘦		西		洗	细	息
时	赊	佘	捨	设		收		守	受						
喜											希	携	喜	系	吸
踶					特	偷	投	歌	透		梯	蹄	体	替	踶
此					测		愁		凑		悽	脐		砌	戚
子					则	邹		走	奏		跻		挤	际	集
额					额	欧		偶	怄		衣	宜	以	意	一

	野					羊					要				
	上平	下平	上	去	入	上平	下平	上	去	入	上平	下平	上	去	入
比	甓		毙		别						标		表	瞟	
持															
抵	爹				迭						刁		屌	调	
符															
知															
隔															
及					竭	江		港		绛	交		绞	教	
嘻															
克															
气	敧				怯		腔	强	镪		敲	桥	巧	窍	
离					裂		娘	凉	仰	亮		僚	了	料	
靡			咩		蔑							描	渺	妙	
辟			撆		撇						摽	瓢	嫖	票	
耳															
视	些	邪	写	谢	泄	箱		想	像		消		小	肖	
时															
喜					歇	香	降	响	向		枵	涍	晓	孝	
蹉					铁						挑	条	佻	跳	
此			且		切	跄	详	抢	呛		锹	瞧		诮	
子			姐	藉	接	将		蒋	酱		焦			剿	
额	耶	爷	野	夜	唶	殃	羊	养	样		腰	摇	咬	要	

	因					岩					崖				
	上平	下平	上	去	入	上平	下平	上	去	入	上平	下平	上	去	入
比	兵		禀	病		边		扁	变				摆	败	
持												犲	踹		
抵	丁		顶	定		颠		点	店						
符															
知															
隔															
及	金		谨	敬		奸		检	剑						
嗜															
克															
气	倾	勤	顷	磬		牵	虔	遣	欠						
离	拎	零	领	另		拈	年	脸	念						
靡		名	泯	命			绵	免	面						
辟	拼	平	品	聘		偏	便		褊						
耳															
视	心		悄	性		鲜	涎		线						
时															
喜	欣	形		兴		掀	贤	显	现						
蹃	厅	廷	挺	听		天	甜	忝	捵						
此	亲	寻	请	亲		千	前	浅	倩						
子	侵		尽	浸		尖		剪	僭						
额	因	迎	引	印		淹	岩	掩	宴		崖		蔼	隘	

	约					用					日				
	上平	下平	上	去	入	上平	下平	上	去	入	上平	下平	上	去	入
比															
持											痴	持	齿	滞	吃
抵															
符															
知											知		止	至	直
隔															
及					觉										
嗜															
克															
气					却										
离					虐										
靡															
辟															
耳												而	耳	二	
视					削										
时											诗	时	史	恃	十
喜					学										
踱															
此					雀										
子					爵										
额					约	雍	容	勇	用						日

	有					雅					爱				
	上平	下平	上	去	入	上平	下平	上	去	入	上平	下平	上	去	入
比															
持															
抵	丢										呆		歹	代	
符															
知											斋			债	
隔											该		改	盖	
及	纠		久	救							皆		解	戒	
嘻												孩	海	嘻	
克											开		铠	慨	
气	枢	求	朽										楷		
离	溜	牛	柳	遛			俩				奶	来	乃	赖	
靡		缪		谬								埋	买	迈	
辟												排		派	
耳															
视	羞			秀							腮			赛	
时											筛			晒	
喜	休		朽	嗅								偕	蟹	懈	
蹀											胎	台		态	
此	揪	囚									猜	才	采	蔡	
子	揪		酒	就							栽		宰	在	
额	悠	由	有	又		丫	牙	雅	亚	压	哀	挨	矮	爱	

	嗯					我					翁				
	上平	下平	上	去	入	上平	下平	上	去	入	上平	下平	上	去	入
比						波		播	簸	脖					
持										戳	冲	虫	宠	铳	
抵						多		躲	惰	夺	东		懂	冻	
符															
知										卓	钟		肿	重	
隔						哥		果	个	各	公		拱	贡	
及													窘		
嘻						呵	河	火	贺	合	烘	红	哄	閧	
克						科		可	课	渴	空		孔	控	
气												穷			
离						啰	罗	掳	懦	落		隆	拢	弄	
靡						摸	摩		慕	末					
辟						坡	婆	颇	破	泼					
耳										若		绒	冗		
视						唆	矬	所		索	松		耸	送	
时										勺					
喜											凶	雄			
蹉						拖	驼	妥		托	通	同	统		
此						蹉			挫	撮	聪	崇			
子							昨	左	座	凿	宗		总	颂	
额	◎	◎	◎	◎	◎	窝	俄	我	卧	愕	翁				瓮

	郁					恩					遇				
	上平	下平	上	去	入	上平	下平	上	去	入	上平	下平	上	去	入
比						崩		本	笨						
持						称	成	逞	趁						
抵						灯		等	凳						
符						分	坟	粉	份						
知						珍		疹	症						
隔						根		耿	更						
及											俱		举	遽	局
嗜						哼	痕	很	恨						
克						阬		肯	掯						
气											驱	劬		去	曲
离							能	冷	楞			驴	女	虑	律
靡						扪	门	猛	孟						
辟						烹	朋	捧	碰						
耳						扔	仍	忍	认						
视						生		省			胥			叙	
时						深	神	审	慎						
喜											盱		诩		
蹉						腾	腾								
此						撑	层		撑		蛆		娶	趣	
子						争	怎		挣		疽			聚	
额				郁		恩					迂	鱼	禹	遇	

	越					云					原				
	上平	下平	上	去	入	上平	下平	上	去	入	上平	下平	上	去	入
比															
持															
抵															
符															
知															
隔															
及	嚜				决	君			郡		捐		卷	倦	
嘻															
克															
气		瘸	撅		阙		群				圈	权	犬	劝	
离															
靡															
辟															
耳															
视					雪		洵		殉		宣	旋	勘	镟	
时															
喜		靴			穴	熏			训		喧	悬			泫
蹉															
此													全		
子	嗟				绝				俊						
额					越	云		允	晕		渊	元	远	愿	

	无					忘					危				
	上平	下平	上	去	入	上平	下平	上	去	入	上平	下平	上	去	入
比	不		补	布	不										
持	枢	除	暑	处	出	穿	床	饯	钏		吹	捶		吹	
抵	都		堵	杜	读	端		短	缎		堆			对	
符	敷	符	府	付	弗										
知	珠		主	住	竹	专		桊	赚		追			坠	拙
隔	孤		古	故	骨	光		管	贯		规		鬼	贵	国
及															
嗜	呼	胡	虎	护	忽	荒	还	谎	换		灰	回	毁	惠	或
克	枯		苦	库	哭	宽	狂	款	旷		亏	魁	傀	愧	阔
气															
离		奴	鲁	路	六		鸾	暖	乱			雷	累	类	
靡			母		木										
辟	铺	蒲	谱	铺	仆										
耳		如	乳		肉			软					蕊	锐	
视	酥		数	膝	速	酸					虽	随	髓	碎	
时	舒			树	埶	拴		爽	涮			谁	水	睡	
喜					勖										
蹑		途	土	唾	突		团	象			推	颓	腿	退	
此	粗	雏	楚	醋	促	蹿		攒	窜		崔			诶	
子	租		祖	助	足	钻		鬓	钻				嘴	最	
额	乌	无	五	务	物	汪	忘	往	旺		威	危	尾	未	

	歪					啊					娃				
	上平	下平	上	去	入	上平	下平	上	去	入	上平	下平	上	去	入
比						巴		把	罢	八					
持			揣	吹		叉	茶		岔	察					
抵								打	大	答					
符										发					
知						抓			诈	札					
隔	乖		拐	怪							瓜		寡	挂	刮
及						家		假	嫁						
嘻		怀		坏							花	哗	哈	化	滑
克		蒯		快							夸		侉	跨	
气								卡		恰					
离						拉	拿	娜	那	纳					
靡						妈	麻	马	骂	抹					
辟						趴	扒		怕	帕					
耳															
视						萨	斜	洒		撒					
时	衰		摔	帅		沙			耍	煞					
喜						鰕	虾	罅	下	瞎					
蹉						他				塔					
此										擦					
子							咱			匝					
额	歪			外					啊		蛙	娃	瓦	洼	袜

	问														
	上平	下平	上	去	入	上平	下平	上	去	入	上平	下平	上	去	入
比															
持	春		蠢												
抵	墩		踅	遁											
符															
知	谆		准												
隔			衮	棍											
及															
嗜	昏	横	浑	混											
克	坤		捆	困											
气															
离		伦		嫩											
靡															
辟															
耳				润											
视	孙			损											
时		唇	瞬	顺											
喜															
蹉	吞	屯		褪											
此	村	存	忖	寸											
子		尊													
额	温	纹	稳	问											

第五章　西南官话

西南官话是流行于中国西南部四川、重庆、贵州、云南、湖北，以及邻近的广西壮族自治区北部、湖南省西部、陕西省南部等。西南官话的主要特征是古入声不分化，整体保留或整体派入其他声调（阳平、阴平或去声）中。

第一节　《五音集字》

汪朝恩，清代四川莲池[1]人，生卒年不详。《五音集字》成书于道光十三年（1833），光绪戊申年（1908）由渝城（重庆）圣家书局镌印[2]。

全书由序、小引、五音代标射法、总论、凡例、目录和正文组成。

序文有三篇：作于同治十三年四川按察使牛树梅序、崍峰李鼎纹序和自序。在自序中，谈及了书名由来："……因思字有音韵有训诂。音韵以辨其声，训诂以通其义。自庚申以来，托耕砚田，稍有余力，仍用二十五字母，因类以推，合成三十三字音。概将文字一切按照五音条式纂集成篇，以便检阅，名曰《五音集字》。"

《五音集字》正文把二十五个字母分为十卷，分别以十天干命名，各卷所辖字母如下：

甲：尸夫。

乙：黑希。

丙：日格基。

丁：克欺来。

1　今四川有许多叫莲池的地方，都是一些小地方，其中成都的莲池街比较有名。故这里究竟是哪个莲池还有待考证。

2　《续修四库全书总目提要》中孙海波用的是光绪间重印道光十三年的本子，可能有误，从书中序后的纪年来看，都是同治十三年（1874）。

　　戊：木乃恩尼窝。

　　己：不普司。

　　庚：得特。

　　辛：至答。

　　壬：子此。

　　癸：衣。

　　每卷中，各韵下按上平（即阴平）、下平（即阳平）、上声、去声和入声的顺序排列小韵（即同音字组）。小韵首字首注反切音，再注直音，然后释义。而处于小韵中的字，有的注音方式同首字，有的则不注音，只有释义。

　　"小引"全名为"声求字字求声小引"。所谓"声求字"，就是通过字的读音来查找字。"小引"说："余识劣见鄙……校阅十多余载。其书始成，首纂天干十卷，名曰《五音集字》。概按五音次第萃集文字，一切以便随音得字，是为声求字也。"传统韵书一般是依据声调先将韵归类，然后再在各韵下分出小韵。而《五音集字》是根据声母将字进行分类，然后再在各韵下按声调列出同音字组。

　　《五音集字》编排音序查字法所采用的语音系统应该是作者家乡的方音。作者在自序中说："爱得五音捷法，不费思索，开帙朗彻，启口得音，辑为家学便览。适逢友辈案头翻见，视为切要，因命付梓……"[1]另外，作者在"五音代标射法"中说："须知五音次第上下咸宜，前后均位增之不得，减之不得，倒置之不得，出自天然，无待思索，人人可能……"

　　因此，《五音集字》为我们留下了一百多年前的一种宝贵的巴蜀方音资料。

　　"目录"全名为"字母合五音发生五声目录"。其实就是一个声韵调相配合的音节总表，每图以字母为单位，即横列三十三韵（不能跟此字母相拼的韵则不列），纵列一个字母，纵横交叉处列声韵相拼所得的五个声调的字音。这是我们研究书中音系的主要依据，以字数较少的"夫"字母为例（见表5-1）。

1　作者在凡例中说："《五音集字》之书既为幼童弱冠所作，故去繁从简，容易推求。即如京金、东冬本不同韵，……又如歌戈等字本迥隔不同。蜀省读之，或少异，或多有不分。而念法可以一例者，加一辨音别之。"

表 5-1　"夫"字母音节表

翁夫	杯夫	哂夫	哼夫	吭夫	酣夫	阿夫		夫	
风	非	○	分	方	番	○		夫	
逢	肥	浮	坟	房	凡	○		夫	第二字母
捧	斐	否	粉	访	反	○		府	
奉	费	覆	奋	放	饭	○		付	
弗	○	缚	福	缚	乏	乏		福	

注：该表为从右往左。

一、音系及其特点

（一）声母及其特点

书中有字母二十五个（见表 5-2）。

表 5-2　声母表

字母	尸	夫	黑	希	日	格	基	克	欺	来	木	乃	恩
发音部位	齿音	唇齿合音	喉齿兼牙	喉齿兼牙	齿兼舌	喉音	喉音	喉音	喉音	舌兼喉	唇音	舌音	喉音兼牙
字母	尼	窝	不	普	司	得	特	至	答	子	此	衣	
发音部位	喉音	喉音兼牙	唇音	唇音	牙音	舌音	舌音	齿音	齿音	牙音	牙音	喉音兼牙	

声母的主要特点：

1. 分尖团。

希≠西，香≠相，休≠修，前面属于"希"字母，后面属于"司"字母。欺≠妻，丘≠秋，谦≠千，前面属于"欺"字母，后面属于"此"字母。九≠酒，肩≠尖，举≠咀，前面属于"基"字母，后面属于"子"字母。

其中尖音"酒尖将"与"遭租宗"等同属于"子"字母，"妻秋千"与"操村粗"等同属于"此"字母，"西相修"与"三苏松"等同属于"司"字母。可见尖音还没有腭化。

其中团音"希香休"属于"希"字母，"希"字母主要来源于中古的三四等晓匣母字，属于细音字，跟"黑"字母对立，而"黑"字母主要来源于中古的一二等晓匣母字，属于洪音字。"欺丘谦"属于"欺"字母，主要来源于中古的三四等溪群母字，属于细音字，跟"克"字母对立，而"克"字母主要来源于中古的一二等溪母字，属于洪音字。"九肩举"属于"基"字母，而"基"字母主要来源于中古的三四等见群母字，属于细音字，跟"格"字母对立，而"格"字母主要来源于中古的一二等见母字，属于洪音字。可见团音已经腭化。另根据书中的按语，见组字也已腭化。比如正文中"基"下说："'基'于是书定为第七字母，与前第六字母本是一母也。兹分二者，特便开口得音。按切韵条式，与首母见字用法无异。亦特切韵简易而别之。"书中认为分为二母，切音时特便得音。说明基与格音值差异已经非常明显，属于两个不同的音位了。此外，"希"下也有类似的说法。

2. 泥母二分。

"你年娘砚业虐"等泥娘疑母细音字属于"尼"字母，"乃南能努"等泥母洪音字属于"乃"字母（少数泥娘母细音字也归入此母）。"尼"母与"乃"母对立，可见泥母依据洪细音分母。

3. 有卷舌音。

山≠三，之≠兹，超≠操。"山"属于"尸"字母，"三"属于"司"字母；"之"属于"知"字母，"兹"属于"子"字母；"超"属于"笞"字母，"操"属于"此"字母。而"司""子""此"字母的字主要来源于中古精组字，"尸""笞""知"字母的字主要来源于中古知庄章组字，根据今四川方音来看，"尸""笞""知"字母应该读卷舌音。

但根据书中有关论述来看，精组字与知庄章组字开始有合流的趋势。正文"司"字下说："'司'于是书定为十八字母，与《字典》心邪二字同用，实与第一母'尸'字不同。'司'属牙音，'尸'属齿音，俗多互混为一，故于'司'下有不见之字，必在'尸'内寻之，又'尸'内有不集之字，宜在'司'内察之。"另"尸"下也有类似的说法。

4. "而尔二"等字不读零声母，而读"日"母，跟"绒如然饶"等字同母。

5. 黑母［x］合口字跟夫母［f］字不混。

如"夫≠呼，分≠昏，方≠慌"。

但根据书中有关论述，这两母也有相混的。正文"夫"字下说："'夫'于是书定为第二字母，与《字典》非夫同用。按'夫'字所发之音，俗语土音多有混入第三黑母所生之音也。"

6. 影疑母开口洪音字读疑母音。

在"恩"母下主要列有"恩安昂敖哀瓯我"等影疑母开口洪音字。书中"窝"字母下说："'窝'于是书次第定为十五字母，与《字典》影母同用。本撮口呼，与前第十三母'恩'字所生之音，俗多互异。但依切法相同。"

7. 全浊音清化，其中平声送气，仄声不送气。

在"得"母下有：兜○斗豆，多○朵舵夺，都○堵度读。在"特"母下有：偷头姓透。在"知"母下有：追○棰坠，真○枕阵。在"子"母下有：揪○酒就，租○祖助，○○咱○杂。在"此"母下有：猜才采菜。在"笞"母下有：笞池齿帜尺。在"基"母下有：君○窘郡。在"欺"母下有：圈权犬劝。在"基"母下有：居○举句局，基○己计及。

（二）韵母及其特点

书中分韵为三十三个，实为三十三个韵母（见表5-3）。

表5-3 韵母表

开	阿	醋	吭	呺	哈	嚇	哼	呴	杯	窝			
合	挖	弯	汪			歪	或	温		威		污	翁	
齐	丫	焉	映	么	唉	耶	因	攸		岳				衣
撮		渊				曰	氲							迁

注：书中原并未四呼相配。此四呼相配主要根据古来源和韵母下的反切。比如"杯"字注曰："布回切音碑。此叶窝非切。""威"字注曰："於非切。音蝛。"

在"目录"中，入声字既配阴声韵，又配阳声韵。其中配阳声韵的入声字和部分配阴声韵的入声字都外带有圈"○"。这些外带圈的入声字，是作者为了表格的整齐人为加上去的，而不是真的在那个音韵地位上存在入声。比如"乏"字，韵书正文中说："此本无入声，俗借'乏'以代之，详前六十五（页）。"根据入声韵配阴声韵，每个入声韵再择一代表字，可得如表5-4所示结果。

表5-4 入声韵表

阴声韵	阿	嚇	窝	污	挖		迁		衣	丫	耶	
入声韵	杀	舌	说	忽	刷	**或**	局	**曰**	一	押	叶	**岳**

根据声韵调配合的规律，应该还有四个韵母：雍、司、尸、石，书中实际上的韵母数是三十三韵加上九个入声韵（除去三个重复的入声韵，见表5-4黑体字），一共四十二个韵母。

韵母的主要特点：

1.古臻梗深曾摄字合流。

在"欺"母"欺氲"下有：倾群顷。在"来"母"来因"下有：林廪吝。在"木"母"木因"下有：民悯命。在"克"母"克哼"下有：坑恳硍。在"希"母"希哼"下有：忻行滓焕；在"希"母"希氲"下有：熏迥训。在"格"母"格哼"下有：根梗艮。在"司"母"司哼"下有：森渗。在"欺"母"欺哼"下有：钦琴搇。

2. 古歌戈韵合流。

在"黑"母"黑窝"下有：呵何荷贺。在"格"母"格窝"下有：哥个。在"克"母"克窝"下有：科可课。在"来"母"来窝"下有：罗裸逻。在"得"母"得窝"下有：多朵舵夺。在"司"母"司窝"下有：唆锁些索。

3. 古臻摄合口一等魂韵的端精组字读开口音。

在"得"母"得哼"下有：敦钝。在"特"母"特哼"下有：吞屯啍捆。在"子"母"子哼"下有：尊僔噂。在"此"母"此哼"下有：村存忖寸。在"来"母"来哼"下有：伦磕论。

4. 古止摄合口三等的泥来母字仍旧读合口。

在"来"母"来威"下有：雷累类。在"乃"母"乃威"下有：馁内。

5. 古山咸两摄字合流。

在"尸"母"尸酣"下有：山蝉陕善。在"夫"母"夫酣"下有：番凡反饭。在"黑"母"黑酣"下有：酣含罕汗。在"希"母"希酣"下有：枚贤显见。在"日"母"日酣"下有：然冉。在"基"母"基酣"下有：肩柬见。在"克"母"克酣"下有：堪坎看。在"欺"母"欺酣"下有：谦乾遣欠。在"尼"母"尼酣"下有：拈年碾念。

6. 古江宕摄字合流。

在"欺"母"欺吭"下有：羌强强。在"来"母"来吭"下有：郎朗浪。在"基"母"基吭"下有：江讲降。在"黑"母"黑吭"下有：夯航巷。在"不"母"不吭"下有：邦榜谤。

（三）声调及其特点

书中有五个声调，即阴平、阳平、上声、去声和入声。

声调特点主要有：

1. 平分阴阳。

在"欺"母下有：欺其岂气乞。在"克"母下有：魁葵〇馈〇。在"窝"母下有：汪王往望〇。在"普"母下有：坡婆颇破泼。在"特"母下有：汤唐倘烫〇。

2. 浊上变去。

在"司"母下有：相详想象，须徐醑序戍。在"得"母下有：多〇朵舵夺。在"不"母下有：包〇保抱。在"尸"母下有：山蝉陕善。商常赏上。收〇手受。在"黑"母下有：呼胡虎户忽，荒黄恍晃。在"夫"母下有：风逢捧奉。

3. 入声独立成一个调。

书中入声韵母为十二个，古塞音韵尾已经合流，入声保留，独立成调。

二、音系性质

书中音系应该是当时四川方音的反映。主要理由有：

1. 书中山咸两摄字合流，因此不是粤语、闽语和江淮官话的反映。

2. 书中全浊音消失，且平声主要送气，仄声主要不送气。因此不是吴语、湘语、赣语和客家话的反映。

3. 书中曾梗字与深臻摄字合流，不与通摄字合流。因此不是中原官话、北京官话和冀鲁官话的反映。

4. 书中凡例提到"蜀省读之"。（见前）

可见，书中音系记录的是四川方音。另从书中声韵调的主要特点也跟今四川方言大都相同可证。但具体是四川哪个地点方音的反映，还有待进一步考证。

当书中音系确定后，可根据今四川方音把音系构拟如下（拟音是据声母的特点、声韵调配合的规律和今四川方言）。

声母：

尸［ʂ］、夫［f］、黑［x］、希［ɕ］、日［ʐ］、格［k］、基［tɕ］、克［k'］、欺［tɕ'］、来［l］、木［m］、乃［n］、恩［ŋ］、尼［ȵ］、窝［Ø］、不［p］、普［p'］、司［s］、得［t］、特［t'］、知［tʂ］、答［tʂ'］、子［ts］、此［ts'］、衣［Ø］

实际上是二十四母，窝［Ø］、衣［Ø］、恩［ŋ］三母互补，其中恩［ŋ］母读鼻音单独为一母，窝［Ø］与衣［Ø］合并为一母。

韵母：

阿［a］、丫［ia］、挖［ua］，酝［an］、焉［ian］、渊［yan］、弯［uan］，汪［uaŋ］、映［iaŋ］、吭［aŋ］，么［iao］、熬［ao］，哈［ai］、唉［iai］，歪［uai］，嚇［e］、耶［ie］，哼［ən］、盫［yən］，因［iən］，温［uən］，响［əu］、攸［iəu］，威［uei］、杯［ei］，窝［o］，污［u］，翁［uŋ］、雍［yŋ］，迂［y］，衣［i］、司［ɿ］、尸［ʅ］，说［oʔ］、岳［ioʔ］，押［iaʔ］、杀［aʔ］、刷［uaʔ］，忽［uʔ］、局［yʔ］、一［iʔ］、石［ʅʔ］，或［ueʔ］、

舌［eʔ］、日［yeʔ］、叶［ieʔ］

声调总共有五个，即上平（阴平）、下平（阳平）、上声、去声和入声。在总论中，作者说："上平声高，始终如一；下平声低，始终亦如一；上声始低而卒高；去声初高而卒低。故上平清声也，下平浊声也，上声犹言声渐高而上也，去声犹言声往下而俯也，入声犹言声一出而复吞入也。"从作者的描述中，可以知道，上平（阴平）是一个高平调，调值可能是 55（或 44）；下平（阳平）是一个低平调，调值可能是 22（或 11）；上声是一个全升调（或类似全升调），调值可能是 15（或 14 或 25）；去声是一个高降调，调值可能是 51（或 41 或 52）；入声是一个短促调。

三、古今的主要差异和变化

1. 书中音系照组字与精组字对立，但已经有合流的趋势，其中擦音已经合流。今四川方音精照组字普遍合流。

2. 书中音系分尖团音，但见组字已经腭化。今四川方言尖团音已经合流。

《五音集字》音系记录了 19 世纪末的四川方音，特别是一些正在变化的语音状况（俗读），因此该书是研究四川方音史的宝贵资料。

第二节　《韵法全图》

《韵法全图》为清代天彭[1]（今彭州）人杨得春（字余九）所著。其人生卒年及生平事迹不详，从书前的序中可知是一位长期从事音韵教学的老师。除了《韵法全图》外，还有《韵法一见能》《韵法答问》《韵法十便》《反切等韵谱》《韵法易知》音学著作，其中《韵法全图》是核心，其他著作是从不同角度对《韵法全图》进行阐释。

《韵法全图》成书于光绪八年（1882），有光绪十年（1884）迁拙斋刻本。该书主要包括序、例言和正文几个部分。正文部分是韵图，是在《韵法直图》基础上改订而成的。直列三十二字母，横列二十八韵，每韵四声（或三声）相承，声韵交叉处列小韵首字。

1　彭州自古有"天彭古郡""蜀汉名区"之称。

一、音系及其特点

（一）声母及其特点

书中把声母概括为"二十八"字的一首诗："读（秃）韵之方非口传，空圈隔断万而（人时）千。有音无字今填实，反（番）等能通即了然。"这二十八字，与传统的三十六字母进行比较，具体情况如表 5–5 所示。

表 5–5　二十八字母与三十六字母比较表

三十六字母	透	喻	照	非	非	溪	床	溪	群	见	端	微	日	清
二十八字母	读（秃）	韵	之	方	非	口	传	空	圈	隔	断	万	而	千
三十六字母	喻	影	微	从	见	定	床	敷	端	泥	透	精	来	日
二十八字母	有	音	无	字	今	填	实	反（番）	等	能	通	即	了	然

可以看出，这样归纳的声母比较混乱，有的字母重复，有的字母缺少，还有部分全浊字母。好在书中谈及声母时，对三十二字母进行了说明：见<u>溪群</u>[1]疑，端<u>透定泥</u>，帮<u>滂并</u>明，精<u>清从</u> <u>心</u>邪，照<u>穿床</u> 审禅，<u>晓匣</u>影喻，<u>非敷</u> 奉微，来日。

杨氏说："凡母旁未打长圈者，在平声一行。前五句首一字为太阴，前三句末一字及第八句两字为太阳，转到仄声三行，无有叠音。打长圈者，在平声一行，上一字为少阴，下一字为少阳，转到仄声三行，尽是叠音。叠音之字，即为双母。何为双母？在上一母，固是此音，在下一母，仍是此音。"这段话告诉我们，全浊音在平声处跟对应的清音声母有字调的区别，即阴平与阳平的对立。但在仄声处，则与清音声母读音相同。全浊音声母已经消失，全浊塞音全部清化为送气音，全浊擦音清化为清擦音。这样可以进一步归纳出声母为：见溪疑，端透泥，帮滂明，精清心，照穿审，晓影，非微，来日。

但这也不是书中准确的声母个数，根据韵图的列字情况，有些字母还要合并，有些字母又要分开。

1. 泥来母洪音合并。比如在"官"韵泥母下列有"栾暖乱"，来母下也列有"栾暖乱"；在"公"韵泥母下列有"农弄六"，来母下也列有"农弄六"。

2. 非敷奉合并。比如在"光"韵非母下列有"方纺放"，敷母下列有"房"；在"官"韵非母下列有"番反泛发"，敷母下列有"凡"；在"裩"韵非母下列有"分粉粪"，敷母下列有"坟"。

3. 微影喻母合并。在图中，微母下列的都是明母字，跟明母下的列字相同。比

1　原书为长框□□□□□□，今改为双下划线。

如在"京"韵微母下列有"民"，明母下列有"民"。而微母字列在了影母或喻母下，比如在"姑"韵喻母下列有"无"；在"裩"韵影母下列有"温稳问"，喻母下列有"文"。

4.疑母细音与泥（娘）母细音合流，应该增加一个舌面鼻音。比如在"江"韵疑母下列有"娘"，在"鸠"韵疑母下列有"牛纽"，在"坚"韵疑母下列有"妍碾彦"，在"居"韵疑母下列有"鱼女"。

上面所说的二十八字，杨氏又每字连接二字，成三字句，也有部分可说明上面声母的分并情况（见表5-6）。

表5-6　三字句表

二十八字	读（秃）	韵	之	方	非	口	传	空	圈	隔	断	万	而	千
连接二字	焞	迁熏	珍	分	分	砒	除文	坤	倾	庚	敦	温	人	青
	湍	渊	占	番	番	堪	船	宽	圈	干	端	湾	然	千
二十八字	有	音	无	字	今	填	实	反（番）	等	能	通	即	了	然
连接二字	因	因	文	争	巾	廷	深	分	登	伦	焞	精	林	人
	烟	炎	完	簪	坚	田	山	番	丹	南	湍	尖	连	然

这样，书中声母可以归纳为：见溪疑娘，端透，帮滂明，精清心，照穿审，晓影，非，来日。

声母特点除了上面的四点外，还有以下几点：

5.影疑母开口洪音字存在部分互混的情况（疑母字又读影母的多，影母又读疑母的字少）。

在"高"韵疑母下有"敖袄奥"，影喻母下有"敖熝袄奥"；在"该"韵疑母下有"皑騃艾"，影喻母下有"皑哀霭艾"。

6.分尖团音。

在"江"韵下：（江羌香）≠（将锵相）；在"鸠"韵下：（鸠丘休）≠（揪秋修）；在"基"韵下：（基欺希）≠（蕭妻西）。

7.知庄章组合流与精组对立（部分庄组字除外）。

在"姑"韵精组下有"租粗苏"，照组下有"诸枢书"；在"冈"韵精组下有"臧仓桑"，照组下有"张昌商"；在"高"韵精组下有"糟操骚"，照组下有"朝超稍"。

8.部分庄组字归精组字。

在"钩"韵精组下有"邹愁搜瘦"；在"庚"韵精组下有"争诤生"。

（二）韵母及其特点

书中把韵母分成五类，每类四（三）声相承，下面举平以赅上去（见表 5-7）。

表 5-7　韵母表

宫母	平	光	官	公	裩	规	乖	锅	姑	瓜
	入	国	刮	谷						
商母	平	冈	甘	庚	高	该	钩			
	入	各	阁	格						
角母	平	江	巾	骄	鸠	嘉				
	入	觉	吉							
徵母	平	坚	皆	基	赀					
	入	甲								
羽母	平	涓	弓	钧	居					
	入	厥								

这个韵母系统是在韵法直图的基础上改编而成的，但与直图的音系差别已经很大，主要有以下特点：

1. 古曾梗深臻摄合流。

在"京"韵下列有：京卿擎丁汀亭灵兵拼平明兴形音盈民。在"庚"韵下列有：庚砼铿登吞腾能崩彭门争层生珍称呈身辰亨恒恩分坟能人。

2. 古果摄歌戈韵开合不分。

在"锅"韵下列有：锅科我卧多罗波坡魔左梭何阿。

3. 古山咸两摄合流。

在"甘"韵下列有：甘堪丹贪谈南班潘盘蛮簪参蚕三占觇廛山蝉酣寒安番凡然[1]。

4. 古流摄开口三等尤韵部分轻唇音字与果摄合流。

在"锅"韵敷母下列有"浮"字。

---

[1] 山咸摄的合并，也可通过书中知照组细音字的特殊排列可知，比如在"官"下列有"专川传"，在"涓"韵下列有"专川传"，在"坚"韵下列有"占觇廛山蝉"，在"甘"韵下列有"占觇廛山蝉"。这种知照组细音字同时列洪细两读，有些并不是实际的读音，只是守旧。这跟杨氏尽量想填满所有的空圈有关。其他像唇音有些也有类似的做法，有些还有开合两列的情况。为了填满空圈，杨氏甚至把本来是洪音的字也填到细音里去了。这种做法尽管保守，甚至不科学，但客观上为我们提供了韵母洪细相配的信息。

5. 古遇摄合口一等模韵部分明母字与果摄合流。

在"锅"韵明母下列有"墓"字。

6. 古止摄合口三等泥来母字仍旧读合口。

在"规"韵泥来母下列有"内类累"。

7. 麻韵开口三等字与麻韵开口二等的牙喉音字同韵。

在"嘉"韵下有：嘉茄嗟些斜遮差茶沙蛇下遐鸦涯。

书中入声韵配阳声韵，跟直图差别较大，下面根据韵母的洪细相配[1]把入声韵归纳如表5-8所示。

表5-8　入声韵表

韵部	一			二				三	四	
	国	各	觉	刮	阁	甲	厥	谷	格	吉
例字	国扩北拍墨或	各渴愕笃讬六博扑木作凿恶祝出涸恶弗莫若	觉却略足促削酌出熟学郁略若	刮八拔刷滑袜发	阁答沓纳八拔匝杂札察杀遏发	甲恰札察煞狎押	厥阙必僻密蔹雪拙说血越密劣	谷哭笃秃六不扑木作瘼率烛出蜀忽勿弗落若	格客额德忒勒北拍墨责策塞哲彻涉黑麦热	吉乞逆的剔立必弱密积七昔只尺十一力日

从上面可以看出，书中入声归并为四部，虽然配阳声韵有点守旧，但古塞音韵尾已经合流，应该是一个喉塞音韵尾，且归部与今彭州方音大体一致，这具有明显的创新性。

（三）声调及其特点

从韵母的分类可以看出，书中声调分四类，但根据韵图来看实际上有五个声调。比如以"光"韵帮滂并三母下的列字加以说明（见表5-9）。

表5-9　声调表

	平	上	去	入
帮	邦	榜	谤	北
滂	滂	膀	胖	拍
並	旁	匕[①]	匕	匕

① "匕"是书中的重字符。

根据前面的叠音说明，在平声下"滂"与"旁"是声调的不同，即阴阳的不同，即阴平与阳平的不同。在上去入声下，"滂"母与"並"母下的字是相同的。

1　根据韵母的古来源和照组字等特殊归字的特点进行归并。

声调的主要特点有：

1. 平分阴阳。

2. 全浊上声仍读上声。

在前面论述叠音时，全浊音在仄声处与清音一致。又如在"姑"韵晓母下平上去列字为"呼户互"，在"嘉"韵晓母下平上去列字为"虾下嘎"。

3. 入声独立成调。

书中入声韵还存在，应该有一个独立的入声调。在论述叠音时，知道浊入字跟送气清入字是同音的，即入声调不分阴阳。又比如在"又将二十八字，拟作五音叠韵读法"（凡例第 4 页）中："琛徒吐兔读""申神审圣实"。

二、音系性质

书中音系应该主要反映的是当时彭州方音。下面把书中音系的一些特点与今彭州方音进行比较（见表 5-10、5-11、5-12）。

表 5-10 声母的比较

书中特点	1	2	3	4	5[①]	6[②]	7[③]	8
今方音	√	√	√	√	√ ×	×	√ ×	√

① 今彭州方音影疑母开口字大都读疑母音。

② 今彭州方音已经尖团音合流。

③ 今彭州方音只是古知庄章组入声字，仍旧与精组字对立。

表 5-11 韵母的比较（舒声）

书中特点	1	2	3	4	5	6	7[①]
今方音	√	√	√	√	√	√	×

① 今彭州方音麻韵开口三等字已经与二等字不同韵。

表 5-12 声调的比较

书中特点	1	2	3
今方音	√	×	√

下面再看看入声韵的比较（见表 5-13）。

表 5-13　入声韵的比较

韵部	一			二				三		四	
	国	各	觉	刮	阁	甲	厥	谷	格	吉	
例字	国扩北拍墨或	各渴愕笃讵六博扑木作凿率祝出涸恶弗莫若	觉却略足促削酌出熟学郁略若	刮八拔刷滑袜发	阁答沓纳八拔匝杂札察杀遏发	甲恰札察煞狎押	厥阙必僻密蓙雪拙说血越劣	谷哭笃秃六不扑木作瘝率烛出蜀忽勿弗落若	格客额德忒勒墨责策塞哲彻涉黑麦热	吉乞逆的剔立必弼密积七昔只尺十一力日	
今方音	uɛ	o①	yo	ua	a	ia	yɛ	o	ɛ	iɛ	

① 书中同一韵部下照组字和来母字往往洪细两读或唇音字开合两读。这与作者为填满空格有关，在这里比较时只考虑跟今音同的部分。

入声韵跟今彭州方音的对应关系非常明显，不同的地方显示了古今演变的趋势，主要有：

1. 书中"国"韵今彭州方音已经并入第四部。这种演变在书中已经萌芽，其中"北拍墨"在"国"韵和"格"韵中两现。因"国"韵字少，当塞音韵尾消失后，音系中的 [uo] 音很突兀，音系因经济需要调整，这样"国"韵字因"北拍墨"读音的类推而归入第四部中。

2. 第三部"谷"韵今彭州方音已经归入"各"韵。从书中列字可以看出，"各"韵和"谷"韵中两现的字非常多，说明这种演变正在进行之中。

3. 书中"厥"韵今彭州方音已经并入第四部。这在书中有变化的萌芽，其中"必密"在"厥"韵和"吉"韵中两现。"厥"韵字的演变可能更多是受到成都话的影响。

4. 书中"吉"韵知照组字"只尺十日"等的韵母在今彭州方音中已经变成了特殊的卷舌元音 [ɚ]。这种演变可能是受到"而耳二"等字读音变化所产生的连锁反应。书中"而耳二"列在基韵日母下，今彭州方音已经读卷舌元音。这种变化是近代北方方言中比较普遍的演变。只不过彭州方音中这种变化发生得比较晚，可能正好处在塞音韵尾消失的时候。当"而耳二"等字发生变化时，"吉"韵下的"日"字的韵母也随即发生类似的卷舌变化，随后由于类推的作用，"吉"韵照组字的韵母也发生了卷舌的变化。

通过比较，可以看出书中音系特点与今彭州方音大都一致，不同的地方主要是古今的差异造成的，是可以解释的（有的可能是守旧）。

当音系的性质确定后，下面可以根据今方音把书中音系构拟如下。

声母：

见［k］、溪［k'］、疑［ŋ］、娘［ɳ］，端［t］、透［t'］、来［n］、
帮［p］、滂［p'］、明［m］，精［ts］、清［ts'］、心［s］，照［tʂ］，穿［tʂ'］、
审［ʂ］，晓［x］、影［Ø］，非［f］，日［ʐ］

韵母：

光［uaŋ］、冈［aŋ］、江［iaŋ］，官［uan］、甘［an］、涓［yan］、
坚［ian］，公［uŋ］、弓［yŋ］，裩［uən］、庚［ən］、钧［yən］、巾［iən］，
规［uei］[1]、乖［uai］、该［ai］、皆［iai］，锅［o］，高［au］、骄［iau］，
姑［u］、居［y］，瓜［ua］、嘉［ia］[2]，钩［əu］、鸠［iəu］，基［i］，
赀［ɿ］，国［uoʔ］、各［oʔ］、觉［ioʔ］，刮［uaʔ］、阁［aʔ］、甲［iaʔ］、
厥［yaʔ］，谷［uʔ］，格［ɛʔ］、吉［iɛʔ］

声调：

阴平［55］、阳平［21］、上声［53］、去声［213］、入声［33］

三、古今的主要差异和变化

1. 书中分尖团音，今彭州方音已经尖团音合流。

2. 书中知庄章组字除了少数庄组字归入精组字外，其他绝大部分都与精组字对立。今彭州方音除了古入声的知庄章组字外，其余全部都与精组字合流。同时绝大部分古日母字也从卷舌音变成了舌尖前浊擦音。

3. 书中影母开口洪音字只有少数字增生了一个后鼻音声母，今彭州方音影母洪音字前都产生了鼻音声母。

4. 古麻韵开口三等字，已经从［ia］变成了［iɛ］或［ɛ］音。（入声韵的变化见上文）

1　书中此韵唇音字全归在合口，故没有［ei］音。

2　书中古麻韵二等照组洪音字归在"嘉"韵，唇音洪音字归在"瓜"韵，故没有［a］音。

书中音系尽管有些地方可能不符合实际情况，比如：1. 书中古全浊塞音、塞擦音清化为送气的清音。2. 书中古全浊上声字仍旧读上声。有些地方在处理时可能过于守旧，比如唇音字归在合口等，但书中音系基本上把当时彭州方音的状况揭示了出来，因此《韵法全图》是我们了解 19 世纪末彭州方音的宝贵资料，也是研究四川方音史的珍贵材料。

附记：

此节写就后两月，又见到杨余九的《英文开路先锋》。该书刊于光绪二十九年（1903），是杨氏韵学资料的晚年定本。杨氏在书前的序文中说："今将英文二十六字母，以川音注之，证以字典韵图字母，无不相合。"杨氏利用英文字母对《韵法全图》进行了解读注音，这对我们了解当时彭州方音具有重要的参考价值。

书中给三十二个韵母注了音：

> 翁［OUNG］、温［OENN］、湾［OAN］，光［OANG］、规［OEI］、歪［OAI］，锅［OUO］、污［OU］、瓜［OA］，冈［ANG］、恩［ENG］、甘［AN］，敖［AO］、哀［AI］、讴［EOU］，思沙反［A］、思波反［O］、思斯反［EU］，央［IANG］、因［ING］、烟［IEN］，鸠［IOU］、鸦［IE］、迁觉反［IO］，衣［I］、交［IAO］、皆［IAI］，迁［IU］、云［IUN］、渊［IUEN］，雍［IUNG］、曰［IUE］

书中给三十二个声母注了音：

> 见［K］、溪［K'］、群［K'］、疑［NG］，端［T］、透［T'］、定［T'］、泥［L］，帮［P］、滂［P'］、並［P'］、明［M］，精［TS］、清［TS'］、从［TS'］、心［S］、邪［S］，照［TCH］、穿［TCH'］、床［TCH'］、审［CH］、禅［CH］，晓［H］、匣［H］、影［W］、喻［W］，非［F］、敷［F］、奉［M］、微［M］，来［L］、日［J］

说明：

1. 恩因韵书中注音是后鼻，但温云韵注音是前鼻，这说明这组音当时是前后鼻音自由变体。后来逐渐只读前鼻音了。

2. 锅韵书中注的是合口音，但今彭州方音读开口音，失去了合口介音。

3. 书中觉韵读开口呼，今彭州方音介音受主要元音的影响，已经读撮口呼。

4. 书中烟渊韵主要元音是［E］，甘湾韵主要元音是［A］，这跟今彭州方音一样，是同一音位的变体。

第三节　《音韵画一》

杨志体，清代射洪人，生卒年不详。《音韵画一》成书于甲申年（最有可能是 1884 年）。杨氏说明了书名的由来："审之既久，得三十三字。又有单入有双入，盖入声有三，上二声逐字变易，惟第三声可合为一，因定为宫。凡十二韵之字，各入其宫，无一毫差错。虽有音无字，按入声呼之即出，庶几画一之法也。"杨氏把入声字分为三十六宫，给所有的韵部都配上入声，这就是所谓的音韵画一。但杨氏这个得意的画一，把入声韵搞得支离破碎，毫无规律，使得我们无法了解 19 世纪后期射洪方言入声韵的具体状况。

杨氏自己说有三十三个字母，但在"互证字母"（舒入互证）中，只列有二十三母，少了十母（见表 5-14），根据互证表以及书中的韵表，可以看出全浊声母已经清化，其中有几母重复（见表 5-14 中黑体字母，另拟音根据今射洪方言）。因此，书中声母实际上只有十九个。

表 5-14　声母表

1	2	3	4	5	6	7	8	9	10	11	12
见群	溪	疑泥娘	端	透	**定**	知照床	彻穿澄	帮	滂	**并**	明
局	曲	恶	笃	托	**的**	竹	出	不	卜	**别**	灭
k	k'	ŋ	t	t'	t	tʂ	tʂ'	p	p'	p	m

13	14	15	16	17	18	19	20	21	22	23
非敷奉	**微**	精	清	**从**	心邪	审禅	影喻	晓匣	来	日
弗	**勿**	足	雀	**促**	俗	叔	约	旭	六	入
f	Ø	ts	ts'	ts'	s	ʂ	Ø	h	n	ʐ

根据书中的韵表，可以看出声母的主要特点有：

1. 全浊声母清化，平声送气，仄声不送气。如"潘盘○泮""丁○顶定"四声相承。

2. 非敷奉合并为一母。

3. 泥娘来在洪音前合并为一母。如"抡能泠嫩"四声相承。但在细音前不同音，如在十"萧豪"韵中有"〇辽了廖"，又有"〇鸟尿〇"。

4. 晓匣母字拼合口韵母时并入非母。如在八"江阳"韵中"方防舫放"与"荒黄〇滉"开合相配；在六"真侵"韵中"昏横浑混"与"分汾粉忿"开合相配；在二"都庐"韵中"呼胡甫互"四声相承。

5. 知庄章组与精组字对立。如"思≠尸，三≠山"。今射洪方言声母知庄章组跟精组字合流，只有精组字。

6. 见精组细音字对立，即分尖团。如"江≠蒋，九≠酒"。今射洪方言声母见精组细音字不对立，已经不分尖团，尖团合流了。

7. 影微喻疑合流为零声母。如"汪王往妄""温文刎问"四声相承。

8. 今射洪语音，影母开口洪音字前有声母 [ŋ]，但《音韵画一》中，影母在洪细音字前不对立，开口洪音字前是否有声母 [ŋ] 不得而知。

《音韵画一》分了十二韵，根据韵表列字加以考证，各韵所包含的韵母如下（拟音据现代射洪方言）：

1. 东冬 [uŋ][yŋ]；2. 都庐 [u]；3. 支齐 [ɿ][ʅ][i][y]，儿 [ɚ]；4. 微 [ei][uei]；5. 佳灰 [ai][uai][iai]；6. 真侵 [in][ən][un][yn]；7. 元咸 [an][ian][uan][yan]；8. 江阳 [iaŋ][aŋ][uaŋ]；9. 麻 [a][ua][ia]，爷 [e][ie]；10. 萧豪 [ao][iao]；11. 哥 [o]；12. 尤 [əu][iəu]

但实际上，有十四个韵部。杨氏在"支齐"韵的后面说："按，儿韵宜为一韵，但有音无字，皆俗语转音，故补其韵于支。""儿字可音不可切，以其独也。"在"麻"韵后说："按，靴爷正读亦有一韵，但有字同麻韵，余皆俗语转音，故不置。"接着后面列有一韵表"爷韵备音"。

《音韵画一》舒声韵母，除了多了一个舌尖后元音，麻、爷韵字有又读外，跟今射洪方音基本一致。

《音韵画一》有五个声调：先平（阴平）、后平（阳平）、上、去、入。跟今射洪方音一致。

第四节 《韵学津梁》

《韵学津梁》是湖北长阳邓玉成编辑而成，具体年代不清楚，有刻本，但目前只见到民国三十七年刘烈钦[1]所抄的本子。邓玉成生卒年不详，从书中序文中可知，应该是一个乡下的教书匠。邓在序文中说："予自髫年，谨遵前训，教韵为业。其中豕亥鱼鲁，传写多讹。贻误后学不少，久欲付之剞劂，实苦有志未逮。兹蒙四方文人学士，共成义举。以公同志，虽云小道，亦未始非诗赋之一助。"

该书主要包括四声、平入相混、字音讹者、切字八法和正文。其中正文是在李嘉绍《韵法横图》[2]的基础上改编而成的。正文以韵为单位，纵列三十二字母（分为两行），横列四声相承之韵，交叉处列小韵首字。以京韵平声韵为例子（见表5-15）。

表 5-15　字母例字表

| 京 | 卿 | 擎 | 凝。 | 丁 | 汀 | 亭 | 宁。 | 兵 | 砰 | 平 | 明。 | 精 | 清 | 情 | 星 |
| 行。 | 征 | 称 | 绳 | 声 | 成。 | 兴 | 形 | 英 | 盈。 | 分 | 坟 | 温 | 文。 | 陵 | 仍 |

注：1. 原为竖排，今改为横排。
　　2. 表中字右下角的句号为原书所有。

一、声母

从正文韵图来看，书中音系有三十二个声母。但根据李氏的有关论述来看，这些声母有些还可以进一步合并。

（一）影喻疑微母合流

在"平入相混"中有：

1. 平：台怡贻饴夷姨迤倪宜疑移彝沂仪颐；仄：益溢弋疫役亦奕绎驿邑挹易液腋一乙逆逸揖抑谊义诣拟翼。

2. 平：鱼渔于臾谀余舆予愚娱虞於；仄：欲浴域郁育狱鬻玉。

3. 平：吾梧无芜吴毋；仄：勿物沃兀屋。

4. 平：爷；仄：月曰越业叶。

5. 平：峨莪娥蛾鹅讹；仄：遏恶渥握噩萼鄂。

（二）非敷奉母合流

平：孚扶芙符；仄：佛弗拂复覆腹馥福幅辐伏黻。

（三）全浊音消失

1. 平：齐脐骑奇歧其麒旗祈薪顾耆；仄：乞七戚漆。

1　秭归县档案馆藏有此书。

2　书中提到李氏，但从正文韵图来看，是根据《韵法直图》改编而成。

2.平：禾和何荷河；仄：鹤藿壑活豁曷褐合盍。

3.平：皮疲陂脾琵黳；仄：辟劈霹匹弼。

4.平：时埘匙；仄：食蚀十失石实湿识释适什。

5.平：遐瑕霞；仄：狎匣狭侠峡瞎辖。

6.平：胡湖瑚糊狐壶乎；仄：忽笏斛。

7.平：陀佗驼跎驮；仄：饦托箨脱橐拓。

8.平：池迟辞词持祠篪；仄：尺赤直叱秩。

9.平：茶途涂屠徒图；仄：秃突。

（四）尖团音合流

1.平：齐脐骑奇歧其麒旗祈薪顾耆；仄：乞七戚漆。

2.平：邪；仄：血穴雪。

3.平：徐；仄：戌恤畜洫旭煦。

（五）泥来母相混

1.平：泥尼离篱璃黎犁鹂；仄：砾栎立笠粒历溺栗匿力霓。

2.平：奴孥芦卢炉；仄：六鹿戮禄绿录碌。

3.平：拿挐；仄：腊纳捋拉。

这样，其实书中只有二十一个声母。

二、韵母

书中韵母分为五类，各类四声相承，具体情况见下表 5-16（只列平入）。

表 5-16　韵母表

宫	光	官	公	褚	规	乖	歌	姑	瓜
	国	刮	谷	骨					
商	冈	干	庚	根	高	该	钩	裓	家
	各	阁	格						
角	江	京	骄	鸠	嘉	觉			
	觉								
徵	监	巾	皆	迦	基	赀			
	结				吉	杂			
羽	涓	诀	弓	钧	居				
	厥		掬	橘					

与直图相比，书中主要取消了闭口韵，歌戈开合不分、山咸摄也合流了。

书中说："字母原来四十四，今皆三十五传世。褫觉仅做迦歌伴，反切之中不必计。又或声音微有别，根巾还被庚京闭。因之三十以余一，熟读深思自尽意。"根据说明，根巾与庚京也要合并。

这些归并的情况在正文韵图中也有反映：

1. 在庚韵下列有：庚坑登腾能崩烹朋萌（门）曾甏臻撑橙生亨衡（恒）恩楞；在京韵下列有：京（巾）卿擎凝（银）丁汀亭宁兵平明精清星（津亲秦辛）征称绳声成（真嗔陈申辰）兴形英盈分坟温文陵（邻）仍（人）。

2. 在歌韵下列有：歌轲莪多拖驼那（朵妥拕挼）波坡婆摩磋娑罗。

3. 在干韵下列有：干看丹滩坛难餐残散（参蚕三）鼾寒安芝凡兰；在坚韵下列有：坚牵（监嵌）乾奸颠天田边偏眠煎千前先贤（涎）毡缠（詀搌谗衫）禅轩烟番烦连然。

另外，书中入声韵在正文韵图中是与阳声韵相配的，但根据书中的论述"平入相混"来看，入声韵已经不存在了。

因此，书中总共有三十三个韵母。

三、声调

书中"四声"说："平仄者，乃诗之先务也。平声则一，仄有上去入三声。知有清平浊平之分，乃不将平声混作入声……"故书中有五个声调，即阴平、阳平、上声、去声和入声。但根据"平入相混"可知"入声"已经不存在了。因此书中只有阴平、阳平、上声和去声四个声调。

其中入声都归入阳平。在"平入相混"中有：

1. 平：台怡贻饴夷姨迤倪宜疑移彝沂仪颐；仄：益溢弋疫役亦奕绎驿邑挹易液腋一乙逆逸揖抑谊义诒拟翼。

2. 平：时埘匙；仄：食蚀十失石实湿识释适什。

3. 平：麽磨摩谟模；仄：末沫秣抹莫寞。

四、音系性质

从正文韵图来看，好像跟《韵法直图》音系差不多。但其实书中音系是旧瓶装新酒，反映了当时长阳的实际方音。这从书中论述中的有关语音特点可以证实（见表5-17）。

表 5-17　语音特点表

书中音系特点	全浊音消失	泥来混	歌戈开合混	臻深梗曾摄合流	入声归阳平
今长阳方音	√	√	√	√	√

这样就可以归纳出书中的音系并根据今长阳方音构拟出音值。

声母：

见〔k〕、溪〔k'〕、晓〔x〕、影〔Ø〕，端〔t〕、透〔t'〕、泥〔l〕，帮〔p〕、滂〔p'〕、明〔m〕，精〔ts〕、清〔ts'〕、心〔s〕，照〔tʂ〕、穿〔tʂ'〕、审〔ʂ〕、日〔ʐ〕，非〔f〕，见细〔tɕ〕、清细〔tɕ'〕、晓细〔ɕ〕

韵母：

光〔uaŋ〕、冈〔aŋ〕、江〔iaŋ〕，官〔uan〕、干〔an〕、监〔ian〕、涓〔yan〕，公〔uəŋ〕、弓〔yəŋ〕，裩〔uən〕、根庚〔ən〕、京巾〔iən〕、钧〔yən〕，规〔uei〕、褃〔ei〕，乖〔uai〕、该〔ai〕、皆〔iai〕，歌〔uo〕、觉〔io〕，瓜〔ua〕、家〔a〕、嘉〔ia〕，高〔au〕、骄〔iau〕，钩〔əu〕、鸠〔iəu〕，迦〔iɛ〕、诀〔yɛ〕，姑〔u〕、居〔y〕、基〔i〕、赀〔ɿ〕〔ʅ〕

声调：

阴平〔55〕、阳平〔31〕、上声〔42〕、去声〔24〕

五、古今语音的差异和变化

1. 书中觉韵字归在角部，而角部都是齐齿呼。而今长阳方音觉韵字都变成了撮口呼。

2. 书中"二儿耳"等字归在基韵和赀韵等日母下[1]，今长阳方音已经读零声母卷舌元音。

3. 书中"皆"韵字读齐齿呼，今长阳方音仍旧读开口呼。

1　在"平入相混"中："平儿而輀，仄日"。

4.书中"月雪穴"[1]等字读齐齿呼，今长阳方音读撮口呼。

5.书中照组字与精组字对立，但今长阳方音除了日母字外，照组字已经与精组字合流。

《韵学津梁》由于是在《韵法直图》的基础上进行删改而成，反映时音的同时，难免会受原来韵图的影响，有些地方还比较保守。尽管如此，书中方音的揭示对于我们了解当时长阳方音还是有一定帮助的。

1　在"平入相混"中："平爷，仄月曰越业叶；平邪，仄血穴雪。"

第六章　中原官话

中原官话的分布以河南、陕西关中、山东南部为中心，覆及山东、河北、河南、山西、安徽、陕西、甘肃、宁夏、青海、新疆等地。中原官话的古入声清声母和次浊声母字今读阴平，古全浊声母字今读阳平，这是中原官话区的主要特点。

第一节　《书学慎余》

李之铉（1622—1701），清初数学家，字子金，号隐山，今商丘市柘城县人。自幼聪明好学，天资过人，终生不仕。主要从事道学、天文学、数学、律吕以及声韵学研究。著书十二种三十余万言，总名《隐山鄙事》[1]。《书学慎余》为其中的音韵学著作，书成于康熙壬戌年（1682），全书分为上下两卷，上卷为“总论”，是李氏音学思想的有关论述，下卷为“类谱”，即等韵图，也就是声韵调配合表。

书中音系主要反映了当时柘城[2]一带的方音。李氏在总论“用中音”中说：“《洪武正韵》当初修时，太祖谓儒臣曰：‘韵学起于江左，殊失正音，须以中原雅音为定。’吾宁陵吕新吾先生为中州大儒，所著有《交泰韵》（书成于万历癸卯年，即1613年），亦以中原之音为主。予‘类谱’中多窃而用之，盖亦述而不作之意也。”柘城与宁陵相邻，根据今方言基本相同的情况来看，明末清初时相差也不会太大，故李氏多有所借鉴。然而实际上李氏书中的音系与《交泰韵》音系有许多不同的地方，并不是照抄《交泰韵》，其中存在许多有独立价值的东西，值得我们去研究。下面简单介绍和分析一下该书的音韵系统。

1　该书目前只见到康熙年间的刻本，中国国家图书馆有藏。另外，1988年书目文献出版社影印出版的《北京图书馆古籍珍本丛刊·子部84》中收录有此书。

2　柘城方言在河南的中原官话中属于郑汴片。郑汴片包括大约60个县市（范县、柘城、宁陵等），代表点为郑州、开封和商丘。《书学慎余》的音系框架主要反映的是当时柘城一带的方音，但也掺杂有部分读书音，如“类谱”中“吟”韵“日”母下有一“犉”字，注释说：“右‘吟’韵‘犉’字，《字汇》音‘纯’，《韵钥》‘儒纯切’，《交泰韵》‘如云切’，今用韵书。”

一、声母系统

李氏在总论中"字有六十七母非三十六之所能尽"中把母归纳为六十七位（二十列），如表6-1所示（有两个字或多个字为一母的，只取一字）。

表6-1　六十七母表

1	2	3	4	5	6	7	8	9	10	11	12	13	14	15	16	17	18	19	20
一	希	吉	欺	夕	失	妮	力	知	尺	即	七	日	的	梯	毕	批	密	非	○
迂	吁	居	区	须	书	女	律	朱	出	足	蛆	入	○	○	○	○	○	○	○
勿	呼	故	枯	速	束	衄	陆	竹	蠢	租	粗	肉	都	秃	不	朴	木	夫	惟
厄	黑	格	克	塞	色	纳	拉	责	鸱	则	疵	仍	得	忒	○	○	○	○	○

从表中可以看出，李氏所说的母是"声介合母"，因此同一声母因介音的不同，可以分成几个不同的"母"。很明显，上表中李氏根据"齐撮合开"四呼把声母分成了六十七母，据此总共可得到二十个声母，根据今柘城方言依次拟音为：

$$[ø]、[x]、[k]、[k']、[s]、[ʂ]、[n]、[l]、[tʂ]、[tʂ']、$$
$$[ts]、[ts']、[ʐ]、[t]、[t']、[p]、[p']、[m]、[f]、[v]$$

《交泰韵》和《青郊杂著》音系中声母也是二十个，与此相同。但《青郊杂著》中古全浊声母字不论平仄一律归送气音（次清），《交泰韵》中古全浊声母字平声送气，仄声不送气，但有一部分古全浊入声字变成了送气音（如"族集贼独直"等）。而《书学慎余》音系跟今中原方音的代表点（郑州、开封和商丘）一样，中古全浊声母字清化是平声送气，仄声不送气，如："庭同腾"与"挺听厅"同母；"定动邓"与"丁等东"同母；"集"与"济祭即"同母；"直"与"雉治知"同母。另外今中原官话的声母一般为二十个，与《书学慎余》音系仍存在着一些细微的差别，而这些细微差别的存在主要是历时的语音变化引起的，详情见下面"声韵特点"的分析。

二、声调系统

声调为四个，从字面上看也是平上去入，但实际上跟传统的平上去入在内涵上是大不一样的。李氏在总论"正四声"中说："沈韵阴平乃真正入声，其数比平声更多，难以悉举，今凡系阴平之字，俱收入入声。浊上乃真正去声，如肿之'奉'……之类。……阳入乃真正平声，如屋之'独熟'……之类。"可见书中声调实际上是阳平、上声、去声和阴平。详细情况根据"类谱"整理如表 6-2 所示。

表 6-2　四声表

古调类	平			上			去			入		
清浊	清	全浊	次浊	清	次浊	全浊	清	全浊	次浊	清	次浊	全浊
例字	安欺姜	桓徐	言犁奴	检古	兔五垒纽	奉罪士尽	抗奏	骤害	万利妹	一吉	月劣热勿	独铎狄杰
书中调类	入声	平声		上声			去声			入声		平声
今调类	阴平	阳平		上声			去声			阴平		阳平

在明末清初反映河南中原方音的文献中，入声分阴阳。如《青郊杂著》中入声分为浅入声（即阳入）和深入声（即阴入），《交泰韵》中入声也分阴阳。这入声分阴阳是中原方言入声归阴阳两平声的序曲。而《书学慎余》中，清入声和次浊入声归阴平，全浊入声归阳平。从有关的研究来看，目前所能见到的最早记录这种今中原官话普遍存在的语音现象的音韵文献可能就是《书学慎余》了。

三、韵部与韵母系统

李氏在总论中"天地之韵止有六十"中把韵归纳为十五部，每部四声相承，总共六十韵。其中十五韵跟古一百零六韵的分合关系，李氏以平声为例说得非常明白，现归纳如表 6-3 所示。

表 6-3　十五部来源表

1	2	3	4	5	6	7	8	9	10	11	12	13	14	15
盈	羊	言	吟	姚	尤	牙	爷	厓	为	逸	娥	鱼	吾	慈
东冬庚青蒸	江阳	元寒删先覃盐咸	真侵文	萧肴豪	尤	麻	麻之遮	佳之皆	灰	微齐	歌	鱼虞	虞之模	支

而《青郊杂著》中分韵为十八部，其中方言中已经不分的江、阳二部，不分的侵、真二部，不分的覃、元二部，作者还是依据古音把它们划开；《交泰韵》中分韵为二十一部，其中寒、删、先三韵对立，萧、豪对立，与明以后多数北方韵书不一致。而且《青郊杂著》《交泰韵》中还保留有入声韵。比较看来，《书学慎余》分韵更加接近当时的方音实际，跟今郑汴片中原方音的差别已经很细小了（见下面的拟音和声韵特点部分）。

根据"类谱"的编排体例及列字的情况，可以考察出每部中有多少个韵母。"类谱"横列四声相承的韵部（阳平、上、去、阴平），纵列四呼（齐、撮、合、开）。

以声母为单位，一个声母跟韵母相拼所成的音节列为单独的一表，有字的列字，没字的列圈。每个音节下有反切注音，但没有释义。这样根据例字的情况，就可知一部有多少个韵母。现把考察的结果和根据今中原方音的拟音罗列如下：

盈〔iəŋ〕〔yəŋ〕〔uəŋ〕〔əŋ〕，羊〔iaŋ〕〔yaŋ〔uaŋ〕〔aŋ〕，言〔ian〕〔yan〕〔uan〕〔an〕，吟〔iən〕〔yən〕〔uən〕〔ən〕，姚〔iao〕〔ao〕，尤〔iəu〕〔əu〕，牙〔ia〕〔ua〕〔a〕，爷〔iɛ〕〔yɛ〕〔uɛ〕〔ɛ〕，压〔iai〕〔uai〕〔ai〕，为〔yei〕[1]〔uei〕〔ei〕，逸〔i〕，娥〔io〕〔yo〕[2]〔uo〕〔o〕，鱼〔y〕，吾〔yu〕[3]〔u〕，慈〔ɿ〕〔ʅ〕

四、声韵特点

1.精组跟知庄章组对立。如"知朱竹"与"即足租"不同母，"尺出蠢"与"七蛆粗"不同母，"失书束"与"夕须速"不同母。今郑汴片方音普遍存在这种语音特点。

2.分尖团音，即精组各声母在细音前的读法和见组各声母在细音前不相混。如"精≠京，千≠牵，修≠休"。今郑汴片方音大多数地方都分尖团，但有少数地方尖团已经合流，如开封市、尉氏县等。

3.泥母与来母不混。如"女≠律，纳≠拉，奈≠赖"。而在今郑汴片包括柘城一带的方音中，泥来也不混。但泥母在洪音前读〔n〕，在细音前读〔ɳ〕，这种不同音应是后起的变化，因为在"类谱"中，如"女奴泥你怒那纳"等同母。

4."生书"母在合口韵前跟"非敷奉"母不同音。如"霜≠方，栓≠番"。在今柘城一带的方音中，"生书"母在合口韵前跟"非敷奉"母同音，如"霜〔faŋ〕=方，栓〔fan〕=番"，应是后起的变化。

5.中古"影喻疑"合流为一母，变成了零声母，另外大部分中古微母字也变成了零声母。如"羊王昂"同母，"印运问恩"同母。《交泰韵》《青郊杂著》中"影喻疑"也合流为一母，而今郑汴片方音大多数地方包括柘城一带方音开口一二等"影疑"两母字读浊擦音〔ɣ〕，如暗读〔ɣan〕、挨读〔ɣai〕等。而在"类谱"

---

1 读〔yei〕韵的只有"随髓岁虽"几字，而且这几字有又读的合口音。

2 读〔yo〕韵的只有"所数疏""浊助卓"几字，而且这些字都有又读的合口音。

3 读〔yu〕韵的字有一部分在"鱼"部有又音，如"徐序须""渠去区"等。有可能读〔yu〕韵的字跟读鱼〔y〕韵的字在韵母上是一致的。

中这些字都读零声母，可见当时还没有发生增添浊擦音的音变。

6. 中古微母正处在消变之中，绝大部分微母字已经变成零声母，但还有少数微母字仍然读微母，音值可能是唇齿浊擦音。如"文吻问"已经跟"温因印引吟"同母，"晚万"与"安按元远原"同母，等等。在"类谱"中只有十"为"韵惟母下列有"惟尾未"三字。李氏在旁注释说："右惟母之字甚少，故借同音异形者用之。"另外李氏在总论"字有六十七母非三十六之所能尽"中惟母下注释说："此一母有母音而无字可纪，今人读'文无'等字，或有入此母者，当以意会之。"根据黄笑山先生（1990，第120—126页）的研究，在《交泰韵》中微母还是独立的一母，另外《青郊杂著》中也还保留微母。可见在明末清初时，中原官话微母的读音情况已经相当复杂了，可能跟今中原方音微母读音不一致的情况相似，有读零声母的，有读唇齿浊擦音的，等等。

7. 止开三"支脂之"三韵的日母字，读来母，不读零声母。在十五"慈"韵下，"儿耳二日"四声相承，其中"儿"下的反切是"列祠"，"耳"下的反切是"趹列"，"二"下的反切是"列四"，"日"下的反切是"列思"。另外，"日"在十一"逸"韵下有日母的又读音。而"儿耳二"在今郑汴片包括柘城的方音中，读零声母的卷舌元音，"日"字读日母音；但在郑汴片中的鲁山、宝丰、新郑、镇平等地，"儿耳二"今读声化韵 [ɭ]，还保留中原官话这几个字在历史上读音的遗迹。

8. 一部分撮口呼字，正在向合口呼演变。如"类谱"中一"盈"韵有撮口和合口读音的"肿重钟""龙陇""崇宠铳充"；三"言"韵部有撮口和合口读音的"涮栓""转专""串川"；十二"娥"韵下有撮口和合口读音的"助卓"；十四"吾"韵下有撮口和合口读音的"奴弩怒""阻轴""束数孰"，等等。李氏在总论"备数音"中也指出了这种现象，他说："谱内有一字两母者，如'专'字有'朱''竹'两母之类；有一字两韵者如'灰'字有'厓''为'两韵之类，今欲音之全备而无可相代。故不妨各处并出，观者勿以为疑。"而今郑汴片方言通合三等来母字和精组字仍读细音韵母，如"隆龙 [lyəŋ]；从容 [tsʻyəŋ]；诵颂讼松 [syəŋ]；纵 [tsyəŋ]"。

9. 中古"麻"韵三等字，在七"牙"韵与八"爷"韵中有又读，反映了从牙 [ia] 到爷 [iɛ] 韵的演变。如在七"牙"韵、八"爷"韵中都列有"斜泻谢蛇拾者姐借嗟爹"等。在《交泰韵》中这些字只列在"遮"韵，"麻"韵没有列。而今中原方音也普遍只读 [iɛ] 或 [ɛ]。

10. 十"为"韵与 [t] [tʻ] [n] [l] 相拼的音节有开合两读，反映了合口介音正处在消变过程之中，如"对堆腿退推雷垒类内馁"等字都有开合二读。今柘城方音只有合口音；今郑州、开封方言除了"内"读开口［ei］韵，其他都读合口音；但商丘却全部读开口音。可见当时在柘城一带这两种读音都存在过，只是在不同的地方后来朝着不同的方向演变罢了。

11. 一部分字有"厓""为"两韵的读音，如"雷垒类吹翠对堆腿退推"等字。今柘城一带的方音只有"为"韵的读音。

12. "非费匪肥未尾惟"等蟹合口三等废韵和止合口三等的微韵读逸［i］韵。今柘城一带的方音与此同。

13. 合口三等鱼虞韵知章系各组以及日母字读鱼［y］韵。如"述黍书庶主注朱除处出如汝入茹"等。今柘城一带的方音读吾［u］韵。

14. 通合三等东钟、梗合三等庚读零声母。如"容勇用雍"等，今郑汴片绝大多数地方包括柘城方音与此同，读［yəŋ］韵。

15. 蟹开二皆佳韵见系字，大部分读齐齿韵［iai］。如"解戒皆楷揩鞋蟹懈"等，今郑汴片绝大多数地方包括柘城方音与此同。

16. "助数楚"等字在十四"吾"韵和十二"娥"韵下有又读，今郑州方言只读吾［u］韵，今开封方言"数楚"读娥［uo］韵，"助"读吾［u］韵，而今柘城一带的方音全部读娥［uo］韵。

17. 古入声消变后，中古入声韵主要归并为以下几韵，跟今郑汴片中原方音基本上一致，详情如下：

（1）七"牙"韵：洽合曷黠月_{轻唇}鎋。例字：恰纳拉杂呷擦答榻拔八乏伐刷。

（2）八"爷"韵：帖月屑德薛铎业职陌麦。例字：叶月歇穴或黑杰决国格怯缺刻设说色劣择仄绝节截册德热别白帖百拍麦。

（3）十一"逸"韵：质缉昔职锡。例字：逸一及吉习夕十失力直尺集即七狄的毕密。

（4）十二"娥"韵：药觉铎曷末。例字：却削约爵谑略角学岳觉霍博薄夺落末。

（5）十三"鱼"韵：术烛_{合三}屋_{合三}。例字：律述衄足。

（6）十四"吾"韵：术烛_{合三}屋_合屋_{合三}没。例字：欲勿速束衄陆轴竹卒独肉秃扑没木。

其中十二"娥"韵［io］韵字大部分来源于宕摄开口三等药韵，比如"却削约爵谑略"等，少数来源于江摄开口二等觉韵，比如"角学岳觉"等。在今郑汴片方言中，除知章组字外，绝大部分读撮口呼［yo］。王力先生在《汉语史稿》（第

155 页）中说："药韵的非知照系字和觉韵喉音字转入车遮，则比较晚得多。发生的时代还没有能够考证出来；大约不会早于 18 世纪。在《圆音正考》（1743）里，'觉''决'还不同音。到底先变撮口呼然后改变主要元音呢，还是先改变主要元音然后改变韵头呢？我们以为前者合理。因为韵头带动主要元音的情形在汉语发展史中是比较常见的。"而在今柘城方言中，根据王松茂先生（1958，第 13—16 页）的研究，这些字读［uo］，则是介音受韵腹的进一步同化，舌位发生了后移的结果。

通过上面的介绍与对比分析，可以看出，《书学慎余》音系跟现代郑汴片中原方音在音系框架（声韵调系统）上相差无几，只是局部存在细微差别，那是语音历时演变的结果。《书学慎余》音系基本格局的产生，标志着现代中原方音的大致形成。

第二节　《六书述古》

《六书述古》是清代郃阳（今陕西合阳县）人杨朝[1]所撰的一部字（韵）书，目前只见抄稿本，成书年代不详。由于书前范光宗的序后署有"赐进士第翰林院检讨同里范光宗撰"，而范氏于康熙二十七年（1688）中进士，康熙三十年（1691）二月授翰林院检讨。因此推断书成大约在康乾年间。该书包括序言、目录和正文。正文共八卷，卷一为文字音乐理论，卷二至卷七为字编，卷八主要包括谐律图、七十二分、律分图和乐器制作等。

字编是按声母编排的，一个声母与四呼中一呼能拼合的字组成一分（即一节），每个韵母前标注韵部，列出四声，但韵部下的韵字没有按四声分开，杂列在一起，每个韵字下有简单的释义。

谐律图就是韵部总表。律分图就是等韵图，每栏分上中下三框，其中栏头和栏尾标有古乐十二律名称（大吕 – 黄钟，仲吕 – 宾羑，南吕 – 姑洗，无射 – 林钟，夷则 – 夹钟，大族 – 应钟），栏头律名下标有十二地支，栏尾律名上标有一至十二的数字。上下两栏各列一个韵部，中间栏列附韵，即邪气。各韵部下的韵母分别与声母相拼，拼合的音节各按四声列字。但由于韵母没有按四呼分类，杂列在一起，显得有点乱。"七十二分"是声母字总表。

1　杨氏生平事迹不详，根据书前无名氏序只知是一名逸士，字子昇，精通训诂、音乐等。

一、音系及其特点

（一）声母及其特点

"七十二分"是大致根据四呼把声母分成了七十二个。并在后面说："古于声音气体定其二十字，作为四句。于六律分数定其七十二字，作为一十八句，此声音之纲纪也。"下面把这七十二字根据中古的来源和律分图的列字特点，归纳为表6-4，并添加上传统字母。

表6-4　"七十二分"表

字母	见	溪	晓	影	疑	精	清		心		照	穿	审	庄	初	生
七十二分字	古	空	化	王		宗	璀		孙		中	春				朔
	君	权	雄	元		足	全	匪	碎							
	结	却	兴	因	念	精	切		修	撺	张		商			
	更	考	何	谔	安	早	材		僧	偲	招	陈	声	责	察	

字母	日	端		透		泥	来	帮		滂		明	非	微
七十二分字		端		通			伦			破		卯	弗	勿
	闰		嗷		餡		隆							女
	仁	帝		天			令	表	鸯	偏	䖝	迷	非	微
	燃	德		泰		拏	勒	本						

"七十二分"的有关的说明：

1. 在"七十二分"中，有些字是为了满足作者的音乐理论，人为增添凑数用的，比如"匮嗷撺偲餡鸯䖝"，这些字母下，列字很少，且都是极生僻的字。

2. "女"下只列合口三等韵的娘母字，如"女纽絮姓絮"，应该与其他泥娘母细音字[1]声母不同。

因此可以归纳出二十五个声母。

根据"律分图"列字，声母特点可以归纳如下：

1. 全浊音清化，塞音、塞擦音绝大多数送气，少数不送气。另有少数字存在送气和不送气两读。

钦坅撽勤。嗔辗阵沉。□[2]阐繻疃。搀产赚馋。添珍靛恬。嗷腑钝臀。猯黽椴

---

1 泥娘母细音字绝大部分与疑母细音字合流，从律分图列字来看，这些字归在牙喉音字之间，应该是读舌根鼻音，而"女"组字与精组字归为一组，应该是舌面鼻音，因为舌尖鼻音泥母洪音字归在端组。

2 文中方框为无字或者十分生僻打不出来的字。

团。称骋郑诚。厅梃锭亭。青□净晴。斫抢匠嫱。珫宠仲崇。疮傸状床。抨併病萍。察□乍茶。妾且裬截。错□□昨。脱妥唾夺。搓脞座瑳。窥傀柜逵。吹揣坠锤。栽宰载材。

两读：墩沌钝。暾腞钝臋。

2. 保留微母。

（汪枉旺□）≠（□网妄亡）≠（芳昉放鲂）。（涴挽玩顽）≠（□晚蔓糯）≠（翻仮汎蕃）。（温稳榲□）≠（□刎问纹）≠（纷粉偾汾）。

3. 疑母细音字与泥娘母细音字合流。

纫抳垦银。鹰嬣佞凝。秧印□娘。

4. 知庄章组在合口前合流（含阳韵开口三等庄组字），庄组（含知组二等韵字）在开口前（止摄开口三等韵前部分章组字也归入）与知章组存在对立[1]，同时也与精组对立。

在无射（合口）酉（十）、戌（十一）、亥（十二）位上列有：□珫忠；书樗诸；霜疮妆；说啜拙；刷颲鬡；稍戳捉。在夷则丑（二）、寅（三）、卯（四）位上列有：宗聪松；卒粗苏；□搓蓑。

在仲吕（开口）午（七）、未（八）、申（九）、酉（十）、戌（十一）、亥（十二）位上列有：榛参莘；伸嗔真。□搀衫。膻邅毡。筝撑牲；昇称征。嘲抄梢；烧弨招。在南吕辰（五）、午（七）、未（八）位上列有：鐕参鬖；曾艳僧；遭操臊。

5. 泥来母不混。

（□朗浪廊）≠（囊瀼儴囊）。（落赢摞萝）≠（搦娜糯傩）。（□侘愣笭）≠（□恼闹猱）。

6. 非敷奉母合流。

纷粉偾汾。翻仮汎蕃。枫崶凤摓。芳昉放鲂。霏斐费肥。辐腑赋菔。

7. 疑母开口一等韵与影母开口一等韵字合流，绝大部分读疑母鼻音，少数读影母零声母。

在大吕戌（十一）、亥（十二）位下列有：蛾我饿莪；□妸卧谔。额□□□；唉欸□□。嵦□爱瞹；欸□□唉。其中"我卧"两组字跟无射卯（五）位下列有的

1　这种对立应该是声母方面的，原因有：一是庄组字今方音归入了精组字，如果当时庄组字与知组字声母一样的话，就不好解释后来的分化演变了；二是有"枝纸志"与"锁□嶶偡"对立，这种对立只能是声母的对立，不可能是韵母的对立。

"倭□□□"开合对立。因此大吕下两组字应该是声母的对立，即影母和疑母的对立。根据大吕下牙喉音字排列的顺序（从右向左依次是影疑晓溪见），可推出"卧"组字为影母字（列字少），"我"组字为疑母字。

8. 影（开口一等韵字和部分开口三等字除外）喻、疑（合口字）母合流。

因引印寅。英樗映盈。殃痒恙杨。谒冶夜鈠。虭雅□齴。温稳揾□。涴□玩顽。□殒运云。鸳苑愿园。瀜湧□容。

9. 分尖团音。

（镌□课）≠（蠲卷绢）。（阡浅□钱）≠（悭□歉黔）。（青□净晴）≠（卿□庆桼）。（斯抢匠嫱）≠（腔□蒋强）。（急纪记□）≠（唧□祭□）。（消小笑□）≠（硗晓效笅）。

10. 部分影母开口三四等韵字有疑母细音的读音。

大吕巳午位对立，即疑母与影母的对立。比如：刭扡坚银；因引印寅。

在字编中，巳位下列有：窨阴荫暗。奄淹掩阉。应影映鹰。秧殃。等等。在午位下这些字绝大部分存在又读音。

11. 日母独立存在，但部分日母字存在又读。

在大吕子丑位下，绝大部分字都是古日母字。比如字编娓部，子位下有：壬任饪顺然忍刃仞人仁；丑位下有：仁人壬忍[1]。

12. 止摄开口三等日母字"儿耳二"读来母（"儿"在私部丑位下有日母的又读音）。

在律分图私部南吕寅位下是省字符，但在字编下列有"儿耳二"等字。

（二）韵母及其特点

书中卷一："观等字之法，昔之立韵者多至六十端焉，其后合而为三十，至《洪武正韵》则定为三十二矣。昔之立入声为三十四韵，其后合而为十七，至《洪武》则定为十韵矣。试就平入二韵以括十体焉。如东庚二韵，金之阴也，阳韵金之阳也。歌曷药三韵木之阴也，萧肴二韵木之阳也。遮屑业三韵水之阴也，麻辖合三韵水之阳也。灰陌昔三韵火之阴也，皆韵火之阳也。真侵二韵土之阴也，寒删先覃盐五韵土之阳也。此十体之分者也。若支质者，火之邪也。齐缉者，水之邪也。尤者，木之邪也。鱼模屋者，金之邪也。此则尽乎平入二韵之端矣……"从论述中可以知道书中分韵为十四部。

---

1 这种对立应该是声母的不同。从今方音来看，绝大部分日母字读卷舌音，少数日母字读舌尖音。书中正是这种情况的反映。书中丑位下字少，应该读舌尖音。

在"谐律图"中，这十四韵部（阳音和阳声为一部，阴声和阴音为一部，加上四个邪部，共十四部）如表6-5所示。

表6-5　十四韵母表

	宫土	商金	羽水	角木	徵火
阳音	官	胱	刷	螫	菲
阴声	娓	恭	说	沫	国
阳声	乱	朗	捌	劳	赖
阴音	轮	泠	棹	罗	肋
邪气		姑	历	绿	私

注：书中纵列，此处改为横排，另"谐律图"标目字与卷一论述中的代表字不同。

根据"字编"和"律分图"列字情况，可以归纳出韵母的主要特点：

1. 山咸摄合流。

官部下有：添殄靛恬。摊坦炭昙。庵唵暗厈。堪坎阚□。翻仮泛蘩。悭□歉黔。搋产赚馋。编贬徧□。

2. 臻深摄合流。

娓部下有：薪□讯寻。钦坅捡勤。参磣衬岑。褪寝□秦。馪品□频。

3. 曾梗通摄合流。

胱部下有：通桶窗僮。抨併病萍。登等镫□。琉宠仲崇。征整证□。倾褧谤蓊。

4. 江宕摄合流。

朗部下有：汪枉旺□。邦绑谤□。磅□□庞。腔□蒋强。□朗浪廊。秧印□娘。

5. 止摄开口三等韵与合口三等韵字分为不同的韵部。

止摄开口三等韵字齿音字（含舌上）归私部；唇舌（舌头）牙喉音字归历部，与蟹摄开口三四等韵字和止蟹摄合口三等韵轻唇音字合流；止摄合口三等韵字归肋部（轻唇音除外），与蟹摄合口三四等韵字（轻唇音除外）和部分蟹摄合口一等韵字合流。

私部下有：枝□志□。儿耳二□。雌玼次慈。

历部下有：欺起气奇。低诋帝题。唧霁祭□。密敏。□尾味微。霏斐费肥。

肋部下有：□腰内□。虽髓碎随。堆怼对□。杯彼背□。雅捶惴□。挥毁诲惑。

6. 遇摄字合为一部，即姑部。

姑部下有：谷鼓□□。□禹遇□。书鼠恕□。粗□□□。

7. 流摄字合为一部，即尤部（绿部）。

尤部下有：六柳□榴。收手售□。齁吼候喉。偷□透头。

8. 效摄字合流为一部，即劳部。

效部下有：抛鲍炮袍。飘醥剽瓢。操漕糙槽。滔讨陶桃。骁晓效筊。

9. 蟹摄一二等韵字合流为一部（少数合口一等韵字除外），即赖部。

赖部下有：该改概□。街解诫□。钗□虿柴。栽宰载材。荙枴怪□。

10. 果摄一等韵字合流为一部，即罗部，但存在开合的对立。

罗部下有：（柯哿个□）≠（锅蜾□□）。（讬舵□罣）≠（脱妥唾夺）。（错□□昨）≠（搓脞座矬）。

11. 山摄、臻摄合口一等韵精组绝大部分字与合口三等字合流，读细音。

在"夷则"辰午未[1] 位下有：瑄懁蒜璇。轻□窜泉。镌镩譔□。荪损峻循。挼忖□存。尊噂晙□。

12. 通摄、止摄、臻摄的合口三等韵和山摄合口三四等韵（部分合口一等韵）部分来母字有撮口呼或合口呼读音。

在恭部南吕子位下有：龙笼；丑位下有：隆笼拢龙。

在娟部南吕子位下有：论轮仑抡纶伦沦崘；丑位下有：伦嫩崙。

在官部南吕子位下有：挛乱峦卵；丑位下有：挛卵暖乱峦。

在国部南吕子位下有：累垒泪；丑位下有：垒擂雷罍累泪类诔。

13. 曾梗摄入声字与止摄合口三等韵归为一部。

在国部大族卯辰巳位下有：壁□□□；霹□□椑；睦□□觅。

14. 麻韵开口三等韵字绝大部分归在说部，与归在刷部的麻韵二等韵字对立，但少数章组字存在又读。

说部下有：谢斜姐夜；刷部下有：嘉雅诈怕马寡夸。

在说部仲吕酉位下有：奢捨麝舌赦佘蛇社赊设；在刷部酉位下：赊蛇。

（三）声调及其特点

书中声调有四个，即阴平、上声、去声和阳平。卷一："平声者，北风也。上声者，南风也。去声者，东风也。西风杂入平入之中矣。如东庚皆灰陌真侵删先萧

1　与丑寅卯位下的合口洪音字对立：钻纂□□。□□撺穳。鹳□□曤。鹳噂愩□。皴□□漙。巽□□褝。少数字有洪细两读，比如"村巽"等。

看遮屑叶歌支质屋缉模此北风也，而韵之中同盲怀回白辰寻还前聊庖斜绝捷何嚼时疾蒲斛之字，又皆西风焉。如寒盐覃曷麻辖合阳齐鱼尤，此西风也。而韵之中安尖贪葛巴擦答芳妻居抽之字，又皆北风焉。"

声调的主要特点：

1. 平分阴阳。

律分图下四声（阴平、上声、去声、阳平）列字：钦坅搇勤。抨俜病萍。摊坦炭昙。昏混恩魂。参磣衬岑。猜采菜裁。芳昉放鲂。

2. 入声消失，其中浊入声归入阳平，清入声和次浊入声归阴平。

律分图下四声列字：脱妥唾夺。奢捨麝舌。亵□谢斜。察□乍茶。撮□□掇。落赢撦萝。辐腑赋菔。发□□垡。袜□□□。物□□□。错□□昨。室□逝拾。

二、音系性质

书中音系是当时合阳方音的反映。下面把书中声韵调特点与今方音进行比较（见表6-6、6-7、6-8）：

表6-6　声母的比较

书中特点	1	2	3	4	5	6	7	8	9	10	11	12
今方音	√	√	√	√×	√	√	√×	√	×	√	√×	√×

表6-7　韵母的比较

书中特点	1	2	3	4	5	6	7	8	9	10	11	12	13	14
今方音	√	√	√	√	√	√	√	√	√	×√	√	×	√	×√

表6-8　声调的比较

书中特点	1	2
今方音	√	√

从上面可以看出，书中音系特点与今方音大致相同，有些地方存在一些差异，这是由于古今的音变造成的（见下文），是可以解释的。

另外，从古入声字的归韵来看，也可说明书中音系是当时合阳方音的反映。下面把书中入声字的归韵整理如表6-9所示：

表 6-9 古入声字归韵表

韵部	说			
来源	山摄开合口三四等韵和咸摄开口三等韵入声字			
例字	辙舌	蕝说啜拙	鳖别灭擎褻妾截接裂谒涅歇协怯竭结碟蠮	雪绝劣蕨
呼	开	合	齐	撮
今方音	ə	o	iɜ	yo
韵部	刷			
来源	山咸摄开口一二等韵入声字、山摄合口二等韵入声字、山摄合口三等月韵非组字和咸摄合口三等乏韵的非组字			
例字	帀擦馺腊杀察捺塌踏搭发袜捌乏法	猾刷	猾刷	
呼	开	合	齐	撮
今方音	a	ua	a	
韵部	沫			
来源	宕摄开口一三等韵入声字、江摄开口二等韵入声和山摄合口一等韵入声字。			
例字	昨错落沫物恪酌绰烁箬搦讬剥泼	瘧捉戳掇夺脱郭扩	削嚼略药谑学确	
呼	开	合	齐	撮
今方音	o	uo/o	io	
韵部	国			
来源	曾梗摄入声字（少数合口三等韵字除外）			
例字	则贼塞肋额黑客隔只尺轼稿拆得忒责	国惑	碛藉历壁霹绎匿极隙踢滴	
呼	开	合	齐	撮
今方音	ɪ	uɪ	i	
韵部	姑			
来源	通摄入声字和臻摄合口一三等韵入声字			
例字	穀谷骨窟哭忽屋督肉触熟逐属烛卒促速秃突沐扑辐陆竹束		玉菊橘屈曲俗足律	
呼	开	合	齐	撮
今方音		u/ou（知章组和端组字）		yu
韵部	历			
来源	深臻摄开口三等韵入声字			
例字			笔弼蜜笠七缉急吉及讫乙一	
呼	开	合	齐	撮
今方音			i	

（续表）

韵部	私（质）			
来源	深臻摄开口三等韵知章组入声字			
例字	质室失实湿涩十汁质日			
呼	开	合	齐	撮
今方音	ʅ			

上面"历私刷沫"四部除了部分字介音略有差异，基本一致。其他部有差异的也是可以解释的（见下文）。

书中音系从总的情况来看，主要反映的是读书音，如牙喉音开口二等韵字读细音，白读多读洪音；止摄合口三等韵读合口，白读撮口；宕摄字与江摄字合流，白读宕摄字与果摄合流，等等。但同时也记录了少量白读音。

当音系性质确定后，可以根据今合阳方音，构拟书中音系如下。

声母：

见〔k〕、溪〔k'〕、晓〔x〕、影〔Ø〕、疑〔ŋ〕，精〔ts〕、清〔ts'〕、心〔s〕、照〔tʂ〕、穿〔tʂ'〕、审〔ʂ〕、日〔ʐ〕[1]〔z〕，庄〔tʃ〕、初〔tʃ'〕、生〔ʃ〕，端〔t〕、透〔t'〕、泥〔n〕、来〔l〕，帮〔p〕、滂〔p'〕、明〔m〕，非〔f〕、微〔v〕，女〔ȵ〕

韵母：

官部〔ã〕〔iã〕〔uã〕〔yã〕，媲部〔ẽ〕〔iẽ〕〔uẽ〕〔yẽ〕，觥部〔əŋ〕〔iəŋ〕〔uəŋ〕〔yəŋ〕，朗部〔aŋ〕〔iaŋ〕〔uaŋ〕，私部〔ɿ〕〔ʅ〕，历部〔i〕，肋部〔ɪ〕〔ɯ〕〔iɪ〕〔uɪ〕，姑部〔u〕〔yu〕，尤部〔əu〕〔iəu〕〔uəu〕，劳部〔ɔu〕〔iɔu〕，赖部〔ɛ〕〔iɛ〕〔uɛ〕〔ɜu〕，罗部〔o〕〔io〕〔uo〕，刷〔ɑ〕〔iɑ〕〔uɑ〕，说〔ə〕〔iə〕〔uə〕〔yə〕

声调：

阴平〔31〕、上声〔52〕、去声〔55〕、阳平〔24〕

1　今方音中拼合口呼时为唇齿塞擦音。书中当时是否也如此，不知。

三、古今差异和变化

1. 书中庄组（含知_等）开口字与章组、精组字存在对立，今方音庄组（知_等）已经与精组字合流，即舌叶音→舌尖音。

2. 书中音系分尖团音。今方音在撮口呼前已经尖团合流，但在齐齿呼前仍旧保持尖团音对立。

3. 书中日母绝大部分字读卷舌音，但部分字有舌尖前浊擦音的又读音，今方音中除了"儿二耳"和"扔"字读舌尖前浊擦音外，其他字已经失去了舌尖前浊擦音。

4. 书中"二耳儿"字读来母音，另"儿"字和"耳"字有舌尖后浊擦音的又读音。今方音来母读音基本上已经失去，只是"二"在表排行的时候，还有来母的读音。"儿耳"字读舌尖后浊擦音，后来变成了舌尖前浊擦音。

5. 书中果摄字开合口存在对立，今方音中尽管仍旧有开合的读音，但除了牙喉音字和少数端组字存在开合对立外，其他已经合流了，且其中开口牙喉音字主要元音发生了变化，由 [o] 变成了 [ə]。

6. 书中通摄、止摄、臻摄的合口三等韵和山摄合口三四等韵（部分合口一等韵）部分来母字有撮口呼或合口呼读音。这几摄在今方音有不同的发展方向，其中山摄、臻摄来母字合口读音消失，只保留了撮口呼读音，且后来声母也丢失，变成了零声母。而通摄和止摄失去了撮口呼读音，保留了合口呼读音，后来止摄又丢失了合口介音，变成了开口呼。

7. 书中"姑"部合口呼中知章组和端组字元音高化后裂化为复合元音，即 u → ou。

8. 书中"国"部齐齿呼字受介音的影响，元音高化，即 iɪ → i。

9. 书中"说"部中今音齐齿呼和开口呼主要元音音值接近，且互补，从音位学的角度来看，是可以合并为一部的。而合口呼和撮口呼主要元音与开齐不同，应该是受介音同化所致，即 uə → uo → o，yə → yo。

明清以来记录西北方音的韵书韵图文献，目前所发现的实在太少，因此《六书述古》是研究清代西北方音的宝贵资料。

第三节 《字学备要》

《字学备要》系清代嵩阳[1]（今登封市）人刘履贞所撰，刊于咸丰元年（1851）。主要包括自序、凡例、引韵图、正文、补遗、定纯入声歌、分混平声歌几个部分。其中"引韵图"就是按四声编排的声韵调配合表即等韵图。其按平上去入分为四图，每图纵列三十二位（声母），横列三十五个韵（韵母），纵横交叉处列小韵首字。正文是等韵化的韵书，即在韵图中的代表字后纳入了同音字，韵字不注反切，有简单的释义。作者编撰此书的目的就是为了助人识字。他在"自序"中说："自沈约创声韵之端，继之者已数十家矣。然只便于诗赋，而不便于账簿。故文人用之，农商卒未有闻者。……予素校书，颇深研究。文场屡困，名念遂隳。乃思以字学济世，因细加参考，自创凡例，摘二书之要，便万人之用，隶全字于大韵，以汉音通乡音，而且音聚义分、四声昭著。故学者但能勤读数日，而于字之形、音、声、韵、义五者俱了然矣。"

《字学备要》是一部反映中原官话的韵书，目前只见到日本学者永岛一郎对其声韵调有过研究，但其著作国内罕见，李无未先生在《日本汉语音韵学史》中有过介绍评述，惜其太简。其中还有一些地方可作进一步的研究，故下面再作一些介绍。

一、音系及其特点

（一）声母及其特点

《字学备要》在"韵首"中把声母分为九音三十二位（个），简要摘列如表6-10所示（只列平声）。

表6-10 声母九音表

喉音				舌音				唇音				牙音				
1	2	3	4	5	6	7	8	9	10	11	12	13	14	15	16	17
公○	空○	空·	翁○	东○	通○	同·	农·	崩○	烹○	朋·	蒙·	宗○	聪○	从·	松○	俹·

齿音				喉兼牙音				唇齿合音			舌兼喉音	齿兼牙音
18	19	20	21	22	23	24	25	26	27	28	29	30	31	32
中○	充○	虫·	春○	春·	烘○	红·	翁○	同四	风○	冯·	公廿九	公卅	聋·	戎·

注：书中在字旁用"○"表清音，用"·"表浊音。

1 嵩阳县隋大业元年（605）改纶氏县置，属豫州。治所在今登封西南颍阳乡颍阳村，因城居嵩山之南故名。唐万岁登封元年（696）改为登封县。永岛一郎误为湖北嵩阳。

永岛一郎认为在"韵首"中，分清浊，平入二声中有三十二个声母，上去二声中只有二十一个声母，因此〇 –• 的地方都是同音，这种对立是声调的对立。永岛一郎的观点是正确的：

1. 比如正文韵书在去声中：共＝贡＝供；动＝冻＝栋；中＝仲＝重＝众＝种。 病＝並＝摒＝并＝柄； 代＝待＝袋＝带＝戴＝大＝岱＝怠＝殆＝逮＝黛＝贷。布＝步＝部＝簿＝哺＝捕＝埠。巳＝氏＝似＝寺＝四＝祀＝赐＝伺＝俟＝耜＝肆＝嗣＝饲＝司＝示＝市＝仕＝侍＝事＝是＝视＝弑＝嗜＝试＝谥。 谢＝社＝舍＝赦。孝＝效＝校＝鞘。[1]

2. 在韵首中，有些〇 –• 对立的地方用的是同一个字，如二位与三位是"空"，廿一位与廿二位是"春"。可见，书中的全浊音是消失了。

由于二十五位与第四位是同一个"翁"字，并且注明了"同四"，此外，二十六位也注明了"同四"。这样永岛一郎归纳为十九个声母。其实二十九位和卅位上，还有一个声母，尽管在"韵首"中没有列字（这是因为"韵首"是以古通摄字为例，而古通摄字没有微母字），但在"引韵图"中列有古微母字，平声中列字有"亡无惟"，上声中列字有"刎晚罔尾武"，去声中列字有"问万妄务未"。这些字在正文韵书去声中与廿七、廿八位也是对立的，比如廿七、廿八位下有：奋＝愤＝粪＝分＝忿；廿九卅下有：问。又如廿七、廿八位下有：放；廿九、卅下位有：忘＝望＝妄。另也与第四位有对立（见下文）因此全书应该有二十个声母。

声母的主要特点：

1. 古喻母、疑母、影母合流（微母部分字在四位下有又读，部分影母喻母合口字在廿九、卅位下有又读）。

在"引韵图"平声中第四位列有"容盈文云银完元言熬姚由王昂羊危捱崖娃牙吾鱼夷耶鹅"等字；在二十五位列有"翁庸英温恩因安焉腰欧汪优威哀鸦乌"等字。

2. 微母独立存在。

在"引韵图"平声中廿九、卅位下列有"闻亡无惟"四字。这四字在韵书中的情况如下：

在"昆"韵卅位下列有：文纹蚊闻；四位下列有：文纹蚊闻。在"光"韵卅位下列有：亡忘望；四位下列有：王亡。在"孤"韵卅位下列有：无；四位下列有：吴吾无毋芜庑。在"基"韵卅位下列有：惟维唯微薇；四位下列有：移疑仪

---

1 上去声全浊音字清化为同部位的全清音字。

遗……，但没有列"惟维唯微薇"。

由上可以看出，尽管卅位下部分字在四位下有又读，但卅位和四位不是自由变读的，是有对立的，因此卅位是一个独立的声母。而这位上的字主要来源于古微母字，因此书中音系中存在独立的微母。

3. 分尖团（精见组细音字都不腭化）。

在"引韵图"平声中有：京≠精，卿≠青，兴≠星；君≠逡，熏≠恂；鸠≠揪，邱≠秋，休≠修。又第一位列字主要来源于古见母字，如"官捐甘高交勾鸠"等字，第十三位列字主要来源于古精（庄）母字，如"宗精尊逡津尖遭焦将哉"等字，洪细音字同母，可见精见组细音字还没有腭化。

4. 古庄组字绝大部分字（山摄合口三等、通摄合口三等、遇摄合口三等、止摄开口三等的庄组字除外）与精组字合流，与知章组字有对立。

在"根"韵下：（簪=臻=蓁=榛）≠（针=真=珍=斟=甄=箴=砧）。在"庚"韵下：（争=曾=筝=增=睁）≠（正=征=贞=蒸=徵）。在"高"韵下：（抄=钞=操）≠超。在"勾"韵下：（邹=诌=诹）≠（周=舟=州）。在"冈"韵下：（臧=赃）≠（章=张=樟）。在"该"韵下：灾=栽=斋=哉。在"居"韵下：（胥=须=需）≠（舒=输）。在"公"韵下：（充=冲=崇）≠（匆=聪=葱）。在官韵下：（栓=拴）≠（酸=痠）。在"孤"韵下：（粗=殂）≠（初=雏）。在"孜"韵下：（孜=兹=姿=资=肢=支=之=枝=淄=脂）≠（知=之=肢=支=脂=辎=淄=缁=枝）[1]。

5. 泥（娘）、来母不混（泥娘母洪细音同母）。

在"引韵图"平声中有：奴≠卢；娘≠良；年≠连；农≠聋；尼≠离。在八位上列有"农能宁南年挠囊娘拿奴尼"等字，泥娘母洪细音字同母。

6. 非敷奉母合流。

在"引韵图"去声廿七位上有：奉粪饭放富肺。

7. 非晓组字在合口呼前不混。

在"引韵图"平声中有：烘≠风；昏≠分；翻≠欢；方≠荒；呼≠夫。

8. 全浊音清化，其中浊塞音和浊塞擦音上去声主要清化为同部位的全清音（见前），平声清化为同部位次清音。

因为平声字有清浊的对立，即声调分阴阳，无法直接从小韵的对立中推断出是否送气。但在"韵首"中，第二位和第三位是清浊的对立，且都列"空"字。这说

1　止摄开口三等章组字在精组字里有又读音。

明平声清化后送气。

（二）韵母及其特点

《字学备要》在"摄韵合母"中分韵为十三叶（即韵部），每叶下再分开合齐撮[1]，共三十五韵（韵母）。每个韵母再分平上去入四声（其中前二十韵无入声）。下面把十三叶摘列如表6-11所示（只列平入声）。

表6-11 十三叶表

	一	二	三	四	五	六	七	八		九	
合	1公	5昆	9官			17光	20圭	21乖	国	24瓜	刮
撮	2同	6君	10捐								
开	3庚	7根	11干	13高	15勾	18冈		22该	革	25㉆	㊀
齐	4京	8金	12肩	14交	16鸠	19姜		23皆	皆①	26加	甲

	十		十一		十二		十三	
合	27孤	谷					34戈	郭
撮	28居	掬			31厥	厥		
开			30孜	孜			33歌	各
齐			29基	吉	32结	结	35角	角

① 凡例说："皆韵无入声，角韵无平上去三声。"

廿五韵在"摄韵合母"中，列字用㉆㊂㊄㊀。永岛一郎认为这是不承认 [a] 韵的存在，但在卅五韵中占据一个位置，这是一种很有趣的处理方式。其实这是永岛一郎的误解，因为在"摄韵合母"中，所有的例字都是用见母字，而廿五位上的见母字只有二等字，因牙喉音开口二等字增生了 [i] 介音，归入了廿六加韵中。所以此处无常用字可用，只能用㉆㊂㊄㊀标记有此音。事实上，廿五韵平声其他声母下列有字，如"他拿查叉茶沙蛇"等字。

韵母的主要特点：

1. 止摄合口三等微韵非组字及止摄合口三等脂韵的喻母字读细音。

在"基"韵下收有：非飞妃扉霏绯蜚肥腓惟维唯微薇。

2. 蟹摄合口一等灰韵来母字及止摄合口三等支韵来母字仍读合口。

在"圭"韵下收有：雷擂羸罍累。

3. 歌戈一等韵合流，但牙喉音字仍有开合口对立，"歌"韵开口牙喉音字仍读开口。

---

1 书中撮口用"▷"，合口用"〇"，开口用"×"，齐齿用"•"，在韵母的右边标示。

在"歌"韵收有：歌哥苛珂鹅俄诃呵何河荷屙，但在"戈"韵下收有：戈过科窠禾和窝多拖驼驮挪搓。

4.通摄、曾摄和梗摄字合流。

在第一叶开合齐撮"庚公京冋"中收有：东登丁空倾坑卿宗争精烘凶亨兴。

5.臻深摄和曾梗摄字不混。即分［in］和［iŋ］。

在平声下：庚≠根；京≠金；精≠津；争≠臻；贞≠针；兴≠欣；英≠因；铃≠林。

6.通摄合口三等的心母、来母部分字读撮口音。

在"冋"韵下收有：松＝嵩＝崧；隆＝龙。

7.曾梗摄开口三四等韵的帮组字、臻深摄开口三等韵的帮组字、山摄开口三四等的帮组字读撮口呼[1]。

在"冋"韵下收有：冰＝兵；平＝萍＝评＝屏＝瓶＝凭＝坪；名＝明＝鸣＝铭＝冥＝溟。在"君"韵下收有：宾＝槟＝彬＝斌＝豳；贫＝频＝颦＝嫔；民＝岷＝旻＝闽。在"捐"韵下收有：鞭＝编＝边＝蝙；偏＝篇＝翩；便＝骈＝胼；眠＝棉＝绵。

8.山摄开口三等入声薛韵字和咸摄开口三等入声叶韵来母字读开口洪音[2]。

在入声"革"韵下收有：肋＝勒＝列＝烈＝裂＝猎＝鬣＝躐。

（三）声调及其特点

书中按平上去入分为四卷，再加上平入声的清浊对立，似乎有阴平、阳平、上、去、阴入和阳入六个声调。但永岛一郎认为入声有阴阳之别，疑问颇多。只认为有阴平、阳平、上、去和入五个声调。

其实书中只有四个声调，刘氏在凡例中说："平声韵前廿韵为清平韵（与入不混），后十五韵为混平韵（与入声混）。入声韵截去前廿韵，自第廿一韵起与混平韵相对相混。惟四位、八位、十二位、卅一位、卅二位不对不混（平皆浊音，入皆清音），余位俱对俱混（然平韵之四位与入韵之廿六位，平韵之廿五位与入韵之四位亦皆相对相混）。"

可以看出，入声韵已经归入了平声韵，失去了塞音韵尾。入声已经消失，其中次浊入声（四位、八位、十二位、卅一位和卅二位即次浊声母，平声为浊音即阳平，入声为清音即阴平，故不对不混。平韵之廿五位为清音，与四位同母，故四位

1　唇音字归撮口呼，跟唇音字归合口呼一样，是受声母性质的影响。

2　这些字在"结"韵下有细音的又读。

入声韵与平韵之廿五位相对相混）归清平（阴平），全浊入声归浊平（阳平），清入归阴平。因此书中只有阴平、阳平、上声和去声四个声调。

声调特点主要有：

1. 平分阴阳。

2. 浊上归去。

在去声韵下：动＝冻＝栋；刹＝驮＝舵＝惰；货＝祸＝和；射＝社＝舍；氏＝巳＝寺＝俟＝嗣＝示＝市＝事＝是＝视＝似＝祀＝柿＝仕；皂＝造＝罩＝燥＝灶；道＝到＝倒＝稻＝盗；贱＝荐＝渐＝箭＝饯＝溅。

3. 清入、次浊入声归阴平，全浊入声归阳平。

二、音系性质

永岛一郎认为书中内容很好地表现了方言的特色，是一部应该注意的资料。永岛一郎的观点是正确的。但他对书中音系反映的是何种方音，语焉不详。从书中音系的特点来看，应该是当时登封方音的反映。下面把书中声韵调的特点与今登封方言[1]加以比较（见表6-12、6-13、6-14）。

表6-12 声母特点比较

书中声母特点	1	2	3	4	5	6	7	8
今登封方音	√	√	√	√	√	√	√	√

表6-13 韵母特点比较

书中韵母特点	1	2	3	4	5	6	7①	8
今登封方音	√	√	√	√	√	√	×	√

① 今河南洛阳片方音，都没有这种读音。

表6-14 声调特点比较

书中声调特点	1	2	3
今登封方音	√	√	√

从音系特点上看，应该是当时作者家乡方音的反映，这符合作者编撰此书的目的"以汉音通乡音"。

---

1 今登封方音主要来自张启焕（1993）。另也参见《登封县志》中的方言部分。

为了进一步说明问题，下面把入声韵分部的情况与今登封方音进行比较。书中音系已经没有入声，也就没有入声韵，入声韵与平声韵相混即合流了。书中入声韵的分部跟今登封方音基本一致（见表6–15）。

表6–15　入声韵部表

叶	八		九		
书中韵	国	革	刮	八	甲
古来源	臻摄合口三等庄组字；曾摄开口一等帮组字①、曾摄合口一等牙喉音字；梗摄开口二等的帮组字；梗摄合口二等牙喉音字	深摄开口三等庄组字；山摄开口三等来母字、臻摄开口三等庄组字；曾摄开口一等端组字和牙喉音字；曾摄开口三等庄组字；梗摄开口二等知章组字和牙喉音字	山摄一二等的帮组字；山摄合口二等庄组字和牙喉音字	咸摄开口一等端组；咸摄开口二等知章组；咸摄三等合口非组字②；山摄开口一二等的端庄组字和三等合口非组字	咸山两摄开口二等的牙喉音字
代表字	国惑虢百白北拍魄迫伯麦脉陌墨或画获捽北墨默	革格隔克刻客扼得德忒特仄则摘泽窄宅责择册策色塞赫黑核额肋列猎涩啬瑟虱	八拔妈滑刷挖刮	答塔纳扎杂插察杀腊达袜伐发辣铡	甲恰押鸭夹匣瞎辖
今方音	uai	ai	ua	a	ia
叶	十		十一		
书中韵	谷	掬	孜	吉	
古来源	臻摄合口一等字和臻摄合口三等非组字；通摄合口一等字；通摄合口三等非组字、帮组字和知章组字	臻摄合口三等知章组字、精组字、牙喉音字和来母字；曾摄合口三等喻母字；通摄合口三等精组字和牙喉音字	深摄、臻摄、曾摄和梗摄开口三等知章组字	深摄开口三等精组和牙喉音字；臻摄开口三等端组、帮组和牙喉音字；曾摄开口三等帮组字、精组字、牙喉音字和泥来母字；梗摄开口三等帮组字、端组字和精组字；梗摄合口三等的牙喉音字	
代表字	不佛勿没突卒骨窟忽扑木秃独鹿族谷哭屋毒福目竹逐叔淑束辱	术出述律戌橘恤域菊曲育足俗续粟局玉欲	垫执汁湿十拾质实失侄秩植直职食饰掷只尺适石	立缉集袭习急泣及级吸揖必匹密栗七疾悉吉乙逼匿力即息极忆碧僻积籍昔席载益的笛锡击役疫	
今方音	u	y	ʅ、ɿ	i	
叶	十二		十三		
书中韵	厥	结	各	郭	角
古来源	山摄开口三四等帮组字；山摄合口三四等精组字和牙喉音字	咸摄开口三四等的章组字、牙喉音字、端组字、精组字；山摄开口三等知章组字；山摄开口三四等牙喉音字和精组字	咸摄开口一等牙喉音字；宕摄开口一等牙喉音字	山摄合口一等帮组字、端组字和牙喉音字；宕摄一等开口帮组字、端组字、精组字；宕摄开口三等知章组字；宕摄合口一等牙喉音字；江摄开口二等知庄组字和影母字	宕摄开口三等精组字、牙喉音字和来母字；江摄开口二等牙喉音字

（续表）

叶	十二		十三		
书中韵	厥	结	各	郭	角
代表字	鳖别撇灭绝雪阅悦缺厥越决穴	摺涉跌帖碟谍捏接节妾捷叶劫业协怯列猎哲舌浙设彻热③泄杰揭歇铁捏切结	合鸽渴④各郝鹤恶	泼拨末掇脱夺撮阔豁活博薄莫摸着勺若弱托铎落作昨索郭廓藿桌卓琢戳浊捉朔握	觉岳角脚确学略雀鹊削却虐约钥乐
今方音	yɤ	iɤ	ɤ	uo	io

① 重唇音部分字，书中归在合口呼。

② 在《字学备要》中非组合口三等字归在合口呼中，但实际上也可读开口呼。因为在"引韵图"中，非组开口呼位置上都注明"同×"，比如"公"韵非母下列"风"字，在"庚"韵非母下注"同公"，可见非母合口读开读合是自由变体。根据现在一般做法，把非母合口三等字放在开口呼中。

③ 书中知章组还有部分字读细音，还没变成洪音。

④ 这些字已经同果摄开口一等歌韵字一起变为展口音。

由上面可以看出，在"叶"（韵部）方面除了"十三叶"下"各"韵主要元音发生了变化外，其他各叶归部跟今方音基本一致。另外每个"叶"下，除了部分唇音字排在合口[1]和部分知章组字排在细音外，各个韵母下所辖韵字也基本与今方音一致。可见，书中音系确实是当时登封方音的反映。

根据声韵调的中古来源和今登封方音，可以把音系构拟如下。

声母：

帮［p］、滂［p'］、明［m］、非［f］、微［v］，精［ts］、清［ts'］、心［s］，庄［tʂ］、彻［tʂ'］、书［ʂ］、日［ʐ］，见［k］、溪［k'］、晓［x］，端［t］、透［t'］、泥［n］、来［l］，影喻疑［Ø］

韵母：

东［uəŋ］、同［yəŋ］、庚［əŋ］、京［iəŋ］，昆［uən］、君［yən］、根［ən］、金［iən］，官［uan］、捐［yan］、干［an］、肩［ian］，光［uaŋ］、冈［aŋ］、姜［iaŋ］，圭［uei］、高［au］、交［iau］，钩［əu］、鸠［iəu］，

---

1 唇音字的开合问题，《广韵》里就开合不分，近代一些韵书也存在把唇音字排在合口呼的现象，这跟声母性质有关。

乖［uai］、该［ai］、皆［iai］，瓜［ua］平［a］加［ia］，姑［u］、居［y］、孜［ɿ］［ʅ］、基［i］，厥［yɤ］、结［iɤ］，歌［o］、戈［uo］、角［io］

声调：

阴平［24］、阳平［42］、上声［55］、去声［31］

三、古今语音的差异和变化

1. 书中止摄开口三等日母字"儿耳二"仍读日母［ʐๅ］。今登封方音已经为零声母，读卷舌元音［ɚ］。

2. 书中影母疑母一二等字读零声母，今登封方言已经读舌根浊擦音声母［ɣ］。

3. 书中古遇摄合口三等"鱼虞"韵知章组字仍读细音撮口韵［y］，今登封方音已经读舌尖后圆唇元音［ʮ］。

4. 书中古果摄开口"歌"韵的牙喉音字读圆唇元音，今登封方音已经读展唇元音，即［o］→［ɤ］。

5. 书中古蟹摄合口一等端组字读合口音，今登封方音已经读开口音，即［uei］→［ei］，但端母字还有合口音的又读，音变还没最后完成。

6. 书中假摄开口三等"麻"韵章组字读齐齿呼，今登封方音已经读开口音，即［iɤ］→［ɤ］。

7. 书中蟹摄开口二等"皆佳"韵牙喉音部分字开始失去了元音韵尾，即［iai］→［iɤ］。在"结"韵下收有：皆街；在"皆"韵下收有：皆街阶。今登封方音这种音变还在进行之中。

8. 书中"角"韵字读齐齿呼，今登封方音介音受主要元音的同化已经读撮口呼，即［io］→［yo］。

9. 书中曾梗摄、臻深摄、山摄开口三四等韵的帮组字读撮口音，今登封方音已经读齐齿呼。

10. 书中泥娘母细音字跟洪音字同声母，今登封方音受介音前高元音同化的影响已经不同音，即［n］→［ɲ］。

第四节 《音韵一得》[1]

《音韵一得》系获嘉人陈熙光（字耀卿）于民国己未年（1919）所撰，当时陈氏年龄为 52 岁。如果一个人的语音成熟定型为 20 岁时候的话，此书反映的应该是清末时期的语音系统。

全书包括自序、音论和正文部分。正文按十二摄（见韵母部分）分图，每图中横列十九个声母，纵分开合二呼，开合内再各分二等（即开齐合撮四呼），在每等中再按上平、下平、上、去声列字[2]。

一、音系及其特点

（一）声母及其特点

全书分为十九母。陈氏在"自序"中说："《五方元音》立二十字母，隶字虽有舛错，而亦不为无见。今虽并为十九母，仍依旧其母排列。一则取其易谢读。一则不没其创始之功。并列旧母于其下，以志其音之所由来。"其排列如表 6-16 所示。

表 6-16　声母表

《五方元音》字母	邦	匏	木	风	斗	土	鸟	雷	竹	虫	石	日	剪	鹊	系	云①	金	桥	火	蛙
旧母	帮	滂并	明	非敷奉	端	透定	泥娘	来	知照	穿彻床澄	审禅	日	精	清从	心邪		见	溪群	晓匣	影喻疑微

① 陈氏说："今既有火蛙二母，云字实为赘设。"陈氏把云母归并在蛙母中。在正文韵图中，云母下没有列字。

声母的主要特点：

1. 浊音清化，全浊塞音、塞擦音不论平仄全部为送气。

如龙摄，开口"鹊"母下列有"层赠"，开口"匏"母下列有"砅平瓶並"，开口"土"母下列有"腾邓"。如"郎"摄，开口"鹊"母下列有"仓藏奘脏"。如"麟"摄，开口"桥"母下列有"侵琴噤"。

2. 非敷奉合流。

3. 泥娘合流。

1　此资料蒙赵祎缺博士提供，特此感谢！另从音系来说，辉县方音应该属于晋语。但书中只按一般情况分七大方言区，故把河南的晋语仍旧放在中原官话中。

2　蛇摄列有入声字，其他摄没有列入声字。陈氏说："今特另编《入声谱》。……惟蛇摄字太简略，稍更其例。"

4. 影喻疑微母合流。

5. 知照母合流，与精组字有对立。但庄组部分字归精组。

如"麟"韵，开口"剪"母下有"臻"，"鹊"母下有"岑"，"系"母下有"渗"。如"虬"韵，开口"鹊"母下有"愁"，"系"母下有"搜"。

6. 尖团音基本上合流，但还没有最后完成。

如"狼"韵，开口"桥"母下有"腔强抢"，"火"母下有"香详想向"。如"狮"韵，开口"桥"母下有"妻其起气"。如"狐"韵，合口"桥"母下有"蛆渠取去"，"火"母下有"虚徐许昫"。如"麟"韵，开口"桥"母下有"侵琴噤"，"火"母下有"心寻炘信"，合口"火"母下有"熏寻训"。

但如"蛇"韵，"剪鹊系"母有"嗟些"，"金桥火"母有"皆揩靴"。在"入声韵谱"有"剪鹊系"母有"节切洩"，"金桥火"母有"甲恰协"；又有"剪鹊系"母有"爵鹊削"，"金桥火"母有"角却学"。

（二）韵母及其特点

全书分为十二摄（韵部），如表 6-17 所示。

表 6-17　十二摄表

一	二	三	四	五	六	七	八	九	十	十一	十二
龙	狼	狮	狐	豺	麟	蛇	猿	豹	驼	犯	虬
东冬庚青蒸	江阳	支微齐灰	鱼虞	佳灰	真文元侵	鱼麻佳	元寒删先覃盐咸	萧肴豪	歌	麻	尤

以上是舒声韵，入声韵在书中分为三部。陈氏说："《等韵切音指南》分二十四摄，云入声惟九摄。《字母切韵要法》云'迦结袺歌'四声全。今考九摄之入声，固该于四摄之内，而四摄之入声'迦'与'加'实为同音异等。则实止三摄也。今特另编《入声谱》。"下面每部各呼取一字，整理如表 6-18 所示。

表 6-18　入声韵表

	十三	十四	十五
开	八	北	拔
	别	必	爵
合	说	不	郭
	欱	掬	掘

各韵的来源及韵母数：

1. 龙韵主要来源于古通摄字和曾梗摄的部分合口字。在韵图中开齐合撮都有字，因此有四个韵母。

2. 狼韵主要来源于古江宕摄字。在韵图中开齐合都有字，因此有三个韵母。

3. 狮韵主要来源于古止摄字、蟹摄开口四等齐韵字和蟹摄合口一三等部分字。在韵图中开合都有字，因此有两个韵母。又此图中，开口字除了精组字和照组字外，其他应该列在齐齿呼，故有四个韵母。

4. 狐韵主要来源于古遇摄字和流摄一三等的唇音字。在韵图中开合都有字，因此有两个韵母。（但此图列字存在较大问题，开口呼的字应列在合口呼，合口呼的字应列在撮口呼。）

5. 豺韵主要来源于古蟹摄开口一二等韵字及少数止摄合口庄组字。在韵图中开合都有字，因此有两个韵母。

6. 麟韵主要来源于古臻深摄字。在韵图中开齐合撮都有字，因此有四个韵母。

7. 蛇韵主要来源于古假摄麻韵三等字、果摄三等字和部分蟹摄开口二等牙喉音字。在韵图中开口呼有字，因此有一个韵母。（此图中的字应列在齐齿呼，但知照组字难以判断。）

8. 猿韵主要来源于古山咸两摄字。在韵图中开齐合撮都有字，因此有四个韵母。

9. 豹韵主要来源于古效摄字和部分流摄唇音字。在韵图中开齐都有字，因此有两个韵母。

10. 驼韵主要来源于古果摄字。在韵图中开合都有字，因此有两个韵母。

11. 犯韵主要来源于古假摄字。在韵图中开合都有字，因此有两个韵母。

12. 虬韵主要来源于古流摄字。在韵图中开齐都有字，因此有两个韵母[1]。

13. 别韵主要来源于古咸摄入声字、山摄入声字、梗摄二等韵入声字。在韵图中开齐合撮[2]都有字，因此有四个韵母。

14. 必韵主要来源于古深摄入声字、臻摄入声字、通摄入声字、曾摄入声字、梗摄三等韵入声字。在韵图中开齐合撮都有字，因此有四个韵母。

15. 爵韵主要来源于古江摄入声字、宕摄入声字。在韵图中开齐合有字，因此有三个韵母。

韵母的主要特点：

1. 在"龙"摄合口"雷"母下，有"笼－龙"对立。

---

[1] 在"虬"摄"蛙"母合口上等下有"牛扭"等字。可能有误。

[2] "月雪缺"等字放在合口，可能有误。

2."二而耳"等字归在"狮"摄日母下，不读卷舌元音，仍旧读日母舌尖后音。

3.知照组字仍有少数字读细音。在"狐"摄"竹虫石日"母合口下等有"诸枢书"等字。

4.古歌戈韵绝大部分字合流，但在牙喉音下仍旧存在对立。在"驼"摄"金桥火蛙"母开合二呼上等下有"歌－戈；珂－科；何－和；阿－窝"对立。

5.古牙喉音开口二等字有少数字仍旧读洪音。在"犯"摄"金桥火蛙"母开口上等下有"加虾鸦"等字。

6.古山摄合口三等来母字仍读细音。在"猿"摄"雷"母合口上下等有"乱－恋"的对立。

（三）声调及其特点

书中声调有五个，即上平（阴平）、下平（阳平）、上声、去声和入声。声调的主要特点：

1.全浊上声归去声。陈氏说："又全浊之上似去声。……遇出切在此类者，即可以去声读之。"

2.平分阴阳。

3.有入声，但古塞音韵尾已经合并，应该是一个喉塞韵尾。在入声谱中，如"必"韵，有臻深通曾梗摄的入声字。

二、音系性质

书中音系应该是当时获嘉方音的反映。下面把书中音系与今获嘉方音进行比较（见表6-19到表6-23）。

表6-19　声母的比较

书中声母	邦	匏	木	风	斗	土	鸟	雷	竹	虫	石	日	剪	鹊	系	云	金	桥	火	蛙
今获嘉方音	√	√	√	√	√	√	√	√	√	√	√	√	√	√	√	√	√	√	√	√

表6-20　声母特点的比较

书中声母特点	1	2	3	4	5	6
今获嘉方音	×	√	√	√	√	√?[①]

① "？"表示特点性质不明，存疑，表6-22同。

表 6-21　韵部的比较

	一	二	三	四	五	六	七	八	九	十	十一	十二
书中韵部	龙	狼	狮	狐	豸	麟	蛇	猿	豹	驼	犯	虬
韵部的构成	1	2	3	4	5	6	7	8	9	10	11	12
今获嘉方音	√	√	√	√	√	√	√	√	√	√	√	√

表 6-22　韵母特点的比较

书中韵母特点	1	2	3	4	5	6
今获嘉方音	√	×	× ?	√	× ?	√

表 6-23　声调特点的比较

书中声调特点	1	2	3
今获嘉方音	√	√	√

从上面几个表大致可以看出，尽管书中音系或特点跟今获嘉方音存在一些差异，但绝大部分是一致的。而这些许的差异，大多是由于古今语音的演变造成的，是可以解释的（有些可能存在失误），因此书中音系应该是当时获嘉方音的反映。

当音系性质确定后，根据声韵调的中古来源和今获嘉方音，可以把书中音系构拟如下。

声母：

邦［p］、爮［p'］、木［m］、风［f］，剪［ts］、鹊［ts'］、系［s］，竹［tʂ］、虫［tʂ'］、石［ʂ］、日［ʐ］，金［k］、桥［k'］、火［x］，斗［t］、土［t'］、鸟［n］、雷［l］，云蛙［∅］，金细［tɕ］、桥细［tɕ'］、火细［ɕ］

韵母：

龙［uəŋ］［yəŋ］［əŋ］［iəŋ］［ʮəŋ］、麟［uən］［yən］［ən］［iən］、猿［uan］［yan］［an］［ian］、郎［uaŋ］［aŋ］［iaŋ］、豹［au］［iau］、虬［əu］［iəu］、豸［uai］［ai］、犯［ua］［a］、狐［u］［y］、狮［ɿ］［ʅ］［i］［uei］、蛇［iɛ］、驼［ɤ］［uɤ］。别［aʔ］［iaʔ］［uaʔ］［yaʔ］、必［əʔ］［iəʔ］［uəʔ］［yəʔ］、爵［aʔ］［uaʔ］［iaʔ］

声调：

阴平［33］、阳平［31］、上声［53］、去声［13］、入声［33］

三、古今的差异及其变化

1. 古全浊音清化后，书中塞音、塞擦音都送气。这应是当时语音的实际情况，因为作者在编撰此书的时候，参考了《五方元音》。而在《五方元音》中，浊音清化的规律是平声送气，仄声不送气。而今获嘉方音是平声送气，仄声不送气，这是后来受到北京官话的影响而发生的变化。

2. 书中音系尖团音基本上合流，但还没有最后完成。这应是当时语音的实际情况，因在《五方元音》中，尖团音是对立的。今获嘉方音尖团音已经合流，书中音系与今方音的差异，是处于音变中的不同阶段。

3. 止摄开口三等日母"二而耳"等字，书中仍读日母。今获嘉方音读声化韵［l̩］。在明清时期，这些字有［ʐɻ］音读或其他零声母读音或自成音节的声化韵音读，一般韵书或韵图往往只记载［ʐɻ］音读。这是受传统韵书的影响所致[1]。

4. 书中古牙喉音开口二等字有少数字仍旧读洪音。如在"犯"摄"金桥火蛙"母开口上等下有"加虾鸦"等字。今获嘉方音读齐齿呼。开口二等牙喉音字增生［i］介音，在北方官话很普遍，书中绝大部分开口二等牙喉音字已经完成了这个音变，有少数字还没有演变，与今方音存在差异，这种差异反映的是音变的不同阶段。

5. 在"狮"韵中，书中止摄合口字都归在合口下，今音除了唇音字外，还有"内谁"等少数字也读开口。在明清的韵书中，唇音字有的归开口，有的归合口，因唇音字发音时，有圆唇的性质，不同的人，有不同的处理。至于"内谁"少数字读开口音，这是受北京官话的影响的结果。

6. 在"蛇"韵中，书中有麻韵三等的照组字，与《五方元音》相同，而今获嘉方音，麻韵三等的照组字归在"驼"韵中。可见书中的归字安排应该是受《五方元音》的影响。

7. 古歌戈韵绝大部分字合流，但在牙喉音下仍旧存在对立。书中音系跟今获嘉

1　陈氏在编撰韵书的时候，主要是在《五方元音》的基础上进行改动，所以书中有许多跟《五方元音》一致的地方，究竟是实际语音的反映，还是改之未尽造成的结果，很难判断。

方音是一致的。不同的是，古开口歌韵其他声母字在书中全部归在开口呼，而今获嘉方音归在合口呼。这种归派，是受《五方元音》的影响，因《五方元音》古戈韵字除了牙喉音字外，其他声母字跟开口呼合流，归在第一等开口呼中。

8. 知照组字仍有少数字读细音。知照组与细音相拼，因拼音的困难，在知照组声母的同化下（发音的和谐），其后的细音转变为洪音字。这种音变在北方官话中相当普遍。书中在"狐"摄"竹虫石日"母合口下等有"诸枢书"等字，今获嘉方音都读合口上等。这种差异反映的是音变的不同阶段。

9. 书中入声韵分为三部，这跟今获嘉方音基本一致。不同是今获嘉方音全浊入声都归入了阳平，清声母入声和次浊声母入声也有少数字归入了其他声调之中。另外，必部入声韵中齐齿合口撮口呼后的元音已经弱化，逐步脱落。除此之外，因别爵两部主要元音比较接近，别部开口有部分字转入了爵部。爵部细音字在书中读齐齿呼，今获嘉方音读撮口呼。

《音韵一得》在《五方元音》基础上，根据获嘉方音进行改编，尽管有些地方改动得不彻底（有的地方甚至可能是失误），但整个音系框架还是基本上反映出了当时获嘉音系的基本面貌，对于我们认识当时获嘉方音具有重要的参考价值，同时也是一部让我们了解从清末到现代获嘉方音经历了哪些语音演变的宝贵音韵资料。

下篇

南方方言类韵图

南方方言即中国南方的汉语方言。狭义上的也是一般意义上的南方方言为吴语、赣语、湘语、闽语、客家语、粤语。"南方方言"是与"北方方言"（即官话）相对而言。南方方言区在明清时期也产生过大量的方音韵图，比如《声韵会通》《字学集要》《荆音韵汇》《拍掌知音》等，南方方音韵图跟官话类韵图一样，也存在一些尚待开拓的韵图。

第七章　粤方言

粤方言又称粤语，本地人习惯上称之为白话，外地人常常称其为广东话。粤语以广州话为代表，主要分布在广东省、广西壮族自治区以及香港和澳门等地区。

第一节　《儒林音字贯通》

《儒林音字贯通》是清代南海九江[1]乡梅圳人吴达邦所撰，该书是作者在越南河内旅途中所作，于光绪丙午年（1906）在东京刊行，版权归吴氏的丽源号公司所有。吴氏生卒年不详，长期在东南亚一带经商。

《儒林音字贯通》包括自序、卷首和正文。其中卷首部分内容非常丰富，包括目录、凡例、定韵图、分声图、审音图、入声骑韵图、五音拼韵法、六十八字诀、音母二十字、声母八字、韵母四十字、声钤七百八十二音、音钤二百六十六声、儒林音字厄言和西法译正字母等内容。

"定韵图"是对韵母进行分类，具体情况如下：

1. 二合音：鸡佳该傀沟高胶娇。
2. 牙鼻音：粳麖经江宫庚吴。
3. 合唇音：金缄黚兼甘。
4. 齿腭音：根干艰官间闩艰臻涓。
5. 喉正音：家迦饥歌孤。
6. 变音：茄矶靴睢居。

这种分类对于了解韵母的结构有一定的帮助，但分类采用的标准不一致，有的是从韵尾来区分的，有的是从元音的多少来区分的。

1　佛山市南海区西南部的九江镇是一个文明古镇，素有"儒林乡"的美誉。这里河流纵横、鱼塘密布、具有典型岭南水乡的特色，是广东省著名的侨乡。九江镇紧邻西樵、顺德、高明、鹤山、新会等市镇，地理条件优越，水路交通便利，自古以来就是商家云集之地，故有"小广州"之称。

"分声图"是对声调进行分类，具体情况如下：

1.高：（1）舒：一声，二成；（2）洪：三省，四盛。

2.下：（1）促：七色，八食；（2）弱：五性，六锡。

另一三五七是清音，二四六八是浊音。

"审音图"是对声母进行分类，具体情况如表7-1所示。

表7-1　声母表

牙音			喉音		点腭		齿缝			舌头			卷舌		重唇			轻唇	
一	二	三	四	五	六	七	八	九	十	十一	十二	十三	十四	十五	十六	十七	十八	十九	二十
家	蕲	岈	虾	鸦	渣	差	沙	瓜	夸	咰	他	嘷	矗	吧	巴	葩	孖	花	洼

"入声骑韵图"是入声韵与阴声韵、阳声韵相配，并对入声韵加注了罗马字音，具体情况如表7-2所示。

表7-2　入声骑韵图表

舒声韵	家	粳	迦	间	饥	坚	歌	江	孤	宫	茄	麖	矶	经	靴	冋	睢	臻	居	涓
入声韵	格		孑		结		角		菊		屐		激		越		黜		蹶	
罗马字音	iak		iet		it		ok		uk		ek		ik		iot		uot		uet	

舒声韵	鸡	根	佳	艰	该	干	傀	官	沟	金	高	缄	胶	黔	娇	兼	甘	庚	姜	吴
入声韵	吉		割		葛		适		急		甲		夹		劫		蛤	械	脚	榷
罗马字音	et		at		ot		ut		ap		iap		ep		ip		op	ak	iok	uok

"六十八字诀"就是音母（声母）二十字，声母（声调）八字，韵母四十字。

"声钤七百八十二音"就是声韵配合表，即横列韵母四十字，纵列声母二十字，交叉处列小韵首字（主要是平声字）。

"音钤二百六十六声"就是每个韵母都列出八声，其中有些韵母在某个声调下没有字，故总共只有二百六十六声。

"儒林音字卮言"其实就是一篇有关音论的文章。

正文是韵书，每韵下再按八声分开列字，韵字下无释义。

一、语音系统

吴氏在书中已经把音系都详细地罗列了出来，而且在"西法译正字母"中对声母和韵母进行了罗马字注音（有关韵母在多处都有注音，但有时前后注音不一致），现抄录于下。

声母：

家［k］、齮［kh］、岈［g］、虾［h］、鸦元音［ ］[1]、渣［ch］、差［chh］、沙［s］、瓜［kw］、夸［kwh］、叮［t］、他［th］、嗋［n］、磊［l］、吔［j］、巴［p］、葩［ph］、孖［m］、花［f］、洼［v］

韵母：

家［a］、粳［āng］、迦［e］、间［ên］、饥［i］、坚［in］、歌［o］、江［ong］、孤［u］、官［ung］、茄［ɐ］、廮［eng］、矶［ê］、经［ing］、靴［ö］、闩［ön］、睢［u］、臻［un］、居［ü］、涓［ün］、鸡［ei］、根［en］、佳［ai］、艰［an］、该［oi］、干［on］、傀［ui］、官［un］、沟［au］、金［am］、高［ao］、缄［ām］、胶［eu］、黚［em］、娇［iu］、兼［im］、甘［om］、庚［ang］、姜［öng］、吴［ng］、格［āk］、子［êt］、结［it］、角［ok］、菊［uk］、屐［ek］、激［ik］、越［öt］、黜［ut］、蹶［üt］、吉［et］、割［at］、葛［ot］、迁［ut］、急［ap］、甲［āp］、夹［ep］、劫［ip］、蛤［op］、械［ak］、脚［ök］、榷［ngk］[2]

二、音系性质

书中音系是以粤音作为基础的，作者在书中多有论述：在凡例中说："收汉字用粤音，而折中于儒林乡音，以矫羊城'都刀'相混、'娱儒'不分之弊。"在"儒林音字厄言"中说："五岭以南，合唇成韵，八声克谐，自具古韵之元素。儒林音字之辑，为童子正其音读。"又在"儒林音字厄言"中说："声者，发口同音。而平上去入各分清浊，一气流转，厥有八声。以粤音考之，下上声多与下去同声，否则与上上同声。"但不是采用羊城（广州）音，书内"学习法"中说："羊城分韵无矶靴胶间闩黚廮七韵，各属土音，却为官音外国音通用之韵也。"

书以儒林命名，而书中音系是以自己的家乡话作为标准的，作者在"儒林音字厄言"中说："儒林乡为南海名区……其人经商游学，踏遍行省，足迹五洲。以一

1　书中注："泰西以第五音为韵，故无母。"

2　吴氏给"吴"韵也配了个入声韵，但字非常生僻。在正文中，入声韵也只收有这个生僻字。故这个入声韵应该是吴氏为凑数而添入的。

乡论，中州殆无其匹，而平原沃壤之灵秀，发为声音，合于韵府居多。如羊城分韵，都渡与刀道同收，虞豪不分，儒甚与娱岑齐声，平去易混。论粤音者，多以儒林为正。"

除了作者的家乡话以外，另有少数北音夹杂其中，书内凡例中说："一字数音，分见各部。或从北音俗音添入以补音。"

从今方音来看，也确实可证书中音系反映的是当时南海方音。下面把书中音系与今南海方音（桂城，今方音见彭小川［1998］）进行比较（见表7-3、7-4、7-5）。

表7-3　声母的比较

音字	家 k	嗣 kh	岈 g	虾 h	鸦	渣 ch	差 chh
今音	句感共 k	级权舅 k'	岸牙牛 ŋ	天雨以 h	案矮安 Ø	节船中 ts	秋齐出 ts'
音字	沙 s	瓜 kw	夸 kwh	吘 t	他 th	嗯 n	蕾 l
今音	修手书 s	军瓜跪 kw	亏群葵 k'w	刀塘道 t	太坦跳 t'	年南女 n	连蓝路 l
音字	吔 j	巴 p	葩 ph	孖 m	花 f	洼 v	
今音	优严夜 j	波部婆 p	飘片抱 p'	麻门微 m	飞禾换 f	王花荣 w	

表7-4　韵母的比较

音字	家 a	饥 i	孤 u	居 ü	佳 ai	鸡 ei	茄 ɐ①	迦 e	矶 ê
今韵母	家花 a	诗耳 i	湖姑 u	丝鱼 y	街埋 ai	灰米 ɐi	爷车 ɛa		飞寄 ei
音字	睢 u	靴 ö②	歌 o			该 oi	傀 ui	胶 eu	沟 au
今韵母	雨水 øy		坐糯 œ	错过 ɔ	我个 ɔi	爱菜 oi	罪雷 ui	交靠 au 咬饱 ɐu	州酒 ua
音字	高 ao	娇 iu	缄 ām	金 am	黯 em	甘 om	兼 im	艰 an	根 en
今韵母	高老 ou	笑蕉 iu	三参 am	金心 ɐm	斩咸 ɛm	敢暗 om	点闪 im	简难 an	温粉 ɐn
音字	间 ên	闩 ön	臻 un	干 on	坚 in	官 un	涓 ün	梗 āng	庚 ang
今韵母	眼闲 ɛn	铲 œn	蠢顿 øn	安旱 on	天煎 in	搬换 un	园暖 yn	冷耕 aŋ	憎崩 ɐŋ
音字	麖 eng	经 ing	姜 öng	江 ong	宫 ung	甲 āp	急 ap	夹 ep	蛤 op
今韵母	惊命 ɛaŋ	京精 eŋ	长凉 œŋ	江浪 ɔŋ	风种 oŋ	鸭杂 ap	入十 ɐp	夹 ɛp	鸽盒 op
音字	刼 ip	割 at	吉 et	孑 et	黜 ut	葛 ot	结 it	适 ut	蹶 üt
今韵母	接摄 ip	压札 at	毕密 ɐt	八 ɛt	律出 øt	割渴 ot	跌热 it	阔活 ut	缺月 yt
音字	格 āk	械 ak	屐 ek	激 ik	脚 ök	角 ok	菊 uk	越 öt	榷 ngk
今韵母	百拍 ak	塞测 ɐk	踢石 ɛak	力食 ek	脚药 œk	角学 ɔk	屋竹 ok		
音字	吴 ng								
今韵母	吾五 ŋ	唔 m̩							

① 韵书正文中的注音为"ia"，有时跟前面的注音不一样。在书中"茄"韵与"迦"韵

中的字大多相同。

②　这韵只有少数几个字，如"靴瘸"等，今桂城方音中没有收这韵的字。

表 7–5　声调的比较

音字	上平	下平	上声	下去		上去	中入	上入	下入
	一声	二成	三省	四盛		五性	六锡	七色	八食
	刀	桃	倒	道		到	榻	急	杂
今韵母	阴平	阳平	阴上	阳上	阳去	阴去	下阴入	上阴入	阳入
	夫	扶	苦	妇	父	富	法	福	服
	55（53）	42	35	13	22	33	33	55	22
九江	45	232	35	12		34	34	45	12

从上面三表的比较可以看出，书中音系确实是当时南海一带的方音，但书中音系跟今南海方音略有差异[1]：

1. 书中有靴ö［œ］、越öt［œt］、榷［ngk］，今南海方音（桂城）没有（或者《粤语论稿》没有收录）。

2. 今南海方音有唔［m̩］音，书中音系中缺。

3. 书中茄［ɐ］韵和迦［e］韵互为又读音，但今南海方音只有一读［ɛa］。

4. 书中歌［o］韵在今南海方音中分化为三韵［œ］［ɔ］［ɔi］。

5. 书中胶［eu］韵在今南海方音中分化为二韵［au］［ɐu］。

第二节　《字音通晓》

《字音通晓》系广东南海罗崧骏芹生氏所撰，刊于光绪丙申岁（1896）。成书大约在 1876 年。罗氏在自序中说："年十七时，族人授以字韵，二十九调之，片刻疑其不足。因悟四十字韵。又闻世有隔壁敲语之说，因撰四十字母。分为四声，纪以数目。"另罗氏在"凡例"中说："是编之作原系少时所悟，且历数刻而成。二十年前，曾将此法训蒙，徒逞臆见，未及就正。尚冀高明惠而教之。"书中内容包括自序、凡例、切音法、切音捷法、字分四声十音、四十字母和字韵几个部分。该书音系反映的是粤方言音系，罗氏在"凡例"中说："是编字母字韵皆四十，悉以粤音切之。"用粤音的目的罗氏在凡例中也说得非常清楚："是编字母字韵不以正音读，而以粤音读者。以粤音能该正音，而正音不能该粤音也。且余粤人也，以

1　书中有些韵所收的韵字跟今南海方音也存在一些差别，本文不述。

粤人操粤音，即以粤人传粤人，较易入手。"

一、声母

在"切音捷法"中，罗氏把"八十字韵"按发音部位归为八类（见表7-6）。

表7-6　声母表

舌卷		音牙		唇轻		音喉			音头齿			音唇重			音头舌			音牙大			
英然	零连	○	扃关⃝	○	湾⃝	○	鹰烟	轻牵	星仙	清千	精笺	明棉	娉偏	兵边	儜年	厅天	丁颠	䂵研	倾乾	京坚	上平
迎然	零连	○	扃关⃝	○	荣⃝还	○	鹰燕	庆延	成禅	情前	静贱	明棉	平便	并辨	宁年	停田	定殿	䂵研	擎乾	競健	下平

注：该表为从右往左。

根据今广州音可以拟音为：

兵[p]、偏[pʻ]、明[m]，分[f]、湾[w]，丁[t]、厅[tʻ]、年[n]，零[l]，京[k]、倾[kʻ]、研[ŋ]，轻[h]、鹰[j]，精[ts]、清[tsʻ]、星[s]，扃[kʷ]、关⃝[kʷʻ]，然[j][1]

罗氏声母系统最显著的就是精照组合流，罗氏在凡例中说："五方声韵皆不得其全，……即以吾粤省话论，凡下平皆读去声，如云读若晕，王读若旺是也。……是编四十字韵，有精清从心邪，无照穿床审禅，亦以吾粤无正齿音也。"另外罗氏列出了唇化声母，这是非常恰当的。

二、韵母

在"四十字母"中，罗氏列出了："学习反切诀，皆从子母推。上则垂标位，下可摄其音。括来这凑韵，百看尽交明。吴靴合郑律，唔敢教闲参。"

罗氏对这四十个韵母作了解释，说："以上字母，皆用省话读。惟'子'字用乡音精举切，若省话则读若纸，与'其'字母复。'合'字用乡音合口读，若省话则读若洽，与'音'字母复[2]。'敢、教、闲、参'四字，皆用乡音开口读，若省话则'敢'读若'锦'，与'音'字母复；'教'读如字，与'交'字母复；'闲'

1　此母与"鹰"母重复。

2　此处原书有误，"合"是入声字，与阳声韵"音"不可能复，在四十字母中，应该是与"习"字母复。

读如字，与'反'字母复；'参'读如字，与'习'字母复。[1]……再上列字母，用佛镇话读最合。"

故根据罗氏的说明，实际韵母为：

> 学［ɔk］习合［ɐp］反闲［an］切［it］诀［yt］，皆［ai］从［ʊŋ］母［u］推［œy］，上［œŋ］则［ɐk］垂［ui］标［iu］位［ɐi］，下［a］可［ɔ］摄［ip］其子［i］音敢参［ɐm］，括［ut］来［ɔi］这［ɛ］凑［ɐu］韵［ɐn］，百［ak］看［ɔn］尽［œm］交教［au］明［iŋ］，吴［ŋ］靴［œ］郑［ɛŋ］律［œt］，唔［m̩］

罗氏韵母相对于今广州音来说，少了许多，应该是遗漏了。

三、声调

在"字分四声十音"中，罗氏列出了十个代表字"薰韫愠忽云允韵滑鹘挖"。罗氏解释说："'薰'为上平，'云'为下平，'韫'为上上，'允'为下上，'愠'为上去，'韵'为下去，'忽'为上入，'滑'为下入，又入声上入下入之中，复含'鹘、挖'二声，'鹘'又为上入，'挖'又为下入。共凑成十音是也。"

从上面可以看出，当时广州音有十个声调，下面把它与今广州音声调进行比较一下（见表7-7）。

表 7-7　声调表

薰	云	韫	允	愠	韵	忽	挖	滑	鹘
上平	下平	上上	下上	上去	下去	上入	上入$_2$	下入	下入$_2$
阴平	阳平	阴上	阳上	阴去	阳去	上阴入	下阴入	阳入	
55或53	21	35	13	33	22	5	33	22或2	32[1]

① 阳入在当时广州话里可能也分两类，音值比较接近，就像台山方言一样，只是后来广州话里阳入合并，只有一个声调了。表中此调值为笔者所拟。

---

1 理同"合"字说，在四十字母中，按今音"参"字没有重复的，但作者说有重复，因此最有可能就是与"敢"字复，与今广州音略有差异。

第三节 《传音快字·南音》

张文龄的《传音快字》是光绪三十四年（1908）在广州刊刻的一本速记专书。张文龄，字伟卿，广东东莞人，是一位热衷于邮务的工作者。张氏的《传音快字》（初阶），包括"南音"和"北音"两卷，主要讲述快字的书写符号和拼音。每卷包括"分音"和"反切汇（类）编"两部分。其中"分音"部分主要讲述声母、韵母和声调；"反切汇编"讲述的是声韵调的配合，即韵图部分，以韵为单位，南音每韵纵列二十音母，横列六声，内中计有韵图六十二张。

一、声母

张氏在"分音"中说："音者，系反切字二字之中第一字是也。如《康熙字典》所用以切劰字之其俱二反切字，其字即所谓音者也，广音共计有二十音母。"如表7-8所示。

表 7-8　二十音母表

广音音母	分口音法	呼唤法	每音附录同口法字三个	英文音母
悲	合唇	将唇合埋张口呼音出	巴帮般	B
披	合唇	将唇合埋喷音由唇出	拍谤碰	P
呼	缩唇	将唇收缩吹音由上唇出	花方风	F
乌	伸唇	将唇伸长呼音由两唇出	娃汪桓	W
微	唇鼻	将唇合埋用鼻力呼音出	妈杧蒙	M
地	舌尖	将舌尖顶在齿中用下晗力呼音出	打当东	D
梯	舌尖	将舌尖顶在齿中喷音由齿出	他汤通	T
泥	舌鼻	将舌尖顶在齿中用鼻力呼音出	拿囊农	N
危	喉鼻	用鼻喉力呼音出	鸦昂瓮	NG
离	卷舌	将舌卷上顶在上齿脚收舌呼音出	镥郎窿	L
衣	昂舌	将舌昂起顶在下齿呼音由舌面出	也殃翁	y
基	喉音	用喉力呼音出	家刚公	G
崎	喉音	用喉力喷音出	卡抗穷	K
希	喉音	吹丹田气由喉出	虾康空	H
知	顶腭	将舌顶在上腭呼音出	渣庄中	J
痴	顶腭	将舌顶在上腭喷音出	差疮冲	CH
诗	顶腭	将舌顶在上腭吹音出	沙爽崇	SH
兹	齿缝	将舌尖顶在上齿缝呼音由齿罅出	簪藏踪	TS

（续表）

广音音母	分口音法	呼唤法	每音附录同口法字三个	英文音母
疵	齿缝	将舌尖顶在上齿缝喷音由齿罅出	参仓聪	TS'
思	齿缝	将舌尖顶在上齿缝吹音由齿罅出	洒桑松	S

张氏的这个声母系统跟今广州话基本一致。不同的主要有二：

1. 张氏的塞擦音多了一套"顶腭"塞擦音。这套塞擦音声母来源于古知庄章组字，跟来源于古精组字的"齿缝"音并存。

2. 张氏少了一套唇化的舌根音声母。

下面把它与同时代的几种记录广州音的文献[1]进行对比（见表7-9）。

表7-9　声母比较表

《传音快字》	悲	披	呼	乌	微	地	梯	泥	危	离	衣	基	崎	希	知	痴	诗	兹	疵	思		
《拼音字谱》	巴	扒	夫	哇	马	打	他	拿	我	劳	爷	哥	卡	虾	乍	查	沙	早	裁	思	瓜	夸
《字音通晓》	兵	偏	分	湾	明	丁	厅	年	研	零	英	京	倾	轻				精	清	星	关	坤
今音	p	p'	f	w	m	t	t'	n	ŋ	l	j	k	k'	h	ʧ	ʧ'	ʃ	ts	ts'	s	kʷ	kʷ'

《传音快字》和《拼音字谱》有一套舌叶音，但《字音通晓》中舌叶音归并于精组字，罗氏在"凡例"中说："是编四十字韵，有精清从心邪，无照穿床审禅，亦以吾粤无正齿音也。"从今广州话来看，这两组在音值上还是有一定的区别，但不对立。《传音快字》和《拼音字谱》辨音细，且都受北音的影响较大，故设立为两母。而《字音通晓》罗氏为医生，从粤人听感出发，则归为了一母。

《拼音字谱》和《字音通晓》设立了一套唇化的舌根音，而《传音快字》没有设立这套声母，但增加了 [u] 介音，增加了韵母的数量（见后韵母）。从今人的眼光来看，设立唇化声母是比较合理的。

二、韵母

张氏在"分韵"中说："韵者，系反切字二字之中第二字是也。如《康熙字典》所用以切寒字之胡安二反切字，安字即所谓韵者也。……广音共计有平声韵四十二个，入声韵二十个，共韵六十二个。"张氏对韵母进一步作了分析，分析了韵中的主要元音（张氏叫韵母）和韵尾。张氏说："凡韵必有韵母。韵母者，韵之所以发响声之字母也。如'挖'字，系'胡'音'押'韵反切，'押'韵系呀提反

1　一是清光绪二十二年（1896）王炳耀撰的《拼音字谱》。王炳耀，字煜初，广东虎门王屋人。

切，'呀'字即韵母也。"[1] 韵中元音分为两类：单韵母和孖韵母[2]。韵尾主要有六个：唔然吾其皮提。并且，张氏把书中六十二个韵母与《分韵撮要》的分韵进行了对比（见表 7-10）。

表 7-10　韵母表

字韵总号数	广音字韵	该字韵之韵母	该字韵系用单韵或孖韵母	该孖韵母系由某单韵母拼合而成者	该字韵系加某音母与该韵母拼合而成	该字韵即系《分韵字汇》①某字韵	拉丁字母读音（其书后有与英语的读音进行比较的描述，国际音标是笔者所拟）
1	沙	呀	单韵母			家贾嫁	a
2	衫	呀	单韵母		唔	缄减鉴	am
3	闩	呀	单韵母		然	翻反泛	an
4	生	呀	单韵母		吾	烹棒硬	ang
5	测	呀	单韵母		其	入声额	ak
6	霎	呀	单韵母		皮	入声甲	ap
7	杀	呀	单韵母		提	入声发	at
8	知	衣	单韵母			几纪记、师史四	i
9	占	衣	单韵母		唔	兼检剑	im
10	毡	衣	单韵母		然	先藓线	in
11	贞	衣	单韵母		吾	英影应	ing
12	即	衣	单韵母		其	入声益	ik
13	接	衣	单韵母		皮	入声劫	ip
14	浙	衣	单韵母		提	入声屑	it
15	苛	呵	单韵母			科火货	o [ɔ]
16	看	呵	单韵母		然	干赶幹	on [ɔn]
17	康	呵	单韵母		吾	刚讲降	ong [ɔŋ]
18	壳	呵	单韵母		其	入声角	ok [ɔk]
19	渴	呵	单韵母		提	入声割	ot [ɔt]
20	奥	奥	单韵母			此韵《分韵字汇》误入孤古故	O [ʊ]
21	瓮	奥	单韵母		吾	东董冻	Ong [ʊŋ]
22	屋	奥	单韵母		其	入声笃	OK [ʊk]

1　书中把声化韵叫作"哑韵"。张氏说："无韵母者谓之哑韵，系以音母作韵，不能与别音母反切成字或成声者。如'吾''唔'二韵是也。"

2　张氏说："单韵母者，独一韵母之谓也。孖韵母，系连合别韵母成一韵母者也。如'埃'韵系连合'苛唉二韵母而成者是也'。"

（续表）

字韵总号数	广音字韵	该字韵之韵母	该字韵系用单韵或孖韵母	该孖韵母系由某单韵母拼合而成者	该字韵系加某音母与该韵母拼合而成	该字韵即系《分韵字汇》某字韵	拉丁字母读音（其书后有与英语的读音进行比较的描述，国际音标是笔者所拟）
23	深	急呀	单韵母		唔	金锦禁	um [ɐm]
24	身	急呀	单韵母		然	宾禀嫔	un [ɐn]
25	甥	急呀	单韵母		吾	登等凳	ung [ɐŋ]
26	侧	急呀	单韵母		其	入声德	uk [ɐk]
27	湿	急呀	单韵母		皮	入声急	up [ɐp]
28	虱	急呀	单韵母		提	入声毕	ut [ɐt]
29	夫	乌	单韵母			孤古故	u
30	欢	乌	单韵母		然	津赆进、官管贯	un
31	阔	乌	单韵母			入声卒、入声括	ut
32	於	於	单韵母			诸主著	Yu [y]
33	鸳	於	单韵母		然	鸳婉怨	Yun [yn]
34	乙	於	单韵母		提	入声乙	Yut [yt]
35	鸡	翳	单韵母			威伟畏	i [ɐi]
36	沟	区	单韵母			修叟	ow [au]
37	赊		单韵母			遮者蔗	a [ɛ]
38	郑		单韵母		吾	英影应	eng
39	席				其	《字汇》误入，入声益	ek
40	靴		单韵母			《分韵字汇》遗漏此韵	er [œ]
41	皆		单韵母			皆解介	ai
42	居		单韵母			虽髓岁、魁贿海	ui [œy]
43	交		孖韵母	呀区		交绞教	ao [au]
44	灾	埃	孖韵母	阿埃		灾宰载	oi [ɔi]
45	蕉	腰	孖韵母	衣於		朝沼照	iu
46	张		孖韵母	衣靴	吾	张掌帐	eung [œŋ]
47	桌		孖韵母	衣靴	其	入声爵	euk [œk]
48	瓜		孖韵母	乌呀		家贾嫁	ua
49	关		孖韵母	乌呀	然	翻反泛	uan
50	括		孖韵母	乌呀	提	入声发	uat
51	肩		孖韵母	乌衣	吾	英影应	wing
52	隙		孖韵母	乌衣	其	入声益	wik
53	戈		孖韵母	乌阿		科火货	wo

（续表）

字韵总号数	广音字韵	该字韵之韵母	该字韵系用单韵或孖韵母	该字韵系由某单韵母拼合而成者	该字韵系加某音母与该韵母拼合而成	该字韵即系《分韵字汇》某字韵	拉丁字母读音（其书后有与英语的读音进行比较的描述，国际音标是笔者所拟）
54	光		孖韵母	乌阿	吾	刚讲降	wong
55	国		孖韵母	乌阿	其	入声角	wok
56	君		孖韵母	乌急口呀	然	宾禀嫔	wun
57	肱		孖韵母	乌急口呀	吾	登等凳	wung
58	骨		孖韵母	乌急口呀	提	入声毕	wut
59	归		孖韵母	乌翳		威伟畏	wi
60	乖		孖韵母	乌埃		皆解介	wai
61	吴					吾五悟	ng
62	唔					《分韵字汇》无此韵	m

① 《分韵字汇》即《分韵撮要》，清初粤语韵书，现见最早版本为乾隆四十七年（1782）的《江湖尺牍分韵撮要合集》。

张氏的韵母有六十多个，这跟张氏处理合口介音有关。如果把合口介音处理为声母的唇化的话，张氏的韵母就只有四十九个（含两个声化韵）。

三、声调

张氏在"分声"中说："声者，系定字之高低韵者也。分声之法，系将字韵调分六声。曰上平、上上、上去、下平、下上、下去。则无所谓入声者也矣。入声字其韵既与平声字之韵差别，如笃字与东字之韵迥然不同，似不宜拘泥古法，强牵之与平声字同调，作九声。惟南音只有入声而北音则无。北音读入声字则变作平上或去声矣。故调入声字之法，似应仍与平声字一体，亦分六声。然调之虽居然分有六声。惟只四声有字，其下平与下上则空有其声而无其字矣。"（具体情况如表7-11所示）

表7-11 声调表

声	平声字											入声字			
上平	赊	衣	诗	温	威	醃	腰	优	夫	阴	勋	鸳	厄		剥		急
上上①	捨	依	屎	稳	毁	掩	妖	柚	虎	饮	粉	婉	鈪	鹤	膜	末	鸽
上去	舍	意	试	愠	畏	厌	要	幼	富	荫	训	怨	鈪	壳		抹	蛤
下平	蛇	儿	时	云	惟	盐	尧	由	扶	淫	焚	丸					
下上	社	耳	市	允	伟	染	扰	有	妇	衽	愤	远					

（续表）

声	平声字											入声字				
下去	射	二	是	运	位	验	耀	祐	父	赁	份	愿	额	学	莫	末	

① 入声字之上上声均系变声，如鹤字本有二声，鹤山之鹤字系下去声，白鹤之鹤字则变为上上声是也。

张氏把声调分为平入两类，即舒入两类。其声调与今广州话进行比较如表7–12所示。

表 7–12　声调比较表

上平	下平	上上	下上	上去	下去	入（上平）	入（上上）	入（上去）	入（下去）
阴平	阳平	阴上	阳上	阴去	阳去	上阴入	阳入 2	下阴入	阳入
55 或 53	21	35	13	33	22	5	32	33	22 或 2

可见清末广州话里阳入声也分两类，只不过阳入 2 声后来与阳入合并了。

第四节　《广东切音捷诀》

《广东切音捷诀》系民国初年香港著名商人谭荣光（号是但居士）所撰。谭氏在民国十年（1921）“自序”中说明了编撰的理由：“……继乃求之《玉篇》《广韵》《中州音韵》《摭古堂切音捷诀》等书，抚摩数月，觉其深奥非常，一无所得。盖各书皆以北音为本位。于未习国语者，概不适用也。后得英文切音书多种，研究年余，中西汇而通之，卒得其理。故特根据广东方言，编就《切音捷诀》，以授子弟。”

本书是以广东方言作为研究对象，谭氏在“切音法”中又进一步说明是以广州西关[1]话为准：“广东省切音，应以羊城西关方言为正。”

一、声母

全书分声母[2]为二十一个（拟音根据今广州话，见《汉语方音字汇》）：

1　即今广州荔湾区。

2　书中把声母叫作“音母”。“音母韵母”中：“每发一音，一起一收。喉鼻腭舌齿唇各部，皆有一定姿势，各音不同，因而代表各音之字亦异。凡代表起音之一切姿势各字，曰音母。”

披（清唇音）〔pʻ〕、诗（齿音）〔s〕、书[1]（重唇音）〔ʃ〕、勤（腭音）〔kʻ〕、苦（轻唇音）〔f〕、读（舌音）〔t〕、知（齿舌合音）〔ts〕、义（重齿音）〔j〕、理（舌音）〔l〕、学（喉音）〔x〕、堂（舌音）〔tʻ〕、内（舌鼻合音）〔n〕、贵（喉唇合音）〔kʷ〕、循（重唇音）〔tsʻ〕、规（腭唇合音）〔kʷʻ〕、注（重唇音）〔ʧ〕、技（喉音）〔k〕、艺（重鼻音）〔ŋ〕、避（重唇音）〔p〕、无（唇鼻合音）〔m〕、为（唇音）〔w〕

1. 在古合口呼前的晓匣母跟非母合流，一部分古溪母字在古合口呼前也归入了非母。

在"家"韵苦母下列有：花化；在"翻"韵苦母下列有：翻返泛发凡贩范；在"几"韵苦母下列有：非斐肥；在"科"韵苦母下列有：科火课；在"皆"韵苦母下列有：快；在"孤"韵苦母下列有：夫苦富扶妇付；在"搬"韵苦母下列有：欢款阔唤；在"灰"韵苦母下列有：灰贿悔；在"威"韵苦母下列有：挥废吠。

2. 一部分微母字仍读重唇音，读明母。

在"家"韵无母下列有：孖妈麻马骂；在"翻"韵无母下列有：蛮晚万；在"几"韵无母下列有：糜尾味；在"江"韵无母下列有：芒剥亡妄望莫；在"苏"韵无母下列有：无母帽；在"宾"韵无母下列有：蚊乜文闵问勿；在"灰"韵无母下列有：妹梅每昧。

3. 少数帮母字读明母。

在"江"韵无母下列有：芒剥亡妄望莫；在"盲"韵无母下列有：蜢擘盲猛孟貊。

4. 少数溪母字跟晓母合流。

在"翻"韵学母下列有：悭睅吃闲限；在"盲"韵学母下列有：坑客；在"几"韵学母下列有：希喜气；在"交"韵学母下列有：敲考孝酵效；在"兼"韵学母下列有：谦险欠协；在"边"韵学母下列有：轩蚬献歇遣；在"英"韵学母下列有：兄庆；在"科"韵学母下列有：呵可何贺；在"干"韵学母下列有：看刊汉渴寒旱汗曷；在"江"韵学母下列有：康壳行巷学；在"裁"韵学母下列有：开海孩害；在"东"韵学母下列有：空恐控哭红汞酷。

5. 义母和为母来源很复杂，包括影母、喻母、日母，部分晓匣字和少数溪母、见母、疑母字。义母主要为开口三等字和少数合口三等字，为母为合口字，两母呈

1　"诗"与"书"母是互补的，"知"与"注"母是互补的，因此各可合并为一母（见后）。

现互补的趋势。

在"遮"韵义母下列有：耶野夜；在"思"韵义母下列有：衣倚意而耳二；在"兼"韵义母下列有：奄掩厌腌盐染验业；在"边"韵义母下列有：烟偃燕咽然现热；在"英"韵义母下列有：英影应益仍认亦；在"招"韵义母下列有：腰妖要尧绕耀；在"东"韵义母下列有：翁湧煜容勇用肉；在"金"韵义母下列有：钦饮荫泣淫袵任入；在"宾"韵义母下列有：因隐印一人引刃日；在"衰"韵义母下列有：狨蕊睿。

在"家"韵为母下列有：哇剐华话；在"翻"韵为母下列有：湾箢环挽幻滑；在"盲"韵为母下列有：横或；在"英"韵为母下列有：荣永咏域；在"科"韵为母下列有：窝和祸；在"江"韵为母下列有：汪枉黄往旺获；在"皆"韵为母下列有：歪槐坏；在"孤"韵为母下列有：乌邬恶胡护；在"搬"韵为母下列有：腕垣换活；在"宾"韵为母下列有：温愠屈云允运核；在"灰"韵为母下列有：煨回会。

6. 有舌根圆唇音。

如在"家"韵下，技母下列有：家假嫁；贵母下列有：瓜寡挂。勤母下列有：卡；规母下列有：夸袴跨。其中"家"与"瓜"、"卡"与"夸"从古音来看，韵母是开合的区别，但从《广东切音捷诀》分韵的原则来看，都是按韵母来分韵的，也就是说"家"与"瓜"、"卡"与"夸"的韵母是相同的，不同的是声母（忽略声调），即"技"与"贵"、"勤"与"规"是对立的声母。

7. 泥（娘）母与来母对立。

在"监"韵下，理母下列有：榄兰揽滥；内母下列有：南腩衲；在"几"韵下，理母下列有：离李利；内母下列有：尼你腻。

8. 疑母独立存在（少数除外）。

在"威"韵艺母下列有：危蚁魏；在"江"韵艺母下列有：昂憨岳。

9. 知庄章组字跟精组字合流。

古知庄章组字和精母字在书中归在"书诗、知注、循"母下，比如在"英"韵"诗"母下列有：星醒姓色锡成剩食，在"东"韵书母下列有：崧悚送叔崇淑，在"江"韵循母下列有：仓厂创错藏。且"书"与"诗"、"知"与"注"在书中是互补的，比如书母出现在"苏东衰殉诸"韵中，诗母出现在"家监翻盲交遮思边英招科江裁皆金宾登威修张砖"韵中。

二、韵母

全书分为三十五个韵母（不含入声韵），其中六声韵十八个，九声韵十七个[1]（见表7-13）。

表7-13 韵母表

六声韵	家	几	交	遮	思	招	科	栽	皆	苏	孤	灰	威	衰	修	靴	诸	吴
九声韵	监	翻	盲	兼	边	英	干	江	东	般	金	宾	登	泅	曰	张	砖	

根据今广州方音，韵母可以构拟如下。

六声韵：

家［a］、几［ei］、交［au］、遮［ɛ］、思［i］、招［iu］、科［ɔ］、栽［ɔi］、皆［ai］、苏［ou］、孤［u］、灰［ui］、威［ɐi］、衰［œy］、修［ɐu］、靴［œ］、诸［y］、吴［ŋ̩］

九声韵：

监［am］甲［ap］、翻［an］发［at］、盲［aŋ］貊［ak］、兼［im］劫［ip］、边［in］必［it］、英［ɛŋ］益［ɛk］、干［ɔn］割［ɔt］、江［ɔŋ］角［ɔk］、东［ʊŋ］督［ʊk］、般［un］硃［ut］、金［ɐm］急［ɐp］、宾［ɐn］毕［ɐt］、登［ɐŋ］得［ɐk］、泅［œn］卒［œt］、曰［ʔ］、张［œŋ］雀［œk］、砖［yn］啜［yt］

1. 古遇摄合口三等鱼韵的庄组字与果摄字合流。

在"科"韵的诗母下列有：梳所疏；知母下列有：左佐助；循母下列有：初楚错锄。

2. 古假摄麻韵字二分，"遮"韵主要是假摄麻韵开口三等字，"家"韵主要是假摄二等字。

3. 古果摄字二分，果摄字主要归入"科"韵，"靴"韵只有果摄合口一等戈韵

---

1 书中韵是按四声相承列出的，如"家假架""监减鉴甲"，这些韵主要来源于《分韵撮要》，其中六声韵为阴声韵，九声韵为阳声韵。本文中只列出前一字。

2 "曰"字单独成一韵。

的端母字（朵）、果摄合口三等戈韵晓母字（靴）、果摄合口一等戈韵的透母字（唾）等少数字。

4. 古遇摄合口三等鱼虞韵字两分，其中合口三等鱼虞韵字的精见组字、澄母字跟止摄合口三等支脂微韵的知组端组照组字、蟹摄合口一等灰韵的来母字、端组知组字合流为"衰"韵，其他合口三等鱼虞韵字归入"诸"韵。

5. 止摄开口三等字在精组（知照组）字及义母后归入"思"韵，在其他声母后归入"几"韵（部分合口三等字归"衰"韵），读音有差异。

6. 古遇摄合口一等模韵字，除了牙喉音外，跟效摄一等字合流为"苏"韵。

7. 古效摄一二等字对立，效摄二等字归入"交"韵，效摄一等字归入"苏"韵。

8. 古蟹摄一等字，根据开合的不同分为两韵，开口一等归入"裁"韵，合口一等归入"灰韵"。

9. 古蟹摄一二字有区别，一等字归入"裁"韵和"灰"韵，二等字归入"皆"韵。

10. 古阳声韵尾（相应入声韵的塞音韵尾）保留完整。

古闭口韵归入了"监"韵、"金"韵和"兼"韵，前鼻韵尾韵归入了"翻"韵、"边"韵、"干"韵、"般"韵、"宾"韵和"砖"韵，后鼻韵尾韵归入了"盲"韵、"英"韵、"江"韵、"东"韵、"登"韵和"张"韵。

11. 舌根鼻音独立成韵。

在"吴"韵后，谭氏说："此韵与各音母配合皆不成字音。"

12. 宕江摄合流后两分。宕摄开口三等阳韵字（部分照组字除外）和江摄开口二等江韵的庄组字归入"张"韵，宕摄合口阳韵三等字、宕摄一等唐韵字和江韵大部分字归入"江"韵。

13. 臻摄合口一等魂韵的帮组字跟山摄合口一等桓韵字（端组除外）合流为"般"韵。

在"般"韵避母下列有：般本半砵伴拨，无母下列有：扪抹门满闷末。

14. 山摄合口一等桓韵端组字、臻摄合口一等魂韵的精组字和山摄合口三四等的牙喉音、精组字及部分章组字合流为"砖"韵。

15. 山摄开口一等寒韵的牙喉音字独立成"干"韵。

三、声调

全书分九个声调，这几个调的调值，作者用竹箫的音高（音律）进行了描写

（见表 7–14）。

表 7–14　声调表

音律	平声	上声	去声	入声	音律
尺	上平	上上		上入	2
上			上去	中入	i
乙		下上			7
士			下去	下入	6
合	下平				5

书中说："'上平'与最高之'尺'音相平，而'下平'则与最底之'合'音相平。……'上上'由'上'音而上至'尺'，而'下上'则由'士'音而上至'乙'。……'上去'属'上'音，而'下去'属'士'音。入声云者，以其音尾收入于口内也，'上入'属'尺'音，'中入'属'上'音，而'下入'则属'士'音。"因此，各声调的调值为：

上（阴）平［55］、下（阳）平［11］、上（阴）上［45］、下（阳）上［23］、上（阴）去［44］、下（阳）去［22］、上（阴）入［5］、中（下阴）入［4］、下（阳）入［2］

四、与今音的主要差异

书中音系跟今广州方音主要不同点：

1. 书中音系入声"益"韵，在今广州音中有部分字元音进一步高化，分化出一个新的韵母［ɪk］。

2. "曰"字单独成一韵，今广州音已经无此种读音。

第五节　《汉文快字全书》

《汉文快字全书》是广东人张才著，民国六年（1917）岭南石印书局出版。此书是讲速写之术的。这种速记以记音方式来实现的。正如作者在"绪言"中所说："须知此快字之用意，是以音为主，惟以音为主，故不论字义之如何，凡属同音则同写，不同音者则不同写。所谓以音写字者此也。"书中所用之音是粤音。"绪言"中所说："此快字，现时系用粤音写出，以便粤省人士学习。"粤音之中，当然是广州音是权威，书中正是采用羊城音。

一、音系简介

书中有哑音字种[1]二十三个，即二十三个声母：布铺到吐好灶醋知痴衣飞机其离微你五苏书归规娃师[2]。

书中分韵有三十六个（不计入声），是在《分韵撮要》三十三韵的基础上增加了三个韵。这三十六个韵中有七个响音字种[3]（主要元音），即"丫[4]轲腰虚哀挨欧"。阳声韵尾有三个：微你五。入声韵尾有三个：布吐机。这阳声韵尾与入声韵尾刚好相配：微／布、你／吐、五／机。

在响音字种归韵法中，把三十六韵根据主要元音归入了类（见表 7-15）。

表 7-15　三十六韵归类表

丫			轲			腰	虚	哀		挨		欧	
上位	中位	下位	上位	中位	下位			上位	下位	上位	下位	上位	下位
缄翻家彭	遮郑	先几英兼	刚科干甘①	宾登金高	诸东孤津官	朝鸯	虽魁	张靴	栽	皆	威	交	修	师	吾

① 在书中张氏说："甘韵之字，羊城讲话每每读为金韵字音。然此乃误读之过。两韵原属不同，学堂教读亦分两韵，故特存之。"

书中声调有九个（见表 7-16）。

表 7-16　声调表

上平	下平	上上	下上	上去	下去	上入	中入	下入
夫	扶	虎	妇	富	父	竹	捉	浊

在"汉字分韵表"中，横列三十六韵（平声），直列二十三母，即声韵调配合表。根据图中的列字，并参考现代广州方音，构拟其音系如下。

声母：

　　○［Ø］：丫罂暗安盎澳[5]　　　　　布［p］：布巴班饼崩标

1　张氏说："何以谓之哑音字种？盖撇去其声响之处，而专取其唇齿舌喉之哑音而用之也。"

2　张氏在介绍哑音字种"师"时说："此与苏字通用。"

3　张氏说："何以谓之响音字种？盖取其声响之处而用之也。"

4　张氏在书中加按语"永公按：家他花沙瓜等字之必用，丫字者以其系同韵也，余仿此"。

5　在前面介绍哑音时，此母没有出现。

铺 [pʰ]：铺攀彭披平婆

吐 [tʰ]：吐他贪听拖腾

灶 [ʦ]：赞井左租增尖

知 [ʧ]：知斩遮征阻诸

衣 [j]：衣也赢音英润

机 [k]：机家奸坚刚哥

离 [l]：离冷连郎伦僚

你 [n]：你难囊奴鸟女

苏 [s]：苏三腥桑新消

归 [kʷ]：归瓜关戈均局

娃 [w]：娃横荣窝宏碗

到 [t]：到打丹钉登地

好 [h]：好坑兄看康蒿

醋 [ʦʻ]：醋参请千层趋

痴 [ʧʻ]：痴叉车缠称川

飞 [f]：飞花科宽封夫

其 [kʻ]：其卡亢穷权茄

微 [m]：微棉毛文蒙苗

五 [ŋ]：五牙硬昂银危

书 [ʃ]：书山省深唇崇

规 [kʷʻ]：规夸坤矿箍绘

韵母：

家 [ɐ]：丫打叉花瓜娃

翻 [an]：班丹餐翻奸颜

遮 [ɛ]：爹邪遮茄些赊

几 [ei]：披地知衣非微

先 [in]：鞭颠天千坚扇

科 [ɔ]：波多拖初科疏

干 [ɔn]：安看干岸

高 [ou]：澳都租高毛奴

宾 [ɐn]：宾吞亲勤文坤

孤 [u]：夫孤乌

官 [un]：般潘官门碗

东 [ʊŋ]：东宗雍封蒙嵩

鸳 [yn]：端尊川权宣船

魁 [ui]：杯魁妹绘煨

张 [œŋ]：香张央良相伤

皆 [ai]：挨拜斋快皆乃

交 [au]：包敲抄交熬哨

师 [i]：兹雌师

缄 [am]：担贪缄衫南三

彭 [aŋ]：彭坑撑冷硬横

郑 [ɛŋ]：郑饼井请镜赢

兼 [im]：点添谦闪占阉

英 [iŋ]：兵丁精征英明荣

甘 [ɐm]：暗墙甘

刚 [ɔŋ]：邦光汤创方桑

金 [ɐm]：堪侵沉音金心

登 [ɐŋ]：崩登莺争盟宏

诸 [y]：诸处书於

津 [œn]：敦津润伦唇巡

招 [iu]：标刁招娇苗消

虽 [œy]：堆虚追居女虽

靴 [œ]：靴锯

栽 [ɔi]：哀开栽该来内

威 [ɐi]：闭妻辉鸡米归

修 [ɐu]：欧斗秋周楼修

吾 [ŋ̍]：吾

二、与今广州音的差异

1. 齿头音与正齿音存在差异。除了擦音合并外，即"师"与"苏"同用外，塞擦音还有对立的情况，即"灶、醋"与"知、痴"还有差别。

2. 甘韵与金韵正在合流之中。今广州话甘韵与金韵已经合流，但当时还正处于合流之中，口语中这两韵字读音已经没有区别，但读书音中还有差别。

3. 几韵字今广州音已经根据声母的不同，一分为二。即止摄开口三等的知章组字和影喻疑母字读［i］，归入师韵，唇音字和舌音字读［ei］。

第八章 湘方言

湘方言又叫湘语或者湖南话，主要分布在湖南省绝大部分地区、临近湖南的重庆和广西部分地区，等等。湘语可以分为新湘语和老湘语，分别以长沙话和双峰话为代表。

第一节 《天籁字汇》

《天籁字汇》系湖南邵阳人杨唐所编撰，刊于宣统三年（1911），具体成书时间不详。但作者在序中说："新订三十二字，为字母七音，编成是书。并有音无字不及备录者，共百一十四篇，选当面之字八千纳之母位之下，如鱼之贯如珠之穿。一母通众母皆通，识一字能识数字或数十字或数百字。明明事半功倍，谆谆言之于今，近二十年矣。今得同邑李君印棠、王君兰生大为提倡，吹嘘付梓。"根据序中所述，则推知此书编成于1891年前后。

书名的由来，作者在序中作了说明："此书专为识字而作。而其所为天籁者，探字之本以握识字之源。与生俱来，无人不具。以此识字，所谓以天还天，假人力者不过十分之一耳。"

该书根据韵母分韵，每个韵母再根据三声（平上去）分为三韵[1]，每韵下再列小韵，小韵首字高其他韵字一格，韵字下有简单的释义，没有反切。

该书是目前所知道的有清一代中最早的一部全面系统反映老湘语的音韵文献（见下文音系性质部分），因此对于湘方言语音史的研究具有重要的参考价值。

1　以金韵为例，金韵为平声，锦韵为上声，镜韵为去声。

一、音系及其特点

（一）声母特点

该书分母为三十二个，叫作字母七音。先开列如下（见表8-1）。

表8-1　字母七音表

喉音	喉音	重唇音	轻唇音	舌头音	齿音	反舌音	舌上音
兴修云移	型瑶雍叶	波班彼眉	仿佛讽扶	多达顶辽	草笋村初茶	昭哲酌斟靁	〇儿

这个字母七音，从三十六字母的角度来看，比较混乱。对于我们了解书中声母没有多大帮助。我们还得以三十六字母为标准，通过同音字组归纳声母的特点，然后归纳出声母的个数。

1.保留全浊声母[1]。

在"既"韵下：（敝＝毖＝币＝蔽＝璧＝弊＝壁＝毕＝臂）≠（譬＝屁＝辟＝癖）≠（备＝避＝篦＝被＝庇＝弼＝婢）。

在"金"韵下：（丁＝钉＝叮＝仃＝疔）≠（听＝厅）≠（庭＝廷＝亭＝停＝霆＝蜓＝婷）。在"尖"韵下：（尖＝兼＝肩＝笺＝坚＝镌）≠（悭＝千＝仟＝搴＝筌＝迁＝佥＝谦＝牵）≠（钳＝黔＝乾＝虔＝钱＝前＝潜）。

在"鸠"韵下：（州＝洲＝周＝舟）≠（抽＝瘳）≠（筹＝俦＝雠＝畴＝绸＝酬＝稠＝踌）。

在"钩"韵下：（侯＝猴＝喉）≠躯。

2.尖团音正在合流，但还没有最后完成。

在"金"韵下：（金＝今＝精＝筋＝京＝斤＝经＝荆＝襟＝巾＝矜＝惊＝晶＝津）≠（精＝睛＝津＝晶）[2]；（琴＝情＝寻＝晴＝禽＝勤＝秦＝芩＝擎）≠（情＝秦＝晴＝蟫）；（新＝心＝薪＝辛＝欣＝星＝兴＝腥＝醒）≠（星＝腥＝猩＝醒）；（卿＝轻＝清＝青＝亲＝钦＝侵＝浸＝衾＝蜻）≠（清＝亲＝侵＝青＝蜻）。在"机"韵下：（机＝饥＝几＝讥＝肌＝鸡＝稽＝赍）≠（赍＝跻）；（欺＝栖＝凄＝妻＝萋）≠（妻＝凄＝萋）；（棋＝祈＝其＝旗＝齐＝脐＝祁＝奇＝骑＝

1　这种声母清浊的对立，可能有三种情况：1.声母清浊的对立。2.声调阴阳的对立。3.声母清浊对立和声调阴阳对立。仅从书中材料，无法直接推断是哪种情况。但根据今邵阳方言的情况，可以推断是第三种情况。

2　其中"金＝今＝精＝筋＝京＝斤＝经＝荆＝襟＝巾＝矜＝惊＝晶＝津"中既有见母字，也有精母字，说明尖团音开始合流。但仍旧有部分精母字没有与见母字合流，如"睛"字等。同时部分字还有精母的又读音，如精、津、晶等字，说明尖团合流还在进行之中。

崎＝蛴）≠（齐＝脐＝蛴）；西＝稀＝希＝牺＝羲＝嬉＝犀＝熹＝息。

在"尖"韵下：（尖＝兼＝肩＝笺＝坚＝镌）≠歼；（愆＝千＝仟＝搴＝筌＝迁＝佥＝谦＝牵）≠（千＝仟＝芊）；（钳＝黔＝乾＝虔＝钱＝前＝潜）≠（前＝钱＝潜）；（先＝仙＝鲜＝跹）≠（先＝仙）。

在"鸠"韵下：（丘＝邱＝秋＝鳅）≠秋；（求＝裘＝囚＝球＝仇＝酋）≠酋；（修＝脩＝休＝羞＝馐）≠（修＝脩＝羞）。

在"姜"韵下：（姜＝薑＝缰＝将＝疆＝僵）≠（缰＝薑）；（疆＝僵＝锵＝戕＝枪＝羌＝腔）≠（疆＝僵）；（强＝墙＝翔＝详＝祥＝樯）≠（墙＝祥＝详＝樯＝嫱）；（香＝相＝厢＝襄＝乡＝湘＝骧）≠（相＝湘＝襄＝骧）。

在"交"韵下：（交＝郊＝娇＝骄＝焦＝蕉＝椒）≠（焦＝蕉）；（乔＝樵＝桥＝荞）≠樵；（霄＝宵＝嚣＝枭＝萧＝箫＝潇）≠（霄＝宵＝萧＝箫＝消＝销＝潇）。

在"家"韵下：（家＝加＝佳＝嘉＝嗟＝袈＝罝）≠（嗟＝罝）

3. 疑母细音与泥娘母合流（少数疑母细音与喻母合流）。

在"金"韵下：（宁＝吟＝迎＝凝＝狞＝银＝泞＝咛）≠（寅＝淫＝盈＝赢＝楹＝银＝垠）。

在"机"韵下：仪＝宜＝尼＝疑＝泥＝巍＝霓＝睨＝倪＝沂＝怩＝鲵。

在"尖"韵下：年＝严＝妍＝研＝拈。

在"规"韵下：为＝危＝违＝桅＝围＝帏＝闱。

4. 泥来母洪音不分，但细音有别。

在"金"韵下：（宁＝吟＝迎＝凝＝狞＝银＝泞＝咛）≠（邻＝绫＝菱＝临＝林＝零＝铃＝龄＝伶＝灵＝宁＝狞＝囹）。

在"机"韵下：（仪＝宜＝尼＝疑＝泥＝巍＝霓＝睨＝倪＝沂＝怩＝鲵）≠（离＝篱＝梨＝犁＝黎＝璃＝厘）。

在"尖"韵下：（年＝严＝妍＝研＝拈）≠（连＝莲＝廉＝联＝镰＝怜＝帘）。

在"姜"韵下：娘≠（梁＝粱＝粮＝量＝良＝凉）。

在"根"韵下：能＝抡＝轮＝论＝沦＝仑＝棱。

在"甘"韵下：南＝兰＝拦＝栏＝蓝＝婪＝难＝喃＝澜＝岚＝楠＝諵。

在"歌"韵下：螺＝骡＝罗＝锣＝傩＝挪＝箩。

在"孤"韵下：奴＝芦＝庐＝卢＝炉＝颅＝驴。

5. 日母与禅母合流。

在"金"韵下：人＝辰＝唇＝壬＝仁＝宸＝蜃。

在"尖"韵下：然＝禅＝蝉＝婵。

在"交"韵下：韶＝饶。

在"居"韵下：如＝茹＝儒＝殊。

6. 知庄章组字合流，与精组字对立（主要是知章组开口细音字），但部分知庄章组字与精组字合流（绝大部分是庄组字）。在山摄合口三等韵、臻梗摄合口三等韵和遇摄合口三等韵前，章知组字与精见组字合流。

在"金"韵下：（真＝针＝箴＝珍＝砧＝征＝徵＝烝＝斟）≠（精＝晴＝津＝晶）；（成＝城＝诚＝臣＝丞＝陈＝乘＝承＝程＝尘＝沉＝惩＝澄＝呈）≠（情＝秦＝晴＝蓁）。

在"机"韵下：（知＝蜘＝樆）≠（赍＝跻）；（池＝迟＝持＝驰＝篪）≠（齐＝脐＝蛴）。

在"尖"韵下：（占＝沾＝瞻＝粘＝毡）≠歼；（廛＝缠＝躔）≠（前＝钱＝潜）。

在"姜"韵下：（伤＝觞＝商）[1] ≠（相＝湘＝襄＝骧）。

在"交"韵下：（朝＝招＝昭）≠（焦＝蕉）；（朝＝潮）≠樵。

在"根"韵下：争＝曾＝憎＝樽＝葬＝尊＝遵＝狰＝筝＝铮＝臻。

在"之"韵下：支＝枝＝肢＝芝＝之＝姿＝资＝孜＝咨＝锱＝淄＝缁＝脂＝赀＝兹＝滋＝孳。

在"甘"韵下：蚕＝馋＝谗＝搀＝残＝惭＝潺＝孱。

在"规"韵下：吹＝炊＝催。

在"孤"韵下：疏＝蔬＝苏＝酥＝稣。

在"专"韵下：专＝捐＝砖＝颛＝镯；旋＝璇＝玔＝穿＝圈；泉＝全＝传＝拳＝权＝痊＝蜷；玄＝悬＝橼＝遄。

在"居"韵下：居＝诸＝猪＝拘＝据＝诛＝珠＝株＝朱＝雎；趋＝岖＝驱＝区＝祛＝趄＝岣；劬＝徐＝除＝储＝渠＝躇＝厨＝衢＝瞿；书＝舒＝输＝虚＝墟＝吁＝需＝须＝胥＝嘘。

在"君"韵下：君＝均＝屯＝迍＝军＝钧＝谆；春＝椿＝倾＝顷。

7. 非敷合流。

在"根"韵下：分＝芬＝氛＝纷。

在"孤"韵下：夫＝孚＝肤＝敷＝俘。

---

[1]　阳韵开口三等知章组部分字在"冈"韵有又读，如"伤尝"。

在"冈"韵下：方＝芳＝坊。

在"公"韵下：风＝疯＝枫＝封＝蜂＝丰＝锋＝峰＝酆＝烽。

8. 奉微合流。

在"根"韵下：汾＝焚＝坟＝闻＝蚊。

在"孤"韵下：无＝扶＝芙＝符＝苻＝毋＝芜＝巫＝凫＝诬＝壶＝糊＝乎。

9. 从邪母合流。

在"之"韵下：词＝辞＝祠＝慈＝瓷＝鹚。

在"姜"韵下：墙＝祥＝详＝樯＝嫱。

在"根"韵下：存＝循＝巡＝曾＝驯＝峋＝询＝旬＝层＝橙。

10. 匣母字在合口呼单元音前部分与奉微字合流。

在"孤"韵下：（胡＝湖＝糊＝巫＝狐＝弧＝瓠＝苻）≠（无＝扶＝芙＝符＝苻＝毋＝芜＝巫＝凫＝诬＝壶＝糊＝乎）。

在"固"韵下：务＝父＝雾＝户＝妇＝互＝负≠护。

11. 疑母洪音字可能仍独立存在。

在"甘"韵下：（颜＝岩＝豜）≠（安＝鞍＝庵＝谙）。

在"苟"韵下：（藕＝偶＝耦）≠（殴＝呕）。

在"谏"韵下：（岸＝雁＝暗＝赝）≠（晏＝案＝按）[1]。

（二）韵母特点

该书在"字母定位十字图"[2]中分韵（除入声韵外，为平声）如表 8-2 所示。

表 8-2　韵母表

四呼	合		觥	光	乖	官	公	姑		圭		瓜	国
	齐		金	姜		尖		机				家	接
	开	歌	根	冈	皆	甘		之	高		钩	架①	格
	撮	爵	君			专	弓	居	交		鸠		厥

① 这个字右边有一直线。杨氏在"书式"中说："凡字之旁有一直墨者，皆本乡之俗音字也，圈内者皆俗字也。"但在正文韵书中漏列了此韵字，其相配的入声字也漏列。有关其入声字，只能是推测。

这三十三个韵，是按韵母来分的，也就是三十三个韵母（这些韵母基本上是按合齐开撮四呼排列的）。比如：金韵主要为臻深梗曾摄开口三四等韵字；根韵

1　这种清浊的对立，也有三种情况，只能根据今邵阳方言推断为声母清浊和声调阴阳的对立。

2　这个图外边圆圈部分是三十二个字母，圈内是三十三个平声韵。

主要为臻梗曾摄开口一二等韵字以及臻摄合口三等的非组字；君韵主要为臻梗曾摄合口三四等韵字（非组除外）；舰韵主要为臻梗曾摄合口一二等字。韵母的主要特点：

1. 臻深梗曾摄字合流。

在"金"韵下：金＝今＝精＝筋＝京＝斤＝经＝荆＝襟＝巾＝矜＝惊＝晶＝津。在"根"韵下：根＝跟＝更＝庚＝赓＝耕＝羹；争＝曾＝憎＝樽＝蓁＝尊＝遵＝狰＝筝＝铮＝臻。在"棍"韵下：横＝浑＝混。在"君"韵下：春＝椿＝倾＝顷；云＝荣＝萤＝荧＝营＝萦＝耘＝芸＝纭＝莹＝茔＝匀。

2. 臻摄合口一等魂韵精组字端组字和帮组字读开口音。

在"根"韵下：争＝曾＝憎＝樽＝蓁＝尊＝遵＝狰＝筝＝铮＝臻；彭＝盆＝膨＝朋＝鹏；登＝灯＝敦＝登＝惇＝墩＝炖。

3. 山咸两摄和蟹摄开口二等牙喉音字仍读洪音。另有麻韵开口二等牙喉字在"架"韵下有洪音的又读。

在"甘"韵下：甘＝干＝奸＝艰＝肝＝柑＝间＝竿＝缄＝杆；寒＝咸＝衔＝函＝涵＝娴＝闲＝含＝韩；颜＝岩＝豻。在"皆"韵下：皆＝阶＝陔＝该＝赅＝侅；开＝揩；偕＝孩＝鞋＝谐＝骸。

4. 歌戈不分。

在"歌"韵下：歌＝哥＝锅＝戈；科＝苛＝柯；螺＝骡＝罗＝锣＝傩＝挪＝箩。

5. 麻韵三等字与麻韵开口二等牙喉音字同韵，但同时部分麻韵三等字韵腹元音进一步高化。

在"家"韵下：家＝加＝嗟＝嘉；邪＝斜＝伽；牙＝爷＝耶＝芽。在"假"韵下：假＝贾；野＝雅＝哑；同时收有"咩者赭扯捨"。在"驾"韵下有：亚＝押＝夜。

在"姐"韵下收有"姐且也野冶写泻咩者赭扯舍惹"[1]。在"接"韵下有：借＝接＝结＝洁；籍＝谢＝榭＝藉；叶＝夜＝液。

6. 部分山摄合口一二等韵字与江宕摄一二等字合流，但同时有山摄的又读音。

在"光"韵下：王＝皇＝惶＝完＝煌＝桓；且收有"端湍团圞"。在"广"韵下收有：款短撰纂。在"迸"韵下有：旺＝豢＝圐＝涣＝奂＝换，且收有"半断乱蒜"。

1　"姐"韵在"字母定位十字图"中没有漏列，即"接"韵的上声。

另外也有少数江宕摄一二字混入山摄字中，在"官"韵下有"狂仓疮创藏床"，在"馆"韵下有"桑嗓"等字。（说明山摄合口一等部分字开始鼻化，江宕摄部分字也开始鼻化。）[1]

（三）声调特点

书中每韵按平上去分三韵，加上入声韵附在阴声韵去声后，因此书中有四个声调，即平上去入。

1. 全浊上声部分字已读去声，少数字仍读上声，但大多数字正朝着去声演变（有上去两读）[2]。

在"既"韵下：备＝避＝被＝婢；技＝企＝忌＝徛＝伎＝妓。但在"己"韵下：技＝祀＝似＝巳＝兕。在"指"韵下：痔＝氏＝是＝巳＝秕。但在"致"韵下：是＝事＝示＝嗜＝侍＝寺＝似＝市＝痔＝视＝氏＝恃＝豉＝逝＝士＝仕＝俟。在"酒"韵下收有"舅咎臼纠"。但在"救"韵下：咎臼受授纣。在"苟"韵下：厚＝后＝後，又收有"负"字。但在"构"韵下：候＝邱＝后＝後，又收有"阜妇蝜"字。在"捡"韵下：俭＝件，践＝饯。在"见"韵下：健＝俭＝件＝渐。在"镜"韵下：静＝尽＝靖。在"锦"韵下收有"靖"。

2. 其中入声绝大部分还是一个短促调，少数入声已经成了一个舒长调[3]。

二、音系性质

书中音系反映的是当时的邵阳话。首先从书中各韵部的中古来源上看（即构成），与今邵阳方言基本一致，个别有差异的地方是古今演变造成的，是可以解释清楚的。

1. 阴声韵部（见表8-3）。

---

1 在"冈"韵下收有"潘"字。在"虹"韵下收有"半"字。

2 杨氏在"寻字法"中说："今此书以一人之研究，草创于山林，而成于旅店器尘之中。而谓其无疵也，其可得乎？其可得乎？虽然，其所谓疵者，非识字同音之法有疵，或者以上去两声不无混误，字义之训，无乃太简，是则所谓疵也。"可能上去声存在一些差误。

3 杨氏在"寻字法"中说："入声之字与音均少于平上去三声，而欲于三声排列横行，此势之所必不能也。又况入声之音，与平声相近。人多误用。惟置之去声以后，平仄万无一失，然则是声也，多不为长，少不为短。"书中入声字附在阴声韵去声后，绝大多数还是比较短促，应该还保留着塞音韵尾，或者只是很弱的喉塞韵尾。少数已经变成了长调，失去了塞音韵尾。

表 8-3 阴声韵部表

	歌	机	之	乖	居	姑	高	圭	钩	瓜
中古主要来源	古果摄字	止摄开口三等字（齿音字除外）和蟹摄开口四等齐韵字	止摄开口三等齿音字	蟹摄开口一二等韵字和部分蟹摄合口一等字	遇摄合口三等韵字	遇摄合口一等韵字	效摄字	止摄合口三等韵字和部分蟹摄合口一等字	流摄字	麻韵字
今邵阳方言	√	√	√	√	√	√	√	√	√	√

注：开合齐撮四呼，只取一韵为代表。

2. 阳声韵部（见表 8-4）。

表 8-4 阳声韵部表

	根	光	官	公
中古主要来源	曾梗臻深摄字	江宕摄字	山咸两摄字	通摄字
今邵阳方言	√	√①	√	√

① 在今邵阳方言中山咸摄一二等韵字和宕江摄一二等韵的洪音字合流。

3. 入声韵部。

在书中，除了几个由古入声字构成的韵外，没有专门列出入声韵。入声韵字都归在阴声韵部的去声韵后，下面把书中入声韵按开齐合撮，一韵只取一字作代表进行列表（见表 8-5）。

表 8-5 入声韵部表

合	郭	谷	刷	国
齐	爵	吉	恰	接
开		①	发②	格
撮		局		厥

① 只有极个别舌齿音入声字变开口洪音，且混在去声字中间。可能已经变成了去声字。这韵的字少，是因为知章组细音字还没有变洪音。

② 书中"发"小韵放在"卦"韵后，应该读合口。但轻唇音字一般读开口，放移置开口呼。

各韵部再各取一字为代表与今方音进行比较，列表如下（见表 8-6）。

表 8-6　入声韵部与合音比较表

	郭	谷	刷	国	吉	局
中古主要来源	山摄合口一等字、宕摄开口一等字、江摄开口二等字、宕摄开口三等字、宕摄合口一等牙喉音字	臻摄合口一等字、通摄合口一等字、通摄合口三等字（牙喉音除外）	山摄合口三四等非组和帮组字、山摄合口二等字	梗摄开口二等字、山摄合口三四等字（非组、帮组除外）、宕摄合口三等牙喉音字、曾摄一等字	臻摄开口三等字、曾摄开口三等的牙喉音字、梗摄开口三四等字	臻摄合口三等字（牙喉音除外）、通摄合口三等牙喉音字、曾梗摄合口三四等牙喉音字
今邵阳方言	√	√	√	√	√	√

再从声韵特点上看，与今邵阳方言也基本一致（见表 8-7、8-8）。

表 8-7　声母特点的比较

声母特点	1	2	3	4	5	6	7	8	9	10	11
今邵阳方言	√?[①]	√[②]	√	√	√	×[③]	√	√	√	√	√?

① 因无法直接推断，所以加个问号。
② 今邵阳方言已经全部合流。这是古今演变形成的差异。
③ 今邵阳方言知章组细音字已经与精组字合流。这是古今演变形成的差异。

表 8-8　韵母特点的比较

韵母特点	1	2	3	4	5	6
今邵阳方言	√	√	√	√	√	√×[①]

① 今邵阳方言鼻化的程度进一步加深。

通过上面 4 个表的比较，可以看出两者韵部构成及其声韵特点基本一致，少数不一致的地方是由于古今演变形成的差异。因此书中音系应是当时邵阳方音的反映。

根据声母的特点，再与中古三十六字母进行比较，大致可以归纳出以下几个声母：

帮 [p]、滂 [pʻ]、并 [b]、明 [m]、非 [f]、微 [v]，精 [ts]、清 [tsʻ]、心 [s]、从邪 [dz]，知 [tʂ]、彻 [tʂʻ]、澄 [dʐ]、书 [ʂ]、日 [ʐ]¹，见 [k]、溪 [kʻ]、群 [g]、晓 [h]、匣 [ɦ]、疑 [ŋ]，见精 [tɕ]、溪清 [tɕʻ]、群从 [dʑ]、晓心 [ɕ]、娘疑 [ɲ]（细音）、端 [t]、

―――――

1 因为知章组字既与精或见组细音字对立，又与精见组合流的字音对立。

透［tʻ］、定［d］、泥来［n］，影喻[1]［Ø］

根据今邵阳方音，给各韵韵母拟音如下：

　　东［uŋ］、弓［yŋ］，根［ən］、金［in］、觥［uən］、君［yn］，光［uaŋ］
［uã］、姜［iaŋ］、冈［aŋ］［ã］，皆［ai］、乖［uai］，歌［o］，高［au］、
交［iau］，架［a］、瓜［ua］、家［ia］，鸠［uɐ］、钩［ɐu］，甘［an］
［ã］，专［yɛn］、官［uan］［uã］、尖［iɛn］，姑［u］、居［y］、之［ɿ］、
机［i］，圭［uei］，姐［iɛ］［yɛ][2]［ɛ][3]，郭［oʔ］、爵［ioʔ］、局［yʔ］、
吉［iʔ］、谷［uʔ］，厥［yɛʔ］、格［ɛʔ］、接［iɛʔ］、国［uɛʔ］，发［aʔ］、
刷［uaʔ］、恰［iaʔ］

三、古今语音的差异与变化

1.在书中，知庄章组三等字绝大部分仍与精组字对立（止摄开口三等章庄组字除外，但日母仍读细音）。今邵阳方言已经与精母字合流。

2.在书中，尖团音正处在合流的音变过程之中，音变没有最后完成。因为精组细音字和见组细音字合流腭化的同时，还有精见组细音字的又读音与之对立。这种对立的又读音见组细音字很少，绝大部分是精组细音字。这说明见组细音字的音变基本上快完成了，而精组细音字的音变相对要慢些。今邵阳方言已经完全合流。

3.在书中，匣母字在合口呼单元音前部分与奉微字合流。在今邵阳方言中，这种音变进一步扩大，晓匣母字在合口呼洪音前与非敷、奉微字合流，同时使得原来的合口呼失去合口介音，变成了开口呼。

4.在书中，知庄章组三等字绝大部分仍读细音，今邵阳方言由于知庄章组三等字与精组字合流，相应的韵母从细音变成了洪音。比如入声韵［ɿʔ］字大量增多。

5.部分山摄合口一二等韵字与江宕摄合口一二等字刚刚开始鼻化，今山咸、江宕摄字全部鼻化，洪音字完全合流。

1　因为少数疑母字跟喻母合流，说明喻母已经是一个零声母。

2　在"拙"韵下有"雪＝说＝血＝靴＝穴"。其中"靴"字旁有一竖线，字义解释为"钉靴，平声"。

3　在"格"韵下收有"二＝贰＝樲＝饵"。

6.在书中，全浊上声部分字已读去声，少数字仍读上声，但大多数字正朝着去声演变（有上去两读）。在今邵阳方言中，全浊上声绝大部分字已读去声了。

7.在书中，入声韵绝大部分还有塞音韵尾（只是少数失去了塞音韵尾），入声调绝大部分还是一个短调（只是少数变成了长调）。在今邵阳方言中，入声韵已经没有塞音韵尾，入声单独成一个长调，少数字已经归并到平上去声中（归入去声字的占绝大部分）。

第二节　《声韵识解》

《声韵识解》为民国时期湖南祁阳北区絷非邨人刘霆翰所编，刊于民国十二年（1923）。前面有赵启霖序、凡例和目录。正文分为五卷，首卷为"五声必读"，其实就是等韵图即声韵配合表。横列三十六字母，纵列十二摄，每摄分为五声即雄平、雌平、上、去、入。一至四卷是等韵化的韵书，在"五声必读"中出现的首字下面注有反切，次列该字的同音字组，无释义。

一、声母

在"凡例"中，刘氏说："三十六字母所系之字，必同者：为知彻澄与精清从，泥与来，邪禅与日。略同者：为精清从心邪与照穿床审禅。有同有不同者：为见溪群疑与知彻澄娘，帮与并，非与敷，从与邪，心审与晓，疑与影，影晓与喻匣，盖此等字母中多双声。"

从上面可以看出，书中声母没有三十六个，但刘氏对于声母的归并，有的说得较清楚，有的说得不够清楚，因此我们需要根据刘氏在"五声必读"中的列字情况，来分析得出声母的归并情况和个数。

1.见组、精组、知组、章组细音字合流（知组通摄三等除外，部分止摄合口三等字除外），不分尖团。

在"工"韵下，知彻澄娘母下有：弓穹穷；精清从心邪下有：弓穹穷戎冗；日母下有：戎冗。

在"江"韵下，知彻澄娘母下有：章掌帐昌敞畅长象仗；精清从心邪下有：章掌帐昌敞畅长象仗香响向常壤上；日母下有：常壤上。

在"姑"韵下，知彻澄娘母下有：居主句掬区取去曲徐柱住局；精清从心邪下有：居主句掬区取去曲徐柱住局虚许恕戍儒竖树术；日母下有：儒竖树术。

2.庄组字与精组知组洪音字合流（"知组通摄三等字和部分止摄合口三等

字"　"章组通摄止摄字"　"止摄合口三等支脂韵精组、知组和章组字"也归入）。

在"加"韵下，照穿床审禅母下有：渣鲊诈札叉汊察茶乍杂沙嘎杀。

在"工"韵下，照穿床审禅母下有：中总众冲宠铳崇重仲松耸送。

在"肌"韵下，照穿床审禅母下有：支止至雌此次祠崎字诗史四时市事；日母下有：时市事日。

在"姑"韵下，照穿床审禅母下有：租祖诅足初楚醋触雏助族疏所素叔辱。

在"龟"韵下，知彻澄娘母下有：追嘴醉吹揣翠随罪遂；精清从心邪母下有：追嘴醉吹揣翠随罪遂虽水岁谁蕊芮。

3. 部分开口三等（如清韵开口三等，止摄开口三等）的古来母字归入定母。

在"昆"韵下，"端透定泥"的定母下有：亭领令列。在"饥"韵下，"端透定泥"的定母下有：题里地立。在"干"韵下，"端透定泥"的定母下有：廉敛甸。

4. 非敷合流、奉微合流。

在"姑"韵下，非母下有：孚府付福；奉母下有：无武务伏。

在"干"韵下，非母下有：番反汎；奉母下有：凡晚万。

5. 泥来母洪音合流。

在"歌"韵下，泥母下有：罗裸懦洛；来母下有：罗裸懦洛。

在"加"韵下，泥母下有：拏那那辣；来母下有：拏那那辣。

在"皆"韵下，泥母下有：来乃赖；来母下有：来乃赖。

在"干"韵下，泥母下有：南览滥；来母下有：南览滥。

6. 泥母（娘）细音与疑母细音合流。

在"姑"韵下，娘母下有：迁鱼女禺玉。

在"江"韵下，娘母下有：娘仰酿。

在"官"韵下，娘母下有：妍年俨念。

7. 影母、喻母、疑母（洪音）合流。

在"歌"韵下，影母下有：阿婴啊；喻母下有：阿婴啊。

在"饥"韵下，影母下有：伊夷以意一；喻母下有：伊夷以意一。

在"皆"韵下，疑母下有：哀厓姬爱；影母下有：哀厓姬爱；喻母下有：哀厓姬爱。

在"光"韵下，疑母下有：汪王往旺；影母下有：汪王往旺；喻母下有：汪王往旺。

8. 止摄开口三等日母字"儿耳二"等字读来母。

在"饥"韵下，来母下有：而耳二溺。

从上面可以归纳出声母为（拟音根据今祁阳方音，见《祁阳方言研究》）：

见母[k]、溪母[k']、群母[g']，晓母[h]、匣母[ɣ]、影母[Ø]，精母[ts]、清母[ts']、从母[dz']、心母[s]、邪[z][1]、端母[t]、透母[t']、定母[d']、来母[l]，章[tɕ]、昌[tɕ']、船[dʑ']、书[ɕ]、禅[ʑ]、娘母[ɳ]，帮母[p]、滂母[p']、並母[b']、明母[m]，非母[f]、微母[v]

二、韵母

在目录中，刘氏将韵母分为十二个韵部，它们是：1. 工韵；2. 江韵；3. 姑韵；4. 饥韵；5. 皆韵；6. 龟韵；7. 庚韵；8. 干韵；9. 高韵；10. 钩韵；11. 歌韵；12. 加韵。由于韵图在列字的时候，没有按开合洪细分开，因此无法直接知道一个韵部下有几个韵母，我们只能根据相同声母下的对立字组来推断。一般最多有几个对立的字组，就有几个韵母。

工韵主要来源于古通摄字（举平以赅上去）。此韵下应该有两个韵母：工≠弓。

江韵主要来源于古江宕摄字。此韵下应该有三个韵母：江≠光，另章组腭化。

姑韵主要来源于古遇摄字。此韵下应该有两个韵母：姑≠居。

饥韵主要来源于古止摄开口三等字和蟹摄开口四等齐韵字。此韵下应该有两个韵母：知≠支。

皆韵主要来源于蟹摄一二等字。此韵下应该有两个韵母：皆≠乖。

龟韵主要来源于止摄合口三四等字和蟹摄合口一等灰韵的端组、帮组、见组字。此韵下应该有一个韵母。

庚韵主要来源于古臻摄、深摄、梗摄、曾摄字。此韵下应该有四个韵母：耿≠衮≠景≠絅。

干韵主要来源于古山咸两摄的字。此韵下应该有四个韵母：榦≠贯≠见≠绢。

高韵主要来源于古效摄字。此韵下应该有两个韵母：标≠褒。

钩韵主要来源于古流摄字。此韵下应该有两个韵母：彄≠丘（丘字腭化）。

歌韵主要来源于古果摄字。此韵下应该有两个韵母：各≠觉（觉字腭化）。

1　读[z]音的日母字很少，在"饥"韵下，邪母下列有"日"字，在日母下重出"日"字，日母下列字与禅母同，而"照组"字跟"精组"字在"饥"韵下是对立的，因此这两个"日"字读音应该有别。

加韵主要来源于古麻韵字。此韵下应该有三个韵母：嫁≠卦，另"嫁"字还见腭化异读。

这样可以得出韵母如下：

工韵［uŋ］［yŋ］、江韵［aŋ］［uaŋ］［iaŋ］、姑韵［u］［y］、饥韵［ɿ］［i］、皆韵［ai］［uai］、龟韵［uəi］、庚韵［ien］［en］［uen］［yen］、干韵［ian］［an］［uan］［yan］、高韵［au］［iau］、钩韵［əu］［iəu］、歌韵［o］［yo］、加韵［a］［ua］［ia］

另外姑韵、饥韵、庚韵、歌韵和加韵下配有古入声字，根据今方音，古入声没有塞音韵尾，只是入声还独立成调类。这样其中阴声韵不会增加韵母，但阳声韵庚韵下的入声字应该增加相应的韵母：［ie］［e］［ue］［ye］。

三、声调

首卷为"五声必读"，将声调分为五声，即雄平、雌平、上、去、入。

雄平即阴平，来源于古清声母平声字。如工韵雄平下有"工空翁东通聋弓穹蜂风凶中松"等字。

雌平即阳平，来源于古浊声母平声字。如工韵雌平下有"同龙穷蓬蒙逢戎崇容红"等字。

上声，来源于古上声字，全浊上声字绝大部分仍读上声。如工韵上声下有"捧冗总宠奉重耸"等字。又如姑韵上声下有"杜柱竖户"等字。

去声，来源于古去声字。如工韵去声下有"梦讽凤众仲送用弄"等字。

入声，来源于古入声字。不分阴阳，清浊成一类。如姑韵入声下有"谷屋笃秃读六曲局玉蜀木福伏族叔斛欲"等字。

四、与今音的主要差异

书中音系跟今祁阳方音主要不同点：

1. 止摄开口三等日母字"儿耳二"等字读来母。今祁阳方言已经读零声母。

2. 古全浊上声字书中仍读上声，而今祁阳方言中，县城城关话已经归入去声，而在祁阳的黎家坪、龚家坪等地全浊上声字有仍读上声的，但大多可以上声、去声两读，说明音变正在进行之中。

第九章　客赣方言

客赣方言是赣语和客家话的合称。赣语主要分布在赣江的中下游、抚河流域，以及鄱阳湖流域及周边、湘东和闽西北、皖西南、鄂东南和湘西南等地区。客家话主要分布在粤东、闽西、赣南，并被广泛使用于中国南方（含台湾地区），以及马来西亚等国华人社区。

第一节　《正韵窃取》

魏际瑞（1620—1677），字善伯，原名祥，17 岁时改名际瑞，人称伯子先生。著有《魏伯子文集》十卷、《杂俎》五卷、《四此堂稿》十卷。魏际瑞（祥）与其弟魏禧、魏礼被人合称为"三魏"，宁都城关人。

《正韵窃取》是魏际瑞于崇祯十七年正月（1644）完成的一部音韵学著作。该书包括序文、正文和翻窃三部分。书名的由来，魏氏在序文中说得很清楚："……瑞于是录唐氏之分且烦与《正韵》之合且简者，各为之目。而于《正韵》则窃取其义，而按音以叙之……"也就是以《洪武正韵》为基础，再根据时音（方音）对《洪武正韵》各韵重加分析，在分析的过程中，有分有合：既有韵部的合并，主要元音从不同而趋同；也有韵部的拆分，主要元音从相同而走向不同，另外也有从同一个韵部下析出不同的韵母，这主要是介音的差异。因此分合的性质并不相同。下面就魏氏对《洪武正韵》的分析加以说明。

一、舒声韵部和韵母（举平以赅上去）

一东韵。魏氏说："……沈氏分东冬矣。东冬之无所分也，明甚！《正韵》合之，故曰合其所当合也，然据鱼模萧爻诸韵之分者推之，则东韵亦微有异。……按：东韵总是舌头，本无可分，然东字以下十九部（东通同龙蓬蒙恩宗丛洪烘空公翁风冯充崇农）[1]，其声空满而皆归于鼻。隆字以下十六部（隆纵中从松戎虫融颙弓穹穷春胸邕雄），其声轻扬而皆掉于舌也。如萧爻本是一韵，但萧音低削而爻音高满；鱼模本是一韵，但鱼音嘘出而模音宏纳耳。"在这里，魏氏同意《洪武正韵》东冬合并为一韵，但韵中各字的读音根据"高满与低削、嘘出与宏纳"[2]而有细微的差别。魏氏把东韵分为两韵[3]：东和中。（后面凡根据洪细从韵部中分出韵母的韵部，与此类似，不再说明。）

二支韵（三齐韵）。魏氏说："以上十四部（支蓄施差时儿斯雌赀疵知摛驰词）皆合齿开唇穿牙卷舌之声，是当自为一韵；以下十一部（纰悲皮糜夷奇羲伊微肥霏）悉是齐韵，今宜入齐韵（"齐西妻斋氏梯题泥倪离鸡溪兮迷篦烓"）也。……以上十一部皆露齿沾唇之声，宜入齐韵。……"在这里，魏氏把《洪武正韵》的二支韵（部）分为了两个韵部，这是韵基的不同。分离后的支韵叫丝韵，合并后的三齐韵叫西韵。

……

四鱼韵（五模韵）。魏氏说："鱼（"鱼于於虚区居渠胥疽徐书诸除殊如袽枢闾趋"）模（"模铺逋租徂蒲都徒庐奴胡孤枯呼吾粗乌苏初蔬敷扶无"）本宜同韵而令之分之者，则以鱼音嘘出而模音宏纳也。"在这里，魏氏认为《洪武正韵》四鱼韵和五模韵应该合并为一个韵（部）。合并之后的鱼模部，魏氏分为湖韵和居韵。

……

六皆韵（"皆揩谐乖怀差斋豺排埋筷涯咍开该孩哀皑胎台能来腮猜哉裁"）。魏氏六皆韵（部）下只有一个皆韵。

七灰韵（"灰悝煨傀规回危堆推隤雷崔杯丕枚垂随佳蒉虽为葵唯裴衰痿厜谁睢吹摧"）。魏氏七灰韵（部）下析出了两个韵母，在形言中分别叫窥韵和槐韵。

八真韵。魏氏说："以上二十四部（真申瞋辰人辛亲津秦缤宾频民陈邻因绀巾

1　魏氏把《洪武正韵》中各韵下的小韵（同音字组）叫作"部"。有些"部"魏氏已经列举出来，在文中用小括号标出，有些"部"魏氏没有列举出来，笔者根据《洪武正韵》添补，用小括号标出的同时，加上引号，以示区别。

2　魏氏所说的"满宏、削嘘"大致相当于洪细。

3　魏氏所说的韵，如果不算声调的话，有时是指韵基（韵部）而言的，如一东韵；有时是指韵母而言的，如一东韵根据满削分为"东中"两韵的韵。在"翻窃"部分的"形言"中，列有三十五韵（只列有平声韵）"东门遥瞻西山新、高天涵潭湖湘青、宣楼幽居窥华阴、丝罗旁观皆斜横、槐根葭茄荀中森"，其中有"东中"韵。

勤银欣臻莘氲云钧困熏群荀旬逡）（连圈外共三十三部）皆翻唇穿齿之音，宜自为一韵。以上二十四部（文芬汾魂昆温昏坤奔喷盆门孙村尊暾屯论敦谆春纯存伦痕根恩垠）（连〇外二十八）皆喁唇呼气之音，亦当自为一韵，宜别立文韵以统之。"在这里，魏氏把《洪武正韵》的真韵（部）分为真韵（部）与文韵（部）。这是主要元音的差别。在"形言"中真部分出新韵和荀韵，文部有门韵。

另外魏氏说："（痕根恩垠）此四部与真文两韵之音皆不甚合。"按说也应该单独立一个韵部，但联系后面的十六遮韵和二十侵韵来看，应该是文部中析出的一个韵母。在"形言"中叫作根韵。

九寒韵（"寒豻看干安欢宽官剜屼潘般盘瞒酸钻攒端湍团鸾桓"）。"形言"中叫观韵。

十删韵（"删散关湾还跧奸颜顽班犏虤攀蛮潺餐斓闲瓣悭甖翻烦残单滩坛僝难"）。在"形言"中叫山韵。魏氏说："寒字是呵喉音，其声近河。删字是穿牙音，其声近师。一员一削，迥然不同。"说明寒韵与删韵的主要元音是不同的。

十一先韵。魏氏说："（先天千笺前边篇眠颠田年连坚牵贤延烟然涎膻缱馋蝉潺梃乾缠），以上二十七部皆舌齿之声。（宣涓椽玄牟渊诠镌旋全穿专瑗暄员圈权），以上十七部皆卷唇之声。此与东隆之有分同义。"这是同一个韵部下分离出两个不同的韵母，在"形言"中分别叫天韵和宣韵。

十二萧韵（十三爻韵）。魏氏说："萧（"萧貂祧迢聊骁幺橇籔焦樵焱漂瓢苗烧弨昭韶饶潮尧桥鸮"）爻（"爻交敲哮坳包胞庖茅梢钞巢嘲铙豪蒿高麑敖褒骚操遭曹刀饕匋劳猱尻"）本宜一韵。如鱼模、覃盐、尤侯、庚青、真文之例，沈韵则俱分之，《正韵》则止分鱼模、萧爻、覃盐而真文、庚青、尤侯则未分，盖亦模糊之过矣。……夫鱼模、萧爻、覃盐非其韵之有不同也，但其字之本音有尖有员有满有削而已。"萧韵与爻韵主要元音已经趋同，两个韵部合并。合并之后的萧爻部，魏氏在形言中分出两个韵母，分别叫尧韵和高韵。

……

十四歌韵（"歌珂诃阿何娥娑蹉醝多佗驼罗那戈科涡和讹波颇婆摩"）。在"形言"中叫罗韵。

十五麻韵（"麻葩巴杷沙叉楂樝槎拏遐呀咋嘉伽鸦牙华花夸瓜窊"）。在"形言"中魏氏分出两个韵母，分别叫葭韵和华韵。

十六遮韵（"遮奢些车嗟邪蛇耶茄爹靴瘸"）。魏氏说："内'茄靴瘸'三韵稍异，如'恩痕'之在文韵。"在"形言"中析出两个韵母，分别叫作斜韵和茄韵。

十七阳韵。魏氏说："萧爻之类有分，则阳良匡长墙相将诸声当为一类，荒光黄汪诸声当为一类，亦尖圆满削之分也。在"形言"中析出两个韵母，分别叫作湘韵和旁韵。

十八庚韵。魏氏说："（庚阮盲亨行横觥烹彭峥根生伧鐺争能绷登腾棱僧增缯层缯轋泓）以上二十七部皆喉音转鼻，其声宏纳，要当自为一韵。而今读此韵者，庚作荆，行作形，此则是青韵矣。今宜分清字以下三十五部作青韵。（清兵平明京卿劼英荧兄宁娉精饷情觲声征成枡令盈形倾琼星丁听庭馨扃绳仍凝兴）以上三十五部皆舌齿穿鼻，其声轻清亦当自为一韵。……"在这里，魏氏把《洪武正韵》的十八庚韵（部）分为了两个韵部，这是韵基的不同。分离后的韵部叫横韵和青韵。

十九尤韵。魏氏说："按鱼模诸例，则尤侯亦当分。'尤求刘鸠忧俦'之类，声出喉而浅，当为一韵；'侯头钩牟兜邹'之类，声含喉而深，亦当为一韵也。"这里的分韵，是同一个韵部下析出的两个不同的韵母。在"形言"中分别叫作幽韵和楼韵。

……

二十侵韵。魏氏说："'侵心针沈淫'等音与'森簪岑'三音亦微有异，如'恩痕'在文，'茄靴'在遮之类。"这是同一个韵部下析出的两个不同的韵母，在"形言"中分别叫作阴韵和森韵。

二十一覃韵（二十二盐韵）。魏氏说："覃盐本一韵也。而所以分者，覃声深以宏，盐声纤以敛，其义备于鱼模、萧爻之说矣。"可见，这是把《洪武正韵》覃韵和盐韵合并为一个韵（部）。主要元音从不同变成了相同。合并之后的覃盐部，魏氏析出了三个韵母，在"形言"中分别叫瞻韵、涵韵和潭韵。

二、入声韵部和韵母

一屋韵、三曷韵、四辖韵、五屑韵、六药韵、八缉韵、九合韵、十叶韵。魏氏同《洪武正韵》。

二质韵。魏氏说："（质失实叱日悉七既疾必弼密匹秩栗曒佚逸一乞吉胇橘袚裔恤焌卒崒窋律聿柿瑟郁）以上三十五部皆穿齿贴舌之音，要宜自为一韵，此与锡韵往往相似。……（勿拂佛欻飉屈屈倔没字不窣出术率卒倅咄硉黜突讷氍鹘忽窟骨兀熨）以上二十九部皆呼唇扑舌之音，是当自为一韵。故曰沈氏病于分之太烦，《洪武正韵》病乎合之太简。"魏氏把《洪武正韵》的二质韵分为两个韵，分别叫作质韵和物韵，这是主要元音不同。

七陌韵。魏氏说："（陌拍百白宅圻檗赫黑客格额画虢索窄厄赜测劾贼德忒特勒北匐墨塞则或）以上三十一部皆唇舌宏卓之音，所当自为一韵。……（昔刺席寂积释尺只石掷益绎壁僻匿辟攫躩舰戟剧逆隙觅的逖狄历檄契阒具殈寁崱即域）以上三十七部皆齿舌相射之声，是当自为一韵。魏氏把《洪武正韵》的七陌韵分为两个韵，分别叫作陌韵和锡韵，这是主要元音不同。

《正韵窃取》韵部和韵母跟《洪武正韵》各韵（部）的关系如下：

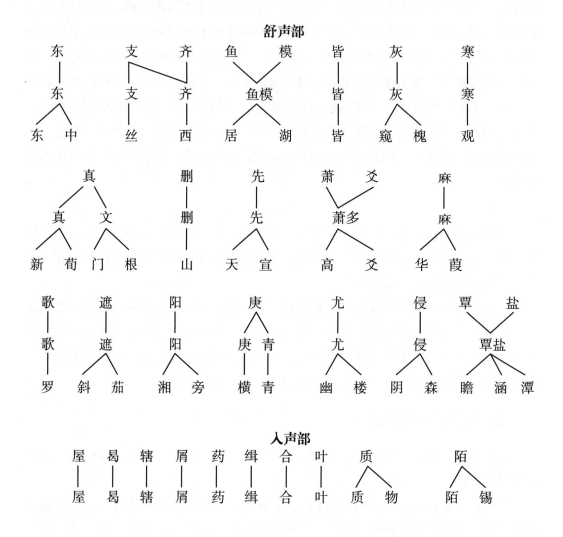

根据今宁都方言，《正韵窃取》的韵母可以拟音如下[1]：

东［uŋ］、中［iuŋ］、屋［uk］、六［iuk］[2]，丝［ə］，西［i］，居［iu］、

---

1 拟音主要参考了谢留文（2003）和刘纶鑫（2001）的著作，下同。

2 东部平上去都分两韵，有两个韵母。按理说入声也应有两个韵母。因今宁都方言也有两个韵母，故补上一个六韵，用黑体表示。后面增补的韵母与此同理，不再赘述。

湖［u］，皆［ai］，窥［iɛi］、槐［uɛi］，观［uon］、曷［ok］，新［in］、质［it］、荀［uin］、**出**［uit］，门［un］、根［ən］、物［ət］，山［an］、辖［at］，天［iɛn］、屑［iɛt］、宣［iuɛn］，高［au］、尧［iau］、华［a］、葭［ia］，罗［o］，斜［　］茄［　］[1]，湘［iɐŋ］、药［iɔk］、旁［ɐŋ］、**薄**［ɔk］，横［ɐŋ］[2]、陌［ɐk］，青［iaŋ］、锡［iak］，幽［uɐ］、楼［iɐu］，阴［im］、缉［ip］、森［əm］、**湿**［əp］，瞻［iam］、叶［iap］、涵［uam］、合［ap］、潭［am］、答［ap］

这个韵母系统的主要特征：

1. 古通摄一等与三等字韵母不同（唇音字除外，如"冯风"等在"东"韵不在"中"韵）。这跟今大多数客家方言一致。黄雪贞（1987）认为："多数客家话地区古通摄一等与三等字的今音不同韵母，一等无［i］介音，三等（除唇音外）有［i］介音。"

2. 古梗曾摄合流，洪细有别（庚青）。"庚"韵来源于古曾梗摄的一二等字，"青"韵来源于曾梗摄的三四等字。

3. 中古山摄三分。分为"寒""山""先"三韵，"寒"韵主要来源于古桓韵及古寒韵的牙喉音字；"山"韵来源于古山、删韵和古寒韵的舌齿音字；"先"韵来源于古先、仙、元韵字。

4. 闭口韵尾跟舌尖前鼻韵尾不混，即［m］和［n］韵尾不混。古咸摄跟古山摄不混，古咸摄合为"覃盐"韵，分为"瞻、涵、潭"三个韵母；古山摄分为"寒""山""先"三韵。

古深摄为"侵"韵，跟臻摄的"新"韵也不混。

5. "鱼模"合韵。《洪武正韵》把《中原音韵》的"鱼模"韵分为"鱼"韵和"模"韵，主要元音不同，《正韵窃取》同《中原音韵》，"鱼"和"模"的主要元音相同。

但在某些韵母方面的辨析，魏氏分析略嫌粗疏，可能漏掉了一些韵母（也有可能是古今演变的不同），如中古蟹摄只分出了皆［ai］、窥［iɛi］、槐［uɛi］三个韵母，今宁都方言有五个韵母；特别是入声韵，漏掉的可能更多（见上面所补）。

1　这两个韵母分出可能受通语的影响。魏氏说："两用之而俱是者，遮麻、灰皆之可分可合是也。"今宁都方言归在华葭两韵之中。

2　刘纶鑫没有［iəŋ］韵母，谢留文有［iəŋ］韵母，但刘谢二人都没有［iək］。

另外，魏氏可能还受到了当时通语的影响，如分出了遮部下的两个韵母"斜"和"茄"，等等。

在宁都方言中有一个特殊的韵母 [yon]，据谢留文（2003）："[yon] 只有三个常用字'贱 [tɕ'yon⁵⁵] _{贵~}，浅 [tɕ'yon²¹³] _{深~}，旋 [tɕ'yon⁵⁵] _{头前的旋儿}'。"这个韵母在明末时，所辖的字还是比较多的，就是魏氏分出的"宣"韵。可见这个韵母正在逐步走向消亡。

从上面可以看出，整个韵母系统大致跟今宁都方言一致。

三、声母

魏氏说："形言者，各不为言，伸指挥箸皆得而默喻之。昔人作此，字烦而不成章。予乃正其声韵以为诗。凡九十有八字，而阴阳清浊备矣。前壹至玖，后壹至伍，曰大；各一至七，曰小。大曰句，小曰字。前曰声，后曰韵。声韵合而得平，转仄，加小。上二、去三、入四，皆曰拍。……形于楮笔，著大小之数。前声合字，小注曰止，弗须后韵。仄，注小'二、三、四'也。壹六贰七、伍二叁七_四、叁一叁七、伍三_止……声入心通之秘也。"可见，形言就是射字之类的游戏。在形言中，魏氏设有六十三个字母[1]，编成了九句诗，这九句诗用大"壹"到"玖"编号，然后各句诗下每个字分别用小"一"到"七"编号。韵母三十五个，编成了五句诗，这五句诗用大"壹"到"伍"编号，然后各句诗下每个字分别用小"一"到"七"编号。射字拼字音的时候，说出声韵母的编号即可，如"壹六贰七"，则是"深青切"。如果要切仄音字，再加上"二、三或四"即可，如"伍二叁七_四"，则是"人阴切"的相应的入声。

魏氏的六十三个字母是根据介音的情况（如见母包括"稽古刚君"四字）和声调的阴阳[2]（如群母包括阴声"区"和阳声"渠"二字）不同而设的。同时魏氏把六十三字和传统的三十六字母进行了对比和说明，根据他所说的情况，我们可以归纳出十八个声母。

（1）见（稽古刚君）[k]；（2）溪（轻开夸鲸狂）群（区渠）[k']；（3）疑（颙印）娘_半 [ŋ]；（4）端（多颠）[t]；（5）透（通腾）定（天

---

[1] 六十三字母为："伊台稽古多深情，崇文披威寰区清，先除鸥鹟诛渠鲸，双开平津绳君明，农人通畦逢丰亨，印邦良侯轻来庭，颠狂邪夸微私宾，天宗蒙恩颙欢腾，刚除彭济催长春。"

[2] 魏氏说："阴阳如'音淫、央阳、天田、通同、清情、孚扶'之类，此内'伊遥切天、人阴切壬、多旁切当、鲸西切其'，皆从上一字定阴阳。"

庭）〔t'〕；（6）泥（农）娘半〔n〕；（7）照知（诛）精（津宗）〔ts〕；（8）穿（春除）彻（鸥长）澄床（催崇）清（清情）从〔ts'〕；（9）帮（邦宾）〔p〕；（10）滂（滂彭）并（披平）〔p'〕；（11）明（明蒙）〔m〕；（12）敷（丰逢）非奉〔f〕；（13）微（威文微）喻半〔v〕；（14）心（先双私徐邪）邪禅审（深绳）〔s〕；（15）晓（鸦畦）匣（亨欢侯寰）〔x〕；（16）影（伊恩台）喻半〔Ø〕；（17）来（来良）〔l〕；（18）日（人）〔ȵ〕。

从"六十三字所属"可以看出声母的主要特点有：

1. 全浊音清化。全浊塞音、塞擦音清化后送气。如群母阴声"区"下列有"钦倾"等字；透母阳声"腾"下列有"同徒桃唐头"等字；并母阴声"披"下列有"篇飘"等字，滂母阳声"彭"下列有"蓬蒲培盆盘婆"等字；另外魏氏说："从母今并入清母阳声。"

这跟今宁都方言相同。

2. 照精字合并为一组。从表面看，照组（知组并入照组）和精组是分成两组不同的声母的。但在床母下有"催"和"崇"，在"催"下面列有"恩雌粗猜村餐仓操参"，在"崇"下列有"慈才摧存残全曹层藏"等精组字。另外在"心"下列有"双"。因此照组字跟精组字也合流了。这跟今宁都方言相同。

3. 分尖团音。如晓母下有"希虚香"，而心母下有"西胥相"；溪母下有"牵邱"，而清母下有"千秋"；见母下有"坚姜鸠"，而精母下有"尖将啾"。今宁都方言精组细音已经腭化为舌面前塞擦音或擦音，见组细音读舌尖前的塞擦音或擦音。这种变化在《正韵窃取》音系中还没有发生。

4. 保留日母。今宁都方言部分读同泥母，部分读同影母。刘纶鑫（2001，第87页）认为："江西客家话的日母字大部分读零声母，一小部分读〔n〕。"因为江西的赣语有些地方的日母字读〔ȵ〕，客赣话本相近，故拟音为〔ȵ〕。

5. 喻母字一部分归微母（一部分归影母）。魏氏说："喻今分入微影二母。"在微母"文"字下列有"员王荣围"（云母）。今客家方言有许多地方影母字也有归微母的。如刘纶鑫（2001，第87页）认为："宁（宁都）石（石城）中，有许多的影母、云母、以母乃至于少数日字读〔v〕。例如：影母'渊冤鸳怨'，云母'晕云运雨芋员袁远永咏越'，以母'沿缘匀允阅悦疫役'，日母'闰润'"。在《正韵窃取》音系中也有部分影母字归到了微母，微母"威"字下列有"翁乌温剜渊窝蛙汪氲"（影母）。

6. 影母洪音字仍然读零声母。在影母"恩"字下列有"阿讴坳庵谙"。而今宁都方言中影母字在洪音前与疑母同，在细音前仍读零声母。

7. 晓母合口洪音字仍然读舌根擦音。在匣母"欢"字下列有"呼昏荒灰"，"侯"字下列有"胡"，"寰"字下列有"魂花（华）"。而今宁都方言中晓母合口洪音字读同非母。

8. "而"等字读来母。在一东"戎"字"而中切"下有魏氏的按语："而字读如之切。今读稜慈切，则戎字音笼矣。"说明当时"而戎"等字有读来母音的。刘纶鑫"而"读 [1]，而"戎"读零声母 [Ø]；谢留文则"而"读 [n]，"戎"读零声母 [Ø]。这说明"而戎"等的来母读音正趋于消亡。

四、声调

从《正韵窃取》分韵中，可知有平上去入四声。但在"六十三字所属"中，声母有阴阳之分，如溪母阴声有"轻、开、夸"字，阳声有"鲸、狂"字，定母阴声有"天"，阳声有"庭"，等等，可知平声字是分阴阳的，即有阴平和阳平。因此《正韵窃取》音系中声调有阴平、阳平、上声、去声和入声五个。这种情况还保留在邻近石城县的某些地方（如琴江镇等）。

不过在今宁都客家话中，声调有七个，即去入声也有阴阳之分。但在"六十三字所属"中分阴阳所举的例字都是平声字，无法知道去入声是否分阴阳。按理说去入声也是分阴阳的，否则今宁都方言去入声分阴阳就不好解释了。

《正韵窃取》所记载的明末宁都客家话音系，尽管有些地方存在分韵粗疏或遗漏的情况，但整个音系的大致框架还是基本上呈现了出来，这就为我们提供了一个活生生的明末客家话音系样品，是我们了解明末客家话的语音特点以及明末以来客家话发展演变的一项重要语音资料。

第二节 《天然字汇》

醴陵市位于湖南东部，罗霄山脉北段西沿，湘江支流渌水[1]流域。民国六年（1917），醴陵人张国声（自称渌江人）编有一部字书《天然字汇》。在序言中他介绍了书名的由来："甚矣，文字浩繁！尝见幼学数年，及长执笔忙（茫）然，不知凡几也。予因摘要字数千，略载意义。编立字母及字母谐音，为初学之梯航。其

---

1 渌水是湘江支流，又名渌江，源出江西省万载县，经湘赣边界入浏阳，经浏阳东南部、醴陵市城区，至株洲渌口镇注入干流。

谐音之法，以清平、上、去、入、浊平五音成句，出自天然，不由思索，故名曰《天然字汇》。"从该字书中，我们可以了解到百年前醴陵方音的大致面貌。醴陵方言处于湘赣方言交接处，语言比较独特，具有湘赣方言的特点。现在习惯上，把醴陵方言划入赣方言。

一、声母

该书列有"字母"，但由于所列字母都是一些词语，字数太多，并未加以归纳整理，因此无法直接从中得出声母。另有十六个"字髓"，也就是十六个韵部。在类似等韵图的"字母谐音"中，以一个字髓为单位，横为声母，纵为声调，这样就列出了每一韵部下的音节数，并且"五音"相承，构成"字组"。通过字组与中古三十六字母比较，观其分合，可以得出声母系统。

1. 全浊声母消失，全浊的塞音、塞擦音不论平仄都读送气音。如"叨道导陶""偷豆头""铺普步仆蒲""通动洞同""亏跪匮逵""跷巧轿乔""雌此自慈"等构成字组。

2. 庄组、知₂组字跟精组字合流为一组。如"庄纂壮""仓撰状藏""霜颡算""粗楚助族徂""数素缩"等构成字组。又如"叉妁权察茶""沙傻嘎杀"等构成字组。

3. 泥（娘）母和来母在洪细前都不混，且泥母细音为舌面鼻音。

如高韵下"脑闹铙"与"老捞牢"对立，坚韵下"拈捻念言"与"脸练连"对立。

另泥母细音与疑母细音、部分日母细音合流。如鸠韵下"纽肉牛"，甘韵下"仰让娘"，基韵下"拟义日宜"等构成字组。今醴陵方音中，古泥来母字逢今洪音读 [l] 声母，逢今细音，泥母读 [ȵ] 声母，来母仍然读 [l] 声母。

4. 知₃章组合流为一组，跟精组字有对立，独立为一组。但在古遇摄合口三等鱼虞韵、臻摄合口三等文谆韵、山摄合口三等仙韵前跟见组字合流。

如十一"鸠"韵中知章组字"周咒帚竹""抽丑臭逐俦""收受授叔酬"等构成字组，与"租祖做卒""疏数素缩"等对立。

在"孤"韵下"朱主句橘""区杼具出渠"等构成字组；在"根"韵下"专卷眷""川犬倦"等构成字组；在"今"韵下"军准稕""春蠢郡群""熏迥顺纯"等构成字组。

5. 晓匣母在合口前跟非、敷、奉合流。如"夫父付伏胡""非斐惠回""花化法华""风粉奉红"等构成字组。

6. 影母（细音）、喻二母字合流。"衣以易一夷""央养样羊"等构成字组。

7. 尖团音没有合流。如字组"轻馨近穷"与"青静净情"等有对立。今醴陵方音中老派还分尖团，新派已经不分尖团。

8. 影母洪音开口呼跟疑母洪音合流，合口呼跟微母字合流。"鸦哑亚鸭牙""哀矮爱厓""弯晚万顽""温稳问文"等构成字组。根据今醴陵方音，疑母洪音仍为舌根鼻音，微母为唇齿浊擦音。

因此我们可以归纳出声母为（拟音根据今醴陵方音，见《醴陵市志》）：

　　见母［k］、溪母［k'］、疑母_{洪音}［ŋ］、疑母_{细音}［ȵ］、端母［t］、透母［t'］、来母［l］、泥母［n］、帮母［p］、滂母［p'］、明母［m'］、精母［ts］、清母［ts'］、心母［s］、晓母［h］、照母［tʂ］、穿母［tʂ'］、审母［ʂ］、影母［Ø］、非母［f］、微母［v］、章_合［tɕ］昌_合［tɕ'］书_合［ɕ］

二、韵母

该书列有十六个"字髓"，即十六个韵部。根据各个韵部中字组的来源和声韵配合关系，参考现代醴陵方音，每个韵部中所包含的韵母拟构如下：

　　高［au］、骄［ɛu］、坚［ĩ］、基［i］［iʔ］、规［ui］、鳏［uã］［ã］［iã］、钩［eu］、皆［ai］［uai］、家［ua］［ia］［a］［uaʔ］［iaʔ］［aʔ］、孤［u］［y］［uʔ］［yʔ］、鸠［iəu］［əu］［iuəu］［əuʔ］、根［ẽ］［yẽ］、歌［o］［io］［uo］［oʔ］［ioʔ］［uoʔ］、甘［iõ］［uõ］［õ］、今［ien］［en］［uen］［yen］、结［iɛ］［ɛ］［yɛ］［iɛʔ］［ɛʔ］［yɛʔ］

1. "高"韵来源于效摄一二等，"骄"韵来源于效摄三四等，它们有对立。今醴陵方音已经合并为一组。而在赣方言宜春片中，绝大多数效摄开口三四等的知章组字与同摄的开口一二等字都保持分立。

2. 遇摄合口三等的鱼虞韵精组字读开口归基韵。基韵主要来源于止摄开口三四等字以及遇摄部分三等字。在基韵下有字组：咀沮济绩，妻取娶七齐，西洗细夕徐。

3. 古流摄字两分，"钩"韵主要来源于流摄一等侯韵字和部分三等尤韵的庄组字。"鸠"韵主要来源于流摄三四尤幽韵字。"钩"韵与"鸠"韵分韵，这种对立的局面同今醴陵方音。

4. 效摄开口三等宵韵的知章组字与流摄一等字合流。

在"钩"韵下"招沼照""超兆召潮""烧少劭韶"等构成字组。

5. 遇摄合口一等模韵的精端组字跟流摄开口三四等字合流。

在"鸠"韵下"都堵妒笃""土吐读徒""努怒傉奴""租祖做卒""粗楚助族徂""疏数素缩""鲁路六卢"等构成字组。

6. 蟹摄一二等字合流为"皆"韵。今醴陵方音分为两组，如"来解"等读〔ai〕，"怪快"等读〔uai〕；而"台再"等读〔a〕，"外"等读〔ua〕。而在赣方言宜春片中，绝大多数点蟹摄开一与开二的见系字也还保持分立或有分立的痕迹，如开一读〔oi〕，开二读〔ai〕。

7. 山咸两摄字合流后分为坚韵和鳏韵。坚韵主要来源于山咸摄的三四等字，鳏韵主要来源于山咸摄的一二等字以及部分三等字。

8. 咸摄开口一等谈韵、山摄开口一等寒韵牙喉音字和山摄合口一等桓韵的帮组字与江宕摄字合流为甘韵。

在甘韵下"甘敢干""宽慷看狂""安岸昂""邦榜半""潘髈胖盘""满盲忙""憨罕汗杭"等构成字组。

9. 止摄开口三等的精组字、知₌章组字读合口洪音。

"孤"韵主要来源于遇摄字：孤枯五朱语布普母乌胡。但在"孤"韵下有字组："姿子恣""雌此自慈""思死四""枝止至执""痴齿治植持""诗是世十时"等构成字组。今醴陵方音止摄开口三等韵精庄知章组字读舌尖前元音，而在赣方言宜春片宜丰话中，止摄开口三等韵精庄两组字今读为〔u〕。

10. 麻韵二三等有别。麻韵二等字主要归入家韵，麻韵三等字归入结韵。

11. 二耳儿等止摄开口三等日母字跟麻韵三等字合流。在结韵下"尔二而"构成字组。今醴陵方音同，读〔ε〕。

12. "根"韵主要来源于臻、曾、梗摄一二等字和山摄三四等部分见组、知章组字（卷犬专川悬渊圆怨等）。"今"韵主要来源于臻、曾、梗摄三四等字和部分臻摄一等合口字（村尊坤）以及通摄、深摄字（通动农同宋松龙今吟等）。今醴陵方音同。

13. 入声韵只配阴声韵。入声韵或许有喉塞韵尾，或许连喉塞韵尾也失去了，只保持一个独立的调类。

三、声调

声调分阴平、上、去、入声、阳平，作者已经说得非常清楚。

四、与今音的主要差异

书中音系跟今醴陵方音主要不同点：

1. 书中知≡章组合流为一组，跟精组字有对立，为独立的一组声母。在今醴陵方音中，开口三等（蟹止二摄例外）和通摄合口三等知≡章组今读 [ʦ][ʦʻ][s]，但今老派方音开口三等和通摄合口三等某些字，仍还读翘舌音。

2. 尖团音没有合流。今醴陵方音中老派还分尖团，新派已经不分尖团。

3. 止摄开口三等的精组字、知≡章组字读合口洪音。今醴陵方音止摄开口三等韵精庄知章组字读舌尖前（后）元音，而在赣方言宜春片宜丰话中，止摄开口三等韵精庄两组字今读为 [u]。

第十章　吴方言

吴方言又叫吴语，主要分布于今浙江、江苏南部和上海等地。吴语保留古全浊塞音和塞擦音。

第一节　《声韵表》

韩洽（1622—1689），字君望，号寄庵，晚号羊山畸人。江南长洲（今苏州）人。明诸生，晚年隐居羊山，从学者众。贫寒以终，笃学通经，尤好诗，与杨炤、俞砀有"吴中三诗人"之称，生平事迹见《小腆纪传》卷五八、韩骐《寄庵公小传》，著有《篆学测解》《四书因注》《寄庵诗存》。《声韵表》（一卷）是一部等韵图，附在《篆学测解》卷首，该表按平上去入分为四卷，平上去各为十八韵，入声为八韵。每韵下分开合两呼，呼下再分上下两等，每等再按三十一个声母依次列字（次序见表 10-1），分清浊两行。《声韵表》成书时间不详，在《篆学测解》正文中每卷卷首都署有"明韩洽君望氏著"，可见该书应该成书于明末。清嘉庆二十五年（1820）由韩氏侄孙韩尊[1]刊印。下面对其音系作些介绍和分析。

一、声母

《声韵表》有三十一个声母。韩氏在论"二十二字"中说："清浊之中各有二十二字，喉二、腭三、舌四、舌齿四、齿四、齿唇二、唇三，此先师祖云壮巫士所定，然舌音遗一字，止云二十一字。盖新安土音呼农为笼，故合二为一耳。清音七字无文，浊音六字无文，有文者合三十一字，即三十六母内五母相同宜并故也。"这三十一母，韩氏列有一表，原为竖行，今改为横行如下（见表 10-1）。

1　韩尊，字桂舲，江苏元和人。元和县清雍正二年（1724）分长洲县东南部置。先前武则天万岁通天元年（696）分吴县东部置长洲县。1912 年，元和县并入吴县，东部划入昆山县。

表 10-1　三十一母表

	喉		腭			舌				舌齿				齿				齿唇		唇		
	一	二	一	二	三	一	二	三	四	一	二	三	四	一	二	三	四	一	二	一	二	三
清	影	晓	见	溪	○	○	端	透	○	○	审	照	穿	○	心	精	清	非	○	帮	滂	○
浊	喻	匣	○	群	疑	来	○	定	泥	日	禅	○	澄	○	邪	○	从	微	奉	○	并	明

韩氏把三十六字母中的五母并到其他字母中，即"娘并泥、知并照、彻并穿、床并禅、敷并非"。

韩氏的这个声母系统跟《中州音韵》[1]《洪武正韵》的声母系统基本一致。主要不同是在《中州音韵》和《洪武正韵》中，床禅没有全合并，而《声韵表》中床禅全合并（见表10-2）。另外《声韵表》中全浊音为送气音。

表 10-2　床禅分合表

中州音韵	船（床）	禅	澄
洪武正韵	床	禅	澄
声韵表	床禅		澄

二、韵与韵母

《声韵表》总共分六十二韵，平上去声各十八韵，入声八韵[2]（见表10-3）。

表 10-3　六十二韵表

平	乌	於	阿	鸦	邪	伊	支	哀	讴	鑺	翁	胦	䀮	罂	恩	安	音	谙
上	隖	搋	閜	哑	野	依	纸	欸	欧	袄	蓊	愭	块	罃	䁓	俺	饮	揞
去	污	饫	椏	亚	夜	懿	寘	蔼	沤	奥	瓮	蓊	盎	瀴	饐	按	荫	暗
入							屋	渥	恶	庀	乙	遏	邑	姶				

每韵之中先分开合，开合之中再分上下两等（每等之中根据声母的清浊分为两行），即有开口上等、开口下等、合口上等和合口下等，亦即分开、齐、合、撮四呼。这样我们就知道各韵之中包含了几个韵母。下面对各韵中的韵母个数和韵字的中古来源作些介绍（韵中所含的每个韵母只取一个字作标目，举平以赅上去）。

1　书中只提《中州韵》，究竟是王文璧《增订中州音韵》还是范善溱《中州全韵》呢？答案应该是前者。因为在书中提到的韵目有"支思、东钟、桓欢、寒山、先天"等与《增订中州音韵》同，而与《中州全韵》的韵目"支时、东同、欢桓、干寒、天田"等不同。

2　入声韵书中没有与舒声韵相配。

（一）阴声韵和阳声韵

1. 乌韵只有一个韵母：乌。其韵字主要来源于中古遇摄模韵和鱼虞韵的轻唇音字、庄组字。

2. 於韵只有一个韵母：於。其韵字主要来源于中古遇摄鱼虞韵轻唇音、庄组字以外的字。

3. 阿韵有两个韵母：开口"歌"和合口"戈"。其韵字主要来源于中古果摄歌戈韵一等字。

4. 鸦韵有两个韵母：开口上等的"嘉"和合口上等的"瓜"。其韵字主要来源于中古假摄麻韵二等字。

5. 邪韵有两个韵母：开口"爹"和合口"靴"。其韵字主要来源于中古假摄麻韵三等字和果摄戈韵合口三等字。

6. 伊韵有两个韵母：开口"饥"和合口"龟"。其韵字主要来源于中古止摄支之脂微韵三等字（开口三等庄章组和精组字除外）和蟹摄四等齐韵、三等祭废韵字以及部分蟹摄合口一等灰韵字。

7. 支韵有两个韵母："诗"和"思"。其韵字主要来源于中古止摄开口三等庄章组和精组字。

8. 哀韵有三个韵母：开口上等"咍"、开口下等"皆"和合口上等的"怀"。其韵字主要来源于中古蟹摄一二等韵字。

9. 讴韵有两个韵母：开口上等的"钩"和开口下等的"鸠"。其韵字主要来源于中古流摄字。

10. 鏖韵有两个韵母：开口上等的"高"和开口下等的"骄"。其韵字主要来源于中古效摄字。

11. 翁韵有两个韵母：上等的"公"和下等的"恭"。其韵字主要来源于中古通摄字。

12. 胦韵有两个韵母：开口的"江"和合口的"双"。其韵字主要来源于中古江摄字。

13. 央韵有四个韵母：开口上等的"冈"、开口下等的"姜"、合口上等的"光"和合口下等的"狂"。其韵字主要来源于中古宕摄字。

14. 罂韵有四个韵母：开口上等的"亨"、开口下等的"兴"、合口上等的"諻"和合口下等的"兄"。其韵字主要来源于中古曾梗摄字。

15. 恩韵有四个韵母：开口上等的"痕"、开口下等的"欣"、合口上等的"昏"和合口下等的"薰"。其韵字主要来源于中古臻摄字。

16. 安韵有四个韵母：开口上等的"寒"、开口下等的"贤"、合口上等的"桓"和合口下等的"玄"。其韵字主要来源于中古山摄字。

17. 音韵只有一个韵母：音。其韵字主要来源于中古深摄字。

18. 谙韵有两个韵母：上等的"含"和下等的"嫌"。其韵字主要来源于中古咸摄字。

韩氏的分韵是以《中州音韵》为基础的。他在"十八韵"中说："沈氏五十六韵破碎分析，多不可解。唐礼部韵合为三十，犹为过分。然亦有不应合而合，如元魂者矣。陈献可《皇极统韵》分三十六韵，强合三十六母尤谬。《中州》十九韵大都得之。今犹少异者，此盖有据。"

下面把韩氏的分韵和《中州音韵》的分韵进行比较（见表 10-4）。

表 10-4　分韵比较表

中州音韵	东钟	江阳	支思	齐微	鱼模	皆来	真文	寒山	桓欢	先天	萧豪	歌戈	家麻	车遮	庚青	尤侯	侵寻	监咸	廉纤
声韵表	翁	桜腴	支	伊	乌	於	哀	恩		安		臛	阿	鸦	邪	罌	讴	音		谙

从上表可以看出，最明显的分别有以下几处：

1. 江阳韵。在《声韵表》中分为了两韵。韩氏说："诗韵三江附东冬之后，与阳韵绝远。而《中州》《洪武》俱并入阳韵。以今人语音论之，则江阳固似一韵。然考《易》《诗》诸古文，江邦等字俱叶东韵，不入阳韵。以谐声论之，则江韵诸字，除一腴字外，俱谐东韵字。盖古人之音与今稍异。非如《中州韵》之呼江为姜也。吾谓吴音较犹近古，与此可证。如江字谐工声，吴音之江则如工音而口微开，若呼如姜，则于工不近矣。凡等韵二等字皆然。今仍依诗韵自为腴韵。然腴桜自可合作一韵。"这里韩氏主要根据《切韵》系韵书分韵，另外也是有自己的方音因素在起作用。在今苏州话中，江韵字与阳韵字绝大部分还能区别，即江摄字绝大部分读 [ã]，阳韵字绝大部分读 [ã]，只有阳韵的庄组字非组字读 [ã]，唐韵字大多读 [ã]。但韩氏又认为江阳不分韵也可。亦即江阳韵可分可不分（见表 10-5）。

表 10-5　江阳韵今音表

江韵	邦	江	降				窗	双					
	ã	ã	ã				ã	ã					
阳韵	让	章	昌	商	疮	庄	床	霜	帮	方	将	枪	相
	ã	ã	ã	ã	ã	ã	ã	ã	ã	ã	ã	ã	ã

资料来源：叶祥苓（1988），下同。

2. 鱼模韵。在《声韵表》中分为了两韵。韩氏在"於"韵下说："此韵即乌韵之下等也。本当为一韵，故谐声转借并可相通。今人之读与古稍异，收韵与乌不同，故别为於韵。"在《中州音韵》中，鱼模韵只有一个主要元音，而《声韵表》中有两个主要元音。当时官话、吴语应该都是如此。

3. 寒山、桓欢、先天韵。在《声韵表》中三韵合为了一韵。韩氏在"安"韵下说："元寒诸韵，中州亦分桓欢、寒山、先天三韵。今依等韵合为一。内黫闲等字，今官话似下等。然中州在寒山韵，与先天韵烟贤异。测按等韵第二等字并当如吴音读上等，黫闲等字当读如北音之安寒。然吴音之安寒与此又微异，故依别为中等。谵韵亦然。"在《中州音韵》中，三韵主要元音不同，在《声韵表》中只有一个主要元音，这是明末以来许多北音文献普遍的反映，如《等韵图经》《元韵谱》《五方元音》等。另外，古开口二等牙喉音字，明清时期北音普遍增生了 [i] 介音，读下等细音，如庚读惊，铿读卿。但古二等开口牙喉音字在《声韵表》中根据吴音读音都归上等（但书中蟹摄开口二等字列在下等），韵母读洪音，与《中州音韵》同，今吴方音白读音仍旧如此（见表 10-6）。

表 10-6 二等开口牙喉音字白读表

家	街	交	江	监	敲	闲
ɑ	ɑ	æ	ɑ̃	E	æ	E

4. 监咸、廉纤韵。在《声韵表》中二韵合为了一韵。在《中州音韵》中，二韵主要元音不同，在《声韵表》中只有一个主要元音。

5. 庚清韵。在《声韵表》中为"罂"韵，两书基本一致，只是有些许差异。韩氏在"罂"韵下说："庚耕韵字，吴语多与阳韵同，此古音也。故与烝韵各自为韵。等韵亦然。今故依《中州》《洪武》与烝韵合。庚耕韵等韵属第二等，中州韵则读下等，如庚读惊，铿读卿。唐韵皆自为一韵，盖属存疑。测谓并属上等为是，他韵姑依所谓官话者，收入下等。此韵有《正韵》为据，定为上等，此韵合口字，《中州》皆入东钟韵。"这韵曾梗摄合流主要是根据《中州音韵》《洪武正韵》。但梗摄合口字，《中州音韵》《洪武正韵》八十韵本[1]都与通摄字合流，今吴语也是如此。但七十六韵本没有。可见这韵最终依据是《洪武正韵》七十六韵本的分韵。另韩氏说"庚耕韵字，吴语多与阳韵同"，今吴语梗摄字白读仍旧与阳韵同（见表 10-7）。

1　八十韵本不常见，韩氏可能没有见到。

表 10-7　梗摄字白读表

庚	梗	坑	硬	亨	争	冷	朋	孟
ã	ã	ã	ã	ã	ã	ã	ã	ã
章	昌	商	良	将	相	香	羊	枪
ã	ã	ã	iã	iã	iã	iã	iã	iã

从上述分韵的差异可以看出，书中音系既不全同于《中州音韵》音系，也不同于当时的官话音和当时的吴语口语音，其音系应该另有所本（见下文音系性质部分）。

（二）入声韵

1.屋韵有两个韵母：上等的"哭"和下等的"曲"。其韵字主要来源于中古通摄入声字。

2.渥韵有两个韵母：开口的"觉"和合口的"浊"。其韵字主要来源于中古江摄入声字。

3.恶韵有四个韵母：开口上等的"恶"、开口下等的"约"、合口上等的"霍"和合口下等的"懼"。其韵字主要来源于中古宕摄入声字。

4.尼韵有四个韵母：开口上等的"赫"、开口下等的"檄"、合口上等的"国"和合口下等的"械"。其韵字主要来源于中古曾梗摄入声字。

5.乙韵有四个韵母：开口上等的"弗"、开口下等的"七"、合口上等的"忽"和合口下等的"屈"。其韵字主要来源于中古臻摄入声字。

6.遏韵有四个韵母：开口上等的"遏"、开口下等的"切"、合口上等的"阔"和合口下等的"雪"。其韵字主要来源于中古山摄入声字。

7.邑韵只有一个韵母：急。其韵字主要来源于中古深摄入声字。

8.始韵有两个韵母：上等的"答"和下等的"业"。其韵字主要来源于中古咸摄入声字。

至于书中入声韵分立的依据是什么，韩氏没有明说。而《中州音韵》入派三声，没有独立的入声韵。故不好比较。但书中常引用《洪武正韵》，下面就把二者的入声韵进行一下比较（见表 10-8）。

表 10-8　入声韵比较表

洪武正韵	屋韵	质	曷	辖	屑	陌	缉	合	叶	药	
声韵表	屋韵	乙韵	遏韵			庀韵	邑韵	姶韵		渥韵	恶韵
代表字	屋秃束速蝮扑禄独辱族木郁曲足浴玉续	失弗日勿没乙吉七必疾密骨窟突出卒术橘律	遏渴达轧杀八伐子设铁切列热蔑杰豁阔说夺末刷血雪穴月劣绝			赫格色则特勒食直墨益的昔辟逆力席敌国棫	邑吸执缉及立入十习集	答榻拉鸭眨法洽乏帖摄接协业涉猎捷		觉剥学岳朔浊	恶各索错博咢落铎昨缚莫约却烁削药略若霍

很明显，书中入声韵是在《洪武正韵》分韵的基础上，按照阳声韵的分合进行分并而成。

三、音系性质

《声韵表》音系尽管保留全浊音，但不是当时吴语口语音的反映。韩氏在"二十二字"中说："……即三十六母内五母相同宜并故也。《备考》[1]改作二十八字，因昭明不考字音，止据吴语将半浊字呼为全浊，故少匣禅奉三母耳。《备考》音切悖谬太甚，全不可据。"这里韩氏明确指出按吴语口语音合并字母是悖谬。另韩氏还说："其娘字与知彻澄同列于舌上，则与今人语绝不类。吴语则作腭音与疑母同，他方则多作舌头音与泥母同，未闻有作舌上音者。但吴语日母字亦与娘泥二母同。"书中娘母字并入泥母，不与疑母字合并，日母字也独立，可见书中声母系统不是表现吴语口语音的。

韩氏在"阿"韵下说："阿与乌字同音，读如吴语之鸦字，故模歌二韵并与麻韵相通，宜合乌阿鸦为一韵。其合口之倭字与阿音异，则别为一韵可也。今姑各仍其旧。"今吴语口语音中歌模同韵较普遍，但与麻韵不同韵（见表 10-9）。

表 10-9　哥模麻今读表

模韵	租 əu	都 əu	姑 əu	卢 əu	呼 əu	胡 əu	乌 əu
歌韵	歌 əu	禾 əu	锅 əu	鹅 əu	多 əu	何 əu	阿 əu
麻韵	巴 o	沙 o	瓜 o	鸦 o	拿 o	花 o	麻 o

另山摄字的归并，也跟吴语的三分是不同的。可见韵母系统也不是反映吴语口语音的。

1　指王应电（字昭明）的《同文备考》，该书声母匣喻合流、禅日合流、奉微合流。

  《声韵表》音系反映的是明末吴语区读书人心中的正音或通音[1]。这从韩氏分声列韵的依据可以看出，韩氏的主要依据是《中州音韵》和《洪武正韵》，偶尔也参考诗韵。当然在继承传统韵书的同时，韩氏也根据当时官话的实际读音，作了一些调整。如一些韵的分合不同于《中州音韵》和《洪武正韵》，而跟当时的官话相符，如鱼模分韵、元寒桓韵的合并。这说明读书音也会根据当时的通语进行适当的变化，朝着通语进一步靠拢。由于是方言区的读书音，自然也会受方言的影响，如韩氏在论"上下等"时说："开合之中，又各有等。等韵字列四等，今按每字止宜二等。如萧豪韵中见字母下，上等则高，下等则娇，如此而已。其交字依吴语则同高，依官话则同娇。断不能于高娇之间别为一声也。"[2] 书中"交"字列在上等。

  另外清康熙年间昆山人朴隐子（王山民）[3]编过一部《诗词通韵》，在书中音注下，提到过一种"通音"，这种音系跟《声韵表》音系，大同而小异。下面对这两者进行一下比较。

  两种书声母都是三十一个[4]。在《诗词通韵》中，床澄合流，禅母独立。在《声韵表》中，床禅合流，澄母独立（见表10-10）。另外，在《诗词通韵》中，疑娘合流。在《声韵表》中，泥娘合流（见表10-11）。

---

1 韩氏在"字音"中说："《长笺》云'近有一南人偶从北游还，反笑南方正音为谬。'读者不学之过也。"可见当时吴语区确实存在着正音系统。

2 当吴语和官话之间矛盾无法调和的时候，韩氏只好折中，不惜违背自己的规定。在十六"安"韵前，韩氏说："元寒诸韵，中州亦分桓欢、寒山、先天三韵，今依等韵合为一。内'瓀闲'等字，今官话似下等，然中州在寒山韵与先天韵'烟贤'异。测按等韵第二等字，并当如吴音读上等。'瓀闲'字当读如北音之'安寒'。然吴音之安寒与此又微异。故依等韵别为中等，谙韵亦然。"韩氏在十六"安"韵和十八"谙"韵中列有中等，跟前面所说的"每字止宜二等"矛盾。

3 郭秧全、蔡坤泉主编《昆山历代艺文志》（江苏科学技术出版社，2012年，第231页）载："朴隐子不详姓氏。清康熙时昆山人。究心声韵之学30余载，谓'词严声律，韵为中州'。繁征博引，辨证细微。《诗词通韵》五卷、《反切定谱》一卷，经部小学类存清抄本，见《昆山先哲遗书目录》。"

4 陈宁认为有三十二个。他说："但是朴隐子说有31个声母。我们多出一个来，不是弄错了吗？问题出在角次浊上，朴隐子在角次浊上安排了疑母（开口）和泥（齐齿、撮口）娘母两类字，疑母字占了开口呼，如'敖昂岸皠莪偶额'；泥（齐齿、撮口）娘母字占了齐、撮二呼，如'宁泥纫裹娘年涅钮浓女'这两类字虽然是互补，同居一位，却无法合为一个声母。我们不妨将朴隐子的'三十一等'视为31个声母位，其中有32个声母。"其实，这是吴语方音的反映，正如韩氏所说。本文《诗词通韵》通音都参考陈宁文。

表 10-10　禅床澄分合比较表

诗词通韵	禅	床	澄
声韵表	禅	床	澄

表 10-11　疑娘合流表

诗词通韵	疑	娘
声韵表	疑	娘（泥）

　　舒声韵分韵方面，《诗词通韵》除了把《中州音韵》鱼模韵分为两类外，其他跟《中州音韵》基本相同（除了少数字的归韵）（见表 10-12），说明《诗词通韵》在分韵方面比《声韵表》要保守。

表 10-12　分韵比较表

中州音韵	东钟	江阳		支思	齐微	鱼模		皆来	真文	寒山	桓欢	先天	萧豪	歌戈	家麻	车遮	庚清	尤侯	侵寻	监咸	廉纤
声韵表	翁	映	映	支	伊	乌	於	哀	恩		安		鑢	阿	鸦	邪	罂	讴	音		谙
诗词通韵	翁		映	而	伊	乌	纡	欸	恩	安	剜	嫣	鏖	阿	鸦	耶	英	讴	阴	谙	淹

　　在入声韵方面，《诗词通韵》分为九韵，《声韵表》分为八韵，韵数也基本一致 [1]。另外，两书声调都分平上去入四声。

　　从上面大致的比较中，可以看出，吴语区的读书音大体一致，但不同的人之间存在一些差异，有的存古多一些，显得相对保守一些。有的趋时一些，显得相对靠近官话些。有的受方音影响少些，有的受方音影响多些。这正如韩氏在论"字音"中所说："文可正义可正而音不可正，无论五方之风气不同，即一邑之中相去数里，语音便殊。果孰是而孰非乎？诸书所载某音为正，某音为讹者。此不过一人之正一方之正，而未必其果正也。"

　　当音系的性质明确后，我们就可以给书中音系进行拟音。

　　声母：

　　　　影［Ø］、喻［j］、晓［x］、匣［ɣ］，见［k］、溪［kʻ］、群［gʻ］、疑［ŋ］，端［t］、透［tʻ］、定［dʻ］、泥［n］、来［l］，照［tʂ］、穿［tʂʻ］、澄［dʐʻ］、审［ʂ］、日［ʐ］，精［ts］、清［tsʻ］、从［dzʻ］、心［s］、邪［z］，非［f］、奉［vʻ］、微［ɱ］，帮［p］、滂［pʻ］、并［bʻ］、明［m］

1　因入声韵各家存在一些分歧，故不做详细比较。

韵母：

乌［u］、於［y］、阿［o］［uo］、鸦［a］［ua］[1]、邪［iɛ］［yɛ］、伊［i］［uei］[2]、支［ɿ］［ʅ］、哀［ai］［uai］［iai］、讴［əu］鸠［iəu］[3]、鏖［au］［iau］、翁［uŋ］［yŋ］、胦［aŋ］［uaŋ］、央［aŋ］［uaŋ］［iaŋ］［yaŋ］、罂［əŋ］［uəŋ］［iəŋ］［yəŋ］、恩［ən］［uən］［iən］［yən］、安［an］［uan］［ian］［yan］、音［iəm］、谙［am］［iam］；屋［uʔ］［yʔ］[4]、渥［ɑʔ］［uɑʔ］、恶［oʔ］［uoʔ］［ioʔ］［yoʔ］、亝［ɛʔ］［uɛʔ］［iɛʔ］［yɛʔ］、乙［əʔ］［uəʔ］［iəʔ］［yəʔ］、遏［aʔ］［uaʔ］［iaʔ］［yaʔ］、邑［iəp］姶［ap］［iap］

四、贡献与价值

1.《声韵表》音系是当时吴语区读书音的反映，这给我们留下了明末吴语区正音的一个完整样本，对于我们了解明代通语读书音具有一定的参考价值。

2.《声韵表》在分韵过程中，常常与当时吴语口语音进行对比，这给我们留下了明末吴语的一些语音特征，对于我们了解明末吴语具有一定的参考价值。

3.《声韵表》在选择韵目字的时候，有意选择影母字（极少数声调没有影母字，选择喻母字）。这种做法，影响了部分学者，如上述《诗词通韵》在对书中一百八十四韵注释时，就采用了影母字"映伊安恩乌鸦"进行归并。戴震在乾隆三十八年（1773）据《广韵》分古韵为七类二十部时，其韵目也采用了"阿乌翁讴"等影母字。

4.《声韵表》在每韵下列举代表字时，根据声母的清浊分列两行，这对声调分阴阳的方言区读者会产生视觉上的强力冲击，也会影响后来吴语区一些韵书的编撰，如乾隆年间沈乘麐《韵学骊珠》就是直接按四声分阴阳两类来进行列字的。

---

1 韩氏说："此韵字并宜读上等，吴语为是，官话读下等。"即开口二等牙喉音字仍读洪音，没有产生［i］介音。但在《诗词通韵》中，读细音。

2 韩氏说："此韵合口字虽觉微异，余初拟别为一韵，然韵脚仍收伊字，今仍旧为一韵。"

3 讴鏖二韵并与乌于韵相通，盖字尾仍收乌字也。

4 韩氏在"四声"中说："盖韵者，字之余音也。入声直而短，才出口之倾则为入声。长言之则平矣。如屋字入也，歌之则乌矣。"可见，入声韵绝大部分有一个喉塞韵尾。

第二节　《切法辨疑》

《切法辨疑》为明末清初人张吴曼所著[1]，现见有青照堂刊本。马昌顺主编的《陕西省志·出版志》（2001，第146页）："青照堂约于顺治年间（1644—1661）刊《切法辨疑》一卷、《切法指南》一卷，明张吴曼撰。"张吴曼还著有《集古梅花诗》十九卷，《四库全书总目提要》存目："国朝张吴曼撰。吴曼字也倩，上海人。居吴淞江上，其地多梅，因为集句赋咏。"据裴普贤在1979年台湾学生书局出版的《集句诗研究续集》中的研究，清初松江有一个明末遗民隐士群，其中公推的首领就是张吴曼，这个遗民集团有定期的梅花会，用梅花作为集团的标志，因为梅花有傲霜斗雪的冷香精神。另外为张吴曼《集古梅花诗》作序的陈瑚、张积祥、朱锦等人也是该隐士群之人。此隐士群不奉清廷正朔，故序文中不书年号。总之，《切法辨疑》成书在清初应该是没有多大问题的。

《切法辨疑》书前有朱锦序、张锡怿序和凡例，正文为"切法指南""无言秘诀""按声指数法""切法辨疑"。

此书的"凡例"中，作者特别指明此书的列字"俱遵中州韵"，好像是一部反映通语语音的韵图。但实际上并非如此。

"切法指南"中，张氏分韵部为十六个：千秋鸿儒光生尼山斜高欢歌花开佳辉。"切法指南"有四个平声韵图，每个图横列十六个韵部的代表字，纵列声母代表字。声母的代表字以助纽字为标目，随图而不同。下面对书中的音系作些介绍。

一、声母

张氏书总共有六十个助纽字，实际声母个数并没有这么多，其实这些助纽字是声介合母。在"切法辨疑"中："如丁字，其转音属丁颠，该丁经切。乃注当经切，盖当字之转音属登耽，则为登字矣。如下字，其转音属寅贤，该贤雅切。乃注胡雅切，盖胡字之转音属魂完，则为有音无字矣。如丐字，其转音属庚甘，该甘戴切。乃注居大切，盖居字之转音属君涓，则为有音无字矣。如且（音疽）字，其转音属精尖，该精余切。乃注子余切，盖子字之转音属真占，则为朱字矣。"

在"无言秘诀"中，张氏把六十个助纽字，编成了一首诗："切（青千）法（分番）阐（春川）玄（云玄）理（凌连），旁（朋盘）通（吞贪）妙（民绵）入

1　在《切法辨疑》最后有沈白给张氏写的小传。沈白（1626—1703），清华亭（今上海松江）人，字涛思，号贲园，诸生，不仕，有《贲园文存》。

（人然）奇（擎虔）。澄（存廛）[1]心（心鲜）能（能难）默（门瞒）会（魂完），闻（文凡）响（欣轩）得（登耽）全（秦全）知（真占）。个（公官）中（中钻）含（恒含）秘（兵边）诀（君涓），精（精尖）义（寅延）不（崩般）可（坑堪）思（申膻）。烹（烹潘）岩（硬岩）温（温剜）轻（轻牵）氲（氲渊），松（松酸）翁（翁湾）平（平便）空（空宽）腾（腾潭）。群（群权）昆（昆官）凝（宁年）[2]隆（隆銮）勋（勋喧），金（今坚）厅（汀天）羇恩（恩庵）纶（仑娄）。坤（坤宽）庚（庚甘）欢（昏欢）偋（偋偏）婷（亭田），狂丁（丁颠）因（因烟）吾亨（亨醋）。"[3]

这六十个助纽字（吾、羇除外）跟三十六字母的关系如表10-13所示：

表10-13　助纽字与三十六字母对照表

三十六字母	见	溪	群	疑洪	影	晓	匣	匣喻	疑细喻	章知	知精	精	澄从	从	清
助纽字	个诀昆金庚①	可轻空坤	奇群狂	岩	温氲翁恩因	响勋欢亨	会含	玄	义	知	中	精	澄	全	切
三十六字母	昌	心	心书	日	帮	滂	并	明	端	透	定	来	泥	非敷	微奉
助纽字	阐	心松	思	入	秘不	烹偋	旁平	妙门	得丁	通厅	腾婷	理隆纶	能凝	法	闻

①　"个"与"昆"重复，都是合口呼。

从助纽字与三十六字母的关系来看，全浊音基本上独立（少数浊音字合并），非敷合流、奉微合流、精组与照组字有相混的情况。

下面我们再根据"切法指南"中韵图的列字来进一步观察声母的特点：

1. 保留全浊音。（以"千"部为例）

第一图"朋盘"下列有"盘"；第二图"崩般"下列有"般"；第三图"烹潘"下列有"潘"。

第一图"廷田"下列有"田"；第一图"丁颠"下列有"巅"；第一图"汀天"下列有"天"。

第三图"恒寒"下列有"含"；第三图"亨醋"下列有"醋"。

第一图"勤虔"下列有"虔"；第二图"轻牵"下列有"牵"；第三图"巾坚"

1　在"切法辨疑"中，吴氏说："如湛字，其转音属存船，该存减切。"澄从船母合流。

2　在"切法指南"第四图中最后："元与宁年同"，但没列字。

3　张氏说"歌诀俱遵中州韵，惟吾羇狂三字，从吴语读。所以备转音也，然其转音有声无字。故复两切以通之。"其中吾、羇在韵图中没有使用，狂母只有"狂环葵"三字。

下列有"坚"。

第三图"存廛"下列有"廛"；第二图"春川"下列有"川"；第二图"中钻"下列有"钻"。

2.非敷母合流。

在第一图中，"分番"下列字有：风芳分番敷。

3.奉微合流。

在第一图中，"文凡"下列字有：浮逢无房文微凡扶。

4.精庄章知组合流。

在第一图中，"申膻"下列字有：膻收舒霜申思山赊骚娑沙腮筛；第二图中，"真占"下列字有：占周中朱庄真知遮招租渣灾斋追；"春川"下列字有：川抽聪苍春痴挦车超撺初叉猜崔；在第三图中，"存廛"下列字有：廛愁从除迟残蛇潮徂茶才。

5.部分从邪合流。

在第一图中，"秦全"下列字有：全囚徐秦齐斜瞧。

6.从（部分）澄崇船合流。

在第三图中，"存廛"下列字有：廛愁从除迟残蛇潮徂茶才。

7.匣喻合流。

在第二图中，"寅延"下列字有：延尤夷爷姚谐遐；在第三图中，"云玄"下列字有：玄容于圆；在第四图中，"魂完"下列字有：完鸿王魂为还何华淮槐。

8.疑母细音与喻母匣母细音合流。

义（寅延）、言（寅延）[1]，今上海话：言＝炎＝延＝嫌＝舷。

9.禅日（从）合流。

在第一图中，"人然"下列字有：然羢儒人时曹攒。

10.分尖团。

在"尼、秋、千"韵下，西≠希，修≠休，尖≠坚，秋≠丘。

11.泥来母不混。

在第一图"灵连"下列有"连"；在第二图"宁年"下列有"年"。

六十个助纽字中，从表面上看没有邪母。是不是真的没有邪母了呢？不是。因为精章庄知组已经合流，自然"邪禅"合流。再从声母特点来看，"禅日"合流，也就是"邪禅日"合流了。这样就有两组"从邪"合流，即"秦全"与"人然"。

1　书中"无言秘诀"有两种，略有差异，但第一种刻板有些地方不太清楚。

但从第一图"千"部下列字来看，存在"全≠然"。自然这两组字一归从母，一归邪母。从吴语发展演变的普遍规律和今上海方音来看，日母字都归入邪母，不归入从母。因此"人然"属于邪母。

这样，六十个助纽字（吾、癣除外）跟三十六字母的关系可以进一步归纳（见表10-14）。

表 10-14　声母归纳表

三十六字母	见	溪	群	疑洪	影	晓	匣喻疑细	章知精（庄）
助纽字	个诀昆金庚	可轻空坤	奇群狂	岩	温氲翁恩因	响勖欢亨	会含玄义	知精中
三十六字母	澄从（崇）（船）	清昌（彻）（初）	心书	日（禅）（邪）	帮	滂	並	明
助纽字	澄全	切阐	心思松	人	秘不	烹俜	旁平	妙门
三十六字母	端	透	定	来	泥	非敷	微奉	
助纽字	得丁	通厅	腾婷	理隆纶	能凝	法	闻	

下面列举出《上海市区方言志》中第五章"上海音与中古音的比较"中的声母部分（每母只列中古主要来源）的主要特点，以便对照（见表10-15）。

表 10-15　上海音部分声母与中古音的比较

古今情况	上海	中古	上海	中古	上海	中古
声母情况	［v］	奉微	［ɦ］	匣云以	［ts］	精知庄章
	［f］	非敷	［z］	从邪澄崇船禅日	［g］［d］［b］	与中古群定並母大致对应

从表10-15可以看出，书中声母特点跟今上海方音的声母基本一致，主要不同的是今上海方音中"从邪"基本上已经合流了。在今上海方音中，少数老派部分字还保留从母读音［dz］，如：迟稚治［dzɿ］。但在《中国音韵学研究·方音字汇》中，还有很多从母字仍独立，读音［dz］，没有跟邪母合流。如：从崇［dzoŋ］、残栈绽［dzɛ］、贱［dziɛ］等。可见上海方音从邪绝大多数字合流是最近几十年来的事情。

因此书中声母系统反映的是清初上海方音，这样可以归纳出实际声母为（根据今上海方音拟音）：

见母［k］、溪母［k'］、群母［g］、疑母［ŋ］、晓母［h］、匣母［ɦ］、影母［Ø］、精母［ts］、清母［ts'］、从母［dz］、心母［s］、邪（日）母［z］、非母［f］、微母［v］、端母［t］、透母［t'］、定母［d］、泥母［n］、来

母［l］、帮母［p］、滂母［pʻ］、并母［b］、明母［m］

二、韵母

再看十六个韵部系统（以第一图列字为主，如果不够说明问题，补以其他图的字为辅）：

1. 千部。第一图列有：甘千全连盘贪绵然虔羶南田天颠。第二图列有：先牵烟占官钻延边涓尖年般堪轩川。第三图列有：嫠偏玄宽坚便欢廛喧湛含酣潭潘（宽）（嫠）[1]。第四图列有：庵完瞒岩权喧官（完）。这部字主要是山咸摄三四等字和部分山咸摄一二等字。其中山咸摄一二等字与欢部重见较多。

2. 秋部。例字：修丘攸周（周）尤彪纠啾牛褒抠休抽。这部字主要来源于古流摄。

3. 鸿部。例字：中公（中）龚浓翁聪。这部主要来源于古通摄字。

4. 孺部。第一图列有：徐闾儒舒。第二图列有：朱（朱）居苴。这部主要来源于遇摄合口三等字。

5. 光部。第一图列有：刚芳旁汤房霜囊。第三图列有：郎匡江荒当行唐滂（匡）（郎）。这部主要来源于江宕摄字。

6. 生部。第一图列有：庚分青秦灵朋吞民人勤文申能廷汀丁。第二图列有：心轻因真兵君精宁崩砰欣春。这部主要来源于臻摄、侵摄、梗摄和曾摄字。

7. 尼部。例字：西溪衣知归锥夷泥卑威希痴。这部主要来源于止摄开口三等字、部分止摄合口三等字和蟹摄开口四等齐韵字。

8. 山部。第一图列有：番滩凡山。第二图列有：班弯挱。第三图列有：阑缄儳残丹寒檀攀（阑）。第四图列有：还蛮颜关弯环。这部主要来源于山咸两摄合口三等的非母字和山咸摄开口一二等字及部分合口二等字。

9. 斜部。第一图列有：斜赊爹。第二图列有：遮爷车。这部主要来源于麻韵三等字。

10. 高部。例字：高锹瞧辽袍叨苗曹桥骚挠超挑刁。这部主要来源于古效摄字。

11. 欢部。第一图列有：干盘攒。第二图列有：官钻涓般堪撺。第三图列有：圆宽欢喧酣潭潘（宽）嫠。第四图列有：庵完瞒岩权喧（官）酸。这部主要来源于山摄合口一等桓韵字、部分山咸摄一等开口的牙喉音字和部分山摄合口三等牙

---

[1] 这两行除了个别字外，跟前面的重复。用括号标出，后同。

喉音字。

12. 歌部。第一图列有：歌敷婆拖扶娑奴。第二图列有：租歌（租）波阿初。这部主要来源于果摄一等字和遇摄一等模韵字以及遇摄合口三等非组字、庄组字。

13. 花部。第一图列有：琶沙。第二图列有：渣爪（渣）巴蛙叉。第三图列有：虾夸花茶。第四图列有：丫麻华沙。这部主要来源于麻韵二等字。

14. 开部。第一图列有：该排台腮能。第二图列有：揩挨灾乖哉谐开猜。第三图列有：来街歪才孩台。第四图列有：哀淮埋乖筛。这部主要来源于蟹摄开口一等哈韵字和少数蟹摄二等韵的牙喉音字、帮组字。

15. 佳部。第一图列有：他筛筛拿。第二图列有：揩揞斋乖遐歪虾钗。第三图列有：佳歪鞋。第四图列有：捱槐埋衙乖筛茄。主要来源于蟹摄二等韵的牙喉音字和庄组字以及少数麻韵开口二等的牙喉音字。

16. 辉部。第一图列有：飞裴推。第二图列有：追归（追）卑威崔。第三图列有：亏辉堆颓丕（亏）雷。第四图列有：为媒归威葵巍。这部主要来源于止摄合口三等牙喉音、知组、非组字和蟹摄合口一等灰韵端组、帮组、精组字以及少数止摄开口三等的帮组字。

韵部的主要特点：

1. 果摄一等字与遇摄一等模韵字以及遇摄合口三等非组字、庄组字合流（见表10–16）。

表 10–16　歌模今音表

	歌	坐	多	波	过	都	苏	姑	初	夫
上海	u	u	u	u	u	u	u	u	u	u
嘉定	u	u	u	u	u	u	u	u	u	u

资料来源：今上海音来源于《上海市区方言志》，嘉定音来源于《嘉定方言研究》。

2. 麻韵二等字与三等字不同韵。

今上海、嘉定麻韵二等字和三等字有同韵的情况，但在《现代吴语的研究》中，麻韵三等字与二等字绝大部分是不同韵的。在《上海市区方言志》中，麻韵二等字大多有与麻韵三等字同韵的又读音（见表10–17）。

表 10–17　麻韵今音表

麻韵	花	瓜	夸	巴	爬	麻	拿	茶	查	叉	沙
《上海市区方言志》	uA	uA	uA	A	A	/	A	/	/	A	A
	o	o	o	o	o	o	o	o	o	o	o

（续表）

麻韵	家	牙	虾	霞	鸦	姐	斜	遮	车	蛇	爷
《上海市区方言志》	A	A	o	/	o	/	/	o	o	o	/
	iA	iA	/	iA	iA	iA	iA	/	/	/	iA

从表 10-17 可以看出，大致是麻韵二等牙喉音字与麻韵三等字同韵。不同的是麻韵三等章组字与大部分麻韵二等字同韵。

麻韵二等字（牙喉音除外）绝大部分字有又读（在《嘉定方言研究》中也如此），究竟哪种读音是后来才有的呢？应该是读［A］韵的读音。因为在《中国音韵学研究·方音字汇》的上海音中，这些字大都读［o］韵（见表 10-18）。

表 10-18　《方音字汇》麻韵读音表

麻韵	花	瓜	夸	巴	爬	麻	拿	茶	查	叉	沙
读音	uo	uo	uo	o	o	/	/	o	o	o	/
麻韵	家	牙	虾	霞	鸦	姐	斜	遮	车	蛇	爷
读音	/	/	/	o	/	/	/	o	o	/	/

在上海附近的昆山，麻韵字读音比较单纯（见表 10-19）。

表 10-19　昆山麻韵读音表

麻韵	花	瓜	夸	巴	爬	麻	拿	茶	查	叉	沙
读音	o	o	o	o	o	o	o	o	o	o	o
麻韵	家	牙	虾	霞	鸦	姐	斜	遮	车	蛇	爷
读音	a	a	o	/	o/ia	ia	ia	o	o	o	ia

资料来源：王盈新（2011）。

今上海读音比较复杂，跟上海是个国际化大都市有关。自从 1843 年上海开埠以后，大量外来移民涌入上海，使得上海方音受到外来方音的影响。再加上通语的影响，促使麻韵二等字读音发生变化（o→A），不过这种变化正在进行之中，音变还没有最后完成。在这种音变中，麻韵二等牙喉音字变化最快。麻韵三等章组字（遮车蛇）在清初时跟其他麻韵三等字是同韵的，后来归入了麻韵二等字的阵营（什么时候发生的音变目前不得而知），这部分字至今还没有 A 韵的又读音。

3. 臻摄、深摄、梗摄和曾摄合流（见表 10-20）。

表 10-20　臻、深、梗、曾摄今音表

	审	深	轻	真	分	崩	能	等	盛
上海	ən	ən	in	ən	ən	ən	ən	ən	ən
嘉定	əŋ	əŋ	iŋ	əŋ	əŋ	əŋ	əŋ	əŋ	əŋ

嘉庆十九年（1814）《上海县志》："东冬罔辨，江阳不分，真侵同吻，亦不独吾乡然矣。"又嘉庆二十二年（1817）《松江府志》："东冬罔辨，江阳不分，真庚同吻，亦不独吾郡然矣。"这说明自从清初以来，上海方音一直如此。

4. 山咸两摄合流后三分，即千部、山部和欢部（见表 10-21）。

表 10-21　山咸摄今音表

	千部					山部						欢部			
	欢	寒	团	酸	权	山	残	难	班	番	弯	边	先	添	全
上海	uø	ø	ø	ø	yø	E	E	E	E	E	uE	i	i	i①	i
嘉定	uI	ø	ø	ø	yø	E	E	E	E	E	uE	iI	iI	iI	iI

①　在上海方言中，老派大多读［iI］，有的开口度大，读成了［ie］。新派几乎都读［i］。

部分山咸摄一二等韵字在欢部与千部中有又读音，今嘉定方音中只有"iI"音一读，如"喧瞒潭盘官完潘"字，少数字原来只有欢部读音的，现在也归入了千部，如"欢宽"字。而仅见于千部的山咸摄一二等韵字，今仍读"iI"音的，如"甘贪南庵含酣"等字。

5. 蟹摄一等开口字跟蟹摄合口一等字基本上不同韵（见表 10-22）。

表 10-22　蟹摄一等字今音表

	蟹摄合口一等字						蟹摄开口一等字						止摄字				
例字	堆	崔	推	裴	媒	雷	胎	乖	来	哀	该	灾	卑	追	归	飞	威
上海	E	ø	E	E	E	E	E	uA	E	E	E	E	E	ø	uE	i	uE
嘉定	ø	ø	ø	iI	iI	ø	E	uE	E	E	E	E	iI	ø	uI	i	uI

从表 10-22 可以看出，辉部字在上海话中比在嘉定话中保留一致性的程度要高些，但上海话中辉部字与开部基本上合流了，而嘉定话辉部字与开部字基本上能区分，即蟹摄一等开口字跟蟹摄合口一等字基本上不同韵。

6. 蟹摄开口一等韵字与蟹摄开口二等韵字基本上不同韵（见表 10-23）。

表 10-23　蟹摄开口二等字今音表

	筛	揩	乖	歪	钗	佳	鞋	槐	埋
上海	A	A	uA	uA	A	iA	A	uA	A
嘉定	A	A	uA/uE	uA	O	iA	A	uA	A

7. 通过表 10-23 和表 10-22 的对照，可以看出，蟹摄开口一等韵字与蟹摄开口二等韵字基本上不同韵。另外佳部字跟开部字有些牙喉音字存在又读，只有嘉定方音还可见一"乖"字。

从上面可以看出，这个韵部系统应是当时上海方音的韵部系统，下面我们根据今上海方音、19 世纪的上海方音和助纽字的情况，构拟韵母系统如下：

千部：〔ẽ〕〔iẽ〕；秋部：〔ɤ〕〔iɤ〕；鸿部：〔oŋ〕〔yoŋ〕；孺部：〔y〕〔ɥ〕[1]；光部：〔uã〕〔ã〕〔iã〕；生部：〔əŋ〕〔uəŋ〕〔iəŋ〕〔yəŋ〕；尼部：〔i〕〔ui〕[2]〔ɿ〕；山部：〔ɛ̃〕〔uɛ̃〕；斜部：〔ʌ〕〔iʌ〕；高部：〔ɔ〕〔iɔ〕；欢部：〔ø̃〕〔uø̃〕〔yø̃〕；歌部：〔u〕〔yu〕[3]；花部：〔o〕〔uo〕；开部：〔ɛ〕〔iɛ〕〔uɛ〕；佳部：〔a〕〔ua〕〔ia〕；辉部：〔e〕〔ue〕

三、声调

由于韵图只列平声字，我们无法从中得知声调究竟分多少类。但张氏在"按声指数法"中说："盖一字有四声，平上去入总一转音。"因此，张氏总共分了四个调类。

尽管张氏韵图没有按四呼区分列图，显得有些杂乱。但张氏的革新精神是难能可贵的。他的字母和韵部用字，基本上是自己重新拟定的。正如张氏在"凡例"中所说："是诀脱尽从前窠臼。"遗憾的是，张氏没有把入声韵列举出来，导致音系不太完整。尽管如此，但当时上海方音的主要特征还是呈现了出来，使我们能了解到清初的上海方音。《切法辨疑》是目前所知道的最早比较全面反映上海方音的音

1　张氏说："如且（音疽）字，其转音属精尖，该精余切。乃注子余切，盖当字之转音属真占，则为朱字矣。"

2　读〔ui〕韵的字在"辉"部中有又读。

3　读〔yu〕韵只有一个靴字，在《现代吴语的研究》中读〔iu〕，发生了异化作用，变成了齿齿呼。

韵文献，因此该书是我们研究上海方音史和吴方音史的宝贵资料。

第三节 《自识字》

《自识字》成书于清乾隆三十五年（1770），无刻本，只有抄稿本存世。作者为吴县（今苏州，即今苏州市吴中区和相城区）人，姓王，名字不详。序后署有"乾隆三十五庚寅仲春月日吴邑芳草王孙识"。但芳草王孙并不是其名。序中说："若欲著名凿字，愧不成文，俱系谚辞俗语，遗羞后世，恐僇先人，不若隐而不露，仅宜一姓，又为族繁而玷辱雷同，则稍微差别。我王父有芳草一堂传之吾□□父以及吾□□长兄，递传之冢孙吾侄，不意弃桑梓而流落他乡。二兄暂代其职，又被贵邻司业赶出。二兄早世，仅存一子，谓他人父而不归。则芳草王孙惟余小子，故敢谨书。"其生平事迹亦不详，但从序中"某自幼孤少哀以来，不听父兄教训，惟博弈饮酒为好，腹中五脏六腑饮食酒肉而已，他无有也"。可知他早年是一个浪荡子弟。后来家族零落，比较凄惨。

作者编撰此书的目的是助幼童自己识字，序中说："凡属幼童，须知前重后轻者为平声……悉在口中，不用从师，自能辨四声而尽识字文矣，故无论正俗韵，总名之曰《自识字》。"

该书包括序言、天籁图、四象、反切平声图、反切入声图和正文。正文后附有疑篆和篆法辨疑。

"天籁图"包含五十三个半谐首（即韵目），其实就是五十四个舒声韵母。序中说："再由天道而微谐数，宜另置日月运行图以细详之，共五十三谐半。则依口出声处，仅书谐首五十四字为一图，名之曰'天籁'。"其中有些韵母是白文，大都是有声无字的。序中说："中有飞白文者，为有声无字。适属谐首，不得不略造文画，聊为声记。"这些白文韵首有些在其他字母下有字，有些基本无字。白文音节是地道的口语音，是白读。

"四象"就是把五十四个韵母分为四组，即腭象、颊象、腮象和舌象，但每组所含韵母的多少不同。

"反切平声图"就是五十四个舒声韵母（谐首）与二十八个字母相拼的音节表。

"反切入声图"就是十五个入声韵与二十八个字母相拼的音节表。

正文就是韵书。以谐为单位，以"反切平声图"中的音节为序列出小韵字，再接着列出相承的上去入声字。小韵首字注有反切，韵字都有详细的释义。

一、音系及其特点

（一）声母及其特点

序中说："某尝随举一声，自喉谚至唇末，得喉有七声，齿有五声，舌有五声，牙有五声，唇有六声，并成二十八宿之数，为之一谐，合正副尾三谐而成韵，共得五十三谐半，作二十一韵。"由此可知，书中声母有二十八个。下面选择"反切平声图"中的几个韵列举如表 10-24 所示。

表 10-24　声母表

唇						牙					舌					齿					喉						
芒	滂	邦	旁	方	亡	藏	仓	臧	桑		囊	当	汤	堂	郎	床	窗	庄	霜		昂		康	冈	欯	姎	杭
绵	篇	边	胼			前	千	煎	先		颠	天	田	连							年		乾	谦	坚	轩	烟	言
						辞	雌	兹	思	匙						而	持	鸥	之	施	时						
蒙	甀		蓬	风	逢	从	聪	宗	松		农	东	通	同	龙	虫	充	中	春		空	公	烘	翁	红
轸	翼	张	星	柳	鬼	井	参	觜	毕	昴	胃	娄	奎	壁	室	危	虚	女	牛	斗	箕	尾	心	房	氐	亢	角
明	滂	帮	並	非	奉	邪	清	精	心	从	泥	端	透	定	来	船	昌	章	书	禅	疑	群	溪	见	晓	影	匣

注：书中为竖排，今改为横排，并配上传统字母。

声母有以下几个特点（列举韵图列字或各谐下相关列字）：

1. 保留全浊声母。

如"边胼篇""煎前千""风逢""东同通""鸥持之""施时""坚乾谦""洪烘"对立。

2. 非敷合流。

在韵图非母下列有：夫风方番非福法弗。在红谐下：风＝枫＝疯＝封＝酆＝锋＝峰＝蜂＝烽。在福谐下：福＝幅＝蝠＝复＝腹＝馥＝覆。在乎谐下：夫＝俘＝麸＝肤＝敷。在恒谐下：分＝纷＝氛＝芬＝雰。

3. 奉微合流。

在韵图奉母下列有：无逢亡烦微浮伏缚乏佛。在乎谐下：无＝芜＝巫＝诬＝符＝苻＝扶＝芙＝毋＝凫。在恒谐下：闻＝文＝蚊＝雯＝汾＝焚＝坟。

4. 从邪母绝大部分字合流（部分日禅母字也归入）[1]，但有少数从邪母字（部分禅崇母字也归入）仍旧保持从母读音。

1　从今吴县（2000 年设吴中区和相城区，下文为了方便与古吴县方音进行比较，仍采用今吴县的说法）方言和苏州地区方言来看，都是从母归入了邪母，书中从邪母合流应该也是这种情况，这样比较好解释今方言的状况。

在韵图邪母下列有：徂从茶藏才残前墙曹樵齐随层情存秦蚕邪愁囚辞。在形谐下：情＝晴＝寻＝秦＝旬＝巡＝循＝驯。在羊谐下：墙＝蔷＝樯＝戕＝详＝祥＝庠＝翔。在随谐下：遂＝隧＝穗＝萃＝瘁＝悴＝罪＝邃＝粹＝坠＝睡＝瑞＝芮＝睿。在余谐下：聚＝署＝曙＝薯＝绪＝序＝叙＝淑。

但在辞谐下：（辞＝词＝祠＝嗣＝磁＝茨＝瓷）≠（鲗＝茡＝匙＝弑[1]）。

5. 泥来母不混。

在乎谐下：（罗＝萝＝箩＝骡＝螺＝庐＝炉＝芦＝垆＝胪＝泸＝轳＝鸬＝膔）≠（奴＝孥＝驽＝那＝挪＝捼）。在夷谐下：（离＝璃＝漓＝篱＝黎＝鹂＝梨＝犁＝鳌＝厘＝狸＝罹＝庐＝驴＝桐）≠（宜＝尼＝泥＝怩＝疑＝嶷＝沂＝倪＝輗＝霓）。在寒谐下：（鸾＝銮＝栾＝峦＝娈＝岚＝褴＝挛）≠（男＝南＝喃＝楠）。

6. 日母字绝大部分与禅母合流（部分船澄母也归入），部分日母字与船澄母字合流。但禅母与船澄母还存在对立。

在韵图禅母下列有：韶绳然时攘孰若舌。如在红谐下：孰＝熟＝塾＝赎＝属＝蜀＝肉＝褥＝辱＝溽。在恒谐下：人＝仁＝神＝纯＝绳＝壬＝任＝淳＝醇＝鹑＝辰＝晨＝唇。在毫谐下：韶＝绕＝娆＝荛。在寒谐下：然＝燃＝船＝蚺＝髯。在时谐下：时＝埘＝如＝茹＝殊＝殳＝儒＝濡＝嚅＝襦＝孺。

在韵图船母下列有：柔长虫传。如在侯谐下列有：绸＝稠＝紬＝酬＝畴＝筹＝踌＝柔＝揉＝蹂。

但在辞谐下：（持＝池＝驰＝踟＝迟＝除＝厨＝橱＝躇＝储）≠（时＝埘＝如＝茹＝殊＝殳＝儒＝濡＝嚅＝襦＝孺）。在寒谐下：（传＝椽＝遄＝缠＝蝉＝禅＝婵＝嬗＝蟾）≠（然＝燃＝船＝蚺＝袽＝髯）。在恒谐下：（呈＝程＝惩＝澄＝沉＝成＝诚＝城＝丞＝承＝乘＝仍＝臣＝陈）≠（人＝仁＝神＝纯＝绳＝壬＝任＝淳＝醇＝鹑＝辰＝晨＝唇）。在毫谐下：（潮＝朝＝晁）≠（韶＝绕＝娆＝荛）。在长谐下：（长＝常＝嫦＝裳＝尝＝偿＝徜＝长＝场＝肠）≠（攘＝穰＝禳＝瓤）。

7. 泥娘母细音绝大部分与疑母合流（少数日母字也归入），归入疑母。

在韵图疑母下列有：吾绒昂年顽娘敖宜危迎元虞牛岳业虐颜。在形谐下：迎＝凝＝银＝垠＝吟＝宁。在夷谐下：宜＝尼＝泥＝怩＝疑＝嶷＝沂＝倪＝輗＝霓[2]。

1　鲗组字的相承去声为：事＝士＝仕＝市＝柿＝是＝饲＝寺＝字＝巳＝祀＝耜＝俟＝竢。

2　在夷谐泥母的上声下有"你＝柅"。

在余谐下：女＝语＝圄。

8. 匣喻合流（少数疑母字也归入）。

在韵图匣母下列有：乎红容华杭王怀骸孩言还牙羊毫尧夷为恒形魂云寒员完余爷侯尤斛欲学药滑核月亦或合。在红谐下：容＝蓉＝溶＝榕＝庸＝墉＝慵＝鳙＝融＝颙＝熊＝雄＝荣＝营＝荥＝萤＝萦＝莹＝嵘。在形谐下：形＝刑＝型＝邢＝行＝淫＝盈＝赢＝楹＝赢＝瀛＝陉＝寅。在为谐下：为＝违＝围＝闱＝廻＝徊＝洄＝苗＝蛔＝回。在夷谐下：夷＝姨＝痍＝怡＝贻＝饴＝彝＝遗＝颐＝仪＝移＝迤＝兮＝奚＝蹊＝携＝畦。在牙谐下：牙＝芽＝衙＝虾＝涯＝崖＝耶＝椰。在员谐下：员＝圆＝袁＝辕＝猿＝援＝玄＝悬＝缘。

9. 分尖团音。

在夷谐下：（希＝稀＝嘻＝熹＝熙＝牺）≠（西＝栖＝犀＝撕＝嘶＝玺）；（几＝讥＝机＝饥＝肌＝基＝箕＝畸＝羁＝稽＝嵇＝姬）≠（跻＝挤＝斋＝赍）；（欺＝溪＝崎）≠（妻＝凄＝萋＝蛆）；（其＝期＝麒＝棋＝旗＝祈＝蕲＝耆＝奇＝骑＝祁＝歧＝芪）≠（齐＝脐＝荠＝徐）。在余谐下：（虚＝嘘＝煦）≠（需＝须＝胥）；（居＝裾＝拘＝驹＝俱）≠（沮＝疽＝蛆＝狙＝龃）；（区＝驱＝岖＝躯＝墟）≠（趋＝坥）。在羊谐下：（香＝乡）≠（襄＝镶＝相＝箱＝骧＝湘＝厢）；（姜＝疆＝缰＝僵）≠（浆＝将）；（羌＝蜣＝腔）≠（锵＝斨＝跄）。

10. 庄组字绝大部分与精组字合流（少数知章组字也归入[1]），与知章组字对立[2]（少数庄组字也归入[3]）。

在韵图中齿音"呈称贞声绳""持鸥之施时""床窗庄霜""周抽收""潮超招烧韶"与牙音"层争僧""辞雌兹思匙""藏仓臧桑"[4]"邹搜""曹操遭骚"对立。

在恒谐下：（身＝声＝深＝升＝申＝伸＝绅＝呻）≠（僧＝生＝笙＝牲＝甥＝孙＝飧＝森＝参）；（真＝珍＝甄＝屯＝迍＝贞＝蒸＝征＝斟＝箴＝针）≠（争＝筝＝曾＝增＝憎＝罾＝蓁＝榛＝尊＝樽＝遵）；（春＝椿＝瞋＝称＝頹）≠（村＝皴＝琛＝櫬）；（人＝仁＝神＝纯＝绳＝壬＝任＝淳＝醇＝鹑＝辰＝晨＝唇）

1　如在红谐下有：从＝崇＝丛＝戎＝茙。在随谐下有：朘＝追＝隹＝锥；催＝摧＝崔＝吹＝炊＝推；随＝隋＝谁＝垂＝陲＝锤＝捶。

2　书中知章组字绝大部分都与洪音相拼，但韵图中有少数知章组字与细音相拼，如云谐下有：陈春真身人。月谐下有：说。但这可能靠不住，韵图云谐下的这些字在韵书中都归在恒谐下，云谐下没有列字。

3　比如韵图在杭谐齿音下有：床窗庄霜。

4　正文韵书有部分韵已经亡佚，如"杭""王""言""还"等，见韵母表灰色区域。

≠（层＝橙＝存＝岑＝涔）。

在侯谐下：（邹＝陬＝诹）≠（周＝州＝洲＝舟）；（搜＝溲＝馊＝艘）≠收。

在辞谐下：（持＝池＝驰＝踟＝迟＝除＝厨＝橱＝躇＝储）≠（鲋＝匙＝豉）；（时＝埘＝如＝茹＝殊＝殳＝儒＝濡＝嚅＝襦＝孺）≠（辞＝词＝祠＝嗣＝慈＝磁＝瓷＝茨）；（鸥＝笞＝魑＝痴＝蚩＝枢＝姝）≠（雌＝縒）；（之＝支＝枝＝肢＝脂＝栀＝厄＝知＝朱＝珠＝诛＝株＝茱＝诸＝猪＝淄＝辎＝锱）≠（兹＝滋＝孳＝孜＝咨＝姿＝赀＝訾＝梓）；（施＝诗＝尸＝蓍＝书＝舒＝输）≠（思＝司＝斯＝厮＝丝＝私＝师＝狮）。

在毫谐下：烧≠（骚＝搔＝臊＝缲＝筲＝梢＝鞘）；（招＝昭＝钊）≠（遭＝糟＝抓）；（超＝弨＝怊）≠（操＝抄）；（朝＝潮＝晁＝淖）≠（曹＝漕＝嘈＝槽＝巢＝漅＝剿）。

（二）韵母及其特点

书中舒声韵总共分二十一部[1]，每一韵分为正副尾三谐[2]，共得五十三谐半。如果加上相配的入声的话，总共有五十七个韵母[3]（见表10-25）。

表10-25 韵母表

	腭部左韵			腭部右韵			落颊部左韵			落颊部右韵			镶颊部独韵			嘁腮部左韵			嘁腮部右韵		
	红			乎			羊			牙			毫			恒			雷		
舒声	正	副	尾	正	副	尾	正	副	尾	正	副	尾	正	副	尾	正	副	尾	正	副	尾
	红	容		乎	①		长	羊	横	鞋	牙	槐	毫	尧		恒	形	魂	雷		为
入声	斛	欲		入声同左韵			箸	药	画							核	亦	或	入声同左韵		
	嘁腮部独韵			撮腮部左韵			撮腮部右韵			撮腮部通韵			勾腮部上韵			舌头部左韵			舌头部右韵		
	夷			寒			蛇			云			余			侯			爷		
舒声	正	副	尾	正	副	尾	正	副	尾	正	副	尾	正	副	尾	正	副	尾	正	副	尾
	夷			寒	员	完	蛇	靴		云	②		余			侯	尤		爷		
入声	入声同左韵形谐			合	月	或	入声同左韵			入声同左韵员谐			入声同员韵			入声同嘁腮部左韵			入声同嘁腮韵		

---

1 实际上只有十九部，有两部没有列字，是凑数用的。

2 作者有意把每个谐首都以牙喉音字标目，故有些谐首没有牙喉音时则造了些生僻字符。笔者采用其他字作为标目。有些韵部下没有三个韵母，有些韵部下不止三个韵母，因此分正副尾三谐有时会削足适履。

3 但"时"韵情况复杂，实际不止这个数。

（续表）

	舌心部独韵	腭部			腭部			腭部			腭部					
	时	桠			杭			孩			间					
舒声		正	副	尾	正	副	尾	正	副	尾	正	副	尾			
	时	桠	虾	花	杭	江	王	孩	骸	怀	间	言	还			
入声					各	角					黠		滑			

注：1. 书中并没有给每个韵部一个具体的韵目，文中韵目是笔者所加。

2. 表中阴影部分的几个韵部，韵书部分已佚，具体叫什么名字不知，只是根据韵图列入。

① 副谐列有一个"靴"字。此字另见蛇部靴谐。

② 云谐书中没有指明正副尾。在韵书中只有臻摄合口三等韵的牙喉音字。但在韵图中列有臻摄开口三等韵齿音字，而在韵书中臻摄开口三等韵的齿音字中的精组字归在恒部的形谐，正齿音字归在恒部的恒谐。根据韵书的体例，凡是只有一谐的，称独韵，而云谐称通韵，加上云谐在韵图中紧挨恒部，可见云谐应该归恒部，只是作者囿于自己的体例，每部只能列正副尾三谐，这样云谐只好单独归为一谐，但却无法指明属于正副尾谐中的哪一谐。或许，当时韵基与恒部确实存在差异。

韵母的主要特点：

1. 果摄一等字开合不分与遇摄一等模韵字合流。

在乎谐下：乎＝狐＝弧＝瓠＝胡＝湖＝葫＝蝴＝壶＝禾＝和＝河＝何＝荷＝吴＝蜈；戈＝哥＝哿＝歌＝孤＝觚＝姑＝沽＝辜＝锅＝箍；罗＝萝＝箩＝骡＝螺＝庐＝炉＝芦＝垆＝胪＝泸＝舻＝鸬＝胴；徒＝途＝涂＝屠＝图＝佗＝驼＝紽；苏＝酥＝疏＝蔬＝梳＝梭＝唆＝娑＝莎＝蓑；坡＝铺。

2. 臻深曾梗摄字合流。

在恒谐下：身＝声＝深＝升＝申＝昇＝伸＝绅＝呻；耕＝根＝跟＝庚＝赓＝羹。在形谐下：阴＝音＝喑＝英＝罂＝婴＝缨＝撄＝樱＝鹦＝莺＝鹰＝应＝姻＝因＝蝇＝茵＝殷＝胤；情＝晴＝寻＝秦＝旬＝巡＝循＝驯。在魂谐下：魂＝馄＝浑＝横＝黉。

3. 臻摄合口三等韵知章组字、来母字和开口字合流。

在恒谐下：人＝仁＝神＝纯＝绳＝壬＝任＝淳＝醇＝鹑＝辰＝晨＝唇；真＝珍＝甄＝谆＝屯＝迍＝肫＝贞＝桢＝蒸＝征＝斟＝针＝砧＝箴；春＝椿＝瞋＝称；棱＝伦＝纶＝轮＝抡＝囵＝仑＝沦。

4. 臻摄合口一等韵精端组字和开口字合流。

在恒谐下：滕＝腾＝藤＝誊＝疼＝豚＝囤＝臀＝饨＝庛；登＝灯＝敦＝墩；僧＝生＝笙＝牲＝甥＝孙＝飧＝森＝参；争＝筝＝曾＝增＝缯＝罾＝臻＝榛＝蓁

＝尊＝遵；村＝梆＝琛＝瞠；层＝橙＝存＝岑＝涔。

5.臻摄合口三等韵精组字和开口细音字合流。

在形谐下：青＝侵＝亲＝夋＝皴＝锓；情＝晴＝寻＝秦＝旬＝巡＝循＝驯；心＝星＝腥＝猩＝惺＝荀＝恂＝洵＝峋＝新＝薪＝辛；精＝晴＝菁＝腈＝旌＝晶＝津＝迸＝竣。

6.蟹摄合口一等韵和止摄合口三等韵的唇舌齿音字读开口洪音。

在嚫腮部右韵中，为谐和雷谐是同韵部下两个不同的韵母，为谐由蟹摄合口一等韵和止摄合口三等韵的牙喉音字构成，雷谐由唇舌齿音字构成。在雷谐下：雷＝嬴＝擂＝罍；颓＝隤；催＝摧＝崔＝吹＝炊；卑＝碑＝悲＝杯。在为谐下：威＝偎＝煨＝隈＝逶＝葳；灰＝辉＝晖＝挥＝麾＝隳＝徽；归＝龟＝圭＝闺＝规＝瑰。

7.遇摄合口三等韵来母字和少数精组字读开口细音。

在夷谐下：离＝璃＝漓＝篱＝黎＝鹂＝梨＝犁＝黧＝厘＝狸＝罹＝庐＝驴＝橹；齐＝脐＝荠＝徐；妻＝凄＝萋＝蛆。

8.止摄合口三等韵轻唇音字读开口细音。

在夷谐下：微＝薇＝维＝惟＝唯＝肥；非＝绯＝霏＝扉＝飞＝妃。

9.山咸摄合流后二分，其中山摄合口一等韵字、山咸摄三等韵的知章组字、山摄合口三等韵的牙喉音字、咸摄开口一等韵绝大部分字和山摄开口一等韵字绝大部分牙喉音字[1]归"寒员完"三谐，为一部，即寒部。其他山咸摄字归为"间言还"三谐，为一部，即间部。

10.山摄合口三等的知章组字与开口三等字合流，读洪音。

在寒谐下：然＝燃＝船＝蚺＝髯；占＝霑＝詹＝瞻＝专＝砖＝毡＝颛；川＝穿＝襜＝幨；传＝椽＝遄＝缠＝蝉＝婵＝禅＝嬗＝圌。

11.山摄合口一等韵的唇舌齿音字与开口一等韵字合流。

在寒谐下：鸾＝銮＝栾＝峦＝娈＝岚＝裔＝挛；团＝抟＝覃＝潭＝谭＝坛；贪＝探＝湍＝疃；端＝耑＝耽＝聃；男＝南＝喃＝楠；酸＝狻＝惨；蚕＝攒＝攒；盘＝胖＝蟠＝蹒。

12.江宕摄字合流后两分。

宕摄开口三等阳韵字除庄组字外，与梗摄二等韵字归为羊部。阳韵开口三等韵庄组字、阳韵合口三等韵字、唐韵一等韵字与江摄字归为杭部。

---

1 韵书中寒部字正谐和尾谐都注有正音同间部某谐，由于韵书部分间部亡佚，无法知道是否列有这些字。

13. 麻韵开口三等韵的章组字（如"遮车奢蛇"）与其他麻韵开口三等韵字不同韵，其中章组字与果摄合口三等韵"靴瘸"归为一部，即蛇部，而其他字归为一部，即爷部。

14. 遇摄合口三等韵的知章组字与止摄开口三等韵的知章组字合流。

在辞谐下：时＝如＝茹＝殊＝殳＝濡＝孺；施＝诗＝尸＝蓍＝书＝舒＝输；之＝支＝枝＝肢＝脂＝栀＝卮＝知＝朱＝珠＝诛＝株＝茱＝诸＝猪＝淄＝辎＝锱；鸥＝笞＝痴＝媸＝枢＝姝；持＝池＝驰＝迟＝除＝滁＝厨＝橱＝躇＝储。

15. 山摄合口一等韵牙喉音字与山摄合口二等韵牙喉音字不同韵。

山摄合口一等韵牙喉音字归在寒部，如寒部尾谐下有"宽观欢完"，山摄合口二等韵牙喉音字归在间部，如间部尾谐下有"顽环关弯还"。

16. 入声韵既配阴声韵，也配阳声韵，应该有个喉塞韵尾（见表10–26）。

17. 书中蟹摄开口二等韵与蟹摄开口一等韵大部分字不同韵，蟹摄开口二等韵字归在牙部，蟹摄开口一等韵字归在孩部。但蟹摄开口二等韵有些字在孩部有又读音（如"柴债钗牌拜卖"），蟹摄开口一等韵字有些字在牙部有又读音（如"太戴"）。

（三）声调及其特点

1. 声调分为平上去入四类。由于声母有清浊的对立，声调可能分为阴阳八调。

2. 全浊上声部分字仍旧读上声，部分字已经读去声，但有少数字有上去两读，说明全浊上声变去声正在进行之中。

在红谐下，去声：动＝恸＝洞，奉＝凤＝缝。

在乎谐下，上声：杜＝肚＝舵＝垛；去声：度＝渡＝镀＝堕＝惰＝驮。

在长谐下，上声：丈杖；去声：丈杖仗。

在羊谐下，去声：象＝像＝橡＝匠。

在毫谐下，上声：浩＝昊＝灏＝镐，稻＝道。

在恒谐下，上声：朕＝眹；去声：顺＝盛＝慎＝肾＝甚。

在形谐下，去声：幸＝倖＝悻＝杏，静＝净＝靓＝靖＝阱＝尽＝烬。

在魂谐下，上声：混＝捆。

在雷谐下，去声：遂＝隧＝穗＝萃＝瘁＝罪＝邃＝瑞＝坠，佩＝倍＝焙＝备；上声：蓓。

在为谐下，去声：匮＝柜＝馈＝跪＝聩。

在夷谐下，上声：技＝妓；去声：技＝妓＝伎＝忌＝暨＝悸，避＝婢＝陛＝被。

在寒谐下，上声：撼＝颔；去声：汗＝旱＝捍＝悍＝憾＝翰＝瀚，篆＝瑑，段＝缎＝断。

在蛇谐下，去声：社＝射＝麝。

在余谐下，上声：巨＝炬＝距＝拒＝龋；去声：聚＝署＝曙＝绪＝序＝叙＝溆。

在尤谐下，上声：臼＝舅＝咎。

在时谐下，上声：墅＝舓；去声：示＝誓＝逝＝侍＝视＝氏＝竖＝树，治＝滞＝稚＝住＝痔＝柱＝贮＝苎＝伫，事＝士＝仕＝市＝饲＝寺＝字＝俟＝巳。

3. 入声应该是一个独立的短调。

书中入声韵既配阴声韵，又配阳声韵，这说明入声韵有一个喉塞韵尾，比如韵母表中，其中"腭部左韵"和"腭部右韵"入声韵相同，因此入声是一个独立的短调。

二、音系性质

书中序言说："以便有字无声问字典，有声无字问天籁。"要起到"有声无字问天籁"这个功用，对于幼童来说，方言是最好不过的选择。因此文中音系应该是当时吴县方音的反映。下面把书中音系特点与今吴县方音进行比较（见表10–26、10–27、10–28）。

表 10–26　声母特点的比较

书中特点	1	2	3	4	5	6	7	8	9	10
今方音	√	√	√	√×	√	√×[①]	√×	√	√	×

① 今吴县方言中，知章组字与精组字已经合流，但苏州的老派和苏州郊区部分地方仍旧保持着对立，跟书中情况相似。另民国时期赵元任、陆基记录苏州方言中还有知章组与精组的对立。1877年苏州人陆懋修《乡音字类》中的情况与此相同。

表 10–27　韵母特点的比较

书中特点	1	2	3	4	5	6	7	8	9	10	11	12	13	14	15	16	17
今方音	√	√	√	√	√	√	√	√	√×	√	√	√	×	√	√	√	√

表 10–28　声调特点的比较

书中特点	1	2	3
今方音	√	√	√

从上面三表的比较中可以看出，书中音系特点与今吴县方音大体一致，不同的地方是可以解释的，多是由于古今的音变造成的。因此书中音系应是当时吴县方音的反映（见下文）。

但这种方音是以读书音为基础，同时兼收部分白读音。书中序言说："但音声有正俗之别，而反切之法久已失传。稍有差错莫得而辨……其俗音者，悉属自古蒙师随口训蒙，以至其徒设帐窒意，吾师所授直信不疑，加以自有讹声为训，数传之后，讹声十有八九今变为非讹，即云教别字之先生，因就讹声收入各方中，再为一集，谓之俗韵。"

书中俗韵主要有：

1. 梗摄开口二等韵字和合口二等韵部分牙喉音字及其入声字（如"行亨耕坑押客硬额生石争仄橙棚横画"）归在羊部的正谐和尾谐。正音则归在恒部的正谐和尾谐。

2. 蟹摄开口二等韵的部分牙喉音字（包括合口一等韵的"外"字，如"鞋揩挨外街楷"）和麻韵开口二等韵的绝大部分牙喉音字（如"家牙介哈嫁"）归在"牙"部的正谐，蟹摄合口二等韵的牙喉音字（如"槐歪怪"）归在牙部的尾谐。正音则蟹摄开口二等韵的部分牙喉音字（主要是见母字）和麻韵开口二等韵的绝大部分牙喉音字则归在牙部的副谐。

另部分蟹摄开口二等韵的牙喉音字（如"骇揩阶"）正音归在孩部的副谐，蟹摄合口二等韵的牙喉音字（如"歪乖怀"）正音归在孩部的尾谐[1]。

3. 臻摄合口一等韵牙喉音入声韵字（如"或忽骨窟"）俗音归在寒部的尾谐，正音归在恒部的尾谐。

4. 麻韵开口三等韵（章组字除外）绝大部分字归在牙部副谐（如"爹邪写姐且"），而正音归在爷谐。

5. 止摄开口三等日母字"二儿[2]"归在夷谐宜音下，正音归在时谐来母下。

6. 遇摄合口三等韵"鱼"和合口一等韵"五伍午忤"等疑母字归在时谐下，正音"五伍午忤"归在乎谐下，"鱼"归在余谐下。

当音系的性质确定后，可根据今吴县方音构拟出书中音系的音值。

---

1 这部分蟹摄二等韵字，有些在牙谐有又读，有些只有孩部读音。

2 书中把儿写成了"倪"字，注曰"小儿也"。又"儿"下注曰："弱小之称。又同夷谐七箕平声倪。"

声母：

帮［p］、滂［p'］、并［b］、明［m］、非［f］、奉［v］，精［ʦ］、清［ʦ'］、从［ʣ］、心［s］、邪［z］，端［t］、透［t'］、定［d］、泥［n］、来［l］，章［ʧ］、昌［ʧ'］、船［ʤ］、书［ʂ］、禅［ʐ］，见［k］、溪［k'］、群［g］、疑［ŋ］、影［Ø］、晓［h］、匣［ɦ］

韵母：

红［oŋ］、容［ioŋ］、斛［oʔ］、欲［ioʔ］，乎［u］［iu］，长［an］、箸［aʔ］、羊［ian］、药［iaʔ］、横［uan］、画［uaʔ］，鞋［a］、牙［ia］、槐［ua］，毫［æ］、尧［iæ］，恒［ən］、核［əʔ］、形［iən］、亦［iəʔ］、魂［uən］、或［uəʔ］，雷［ɛi］、为［uɛi］，夷［i］，寒［ø̃］、合［øʔ］、员［iø̃］、月［iøʔ］、完［uø̃］、或［uøʔ］，蛇［ɔ］、靴［iɔ］，云［yn］，余［y］，侯［øɤ］、尤［iøɤ］，爷［ie］，时[1]［ɿ］［ʮ］［ḷ］［ŋ̍][2]［m̩][3]，桠［o］、虾［io］、花［uo］，杭［ɑŋ］、各［ɑʔ］、江［iɑŋ］、角［iɑʔ］、王［uɑŋ］、廊［uɑʔ］，孩［ɛ］、骸［iɛ］、怀［uɛ］，间［ɛ̃］、黠［ɛʔ］、言［iɛ̃］、还［uɛ̃］、滑［uɛʔ］

声调[4]：

阴平［55］、阳平［13］、阴上［51］、阳上［31］、阴去［513］、阳去［313］、阴入［5］、阳入［3］

---

1 作者在韵书此部开头处注曰："此韵只有半谐，彼十四声者人所不能鸣，则但书能鸣之十四声，而尚属声之半，推详其理只作七声，为四分谐之一，至于四声可谓其小无内，不得其门而入矣。上去二声同。"此谐可以说是个大杂烩。

2 时谐下有一"鱼"音，平：鱼；上：尔五伍午忤。这些字在余、乎谐下有又读音。

3 时谐下有一"亩"音，上声：亩姆。这些字在侯谐下有又读音。

4 书中对四声作过描述："凡属幼童须知，前重后轻者为平声，前轻后重者为去声，短而响者为上声，促而缩者为入声。"这种说明有一定的参考价值，但很难据此构拟出音值。

三、古今的差异和变化

1. 书中还有部分从邪（含禅崇母）字保持塞擦音从母的读音，今吴县方言已经全部读邪母擦音。

2. 书中知章组字与精组字对立，今吴县方言两组字已经合流。

3. 书中音系分尖团音，与今吴县方音同。不同的是书中见系细音字还未腭化，今吴县方音已经腭化。

4. 书中乎谐来源于果摄一等韵字、遇摄合口一等模韵字和遇摄合口三等韵的庄组字、非组字[1]。今吴县方音中除了唇音字（如：夫无蒲波坡模）仍旧读［u］外，其他声母的字都变成了［əu］，即［u］→［əu］。

5. 书中雷部、孩部和间部是分开的，今吴县方音合流为一部（间部言谐除外）。首先间部中的言谐（山咸摄开口三四等韵字，如：言年谦天千篇）发生了音变，主要元音受介音影响高化，即言［iɛ̃］→［iẽ］，独立成为一部[2]，后来失去了鼻化音，即［iẽ］→［iɛ］。随着雷部失去元音韵尾，即［ɛi］→［ɛ］，雷部与孩部合流为一部[3]。后来间部的间谐和还谐丢失了鼻化音，即［ɛ̃］→［ɛ］、［uɛ̃］→［uɛ］，从而与雷部孩部合流。

6. 书中蛇部和桠部是分开的，今吴县方言已经合流为一部。可能这两部主要元音比较接近，加上蛇部字比较少，分为两部不经济，从而逐渐合并为一部，即蛇［ɔ］→［o］，靴［iɔ］→［io］。

7. 书中桠部尾谐为麻韵合口二等韵牙喉音字（如：夸花瓜哇），今吴县方言已经失去了合口介音，读开口音，即［uo］[4]→［o］。

8. 书中余部字来源于遇摄合口三等韵的牙喉音字和大部分精组字，如"沮蛆趋序聚"。今吴县方言中，余部的精组字全部变成了齐齿呼，归入了夷部。

9. 书中有部分蟹摄开口二等牙喉音字（如：揩阶挨骸）正音归在孩部的副谐，今吴县方音都归入了牙部的正谐。

10. 书中止摄开口三等日母字"儿耳二"正音读来母，今吴县方音读零声母的

1　陆懋修《乡音字类》中的情况与此相同。

2　今苏州郊区方言中，言谐基本上都是独立成为一部，但有西山一地仍旧保持着间部的格局，即"言间还"为一部。

3　陆懋修《乡音字类》中雷部与孩部已经合流，与间部对立。今苏州郊区方言这三部的情况是：（1）三部合流。（2）雷部和孩部合流，与间部对立。（3）孩部和间部合流，与雷部对立。（见林齐倩［2017］，第 136 页）

4　陆懋修《乡音字类》中也还保留合口介音。

卷舌音。在吴语区曾经日母字读来母应该是比较普遍的，比如《太古元音》《荆音韵汇》等都读来母，后来读卷舌元音。

11. 书中正音麻韵开口三等韵字（章组除外）即爷部与间部副谐言韵是对立的，今吴县方言中爷部少数字（如：夜也）与言谐合流。随着言谐主要元音高化，丢失鼻化音，爷部少数字从而与之合流，合流后主要元音进一步高化，即 [iɛ̃] → [iɛ] → [iɛ] → [ie] → [iɪ]。而爷部其他字也只有牙部副谐俗音了。

12. 书中入声"各角廓"谐与"斛欲"谐是对立的，今吴县方音已经合流。首先 [uɑʔ] 丢失了合口介音，与开口呼合流，后主要元音高化，从而两者合并，即 [uɑʔ] → [ɑʔ] → [ɔʔ] → [oʔ]。

13. 书中侯谐和尤谐是同韵部下的两个不同韵母。今吴县方音尤谐（流摄三等韵字）的舌齿音字与侯谐合流，喉音字与余谐合流，牙音字与寒部合流。舌齿音字首先失去了前高介音，后来因异化，由圆唇音变成了展唇音，从而归入侯谐，即 [iøɤ] → [øɤ] → [ei][1]。而尤谐的喉音字主要元音不断高化，变成了 [y]，与余谐合流，即 [iøɤ] → [iɤ] → [iy] → [y]。而尤谐的牙音字因韵尾的丢失，随着寒部失去了鼻化音，变成阴声韵，从而归入了寒部，即 [iøɤ] → [iø]。

14. 书中恒部入声、寒部入声和间部入声是对立的，今吴县方音三部入声已经合流为一部。但书中恒部合口入声与寒部合口入声存在又读，是这两部入声合流的萌芽。

目前关于苏州历史方音的研究还不多，主要有 1928 年赵元任先生的《现代吴语的研究》，民国二十四年（1935）苏州人陆基用注音字母记录当时苏州音的《苏州同音常用字汇》和 1877 年（李军推测）苏州人陆懋修编撰的《乡音字类》。这些著作记录了清末民初的苏州方音，对于了解当时苏州音的状况具有很高的价值。而《自识字》记录了清代中期的苏州方音，而且文白兼收，是目前发现最早全面记录苏州音的文献，对于我们了解当时苏州音状况和后来苏州话的发展演变具有极高的参考价值，而苏州话一直以来是北部吴语的代表，因此《自识字》也是研究吴音史的宝贵音韵资料。

---

[1] 陆懋修《乡音字类》中舌齿音字已经丢失了前高元音介音，但牙喉音字仍旧保留前高元音介音。

第四节　《切音启蒙》

《切音启蒙》是清代定海城关人胡赍所撰。胡赍，字伯寅，号止三，又号子珊，是黄式三的学生。晚年时，瞽目重明，因自号明明子。咸丰十年贡生，同治六年（1867）在《明明子论语集解义疏·序》中说"予今年五十有五"，可以推知生于嘉庆十八年（1813）。民国二十九年（1940），《切音启蒙》由清代举人、浙江著名出版家张寿镛编纂《四明丛书》时收录，始得刊出。张氏在"序"中说："朱君绪曾序'作于丙午五月'，盖距《论语集解义疏》成于庚午者，先二十四年，则壮岁作也。"可知此书成于道光丙午年（1846）。胡氏编撰此书的目的就是为了童蒙学习。

《切音启蒙》包括序言、条例和正文。正文包括十七摄四呼相配图、字母图、入声四摄图和十七摄图，每图横列开正、合正、开副和合副[1]，纵按牙喉舌唇齿音声母顺序列出代表字，各代表字旁注有反切[2]。

一、声母

书中声母为二十三个。条例："今考三十六母中，喻与匣无异，娘与疑无异，非与敷无异，奉与微无异，知彻澄与照穿状无异，日与禅无异，照穿状审禅又与精清从心邪无异，细核之只有廿三母。"在"等韵三十六母今增减为二十四"中有所归纳（见表10-29）。

表 10-29　声母表

牙音四				喉音三			舌音五					唇音七							齿音五				
见	溪	群	疑娘	晓	匣喻	影	端	透	定	泥	来	帮	滂	并	明	非敷	奉微	○[①]	照精知	穿清彻	状从澄	审心	禅邪日
1	2	3	4	1	2	3	1	2	3	4	5	1	2	3	4	5	6	7	1	2	3	4	5

注：原表为竖排，今改为横排。

① 条例："疑泥来明之下各有一细音，疑母下拟细于疑……明母下闵细于明，古人皆无分别，为向来切字所不用……今取明下一音以成句，读共廿四音，造为七字五字各两句，俾童蒙便于肄习。"

1　条例："等韵有开合正副四等，开正即开口，开副即齐齿，合正即合口，合副即撮口。"

2　书中反切注在代表字的两侧，开口、齐齿呼字的反切注在右边，合口、撮口呼字的反切注在左边。

胡氏对声母特点说得非常清楚，再简述如下：

1. 保留全浊音。

书中保留了"群定並从邪"母。"洪"摄下有"东通同""综葱从松颂""公空共"的对立。

2. 照精知组字合流。

杏摄齿音下有"争撑生将枪长相象掌唱撞伤让"。

3. 匣喻合流。

洪摄喉音第二位下有"洪容"。杭摄喉音第二位下有"杭王黄"。

4. 非敷合流（摄中只有非母字，没有出现敷母字）。

痕摄唇音第五位下有"分"。夷摄唇音第五位下有"废"。

5. 奉微合流。

痕摄唇音第六位下有"文"。杭摄唇音第六位下有"房"。洪摄唇音第六位下有"逢"。入声葛摄唇音第六位下有"物"。

6. 疑娘母合流（少数泥母细音字也归入），而泥娘母绝大多数有别。

杏摄牙音第四位下有"硬娘"。洪摄牙音第四位下有"峣浓"。而在杏摄牙音第四位下有"岸念"，舌音第四位下有"鲇"。

夷摄牙音第四位下有"尼"，舌音第四位下有"泥"。豪摄牙音第四位下有"尧"，舌音第四位下有"娆"。

7. 泥来母不混。

胡摄舌音第四位下有"奴"，第五位下有"芦"。夷摄舌音第四位下有"泥"，第五位下有"利"。

8. 部分从母字归入邪母。

痕摄齿音第三位下有"存"，第五位下有"层"。各摄齿音第三位下有"昨"，第五位下有"凿"。葛摄齿音第三位下有"择"，第五位下有"杂"。鹹摄齿音第三位下有"谗"，第五位下有"暂"。含摄齿音第三位下有"○"，第五位下有"蚕"。何摄齿音第三位下有"醛"，第五位下有"坐"。亥摄齿音第三位下有"在"，第五位下有"裁"。

9. 分尖团音。

杏摄牙音下有"姜羌强"，喉音有"香"，而齿音下有"将枪相象"。淫摄牙音下有"京钦琴"，喉音下有"兴"，而齿音下有"精侵心"。

二、韵母

书中有十七个韵部（即十七摄，舒声），根据四呼相配的情况，可知有三十六个韵母，但根据摄图列字来看，漏了几个韵母（见黑体字），实际上为四十个韵母。在"喻匣母字十七摄西洋人谓之字母"中，胡氏作了归纳（见表10-30）。

表 10-30　韵母表

开合	正/副																	
开	正	洪	杭	杏	痕		**鹹**	含	何	夏	鞋	亥	**堆**			豪	后	**至**
合	正		王	横	魂		桓	还		华	**快**	怀	回		胡			
开	副		羊		淫		焰	咸		爷	匡		夷			肴	由	
合	副	容	黄	**掌**	云		员			下					俞			

（一）各摄的构成

1. 洪摄。来源于古通摄。例字（按开合齐撮顺序排列）：公烘东捧封总；穷凶钟春。

2. 杭摄。来源于古唐韵、江摄和阳韵合口字、部分开口知章组字。例字：冈杭当旁方藏床；光荒；眶往；章昌商。

3. 杏摄。来源于梗摄二等字（少数唐韵端组字，如"镗宕"；少数梗摄开口三四等端组字，如"打宁"）和阳韵开口字（部分开口知章组字除外）。例字：庚亨宕宁彭争；茎横；姜香凉将相；掌唱让。

4. 痕摄。来源于臻摄一等字、曾摄一等字、臻摄合口三等字和臻摄开口三等知庄章组字。例字：艮痕敦本分臻层；昆昏；君熏真秦人。

5. 淫摄。来源于臻摄开口三等字（知庄章组字除外）、梗摄开口三四等字、曾摄开口三等字和深摄开口三等字。例字：京兴丁品侵心绳。

6. 桓摄。来源于山摄合口一等桓韵字和山摄合口三四等字（非组字除外）。例字：官桓端半钻；卷渊专全船。

7. 鹹摄。来源于山咸摄开口二等牙喉音字、山摄合口二等牙喉音字、山咸摄开口一等端组部分字、山摄开口二等帮组字和咸摄开口一二的精庄组字[1]。例字：减晏坦班斩三；关弯；焰。

8. 含摄。来源于山咸摄开口一等牙喉音字、咸摄开口一等端组精组部分字和山咸摄开口三四等字。例字：甘酣贪簪蚕；兼咸添贬占前。

9. 何摄。来源于果摄一等字和少数侯韵明母字（某）。例字：歌何多破某左

1　极少数咸摄开口三等牙喉音字也归入此摄，如"焰"字。

坐。

10. 夏摄。来源于麻韵二等字、麻韵开口三等的章组字和果摄合口一等戈韵的端母字（朵）。例字：家夏朵巴叉社；嫁下赊惹。

11. 鞋摄。来源于蟹摄二等韵字、少数蟹摄一等字、少数麻韵开口二等牙喉音字和麻韵开口三等字（章组字除外）。例字：街鞋泰派蔡柴；快歪；佳爷借斜。

12. 亥摄。来源于蟹摄开口一等字、少数蟹摄合口二等的牙喉音字和蟹摄开口二等帮组字。例字：改海带拜栽裁；怪怀；皆也。

13. 回摄。来源于止摄合口三等字（非组字除外）和蟹摄合口一等灰韵字。例字：鬼灰堆卑追罪。

14. 夷摄。来源于止摄开口三等字（精知章庄组字除外）、止摄合口三等非组字、蟹摄合口三等非组字和蟹摄开口四等齐韵字（另遇摄合口三等鱼韵邪母字"徐"也归入）。例字：几衣低比废未西徐。

15. 胡摄。来源于遇摄字。例字：古呼都布初疏；区虚趋树。

16. 豪摄。来源于效摄字。例字：高豪刀报早；交肴挑表焦超。

17. 后摄。来源于流摄字。例字：口后斗剖浮走愁；九休丢舟囚。

18. 至摄。来源于止摄开口三等精知章庄组字。例字：至此慈思市。

另外书中还有四个入声韵摄，根据四呼相配的情况，总共有十一个韵母（见表10-31）。

表 10-31　入声韵母表

开	正	国	各	隔	葛
合				括	骨
开	副			甲	吉
合		掬	确		橘

19. 国摄。来源于通摄合口一三等韵字、宕摄一等铎韵的部分字和曾摄合口一等德韵的牙音字。例字：国霍屋笃莫福作族；掬旭竹逐。

20. 各摄。来源于宕摄一等铎韵字、江摄开口二等觉韵字、少数通摄字和曾摄合口一等德韵的喉音字。例字：各或督足索；确畜卓辱。

21. 隔摄。梗摄开口二等字、咸摄开口一二等字、山摄开口一二等字、山咸合口三等非组字、山摄合口一二等牙喉音字、梗摄合口二等牙喉音字、宕摄开口三等药韵字和咸摄开口四等帖韵端组字。例字：隔嚇搭八法摘杀；括挖；甲谪约帖勺鹊弱。

22. 葛摄。曾摄开口一等字、臻摄开口三等字、深摄开口三等字、曾梗摄开口三四等字、臻摄合口一等牙喉音字、臻摄合口三等字、山摄合口三四等字（非组字除外）、山摄合口一等末韵少数字和咸开一等合韵少数字。例字：葛黑得拨物则杂；骨阔忽；吉吸滴必即直食；缺血质出日。

（二）韵母特点

1. 阳韵开口三等字（部分开口知章组字除外）和梗摄二等字合流，与江唐韵开口一二等字不同韵。

阳韵开口三等字归在杏摄，例如有"姜羌娘香将长掌唱伤庚坑亨争生横冷宁打"等，江唐韵开口一二等字归在杭摄，例如有"冈康杭当唐旁臧仓桑章商"。

2. 臻摄、深摄、梗摄（二等字除外）和曾摄合流后二分，其中一等字、合口字和臻摄开口三等知庄章组归在痕摄，开口三四等字归在淫摄。

在痕摄下有"艮狠痕恩滕孙层能坤昏敦伦分存真君"，在淫摄下有"京钦琴兴淫丁品精侵呈心绳"。

3. 一部分开口三等知章组字读撮口呼。

在各摄合口副音下有"卓绰著"。在葛摄合口副音下有"质出绝失日"。在杭摄合口副音下有"章昌常商尚"，在杏摄合口副音有"掌唱撞伤让"，在痕摄合口副音下有"真春秦申人"，在夏摄合口副音下有"柘赊惹"。

4. 臻摄合口一等魂韵的端组字和精组字读开口呼。

在痕摄开口呼[1]下有"敦吞滕伦臻寸存孙层"。

5. 山摄合口一等牙喉音字和山摄合口二等字不同摄。合口一等字归在桓摄，合口二等字归在鹹摄。

6. 山摄合口三四等字和山摄开口三四等字不同摄。合口三等字归在桓摄，开口三等字归在含摄。

7. 山咸摄开口一等牙喉音字和山咸摄开口二等牙喉音字基本上不同摄。一等字主要归在含摄，二等字主要归在鹹摄。

8. 山摄合口一等字和开口一等字不同摄。合口一等字归在桓摄，开口一等字归在含摄和鹹摄。

9. 麻韵开口三等的章组字与其他麻韵三等字不同摄。章组字归在夏摄，其他字归在鞋摄。

10. 蟹摄开口一等字与蟹摄开口二等字基本上不同摄。蟹摄一等字绝大部分归

1　端精组字反切下字都是"痕"字。

在亥摄，蟹摄二等字绝大部分归在鞋摄。

11. 果摄一等字开合不分。

在何摄下有"歌可讹何多罗摩坐"。

12. 止摄合口三等字和蟹摄合口三等的非组字读开口细音。

在夷摄下有"溪尼衣低利泥比米废未"。

13. 止摄合口三等、蟹摄合口一等灰韵的舌齿音字和帮组字读开口洪音。

在回摄下有牙喉音字"鬼葵危灰回"等，反切下字为"回"字。而舌齿音字和帮组字有"堆雷内沛美追罪随崔"等，反切下字为"○"。

三、声调

书中韵图中列有舒声韵和入声韵。另条例中说："论平仄以平为一类，上去入为一类。论反切以入为一类，平上去为一类。盖反切以入声为枢纽，而平上去只轻重缓急之间，总不出乎一音，故先列入声四摄，而各摄中错举平上去，以就简便。学者即其声而抑扬之，则三声可得也。"可见，书中有平上去入四声。

四、音系性质

书中音系应该记录的是当时的定海方音。条例："非敷奉微四母之字，古音同于帮滂并明重唇音，盖古无轻唇音也。而依天籁调之，则四音实有其二，故列轻唇二母于重唇之后。"又条例："等韵列十二摄，刘鉴《切音指南》依《广韵》分类，定为十六摄。然《广韵》二百六部向难辨别，故刘氏十六摄中未免重复缺漏。今依天籁剖析分配古韵，共得洪杭杏痕淫含鹹桓何夏胡后豪夷回亥鞋十七摄。齿音之止此慈思市、俗呼之儿吴姆呒四音，无类可附。"作者分声分韵都是依"天籁"，故是当时方音记录无疑。

下面把书中声韵特点与今定海方音进行比较（见表 10-32、10-33）。

表 10-32　声母特点的比较

书中特点	1	2①	3	4	5	6②	7	8	9③
今方音	√	√×	√	√	√	√×	√	√	×

① 书中条例："照穿状审禅五母之音即精清从心邪之合口副音，不易分为十母。如东韵齿音有开口正之綜聪从松颂，复有合口副之钟冲重春茸。犹牙喉音有开口正之公空共峡烘洪翁，复有合口副之冡芎穹浓凶容雍也。若齿音可分为十，则牙喉亦可分为十四矣，不益支离乎，今并之以归画一。"今定海方音中读齐齿呼的字已经腭化为舌面前音。但在民国《定海县志·方俗志》中，精庄知章组字母还是保留为一组舌尖前音声母（见孙宜志［2010］）。

② 书中主要是娘母字与疑母字合流，此外有少部分泥母细音字也归入，但还有部分泥母细音字仍旧与泥母洪音字同母。随着疑母细音字和泥母细音字的腭化，今方音中疑母细音字与泥娘母细音字基本上都合流了。

③ 今方音中不分尖团音，但在《定海县志·方俗志》中分尖团音。

表 10-33　韵母特点的比较

书中特点	1	2①	3②	4	5③	6	7	8	9	10	11	12	13
今方音	√	√×	×	×	√	√	√	√	√	√	√	√	√

① 基本上相同。只是其中臻摄合口三等的牙喉音字和臻摄开口三等的知章组字，今方音与古通摄字合流，归在书中的"洪摄"。

② 这些韵母在今定海方音中基本上没有读撮口呼的了。

③ 同是就绝大部分字来说的，可能有少数字在归韵时，古今不同。后同此。

从上面的比较来看，古今虽然存在差异，但这些不同主要是古今演变造成的。因此书中音系是当时方音的记录应该是没有问题的。这样的话，我们可以根据今方音（见方松熹［1993］），把书中声韵构拟如下。

声母：

见［k］、溪［k'］、群［g］、疑娘［ŋ］，晓［h］、匣喻［ɦ］、影［Ø］，端［t］、透［t'］、定［d］、泥［n］、来［l］，帮［p］、滂［p'］、并［b］、明［m］，非敷［f］、奉微［v］，照精知［ts］、穿清彻［ts'］、状从澄［dz］、审心［s］、禅邪日［z］

韵母：

洪［oŋ］、容［yoŋ］，杭［ɔ̃］、王［uɔ̃］、黄［yɔ̃］[1]，杏［ã］、横［uã］、羊［iã］、掌［yã］[2]，痕［əŋ］、魂［uəŋ］、云［yəŋ］[3]，淫［iŋ］，桓［uø］、

1　书中有撮口呼"犷眶况黄往章昌常商尚"。今方音"犷眶况黄往"字变成了合口呼，"章昌常商尚"字变成了开口呼。

2　书中有撮口呼"憬掌唱撞伤让"。今方音"憬"字缺录。"让"字变成了齐齿呼。"掌唱撞伤"字变成了开口呼，但归在"杭"摄。

3　书中有撮口呼"君窘群熏云允真春秦申人"。今方音"君窘群熏云允真春申人"变成了开口呼，归在"洪"摄。齿音字"秦申人"有齐齿呼读音，归在"淫"摄。

员［yø̃］[1]，鹹［ɛ̃］、还［uɛ̃］、焰［iɛ̃］[2]，含［ɐ̃］、咸［iɐ̃］，何［au］，夏［o］、华［uo］、下［yo］[3]，鞋［a］、快［ua］、爷［ia］，亥［e］、怀［ue］、厓［ie］[4]，堆［ai］、回［uai］，夷［i］[5]，胡［u］、俞［y］[6]，豪［ɔ］、肴［iɔ］，后［œɣ］、由［iœɣ］，至［ɿ］

入声韵母：

国［oʔ］、掬［yoʔ］，各［ɔʔ］、确［yɔʔ］，隔［ɐʔ］、括［uɐʔ］、甲［iɐʔ］[7]，葛［əʔ］、骨［uəʔ］、吉［iəʔ］、橘［yəʔ］

声化韵：

儿［i̯］、吴［ŋ̍］、姆［m̍］、呒［n̩］[8]

五、古今的差异和变化

1. 书中分尖团音，今定海方音已经尖团音合流。在《方俗志》中，尖团音仍旧对立，但见组细音字已经腭化为舌面前音。这样疑娘母细音字（部分泥母细音字）

1　《方俗志》第十五部同。今方音中"官宽唤桓宛半满"仍旧读合口呼，但舌齿音字"端湍团乱钻审攒算"和部分帮组字"叛漫"等变成了开口呼。撮口呼"专穿全宣船"字变成了开口呼。

2　齐齿呼字很少，只收了"焰"字。今方音此韵母情况大致相似，收字很少，只有"茄念廿验捻"等字。

3　撮口呼为麻韵二等的部分牙喉音字"嫁哗下鸦"和麻韵开口三等章组字"柘哆赊惹"等字，今方音都读开口呼。但在《鄞县通志·方言编》中"韵符ㄩ乊第九摄"下收有"霞下鸦嘉"等字。

4　此摄合口呼字"怪怀"等字，今音主要归入了鞋摄，同时部分字有鹹摄的又读音。齐齿呼字"厓皆"等字，今方音归入了鞋摄，读齐齿呼。

5　此韵下有来自遇摄合口三等的邪母字"徐"，另外书中胡摄合口细音来母下没有列字，说明遇摄合口三等的来母字也发生了音变，但书中来母字没有出现。可能也如徐字一样，归在此韵中。在《方俗志》中，第一部一韵下："鱼韵：摅徐间桐数字转入。"除了邪母字，还有来母字。这跟今方音相同。

6　俞韵下的齿音字今方音读舌尖前圆唇元音，可以看作为舌面前圆唇元音的变体。

7　此韵的咸摄开口四等帖韵端组字，今方音归在书中的葛摄。

8　条例："俗呼之儿吴姆呒四音，无类可附。"

也腭化为舌面前鼻音。后来，原本在书中还读泥母的细音字，如"泥鲇"等字，今方音中也腭化为舌面前鼻音。

2. 书中一部分开口三等知章组字读撮口呼，今方音读洪音（见表10-34）。

表 10-34　开口三等知章组字今音表

韵摄	国	各	葛	洪	杭	杏	痕	桓	夏	胡
例字	竹触逐束肉	卓绰著辱	质绝失/日出	钟冲重春茸	章昌常商尚	掌①唱撞伤让	真春秦申人	专穿全宣船	柘赊惹	主趋厨胥树
今方音	oʔ	oʔ	iəʔ/ʃoʔ	oŋ	ʃ	ã	oŋ	õ	o	ɥ

① 今方音知章组字大多归入了杭摄。但其中"掌"字在杭摄和杏摄两读，显示了音变的残迹。

书中撮口呼音今方音基本上都读洪音了。除了胡摄［ɥ］可以看作是舌面元音［y］的音位变体外。在当时其他摄读撮口呼是不是可信呢？答案是可信的。

在《方俗志》中还保留有部分字读撮口呼的读音，如入声第二十二部凵韵收有"竹卓日失质"等字。

"变音表"有些字还保留撮口呼的读音：褥读音为"ㄙㄛ"语音为"ㄏㄩㄛ"。家驾读音城厢为"ㄐㄧㄚ"乡间为"ㄐㄩㄛ"语音为"ㄍㄛ"。假嘉读音城厢为"ㄐㄧㄚ"乡间多为"ㄐㄩㄛ"语音为"ㄍㄛ"。加嫁读音城厢为"ㄐㄧㄚ"乡间为"ㄐㄩㄛ"语音为"ㄍㄛ"。

"俗字考"有些字的读音还保留撮口呼的读音：船"ㄙㄩㄢ"；拴栓闩"ㄙㄩㄢ"；撺"ㄑㄩㄢ"；篡"ㄐㄩㄢ"，旋"ㄙㄩㄢ"，缠"ㄗㄩㄢ"。

3. 书中痕摄中的臻摄合口三等的牙喉音字和臻摄三等的知章组字与通摄字不同韵，在《方俗志》第十九部廾韵中，已经归入了通摄字，今定海方音同[1]。宁波方音在清末时，臻摄合口三等字还未归入通摄，在《宁波方言字语汇解》《宁波方言音节》中，臻摄字读［yiŋ］，通摄字读［yoŋ］。但在《鄞县通志·方言》中，绝大部分臻摄字（第三十三摄ㄩㄣ）仍旧与通摄字（第四十一摄ㄩ廾）不同韵，但有少数牙喉音字开始归入通摄中，如第四十一摄收有"军"字。今宁波方音牙喉音字已经合流。今镇海方音中，牙喉音字有蕴音［yŋ］和永音［yoŋ］两读，两种读音正处在竞争之中。可见今定海这种音变不是受宁波、镇海方音的影响：一是在时间

1　《定海县志·方俗志》中之《转韵表》："定海读音略与镇海近似，然一邑之中又各微殊。……盖海禁开放以后，大陆居民各就邻地而殖，随带土俗之音以入新疆，而自成音系焉。至若舟山本岛，于真文二韵之字多转成东韵，此又明明杂有奉化之土音矣。"

上宁波、镇海方音牙喉音字归入通摄要比定海晚，二是宁波、镇海方音齿音字都未归入通摄字之中。那《方俗志》所说是受奉化移民的影响造成的，有无道理？答案是肯定的。因为在奉化方音中，臻摄合口三等的牙喉音和章知组字与通摄字合流。

4. 书中山咸摄开口一二等牙喉音字绝大部分都读开口洪音，归在含和鹹摄的开口呼，只有开口二等咸韵的见母字"咸"归在含摄的齐齿呼下。今方音中部分开口一等的牙音字，如"甘干看"等，增生一个舌面前高介音，主要元音受介音的影响高化，即 [e]→[i]。这种音变在《方俗志》中已经开始发生，在第十六部宀韵中：寒韵"干竿玕乾"数字转入；覃韵"函涵"数字转入；谈韵"甘柑"数字转入；咸韵一部分"咸诚缄"等字。

5. 桓摄合口呼精组字、端组字（部分帮组字）今方音丢失了合口介音，变成了开口呼 ø̃。且主要元音受介音的影响高化，其他合口呼字变成了 [ũ]（城里发生，乡下仍旧读合口 uø̃），撮口呼牙喉音字变成了 [ỹ]。

6. 书中鹹摄字没有来源于蟹摄的字，应该还保持着鼻化音，今方音已经失去了鼻化音。鼻化音的消失，在《方俗志》已经发生了，在第十三部ㄞ韵中：皆韵"埋"字转入；哈韵"才"字转入。

7. 含摄演变是分步进行的：其中端组字和精组字归入了鹹摄。部分开口呼牙音字与齐齿呼合流外，其他开口牙音字仍旧保持一个独立的韵母，但已经与齐齿呼字不同摄了。这种音变在《方俗志》中已经发生。在《方俗志》中，齐齿呼字归在第十六部宀韵，部分牙喉音字归在第十四部ㄤ韵。

今方音中含摄主要元音高化，其中齐齿呼变成了ĩ，今年轻人和乡下读音中鼻化音也丢失了。但在《方俗志》中，绝大部分字仍旧保留鼻化音，归在第十六部宀韵。但少数字也开始失去了鼻化音，归在第一部一韵下，如狝韵："遣"字转入；线韵："彦谚遣卞忭"数字转入。

另一方面，今方音开口呼牙喉音字高位裂化为复合元音，丢失了鼻化音，变成了 [ai]。

8. 胡摄"古"韵明母字（遇摄合口一等），《方俗志》归在了第七部"禾"，书中注曰"模韵'模谟'数字转入"。在今方音中归入了"何"摄，与《方俗志》同。

9. 后摄来源于古流摄字，《方俗志》同。但今方音中，一等字读 [œɤ]，三等字读 [iɤ]，已经不同韵。这是三等读音中主要元音受韵头和韵尾的影响，舌位高化所至。在城厢读音中，一等字 [œɤ] 因异化变成了 [ai]，与含摄开口呼部分牙喉音字合流。

10. 今方音中葛摄齐齿呼保持独立外，葛摄开合撮口呼字与隔摄合流。这种音变在《方俗志》中已经发生，葛摄齐齿呼大致为第二十一部入声一韵，葛摄开合撮口呼字与隔摄合流大致相当于第二十三部入声丫韵。

11. 今方音中国摄和各摄合流，其中撮口呼齿音字读开口呼，撮口呼牙喉音字归入了隔摄。这种音变在《方俗志》中还没有发生，国摄大致相当于二十四部入声ट韵，各摄大致相当于二十三部入声丫韵。

第五节　《音韵崇正》

《音韵崇正》成书于 1849 年，作者是刘学芬。因作者在前面的自序后署有"道光二十九年，岁在己酉，孟春月中浣之三日笔，天山人[1]刘学芬，时年七十有五"。该书包括以下内容：（1）自序和其学生詹瑞五的序；（2）例言；（3）切字法、隔标法、隔列法；（4）详释十二律、五音六律；（5）摘集应调总韵；（6）三十二字母；（7）启蒙五音母韵；（8）五音各韵；（9）（宫音、商音、徵音、羽音、变音、入声）标射横图。

此书是仿照《韵法直图》和《韵法横图》所作。书中"五音各韵"就是按开合齐撮四呼把各韵平声分别与三十二个字母相拼，相当于《韵法直图》，以书中"工"韵为例，列表如表 10-35 所示。

表 10-35　"工"韵平声音节表

1	2	3	4	5	6	7	8	9	10	11	12	13	14	15	16
工	空	碩	峮	东	通	童	脓	○	○	蓬	蒙	宗	葱	潀	松
17	18	19	20	21	22	23	24	25	26	27	28	29	30	31	32
○	中	冲	虫	春	○	烘	洪	翁	○	风	逢	○	○	笼	戎

注：原为纵行，今改为横行。另外序号也是笔者所加，原书是没有的。

但不同的是，《韵法直图》中每图安排的韵都四声相承，而"五音各韵"只有平声韵。

书中"标射横图"是按开合齐撮四呼把各韵平声依次与三十二个字母相拼，以

1　作者署"天山人"，恐怕只是表明自己的超尘脱俗而已。未必是自己的真实住地。作者的籍贯不详，只能从购书的地点推测（该书系本人购于衢州市柯城区），可能是浙南一带人氏。另柯城区九华乡境内有齐天山，又名九华山，是著名的佛教圣地。或许"天山"是"齐天山"的省略。

"宫音标射横图"中"工""光"韵为例，列表如表 10-36 所示：

表 10-36 "工""光"标射横图

见	溪	郡	疑	端	透	定	泥	帮	滂	並	明	精	清	从	心
1	2	3	4	5	6	7	8	9	10	11	12	13	14	15	16
工	空	頋	峻	东	通	童	脓	○	○	蓬	蒙	宗	葱	潨	松
光	匡	狂	○	当	汤	唐	囊	邦	潘	盘	忙	庄	仓	床	桑

邪	照	穿	状	审	禅	晓	匣	影	喻	非	奉	敷	微	来	日
17	18	19	20	21	22	23	24	25	26	27	28	29	30	31	32
○	中	冲	虫	春	○	烘	洪	翁	○	风	逢	○	○	笼	戎
○	张	昌	场	伤	常	荒	黄	汪	王	方	防	望	忘	郎	穰

注：原书只有一行，因版面关系，文中分为两行，另原书在字母下有打码编号，今改为阿拉伯数字。

"标射横图"按开齐合撮分开列图，而《韵法横图》不分四呼列图，只是在每韵前标明开口、合口、齐齿或撮口。此外，"标射横图"在图中韵字下面列出了四声相承的字，如"空"字下列有"孔控哭"，"东"字下列有"懂栋笃"。

一、音系及其性质

（一）声母

书中分三十二字母，即三十二个声母：

牙音：见溪郡疑。

舌音：端透定泥。

重唇音：帮滂並明。

齿头音：精清从心邪。

正齿音：照穿状审禅。

喉音：晓匣影喻。

清唇音：非敷奉微。

半舌音：来。

半齿音：日。

（二）韵母

在"摘集应调总韵"中，刘氏把韵分为宫音（合口）、商音（开口）、徵音（齐齿）和羽音（撮口）四类（见表 10-37）。

表 10-37　总韵表

四音	宫音（合口）	商音（开口）	徵音（齐齿）	羽音（撮口）
韵部	瓜光工孤乖傀昆官锅	迦冈高街钩根艰歌	加姜躬基骄金坚鸠	居君涓

在"启蒙五音母韵"中进一步分韵为六十，即六十个韵母[1]，并且四呼相配，另有变音四韵：该资割吴（见表 10-38）。

表 10-38　韵母表

合口	瓜	○国	光	工	孤	○交	乖	傀	昆	官	○归	锅
开口	迦	○甲	冈	○公	○姑	高	街	钩	根	艰	○勾	歌
齐齿	加	结	姜	躬	基	骄	○皆	○吉	金	坚	鸠	○脚
撮口	○家	○诀	○疆	○弓	居	○娇	○该	○决	君	涓	○朱	菊

此书虽然仿照《韵法直图》和《韵法横图》，但进行了一定改变，这种改变有些是有意的，有些是无意的。但这些更改都透漏出时音的信息，是不可多得的汉语史语料。从大的方面来看，声母与《韵法直图》相同，在三十六字母的基础上，删掉了知彻澄娘四母，并入到照组字之中[2]。刘氏的改动主要在韵母方面，主要为：

1. 取消了闭口韵。

在《韵法直图》和《韵法横图》中，保留了"甘监兼金簪"等深咸摄的闭口韵，在《音韵崇正》中，闭口韵都归入相应的山摄和臻摄。在"五音各韵"中："官"韵下有"官宽权顽单滩潭南班攀彭蛮"；"艰"韵下有"艰颜丹探谭难餐蚕山咸蓝"；"坚"韵下有"颠天田拈编篇骈绵占缠搧掀贤烟盐"；"根"韵下有"根登层真陈深衡恩分焚"；"金"韵下有"金钦勤银形因寅"。

2. 山摄三分的格局取消了。

在《韵法直图》和《韵法横图》中，保留了"官关涓"的分立。而在《音韵崇正》里，山摄完全合流了。从"启蒙五音母韵"中可以看到"官艰坚涓"同韵部，只有介音上的区别。

3. 梗（曾）摄与臻摄的分合。

在《韵法直图》和《韵法横图》中，梗摄与臻摄是不同韵的，保留了"巾≠京，庚≠根"。在《音韵崇正》中，梗（曾）摄与臻（深）摄已经合流了。在"五音各韵"中"根"韵下有"根登层真陈深衡恩分焚"。

1　另书中有角音十二韵，但没列字，只有圈。

2　刘氏在"例言"中说："西域原列三十六字母，内知彻澄娘四母，知字入资韵照母下……是集删其四母，故列三十二字母。"

4. 麻韵三等字与麻韵二等字的分合。

在《韵法直图》和《韵法横图》中，麻韵三等字与麻韵二等字不同韵，麻韵三等字为"迦"韵和"澁"韵，麻韵二等字为"嘉"韵、"拏"韵和"瓜"韵。而在《音韵崇正》中，麻韵二三等字仍旧同韵部，只有介音上的不同。从"启蒙五音母韵"中可以看到"瓜迦加○"四呼相配。

5. 入声韵进行了适当的合并。

在《韵法直图》和《韵法横图》中，入声分为十六韵，而在《音韵崇正》中，入声只有九韵。大致把横图中"菊"韵与"橘"韵合并，"吉"韵与"结"韵合并，"甲"韵、"阁"韵与"革"韵合并，"刮"韵、"郭"韵和"镬"韵合并，"脚"韵与"角"韵合并。

（三）音系性质

《音韵崇正》中反映的音系，应该是当时的读书音。理由如下：

1. 从音系的总的框架来看，不是当时口语音的反映。

（1）今柯城方音非组字大致是非敷母合流、奉微母合流。而在书中仍旧保持非敷奉微四母，显然是受《韵法直图》的影响。

（2）今柯城方音喻母与影母合流，书中仍保留喻母，显然也是受《韵法直图》的影响。

（3）今柯城方音日母字读音比较复杂，其中绝大部分口语常用字与泥娘疑母细音合流。但书中日母字与泥娘疑母字对立。在"徵音标射横图"下，疑母列字有"娘浓宜尧银年牛"，日母列字有"戎儒饶人然柔"，这种独立显然是《韵法直图》或官话的影响。

（4）今柯城方音从澄母字多跟日禅母或邪母合流。但书中从澄母基本独立，不跟日禅母或邪母相混。在"徵音标射横图"下，日母列字有"戎儒饶人然柔"，禅母列字有"常时韶神蟾儺"，从母列字有"墙崇齐樵秦前愁"，邪母列字有"邪祥松囚"，这种对立应该是受《韵法直图》的影响。

（5）今柯城方音蟹摄开口四等齐韵、止摄开口三等之支脂微见晓组字与同摄的精组字（部分知章组字）合流，读舌尖音。但书中见晓组字跟唇音、舌头音合流，在书中归"基"韵，读的是舌面元音，而精组字（部分知章组字）归"资"韵，读舌尖音，这种对立显然是受《韵法直图》或官话的影响。

（6）今柯城方音梗摄开口二等舒声字白读音与阳韵字合流，而在书中梗摄开口二等字归在"根"韵，阳韵字归在"姜"韵，这种对立显然是受《韵法直图》或官话的影响。

（7）在今柯城方音中阳韵合口三等字、江韵、唐韵与阳韵开口三等（庄组字除外）是不同韵部的，主要元音有对立。但在书中江宕摄字归在开合齐三呼相承的"光冈姜"韵中，主要元音相同，这显然是受《韵法直图》或官话的影响。

（8）在今柯城方音中，山摄字还大致能三分。而在书中山摄字已经合流，归在四呼相承的"官艰坚涓"四韵中。这显然是受官话的影响。

（9）在今柯城方音中，果摄字与模韵字合流。而在书中，模韵字归在"孤"韵，果摄字归在"锅"和"歌"韵。这显然是受《韵法直图》或官话的影响。

从整个音系来看，既有传统的继承，又能向官话靠近，同时也受到方音的影响。这种混合的语音系统正是吴语区读书音的特点[1]。

2. 刘氏在"例言"中说："为学贵有根底，是集首列各图及三十二字母，俾学者开卷一览，便知五音源头。"又说："是集颜曰'音韵崇正'，尚为平仄设也。"可见作者编书的目的是为读书人方便，而不是为一般的市农工商而设的。

当音系性质确定后，可以把书中的声韵系统构拟如下。

声母：

见［k］、溪［k'］、郡［g］、疑［ŋ］，端［t］、透［t'］、定［d］、泥［n］，帮［p］、滂［p'］、並［b］、明［m］，精［ts］、清［ts'］、从［dz］、心［s］、邪［z］，照［ʧ］、穿［ʧ'］、状［ʤ］、审［ʃ］、禅［ʒ］、晓［x］、匣［ɣ］、影［Ø］、喻［j］，非［f］、奉［v］、敷［　］[2]、微［ɱ］、来［l］、日［ʐ］

韵母：

瓜［ua］、迦［a］、加［ia］，结［iɛʔ］，光［uaŋ］、冈［aŋ］、姜［iaŋ］，工［oŋ］、躬［ioŋ］，孤［u］、基［i］、居［y］，高［au］、骄［iau］，乖［uai］、街［ai］，傀［ue］、钩［e］，昆［uən］、根［ən］、金［iən］、君［yən］，官［uan］、艰［an］、坚［ian］、涓［yan］，鸠［iəu］，锅［uo］、歌［o］、菊［yoʔ］

---

1 这种特点可参看笔者《明末吴语正音书〈声韵表〉音系述要》（2017）。

2 在书中敷母下列的字，除了敷字外，其他的都是微母字，跟微母下的字大多相同。可见书中敷母已经不存在了。

变韵：

　　该［ei］、资［ɿ］［ʅ］、割［əʔ］、吴［ŋ̍］

入声韵：

　　国［uɛʔ］、郭［oʔ］、谷［uoʔ］、甲［ɛʔ］、脚［ioʔ］、诀［yɛʔ］

二、书中反映的方音现象

在《音韵崇正》中，作者有意无意透露出了一些方音信息，是宝贵的语音史资料。现分条列出（今方音为柯城区老派读音，引自《衢州市柯城区方言音系》）。

1. 山咸摄一等韵部分字与江宕摄字合流（见表 10-39）。

在"五音各韵"中，"光"韵下有：光匡狂端汤唐囊；"冈"韵下有：冈康帮滂盘汇糠含庵鸾穰。在"标射横图"中，"光"韵"当"字下四声相承有"党断掇"，"囊"字下有"煖懦○"，"帮"字下有"榜半○"，"潘"字下有"拚胖○"，"盘"字下有"拚畔○"，"桑"字下有"爽算朔"，"郎"字下有"朗乱落"。在"标射横图""冈"韵"冈"字下四声相承有"敢绛各"，"康"字下有"坎看恪"，"昂"字下有"○岸岳"，"忙"字下有"满○莫"，"庄"字下有"缵壮卓"，"糠"字下有"沆汉喝"，"含"字下有"罕翰曷"，"安"字下有"盍暗遏"。

表 10-39　山咸江宕摄字今音表

山咸摄	班	滩	含	岸	罕	关	湾	篡
	ã	ã	ã	ã	ã	uã	uã	ã
江宕摄[①]	章	昌	商	将	良	枪	相	央
	yã	yã	yã	iã	iã	iã	iã	iã

① 书中江宕摄字合流。但在今柯城方音中，阳韵与唐江韵字读音有差别。

2. 部分止摄合口三等字与虞鱼韵字合流，即"支微入鱼"（见表 10-40）。

在"标射横图"中"居"韵下有"居窥衢鱼睢趋须徐诸虚垂於如"。其中"衢"字下四声相承有"讵馈局"，"睢"字下有"沮醉足"，"趋"字下有"取翠促"，"须"字下有"髓絮肃"，"虚"字下有"许税旭"，"垂"字下有"许瑞○"，"於"字下有"与畏育"。

表 10-40　止摄合口三等字今音表

归	贵	锤	喂	围	水	吹
y	y	y	y	y	y	y

3. 曾梗臻深四摄合流（见表 10-41）。

在"标射横图""根"韵下有"根登腾能奔烹盆门争层生真称陈深神亨衡恩分焚"。"金"韵下有"金轻勤银丁听廷兵平明精清秦心因淫"。

表 10-41　曾梗臻深摄字今音表

盆	焚	登	清	金	深	心
ən	ən	ən	in	in	yən	in

4. 麻韵三等字与麻韵二等字仍同韵部（见表 10-42）。

在"标射横图""迦"韵下有"迦牙拏爬麻楂叉沙遮车奢佘霞鸦"。在"标射横图""加"韵下有"加嗟邪也野"。

表 10-42　麻韵字今音表

爬	牙	邪	鸦	瓜	遮	车
ɑ	ɑ	iɑ	iɑ	uɑ	yɑ	yɑ

5. 蟹摄开口二等的牙喉音字仍旧读洪音（见表 10-43）。

在《韵法直图》和《韵法横图》中，"该≠皆"。但在"标射横图""街"韵下有"街揩崖排埋斋钗柴谐来"。

表 10-43　蟹摄开口二等字今音表

埋	斋	街	该	揩	来	柴
ε	ε	ε	ε	ε	ε	ε

6. 知章组字在遇摄合口三等、山摄合口三四等和臻摄合口三等前与见组字合流（见表 10-44）。

表 10-44　知章组、见组字合口三等字今音表

川	春	传	准	诸	钧	薰	顺	悬	犬	君	舜	圈
ʧʻ	ʧʻ	ʤ	ʧ	ʧ	ʧ	ʃ	ʒ	ʒ	ʧʻ	ʧ	ʃ	ʧʻ

在"羽音标射横图"下，韵字如表 10-45 所示。

表 10-45　知章组、见组字合口三等韵例字表

见	溪	郡	照	穿	晓	匣
居	窥	衢	诸	摴	虚（许税旭）	垂（许瑞○）
君（准○诀）	春（蠢○屈）	群	钧	倾	薰（迥舜血）	醇（炯顺述）
涓	棬	传（犬倦○）	嵩	穿	萱	悬

另在"五音各韵""涓"韵下有"涓川权源"。

7. 蟹摄开口一等咍韵的精组字和部分端组字与部分止摄合口三等字和部分蟹摄合口一等字合流。

在"宫音标射横图"中"傀"下有：傀堆台杯培梅栽催才追吹谁回煨为来蕤。"台"字下四声相承有"腿代○"，"栽"字下有"载再○"，"催"字下有"彩菜○"，"才"字下有"彩在○"，"来"字下有"儡累六"。

在今柯城方音中，这两组字不同音，但读音比较接近。但在临近的遂昌，读音确实相同，但读开口，不读合口。而书中一等咍韵字读合口，还是有一定差异的。下面把今遂昌方音也列举如表 10-46 所示。

表 10-46　蟹摄开口一等咍韵、蟹摄部分合口一等韵字今音表

例字	回	腿	代	再	催	彩	菜	才	来	累	杯	堆	煨
柯城	ue	e	ε	ε	e	ε	ε	ε	ε	e	e	e	ue
遂昌	uei	ei	ei	ei	ei	ei	ei	ei	ei	ei	ei	ei	uei

8. 流摄一三等字不同韵部（见表 10-47）。

从"启蒙五音母韵"可以看出，流摄一三等字分为"钩"韵和"鸠"韵，不是开齐相配的，即不同韵部，主要元音有差异。今柯城方音基本上还保存着这种差别。不同的是三等尤韵的端组字（如丢流等字）与一等的侯韵字同韵。一等侯韵牙喉音字仍旧保留着复合元音，但舌齿音字受声母同化的影响，舌位前移，同时因发音的不便，导致韵尾的失落，从而变成了单元音。

表 10-47　流摄字今音表

鸠	丢	秋	周	优	柔	钩	偷	楼	欧
io	e	io	io	io	io	ɤɯ	e	e	ɤɯ

9. 流摄开口一等、蟹摄合口一等、止摄合口三等部分字同韵部（见表 10-48）。

从"启蒙五音母韵"可以看出"傀"韵和"钩"韵合开相配。今柯城方音蟹摄合口一等和止摄合口三等部分字除了牙喉音字仍旧保持合口音外，其他已经读开

口，与流摄一等字同韵（牙喉音字除外）了。

表 10-48　流摄开口一等、蟹摄合口一等、止摄合口三等部分字合音表

魁	堆	杯	追	灰	煨	钩	偷	楼	欧
ue	e	e	e	ue	ue	ɤɯ	e	e	ɯɯ

10.止摄合口三等微韵的非组字读细音（见表 10-49）。

在"五音各韵"中"基"韵列有"基溪低梯皮西夷非沘微黎"等。

表 10-49　止摄合口三等微韵非组字今音表

非	沘	微	基	低	皮	西	夷	黎
i	i	i	ɿ	i	i	i	i	i

11.庄组字绝大部分与精组字合流，与知章组字对立（见表 10-50）。如在"五韵各韵"中："光"韵下有"庄苍床桑○"与"章昌长伤常"对立；"迦"韵下有"楂叉搽沙○"与"遮车○奢余"对立；"根"韵下有"争撑层生○"与"真称陈深神"对立；"鸠"韵下有"啾秋愁修囚"与"周抽紬收雠"对立；"割"韵下有"作错濯朔○"与"酌勺○烁○"对立；等等。

表 10-50　知章庄组字今音表

庄	叉	争	愁	真	遮	秋	周	濯	酌
ʧ	ts'	ts	z	ʧ	ʧ	ʧ	ʧ	○	ʒ

12.泥娘母细音与疑母细音合流（见表 10-51）。在"微音标射横图"疑母下列字有"娘浓宜尧银年牛"。其中有四声相承的字为：娘字"仰○玉"；宜字"拟义业"；尧字"○尿孽"；银字"你蔺业"；年字"○念业"；牛字"纽○玉"。

表 10-51　泥娘疑母细音今音表

娘	宜	尧	银	年	牛	玉	仰	纽	你
ȵ	ȵ	ȵ	ȵ	ȵ	ȵ	ȵ	ȵ	ȵ	ȵ

再看四个变韵，"资"韵，主要是指舌尖元音。另入声比较复杂，与今音差距比较大，加上没有四呼相配，因此很难与今音进行对应比较，故略"割"韵的讨论。在这里只讨论"该"韵和"吴"韵。

13."该"韵。"该"韵字只有蟹摄开口一等咍韵的牙喉音字，如"该开哀呆"（见表 10-52）。

在今柯城方音中，蟹摄开口一等咍韵字与蟹摄开口二等字是同音的（包括蟹摄开口一等泰韵字）。但在临近的遂昌，两者牙喉音字的读音是不同的。

表 10-52　蟹摄开口一二等牙喉音字今音表

街	盖	揩	凯	鞋	艾	该	开	呆	哀
a	a	a	a	a	a	ei	ei	ei	ei

14."吴"韵。"吴"韵字主要是遇摄合口一等模韵的疑母字，如"吴午悟"（见表 10-53）。

在今柯城方音中，这些字有声化韵的又读。

表 10-53　模韵疑母字今音表

吴	午	悟	五	租	虎	乌
ŋ̍/ŋu	ŋ̍/ŋu	ŋu	ŋ̍/ŋu	tsu	xu	u

15.声调。在"标射横图"中，列字四声相承，即平上去入。但作者在"例言"中说："平去入三声，有阴阳之别。惟上声无之。学者不可不知。乐府尤重，凡调韵调平仄，须顺口得其自然之音调去，在前之字为阳，在后之字为阴。如一东内，通童二字同韵，东通童脓，通字在前为阳平，童字在后为阴平。通桶恸托、童桶洞读，恸字为阳去，洞字为阴去。托字为阳入，读字为阴入。一先内，天田二字入坚韵。颠天田拈，天字居前为阳平，田字居后为阴平之类是也。余仿此。《诗法度针》以出口轻呼为阳，出口重呼为阴。所论甚为妥当。但通天二字本出口轻呼为阳，童田二字出口重呼为阴，彼误以通天二字出口重呼为阴，童田二字出口轻呼为阳，其说大非。今辨正之。"

在今柯城方音中，声调正是七个（见表 10-54）。

表 10-54　声调今音表

阴平	阳平	上	阴去	阳去	阴入	阳入
323	212	35	53	242	5	12

传统声调分阴阳，是根据声母的清浊，清声母的为阴，浊声母的为阳。但书中分阴阳是根据音高，音高高的为阳，音高低的为阴。在柯城方音中，清声母字的音高高于浊声母字的音高，故清声母字为阳，浊声母字为阴。

《音韵崇正》本是为读书音而作，但由于作者贯彻自己的思想不彻底，或者说作者的音韵水平不高，在书中时不时地掺杂了自己的方音，正是这种无心之过，为我们保留了大量的方音信息。这些方言特点，对于我们了解当时南部吴语具有重要的参考价值，是研究语音史或方音史的不可多得的宝贵资料。

第六节 《反切法》《因音求字》

《反切法》系清代永嘉（今温州）人谢思泽所辑，该韵图附于《四声正误》后，后来又附在稿本《因音求字》[1]后。《四声正误》于光绪二十一年（1895）由瓯城梅师古斋刊出。作者谢思泽（1836—1909），永嘉蓬溪人，字邦崇，号文波，博学多才，其中韵学著作有《四声正误》《因音求字》和《空谷传声》。

《反切法》中主要部分为"瓯腔二十三母图"，该图音系反映的是当时永嘉方音。谢氏说："其音止用瓯腔，不用官腔者，恐瓯人不解官音故也[2]。"该图横列二十三母，纵列三十六韵，声韵交叉处列出代表字（主要是平声字，没有平声字的列出上、去或入声字）。

一、音系及其特点

（一）声母及其特点

书中总共有二十三个声母：见溪群疑端透定泥帮滂并明精清从心邪晓匣影非微来。主要特点有[3]：

1. 精组字与照组字合流。

在精组字下列有：宗聪从松中充虫荀旬精清呈星成真陈亲新庄仓藏桑巢。

2. 日母字与邪母字合流。

在邪母下列有：茸旬成人愁柔祥柴巢床如。

3. 非敷合流。

在非母下列有：风分番方夫弗。

4. 奉微合流。

在微母下列有：缚扶浮微物文烦房。

5. 匣喻合流。

---

1 后来谢氏以《反切法》为基础，编了一部等韵化的韵书《因音求字》（民国三年才刊行），音系更加详细，故两书可配合研究。

2 在《因音求字·例言》中谢氏说："此集只就本地俗腔而设，虽与各处有异同，亦所不计。"

3 在后面谢氏把二十三母与《韵法直图》的三十二母、《康熙字典》的二十七母进行了对比，并对字母之间的分合进行了说明。

在匣母下列有：华欲乎含员豪瑶夷贤孩为回亦。

6. 娘泥母细音与疑母合流。

在疑母下列有：玉尼年逆元银牛娘颜。

7. 部分从母字归入邪母字。

在邪母下列有：属族存全槽韶时齐前才。

8. 分尖团。

在书中有：坚≠尖，牵≠千，乾≠廛，轩≠先。

（二）韵母及其特点

书中总共有三十六个韵母，分为六类[1]：

1. 宫音九韵：公钧惊金跟琨鸠勾阄。

2. 商音八韵：羹肱姜皆关脚光恭。

3. 角音八韵：哥鞾戈菊柑官高骄。

4. 徵音四韵：赀鸡坚该。

5. 羽音四韵：居傀摡吉。

6. 鼻音三韵：吾模儿。

其详细来源如下：

1. 公韵。主要自古通摄的一等字和三等非组泥来母字。例字：公空峒东通同农甝蓬蒙宗聪从松茸烘红翁风逢笼。

2. 钧韵。主要来源于古通摄三等韵的部分牙喉音字、知章组字和臻摄合口三等牙喉音字、精组字、知章组字[2]。例字：钧穷秾中虫充荀旬兄荣雍。

3. 惊韵。主要来源于古梗摄开口三四等端组、帮组、精组、知章组和来母字（少数臻摄深摄的帮组字和来母字）[3]。例字：丁汀廷兵娉平明精清呈星成林。

4. 金韵。主要来源于古臻深摄开口字（开口一等牙喉音字除外）、臻摄合口三

---

[1] 谢氏在《反切法》后说："合共三十六韵，分属宫商角徵羽鼻六音者，为空谷传声计。非必谓公钧等九韵即是宫，羹肱等八韵即是商也。"

[2] 书中钧韵端组字、帮组字和非微来三母所列字注明"同上"，即与公韵同。书中这种同上之注甚多，但今永嘉方音一般都没有这种读音，有的开齐合几呼都同上，音系显得非常奇怪，看来这是谢氏为了填满韵图的人为之举，并不一定当时就真的存在这些音，故书中同上之音，后文不再涉及。

[3] 书中惊韵牙喉音字下注明"官"字。谢氏解释说："如惊韵阄韵，必须用官腔者，下书一官字。"意思是说这些字按官音读的话，可归入惊韵。按方音则归入他韵。也就是说，这些字音在方音中，是没有惊韵这种读音的。在《因音求字》中，这些字也只列了一个字而已，并不释义。后面凡是注明官音的，不再赘述。

等韵字（牙喉音字除外）、梗摄开口三等牙喉音字、曾摄开口一等端精组字和来母字。例字：金轻勤银登滕能奔喷门真亲陈新人兴寅阴分文楞。

5. 根韵。主要来源于古臻摄曾摄开口一等的牙喉音字。例字：跟恒很。

6. 琨韵。主要来源于古臻摄合口一等的牙喉音字。例字：琨坤悃魂。

7. 鸠韵。主要来源于古流摄开口三等的牙喉音字（疑母除外）、庄组字和流摄开口一等的端组字（其中定母部分字）、来母字。例字：鸠邱求兜偷投邹挡搜愁休由收楼。

8. 勾韵。主要来源于古流摄开口一等的牙喉音字和古流摄开口三等的疑母字。例字：勾彄㔌牛侯瓯。

9. 阄韵。主要来源于古流摄开口三等的端组字、知章组字、精组字、来母字和古流摄开口一等定母部分字。例字：丢骰周秋酬收柔流。

此韵下有入声"必"韵[1]。主要来源于古臻摄开口三等质韵、古深摄开口三等缉韵和古梗摄开口四等昔韵的帮组字和来母字。例字：必僻弼蜜立栗。

10. 羹韵。主要来源于古梗摄开口二等庚耕韵。例字：羹阬埂硬打绷烹膨盲争撑枨生亨行罂冷。

11. 肱韵。主要来源于古曾梗摄合口一二等韵牙喉音字。例字：肱轰横。

12. 姜韵。主要来源于古宕摄开口三等韵字（庄组字除外）。例字：姜腔强娘张昌长商祥香羊央凉。

13. 皆韵。主要来源于古蟹摄开口二等韵字、山咸摄开口一二等韵字和山摄合口三等韵的轻唇音字。例字：皆揩颜单滩谈难班攀排蛮斋钗残山柴哈谐挨番烦兰。

此韵下有入声格韵。主要来源于古梗摄开口二等韵入声字和山咸摄开口一二等韵入声字（帮组字除外）。例字：格甲隔夹客恰额搭塔榻达百拍白麦陌责札窄察策插宅杀闸赫瞎狭匣鸭压腊剌。

14. 关韵。主要来源于古山摄合口二等韵牙喉音字和蟹摄合口二等韵牙喉音字。例字：关宽顽怀歪。

此韵下有入声刮韵。主要来源于古山摄合口一二等入声韵的牙喉音字和梗摄合口二等入声韵的牙喉音字。例字：刮阔豁或滑㧹。

15. 脚韵。主要来源于古宕摄开口三等韵的入声字（另有少数效摄开口三四等韵字）。例字：脚却箬虐勺雀着削嚼药约略（尧超箫）。

---

1 韵图中没有给相配的入声韵安排位置，凡是这种入声韵都是从《因音求字》中取第一个字作为标目。必韵字在书中嘤韵中有又读音。

16. 光韵。主要来源于古宕摄一等韵字、江摄二等韵字（庄组字除外）、效摄开口二等韵字、宕摄开口三等韵庄组部分字和宕摄合口三等的轻唇音字。例字：郎房方忘汪坳爻杭黄荒藏巢桑捎仓抄庄忙茅旁庖抛帮邦包囊唐汤当昂康敲交冈光江。

此韵下有入声八韵。主要来源于古山咸摄合口三等韵轻唇音字和山摄开口二等韵的帮组字。例字：八拔袜法发伐乏。

17. 恭韵。主要来源于古通摄合口三等钟韵部分牙喉音字、宕摄合口三等韵牙音字、江摄开口二等韵庄组字和宕摄开口三等韵庄组部分字。例字：恭匡狂浓钟妆疮撞双床凶王用雍。

18. 歌韵。主要来源于果摄一等韵字（合口一等牙喉音字除外）、假摄二等韵字和遇摄合口三等韵庄组字。例字：哥加瓜柯夸鹅牙多拖驼奴巴爬匍麻摩渣叉搓茶沙梭初蔬锄花呵霞华河丫娃罗。

此韵下有入声角韵。主要来源于古江摄开口二等韵的入声字（知庄组字除外）和宕摄开口一等韵的入声字。（另有少数通摄一等韵入声字）例字：洛沃学涸霍昨速错莫薄扑博铎鹤鄂岳确角各。

19. 蕈韵。主要来源于古通摄合口三等烛韵的入声字、江摄开口二等韵的知庄组入声字。例字：绿欲属俗粟束朔蜀浊触蕈足捉烛琢玉局曲蕈。

20. 戈韵。主要来源于古果摄合口一等韵字（少数果摄开口字也归入）、遇摄合口一等韵字（精组字、绝大部分端组字和来母字除外）和遇摄合口三等的轻唇音字。例字：戈姑科枯讹俄徒驮波坡铺蒲婆模魔呼和胡乌倭夫扶无。

此韵下有入声谷韵。主要来源于通摄合口一等韵入声字和通摄合口三等韵入声字的轻唇音字。例字：谷哭督笃秃读毒卜仆目簇速斛屋福腹鹿。

21. 菊韵。主要来源于古通摄合口三等屋韵的入声字。例字：菊曲肉竹筑畜逐叔宿熟旭育。

22. 柑韵。主要来源于咸摄开口一等韵字、山摄开口一等韵的部分牙喉音字、山摄合口一等韵字（牙喉音字除外）、臻摄合口一等韵字（牙喉音字除外）和少数臻摄开口一等韵的牙喉音字。例字：柑看颔端耽墩探吞湍覃团臀南潘般盆馒尊钻村参孙村蚕憨含痕恩庵峦。

此韵下有入声鸽韵。主要来源于咸摄开口一等韵入声字、山摄开口一等韵的部分牙喉音入声字、臻摄合口一等韵的入声字（牙喉音字除外）、山摄合口一等韵入声字。例字：鸽合磕兀答掇脱沓夺纳钵拨泼勃末匝猝刷杂喝盒盍粒。

23. 官韵。主要来源于山摄合口一等韵牙喉音字、山摄开口一等韵的部分牙喉音字、山摄合口三四等韵字和臻摄合口一等韵的部分牙喉音字。例字：官干涓圈权拳元专川诠传宣全船旋欢昏完魂寒玄安温宛。

此韵下有入声骨韵。主要来源于臻摄合口一等韵的牙喉音入声字、山摄合口三四等韵入声字、山摄开口一等韵的部分牙喉音入声字、臻摄合口三等韵入声字（轻唇音字除外）。例字：曷越血述绝雪出拙月阙窟渴骨诀葛厥。

24. 高韵。主要来源于古效摄开口一等韵字和流摄开口三等轻唇音字、明母字。例字：高尻刀韬桃猱褒谋毛糟操曹搔毫熛浮劳。

25. 骄韵。主要来源于古效摄开口三四等韵字。例字：骄跷桥尧雕挑条标飘瓢苗招焦超潮萧宵韶枭瑶腰。

26. 赀韵。主要来源于古止摄开口三等韵的精组字和知庄章组绝大部分字。例字：赀之知脂雌痴迟持思诗时而磁。

27. 鸡韵。主要来源于古止摄开口三等韵字（精组字和知庄章组绝大部分字除外）、蟹摄开口四等韵字、假摄开口三等韵字、遇摄合口三等韵极少数字和止摄合口三等韵的轻唇音字。例字：鸡机基溪其尼霓低爹题泥披皮脾眉迷支猪妻池西奢齐邪徐希爷姨衣飞微梨。

此韵下有入声喫韵。主要来源于古曾梗摄开口三四等韵入声字（三等韵庄组字除外）和臻摄开口三等质韵帮组字。例字：喫嫡剔敌必碧僻弼蜜积职尺刺直识昔石席力立。

28. 兼韵。主要来源于古山咸两摄开口三四等韵字。例字：连廉烟贤盐轩前蟾仙先纤缠千占煎眠篇边甜天颠严年钳牵兼。

此韵下有入声结韵。主要来源于古山咸摄开口三四等韵入声字。例字：列噎叶歇舌摄屑撒切节浙灭别撇匹叠铁跌业竭怯结。

29. 该韵。主要来源于古蟹摄开口一等韵字。例字：该开胎皑抬栽猜才咍孩哀。

此韵下有入声祴韵。主要来源于古曾摄开口一等韵入声字（帮组字除外）和曾摄开口三等韵入声字的庄组字。例字：勒黑贼色涩测则墨特得刻祴。

30. 居韵。主要来源于古遇摄合口三等韵字（轻唇音字除外）、止摄合口三等韵牙喉音字、精组字、知章组字和遇摄合口一等韵端组字、精组字、来母字。例字：居龟窥区渠葵鱼危都途朱租追吹粗除垂书需苏虽儒谁辉虚为余围威淤炉闾。

31. 傀韵。主要来源于古蟹摄合口一等韵字和少数止摄合口三等韵字。例字：归魁巍堆推颓悲坏培梅催衰灰回煨雷。

此韵下有入声国韵。主要来源于古曾摄合口一等韵牙喉音入声字、曾摄开口一等韵帮组入声字、臻摄合口三等物韵的轻唇音字和臻深摄开口三等韵知章组、精组入声字。例字：日入十集习室侄七缉汁质绩墨惑北国拂佛物捋。

32. 概韵。此韵比较特殊，舒声只有"个"字。

此韵下入声字只有"槛"字。

33. 吉韵。主要来源于曾梗深臻摄开口三四等韵的牙喉音入声字、臻摄合口三等韵的部分牙喉音入声字。例字：吉急乞吃泣及厥倔匿吸亦腋译一乙揖。

34. 吾韵。主要来源于果摄开口一等韵和遇摄合口一等韵的疑母字。例字：吾吴娥。

35. 模韵。主要来源于果摄合口一等韵、遇摄合口一等韵和流摄开口一等韵的明母部分字。例字：模磨母。

此韵下有入声木韵。主要来源于古通摄合口一三等入声韵的部分明母字。例字：木目沐。

36. 儿韵。主要来源于古止摄开口三等韵的日母字和止摄开口三等韵的疑母字。例字：儿疑宜。

从上面韵母的构成来看，从中古到书中音系时期，从韵摄到韵，发生了很大的变化，即韵摄和韵进行了大面积的分化与合并，且规律不太明显。

（三）声调及其特点

书中音系有四声，即平上去入。其中，清平与浊平、清上与浊上、清去与浊去、清入与浊入都不混，以"兼"韵为例：（兼＝肩＝坚）≠（乾＝钳＝虔＝黔）≠（谦＝牵＝愆＝搴）；（茧＝检＝键）≠（俭＝件＝槤）≠（遣＝芡＝缱）；（见＝建＝剑）≠健≠（欠＝纤）；（结＝洁＝劫）≠（挈＝箧＝愜＝怯）≠（竭＝碣＝杰＝桀）。

因此书中四声可能按声母的清浊分阴阳，有八个声调。

二、音系性质

书中音系是当时永嘉方音的反映，前面已有说明。下面再从语音本身作些补充说明，把书中音系与今永嘉方音进行简单的比较（见表 10-55、10-56）。

表 10-55　声母特点的比较

书中声母特点	1	2	3	4	5	6	7	8
永嘉方音	√	√	√	√	√	√	√	×

表 10-56　韵母来源构成比较

书中韵母	公	钧	惊	金	跟	琨	鸠	勾	阄	羮	肱	姜	皆	关	脚	光	恭	哥
永嘉方音	√	√/×	√	√/×	×	×	√/×	×	√	√	×	√	√	√/×	√	√/×	√	√

书中韵母	輂	戈	菊	柑	官	高	骄	赀	鸡	坚	该	居	傀	摡	吉	吾	模	儿
永嘉方音	√	√/×	×	√	√	√	√	√	√/×	√	√	√/×	√	×	√	√	√	√

从上面两表的比较可以看出，书中音系跟今永嘉方音基本一致，不同的地方主要是古今差异造成的，是可以解释的（见下文）。因此书中音系跟作者所说的一致，是当时永嘉方音的反映。

当音系性质确定后，可根据今方音构拟出书中声韵母如下：

声母：

见［k］、溪［k'］、群［g］、疑［ŋ］，端［t］、透［t'］、定［d］、泥［n］，帮［p］、滂［p'］、并［b］、明［m］，精［ts］、清［ts'］、从［dz］、心［s］、邪［z］，晓［h］、匣［ɦ］、影［Ø］，非［f］、微［v］，来［l］

韵母：

公［oŋ］、钧［ioŋ］，惊［eŋ］，金［aŋ］、跟［ɑŋ］[1]、琨［uaŋ］，鸠［au］、勾［ɑu］，阄［ieu］，羮［ɛ］、肱［uɛ］、姜［iɛ］，皆［a］、关［ua］、脚［ia］，光［uɔ］、恭［yɔ］，哥［o］、輂［yo］、戈［u］、菊［iu］，柑［ø］，官［y］，高［ə］、骄［yə］，赀［ɿ］，鸡［i］、坚［ie］，该［e］，居［ɥ］，傀［ai］、摡［uai］、吉［iai］，吾［ŋ̍］、模［m̍］、儿［ŋ̍］

三、古今的主要差异和变化

1. 书中音系分尖团音，后来经过腭化音变，今永嘉方音部分字已经尖团音不分了。即古精组知章组字细音字，在书中合流为一，与古见组细音字对立，后来这两组字中有部分字声母腭化，读舌面音，造成精见组细音字部分合流。

1　书中音系中，有些牙喉音字单独成韵，与中古同韵的其他字不同韵母。另书中各韵一般是按读音相近的原则来排列的。

2. 书中古合口呼前晓匣母与非组字不混，今永嘉方音中在部分韵前已经合流。如在书内公韵中：（风＝封＝丰＝疯＝蜂＝葑＝枫＝锋＝烽）≠（烘＝薨）；（缝＝逢＝冯）≠（红＝洪＝宏＝鸿）。在戈韵中：呼≠（夫＝肤＝敷＝俘）；（和＝胡＝湖＝狐＝壶＝禾）≠（扶＝符＝巫＝诬）。

3. 惊韵字今温州读洪音［eŋ］，但今永嘉话精组、知章组字读［ieŋ］。这可能跟后来的声母腭化有关。

4. 书中金韵、根韵和琨韵是不同的韵母。今温州和永嘉方音中，除了金韵中的牙喉音字因腭化读细音［iaŋ］外，金韵中的其他字与根、琨韵都读开口洪音［aŋ］音，韵母发生了归并[1]。

5. 书中鸠韵和勾韵是不同的韵母，今温州和永嘉方音中，除了鸠韵中的牙喉音字因腭化读细音［iau］外，鸠韵中其他字与勾韵合流，读洪音［au］。

6. 书中羹韵和肱韵是不同的韵母，今永嘉方音合流，读［ε］。

7. 书中皆韵和关韵是不同的韵母，今温州和永嘉方音基本合流，但有少数牙喉音字永嘉和温州方言中仍旧读合口音［ua］。

8. 书中光韵字，今温州方音仍旧为一个韵母。但今永嘉方音中端精庄组字和晓匣喻母字为一韵母，失去了合口介音，读开口［ɔ］，轻重唇音字仍旧读合口音［uɔ］。

9. 书中光韵入声"八"韵字，主要元音受介音的影响高化，读［o］，整个韵母读［uo］了。

10. 书中戈韵中的端组字（多徒鲁读笃鹿）及其入声字，元音复合化，［u］→［əu］。

11. 书中菊韵字单独为一母，后来主要元音复合化，［iu］→［ieu］。今永嘉方音变成了与阄韵相配的入声。而阄韵原来相配的入声，失去了此韵下的又读音，从而只读［i］。

12. 鸡韵字今永嘉方音分为两个韵母。其中唇音字、端组字和喉音字读［i］。其中牙音精组字、照组字元音复合化，读［ei］。

13. 书中喫韵下有部分字在必韵下有又读音，今永嘉方音必韵下的又读音已经没有了。

14. 书中"居"韵字在今温州方言和永嘉方言中，已经分化为多个韵母。只有苍南方音还保持为一个韵母，与书中音系基本一致。今永嘉方音中，遇摄合口一等

1　今仓南方音中此部仍旧是一个韵母（有少数字不归在本部）。

韵端组字、来母字（都途炉）已经元音复合化，读［əy］。古遇摄合口三等韵和止摄合口三等韵影喻母字（威淤围余）已经读［u］。

15. 书中摡韵只有一个"个"字，今永嘉方音已经归入傀韵，失去了合口介音。

16. 书中鼻音韵"吾"韵和"儿"韵，今永嘉方音已经合流为一个后鼻音声化韵。其实在书中音系中，此二韵是同一音位的变体，在音质上有区别，"吾"可能带有一定的圆唇色彩，"儿"韵可能带有一定的腭化色彩。

从书中音系到今永嘉方音，主要的变化规律有：

1. 合口介音进一步丢失。

2. 元音的高化，导致元音复合化。

3. 声母腭化，舌面前辅音出现。

《反切法》记录了清末永嘉方音，是研究清末瓯语的宝贵资料，也是研究瓯语史的宝贵资料。

第七节　《识字捷径字典》

《识字捷径字典》系清末民国人梁毓芝（1847—1938）所撰。梁毓芝，字心耕，新昌新天乡（今回山镇）樟花村人，副贡出身，曾任州判，因不满官场腐败，弃仕归里，患乡下人识字之难，经数十寒暑，流连古籍，摭拾字林，参求说文韵书字典，择其音类相从者，编纂成《识字捷径字典》，后以房产抵押贷款，于民国八年（1919）刻版付梓，获省政府奖励。该书分为序言和正文两部分。在序言中有个"四十字母吟法"[1]，其实就是个声韵调配合表，即韵图，不过只有平声韵。正文是根据序言中的"四十字母吟法"编撰的韵书，首先按韵分组，每组中每一小韵下按平上去（入）排列韵字，韵字下有简单的释义。

从梁氏的序中可知，这个"四十字母"是他小时候在姑丈家读书时其表兄杨氏

---

[1]　梁氏在序言中说："予幼在围山姑丈家读书，得姑丈之长孙茂材杨藜庄表兄授予以翻切，并四十字母总括诸字。"书中有些字母是由反切组成的。其实并没有四十个。在序言中只有直吟法。但在目录后有仲孝氏录的"四十字母吟法"，除了直吟法外，还有横吟法。直吟法就是以韵为单位，吟读所有的小韵首字。横吟法就是几个韵为一组，对处在相同位置上的小韵一起吟读。"四十字母吟法"中的标目有时与正文中小韵首字标目字不一致。

所授 [1]，因此书中音系反映的应是清末民初的语音，亦即清末民初的新昌方音。

一、音系及其特点

（一）声母及其特点

根据"四十字母吟法"，可以知道书中有三十个声母，但其中有两个字母没有列字，其实只有二十八个字母。下面以冈韵、金韵和根韵直吟为例（改为横排），展示如表 10-57 所示。

表 10-57　声母表

序号	1	2	3	4	5	6	7	8	9	10	11	12	13	14	15
字母	见	溪	群	疑	端	透	定	泥	帮	滂	並	明	精	清	从
例字	冈	康	○	昂	当	汤	唐	囊	邦	磅	旁	忙	妆	仓	床
	金	钦	芹	银	丁	汀	亭	○	兵	傅	平	民	精	青	情
	根	硁	○	○	登	吞	豚	能	奔	烹	朋	萌	增	村	存
序号	16	17	18	19	20	21	22	23	24	25	26	27	28	29	30
字母	心	邪	章	昌	船	书	禅	晓	匣	影	非	奉		来	
例字	桑	○	椿	惷	撞	双	○	欻	杭	卡	方	房	○	郎	○
	心	饧	○	○	○	○	○	欣	盈	因	○	○	○	林	○
	牲	○	贞	春	成	升	仁	亨	恒	恩	分	文	○	伦	○

注：平声没有字的加○，但有时正文韵书中上去（入）声可能有字。另表中的数字、传统字母是笔者所加。

根据"吟法"，利用处于相同数位上的列字（同时也参考韵书中的同音字组，即小韵），可以归纳出声母的特点：

1. 保留全浊音。

"四十字母吟法"中 3、7、11、15、17、20、22、24、27 主要是古代的全浊字母字。在正文韵书中，它们与清声母字对立，如在"金"韵下有：金≠钦≠芹，丁≠汀≠庭，兵≠傅≠平，精≠青≠情，心≠饧；在"跟"韵下有：登≠吞≠豚，奔≠烹≠朋，增≠村≠存，贞≠春≠成，升≠仁，亨≠恒，分≠文。

2. 疑母仍旧存在（部分疑母与匣母合流），但疑母细音与泥娘母细音合流。

在"姑"韵第四位下有：蜈吾五午仵伍，第二十五位下有：乌污呜洿坞，二者形成对立。另外在第二十四位下有：吾蝴胡湖壶狐梧吴弧户悟误癯护捂互。

---

[1] 从梁氏生平来看，《识字捷径字典》刊行时，他已经 72 岁了。算他小时候在姑丈家读书为 20 岁的话，识得"四十字母"应该是同治六年（1867）左右。

在“字母横吟”第二句第四位下有：敖娥昂捱，第二十五位下有：恩吙阿哇。

在“钩”韵第四位下有：偶藕耦，第二十五位下有：呕讴鸥瓯殴沤。两者对立。

在“姜”韵第四位下有：娘仰酿虐疟。在“鸠”韵第四位下有：牛狃纽扭纽。在“肩”韵第四位下有：拈年严妍粘研言俨彦谚砚验。在“字母横吟”第一句第四位下有：银宜拈压。

3. 匣母与喻母合流。

在“字母横吟”第一句第二十四位下有：盈摇夷延遐。在“均供居涓”四韵中，第六字位置横吟有：云容余玄。在“光”韵第二十四位下有：皇王黄凰徨蝗煌往晃幌旺。

4. 非敷合流。

在“监”韵第二十六位下有：幡藩翻反返泛贩。在“孚”韵[1]下有：夫麸孚敷俘肤。

5. 奉微合流。

在“跟”韵第二十七位下有：文蚊闻氛汾坟焚纹。在“监”韵第二十七位下有：凡繁樊帆烦晚挽范犯万。在“孚”韵下有：扶枹巫诬无毋苻芜符芙。

6. 知庄章组字与精组字对立，但部分知庄章组字与精组字合流（主要是庄组字），也有少数精组字归入知庄章组字。

在“勾”韵下有：（陬挡愁搜）≠（周抽囚收）。在“支”韵下有：（支雌慈丝时）≠（知蚩池需儒）；在“甘”韵下有：（镌梫蚕狻〇）≠（占川传宣船）；在“冈”韵下有：（妆仓床桑）≠（椿惷撞双）；在“东”韵下有：（宗聪从松戎）≠（中充种春慵）。

7. 日禅母合流（部分澄船邪母字也归入）。

在“字母横吟”第二句第二十二位下有：仁韶。在“字母横吟”第六句第二十二位下有：徜柔儒船。在“支”韵下有：如殊殳徐嚅袖蜍濡茹茱襦。在“甘”韵下有：船髯然婵蝉璇撋耎。

8. 分尖团音。

在“金”韵下有：（金钦芹欣）≠（精青情心）；在“娇”韵下有：（娇跷乔枵）≠（焦鍪樵宵）；在“基”韵下有：（基欺奇希）≠（〇妻齐西）；在“姜”韵下有：（姜羌强香）≠（浆枪戕厢）。

1　“孚”韵只有“孚”和“符”两个小韵。

（二）韵母构成及其特点

该书有四十个字母，即四十个韵母。它们是：金娇基肩嘉根高戈冈街阶羌鸠姑庚勾支甘罣监推东该均供居涓昆公圭官乖弯光瓜[1]。在正文韵书中还有：儿[1]、儿[2]、孚、觥、枴。

舒声韵母的详细来源如下（举平以赅上去）：

1. 金韵。主要来源于古臻深梗曾摄的开口三四等韵字（知庄章组字和非组字除外）。例字：金钦芹银丁汀庭兵平民精青情心欣盈因林。

2. 娇韵。主要来源于古效摄开口三四等韵字（知庄章组字和非组字除外）。例字：娇乔刁挑条标漂瓢苗焦樵宵摇幺聊。

3. 基韵。主要来源于古止摄开口三等韵字（知庄章组字和精组字除外）、蟹摄开口四等齐韵字（知庄章组字除外）和止摄合口三等韵的非组字。例字：基欺奇宜低梯提披皮迷妻齐西希妃微梨。

4. 肩韵。主要来源于古山咸两摄的开口三四等韵字（知庄章组字和非组字除外）。例字：肩掮拈天田偏胼眠尖千前先延烟廉。

5. 嘉韵。主要来源于古麻韵开口三等的少数精组字和麻韵开口二等的大部分牙喉音字。例字：遐丫斜嘉姐。

6. 根韵。主要来源于古臻摄开口一等韵字、梗摄开口二等韵字（庚韵部分牙喉音字、帮组字、庄组字除外）、曾摄开口一等韵、臻摄合口一等韵端组精组帮组字、臻曾梗摄开口三四等韵的知章庄组字、臻摄合口三等韵的知章庄组字和非组字（少数精组字）。例字：根硍登吞豚能奔烹朋萌增村存牲贞春成升仁亨恒恩分文伦询。

7. 高韵。来源于古效摄开口一二等韵字和效摄开口三等韵的知章庄组字。例字：高敲敖刀桃包毛遭抄曹招超潮烧韶毫劳。

8. 戈韵。来源于古果摄一等韵字。例字：戈科娥多陀波坡婆磨搓呵何罗。

9. 冈韵。主要来源于古江摄开口二等韵字、宕摄开口一等韵字和宕摄合口三等韵的非组字。例字：冈昂当汤囊邦旁忙妆仓床桑撞椿双杭方房郎。

10. 街韵。主要来源于古蟹摄开口二等韵字（部分牙喉音字除外）和麻韵开口二等韵的少数字。例字：街楷揩挈排钗柴鞋哇。

11. 阶韵。主要来源于古蟹摄开口二等韵的部分牙喉音字和麻韵开口三等大部

---

1 根据字母吟法，其实只有三十五个，加上韵书中多出的五个（吟法中漏收），总共为四十个韵母。

2 儿[2]韵只有"鱼儿"两个字，并在"鱼"和"儿"下标注了"此方音"。

分精组字、少数牙喉音字（章组字除外）。例字：阶嗟些邪耶。

12. 姜韵。主要来源于古宕摄开口三等韵字（知章组字除外）。例字：姜羌强娘浆枪厢祥香羊梁。

13. 鸠韵。来源于古流摄开口三等韵字（知庄章组字、非组字除外）。例字：鸠邱求秋酋修休由流。

14. 姑韵。主要来源于古遇摄合口一等韵字和遇摄合口三等韵庄组字。例字：姑枯都途奴铺模租徂梳雏呼乌卢。

15. 庚韵。主要来源于古梗摄开口二等庚韵的部分牙喉音字、帮组字、庄组字和宕摄开口三等韵的章组字。例字：庚坑棚盲撑章昌长商徜桁。

16. 勾韵。主要来源于古流摄开口一等韵字和流摄开口三等韵知庄章组字、非组字。例字：勾抠丢偷投牟拎愁搜周囚收柔瘦呕纴楼。

17. 支韵。主要来源于止摄开口三等韵的精组字、知庄章组字和遇摄合口三等韵精组字、知庄章组字。例字：支雌慈丝时知蚩池需儒。

18. 甘韵。主要来源于古山咸两摄开口一等韵字（部分精端组字除外）、山摄合口一等韵的端组帮组字和山咸两摄三等韵的知庄章组字精组字。例字：甘刊奸嵌湍潭男般潘镵蚕狻占川传宣船含安峦。

19. 㧯韵。主要来源于古麻韵开口二等韵字（精组字和绝大部分牙喉音字除外）。例字：㧯䯐芽巴吧爬麻叉茶沙呀虾桠。

20. 监韵。主要来源于山咸两摄开口二等韵字、少数山咸两摄开口一等韵的端精组字和山咸两摄合口三等韵的非组字。例字：监廏喦丹难班贩蛮参残山潺咸幡凡。

21. 颏韵。主要来源于古蟹摄合口一等韵的端组字来母字、止摄开口三等韵的唇音字和止摄合口三等韵的知庄章组字、精组字、部分喉音字。例字：颏推颓卑眉追吹桮菱唯雷。

22. 东韵。主要来源于古通摄合口一三等韵字（合口一等韵的绝大部分牙喉音字、合口三等钟韵的牙喉音字除外）。例字：东同农蒙宗聪从松戎中充春烘封逢隆。

23. 该韵。主要来源于古蟹摄开口一等韵字、蟹摄合口一等韵的帮组字部分端组字和麻韵开口三等韵的章组字。例字：该开堆胎杯梅栽才奢蛇哈孩埃来。

24. 均韵。来源于古臻摄合口三等韵的牙喉音字。例字：均困裙云煴。

25. 供韵。来源于古通摄合口三等韵的牙喉音字。例字：供邛浓凶容雍。

26. 居韵。来源于古遇摄合口三等韵的牙喉音字和来母字。例字：居区渠隅吁余闾。

27. 涓韵。来源于古山摄合口三四等韵的牙喉音字。例字：涓圈拳悁萱玄渊。

28. 昆韵。来源于古臻摄合口一等韵的牙喉音字。例字：昆坤昏浑温。

29. 公韵。来源于古通摄合口一等韵的牙喉音字。例字：公空洪翁。

30. 圭韵。主要来源于古止摄合口三等韵的牙喉音字、蟹摄合口四等韵的牙喉音字和蟹摄合口一等韵的少数牙喉音字。例字：圭魁葵嵬辉危威。

31. 官韵。主要来源于古山摄合口一等韵的牙喉音字。例字：官宽欢桓剜。

32. 乖韵。主要来源于古蟹摄合口一等韵字的牙喉音字和少数蟹摄合口二等韵的牙喉音字。例字：乖恢灰怀煨。

33. 关韵。主要来源于古山摄合口二等韵的牙喉音字。例字：顽环弯关。

34. 光韵。主要来源于古宕摄合口牙喉音字。例字：光匡狂荒王汪[1]。

35. 瓜韵。主要来源于古麻韵合口二等的牙喉音字。例字：瓜夸花划蛙。

36. 儿$_1$韵。来源于止摄开口三等韵日母字。例字：儿耳二。

37. 孚韵[2]。主要来源于遇摄合口三等韵非组字。

38. 儿$_2$韵。此韵下有"儿鱼"两字，字下注曰"此方音"。

39. 觥韵。来源于梗摄合口二等韵牙喉音字。例字："觥礦矿横黌"等。

40. 枴（拐）韵。来源于蟹摄合口二等韵绝大部分牙喉音字。例字：拐诖淮槐歪。

韵图中没有把入声韵独立出来，今根据韵书整理（每韵取一代表字为目），具体情况如表 10-58 所示。

表 10-58　入声韵表

平声韵	金	肩	根	冈	姜	庚
入声韵	吉	甲	革	各	角	伯
例字	吉棘急激汲戟乞泣及极剧逆昵匿级圾隙溺滴嫡的惕剔笛狄获必辟笔碧壁毕匹霹僻劈愎蜜密蜜觅幂璧谧即绩七漆集寂昔晳晰析夕袭迹稷缉戚疾籍辑嫉螺熄惜悉息锡膝习脊席吸亦溢液檄译轶逸一抑乙揖腋弋驿弈绎臆壹益邑立粒力历雳砾笠沥鬲	甲结洁恰怯锲杰臬孽铁贴迭叠别瞥灭篾接节妾切截捷屑雪歇洽叶匣谒列	格革隔克刻额兀得忒突讷柏北拍魄白匐陌麦责仄策贼宅色塞执织尺直失十黑厄核	托铎诺落骆洛乐作错昨凿索各阁胳鄂鹤恶	角觉脚却嚼虐爵鹊嚼削谑跃学岳约略	搭伯脉雹宅坼勺绰烁若

1　极少数牙喉音字在今新昌方音中有"庚"韵的合口读音，即 uaŋ 的读音。

2　"孚"和"儿$_2$"韵在四十字母吟法中，排在支韵下，但根据韵书中的列字情况来看，这两韵应该独立。

（续表）

平声韵	甘	监	东	均	供	涓
入声韵	渴	鸭	屋	屈	菊	月
例字	葛渴割鸽瞎掇脱夺呐钵泼脖末猝杂飒折彻摄舌热盒曷遏劣	答塌塔踏榻达沓纳捺八拔札插杀刷辖押鸭轧法发罚乏伐袜辣拉	督笃秃毒独髑读辱犊卜剥扑朴璞仆曝木牧足促簇族粟速肃缩俗续竹烛嘱蠹畜触逐轴叔粟朔肉熟祝筑妯孰辱淑斛惑福腹覆复伏服缚录禄鹿	橘屈倔掘役疫聿郁律栗	菊掬鞠曲局玉狱蛐旭毓煜郁或欲育浴	决诀缺阅月蕨阙血曰越阅穴悦
平声韵	昆	公	官	关	光	嘉
入声韵	骨	谷	活	挖	攫	药
例字	骨帼窟忽画	谷哭縠斛屋	阔活	聒括刮豁滑猾活挖乞斡	攫矍	榷礴药钥龠
平声韵	戈	姑	笔	颜		
入声韵	目	廓	博	德		
例字	牍驳目穆睦龊束簌谡绿勠麓	捆扩酷廓沃	确锷搏博泊薄摸莫	得德忒特讷呐默		

注：有些韵后面的入声字极少，且不常用，没有纳入。

从上表可以看出，入声韵基本上是随着阳声韵的合流而归并，但也有少数入声韵从配阳声韵转变成配阴声韵：

嘉韵入声（药韵）：主要是少数药韵和觉韵的部分牙喉音字。

戈韵入声（目韵）：主要是通摄屋烛韵部分入声字。

姑韵入声（廓韵）：主要是铎屋沃个别牙喉音字。

笔韵入声（博韵）：主要是铎韵重唇音字。

颜韵入声（德韵）：主要是德韵端组字和明母字。

入声韵主要配阳声韵，少数也配阴声韵，应该保留有塞音或喉塞音韵尾。

韵母的主要特点：

1. 古臻深梗曾摄字合流（梗摄合口二等韵字除外）。

在金韵下有：形＝型＝刑＝淫＝萤＝莹＝萦＝营＝荣＝寅＝赢＝蝇＝盈＝邢＝楹。在根韵下收有：根登能奔烹朋萌增牲贞成升春存村仁亨恩分文。

2. 止（蟹）摄合口三等韵的非组字读开口细音。

在基韵下有：非飞妃废肺；微肥未唯维。

3. 臻摄合口一等韵和三等韵的端精（照）组字读开口音。

在根韵下有：登＝灯＝敦＝墩，吞＝暾，藤＝腾＝誊＝豚＝饨＝臀；尊＝樽＝增＝憎＝争＝狰＝遵＝筝，村＝噂，存＝曾＝岑＝橙＝层，生＝笙＝甥＝森＝孙＝

殠＝僧＝苏＝牲；珍＝真＝肫＝砧＝斟＝贞＝针＝征＝谆＝蒸＝征＝䆴＝迍，春＝椿＝称＝瞋＝郴，陈＝呈＝沉＝澄＝尘＝惩＝城＝成＝诚＝醇＝承＝臣＝丞，升＝询＝荀＝深＝呻＝伸＝申＝绅＝声＝峋＝身，仁＝人＝绳＝辰＝晨＝唇＝仍＝旬＝循＝巡＝乘＝纫＝纯＝淳＝驯＝徇＝寻＝神＝鹑。

4. 知章庄三等韵字绝大部分读洪音。

在根韵下：珍＝真＝肫＝砧＝斟＝贞＝针＝征＝谆＝蒸＝征＝䆴＝迍，春＝椿＝称＝瞋＝郴，陈＝呈＝沉＝澄＝尘＝惩＝城＝成＝诚＝醇＝承＝臣＝丞，升＝询＝荀＝深＝呻＝伸＝申＝绅＝声＝峋＝身，仁＝人＝绳＝辰＝晨＝唇＝仍＝旬＝循＝巡＝乘＝纫＝纯＝淳＝驯＝徇＝寻＝神＝鹑。

在高韵下：昭＝招＝朝＝钊，怊＝超＝弨，韶＝娆＝饶。

在支韵下：诛＝侏＝朱＝知＝珠＝蛆＝诸＝沮＝蛛＝猪＝株＝菹＝蜘，蚩＝痴＝鸥＝媸＝睢＝趋＝枢＝趑＝姝＝痴＝嗤＝笞，枢＝厨＝除＝池＝持＝跱＝蹰，舒＝须＝需＝胥，如＝殊＝殳＝徐＝嚅＝蜍＝茹。

在甘韵下：专＝砖＝旃＝颛＝詹＝瞻＝占，川＝穿，传＝椽＝圈＝缠，宣＝闩＝瑄，船＝髯＝然＝婵＝蝉＝旋＝揎。

在庚韵下：张＝章＝樟＝彰＝漳，昌＝阊＝倡＝伥＝猖＝菖，长＝肠＝场，商＝殇＝伤，徜＝常＝尝＝裳＝偿。

5. 古效摄开口一二等韵字与三四等韵字不同韵[1]。

古效摄一二等韵字归在书中的高韵，三四等韵字归在书中的娇韵。

6. 戈歌韵开合不分。

在戈韵下有：戈＝歌＝哥＝锅，珂＝窠＝蝌＝科＝轲，罗＝螺＝箩＝锣＝骡＝啰，蓑＝桫＝娑＝唆＝莎，荷＝和＝河＝禾＝何。

7. 麻韵开口三等韵的部分精组字存在又读音。

在阶韵下有：嗟些邪姐借且写泻卸谢耶也野夜。

在嘉韵下有：姐借邪谢。

8. 宕摄开口一等韵字与开口三等韵字不同韵。

宕摄开口一等韵字归在书中的冈韵，宕摄开口三等韵字（知章组字除外）归在书中的姜韵。

1　这种洪细音不同韵，除了介音不同外，主要元音是相同还是不相同，这从书中无法直接得知，只能参考今方音才能做出判断。后同。根据今方音，主要元音不同，因此这两韵属于不同的韵部。但这不是绝对的，也有可能这种不同韵部是后来变化造成的。

9. 宕摄开口三等韵章组字与梗摄开口二等庚韵牙喉音字、帮组字、庄组字合流。

在庚韵下有：庚羹埂坑硬勒濒棚盲撑生张章樟彰漳昌阊倡伥猖菖长肠场商殇伤徜常尝裳偿杏冷。

10. 古流摄开口一等韵字与开口三等韵字不同韵。

古流摄开口一等韵字归在书中的勾韵（开口三等韵章庄组和非组字也归入），古流摄开口三等韵牙喉音和精组字归在书中的鸠韵。

11. 遇摄合口三等韵知庄章组字、精组字与止摄开口三等韵的知章庄组字合流。

在支韵十八位下有：诛＝侏＝朱＝知＝珠＝蛆＝诸＝泃＝蛛＝猪＝株＝菹＝蜘；十九位下有：蛋＝疽＝鸥＝孀＝雎＝趋＝枢＝趄＝姝＝痴＝嗤＝笞；二十位下有：坻＝厨＝除＝池＝持＝蹰＝躕；二十一位下有：舒＝须＝需＝胥；二十二位下有：如＝殊＝殳＝徐＝嚅＝蜍＝茹。

12. 山咸摄开口一二等韵字有对立（除了少数精端组字外）。

古山咸摄开口一等韵字在书中主要归在甘韵，山咸摄开口二等韵字在书中主要归在监韵。

13. 古蟹摄开口一二等韵字有对立。

古蟹摄开口一等韵字在书中主要归在该韵，古蟹摄开口二等韵字在书中主要归在街韵。

14. 古麻韵开口三等的精组字和章组字有对立。

古麻韵开口三等的精组字在书中主要归在阶韵，章组字在书中归在该韵。

15. 山摄合口一二等韵的牙喉音字存在对立。

古山摄合口一等韵的牙喉音字在书中归在官韵，二等韵的牙喉音字归在关韵。

16. 蟹摄合口一等韵的端组字与蟹摄开口一等韵字合流。

在该韵下有：碓＝带＝戴，代＝逮＝兑＝袋，胎＝煺。

17. 臻摄合口三等韵的牙喉音字与通摄合口三等韵的牙喉音字存在对立。

古臻摄合口三等韵的牙喉音字在书中归在均韵，通摄合口三等韵的牙喉音字在书中归在供韵。

18. 蟹摄合口一二等韵的牙喉音字存在对立。

古蟹摄合口一等韵的牙喉音字在书中主要归在乖韵，蟹摄合口二等韵的牙喉音字主要归在枴韵。

（三）声调及其特点

书中有四个声调，即平上去入四声。因书中保留全浊声母，因此声调可能分阴阳两类，有八个声调。以庚韵下知章庄组字为例，如表 10-59 所示。

表 10-59　声调表

声调	平	上	去	入
例字	章	掌	嶂	酌
	昌	○	畅	绰
	长	丈	仗	○
	商	赏	饷	烁
	徜	○	尚	若

二、音系性质

书中音系应该是清末民初新昌方音的记录。下面把书中声韵的特点与今新昌方音[1] 进行比较（见表 10-60、10-61）。

表 10-60　声母特点的比较

声母特点	1	2	3	4	5	6	7	8
今方音	√	√	√	√	√	×	√	×

表 10-61　韵母特点的比较

韵母特点	1	2	3	4	5	6	7	8	9	10	11	12	13	14	15	16	17	18
今方音	√	√	√	√	√	√	√	√	√	√①	√	√	√	√	√	√	√②	√

① 今新昌县（县城）古流摄字洪细字同韵，但新昌县回山镇乌珠塘村古流摄字洪细部分不同韵（部分已经同韵［iu］），另东南接壤的天台县（台州片），古流摄字洪细音字不同韵，洪音读［əu］，细音读［iu］。（《浙江通志·方言志》）

② 今新昌方音这两韵的字同韵，新昌县回山镇乌珠塘村这两韵不同韵，另天台县这两韵字仍旧对立，不同韵。

书中声韵特点跟今新昌方音基本一致，不同的地方主要是古今的演变造成的。因此，书中音系应是当时新昌方音的记录。

1　《新昌县志》："新昌方言属浙江吴语浙北区临（安）绍（兴）小片。新昌地处浙北区的南缘，与浙南区的台州片、婺州片和浙北区的明州片相邻，具有渐进地带语言的某些特征，与本区（片）稍异而与邻区（片）稍同。回山镇位于新昌县南边，而樟花村位于回山镇东南方，与天台县接壤。"

当音系的性质确定后，可以把书中的声韵构拟如下（主要参考县志）。

声母：

　　1 见［k］、2 溪［kʻ］、3 群［g］、4 疑［ŋ］，5 端［t］、6 透［tʻ］、7 定［d］、8 泥［n］，9 帮［p］、10 滂［pʻ］、11 并［b］、12 明［m］，13 精［ts］、14 清［tsʻ］、15 从［dz］、16 心［s］、17 邪［z］，18 章［ʧ］[1]、19 彻［ʧʻ］、20 船［dʒ］、21 书［ʃ］、22 禅［ʒ］，23 晓［h］、24 匣［ɦ］、25 影［Ø］，26 非［f］、27 微［v］，28 来［l］

韵母：

　　金［in］、娇［iɒ］、基［i］、肩［iɛ̃］、嘉［ia］、根［eŋ］、高［ɔ］、戈［o］、冈［ɒ̃ŋ］、街［a］、鸠［iu］、姑［u］、庚［ãŋ］、勾［ɯ］、支［ɿ］、甘［ɒ̃］、笔［ɒ］、监［æ̃］、颐［ɤ］、东［oŋ］、该［ɛ］、阶［iɛ］、羌［iãŋ］、均［yn］、供［yoŋ］、居［y］、涓［yɒ̃］、昆［ueŋ］、公［uoŋ］、圭［uɤ］、官［uɒ̃］、乖［uɛ］、关［uæ̃］、光［uɒ̃ŋ］、瓜［uɒ］、儿₁［ɚ］、儿₂［n̩］、孚［v］[2]、舡［uãŋ］、枋［ua］

入声韵：

　　吉［iʔ］、甲［iɛʔ］、革［eʔ］[3]、各［ɒk］、角［iak］、伯［aʔ］、渴［œʔ］、鸭［æʔ］、屋［ok］、屈［yʔ］、菊［yoʔ］、月［yœʔ］、骨［ueʔ］、谷［uok］、活［uœʔ］、挖［uæʔ］、攫［uɒʔ］、药［iaʔ］[4]、目［oʔ］、廓［uʔ］、博［ɒʔ］、德［ɤʔ］

1　因新昌方音中舌面前音发音比标准音靠前，故此处拟作舌叶音，这样便于解释语音的变化。拟成舌叶音是有语音根据的，在新昌方言中，知章组字有些只有舌面音读，如"厂仗丈周州舟抽受手"等；有些还存在舌面音和精组音两读，如"胀上肠绳"等。

2　孚韵字今新昌方言和天台方言都归在姑韵。可能当时在唇齿音后发音摩擦比较重，发成了［v］。这应该属于［u］的变体。

3　革骨两韵与天台读音同。

4　药角两韵古来源相同，今新昌方音也相同，书中角韵配阳声韵，药韵配阴声韵，说明角韵还保留古塞音韵尾。其他古来源相同，书中分为两韵，一配阴声韵一配阳声韵的，跟药角两韵相似。

三、古今的主要差异和变化

1. 书中音系分尖团音，今新昌方言已经尖团音合流。

2. 书中古流摄开口一等韵字（钩韵）与开口三等韵字（鸠韵）不同韵母，但今新昌方言基本上已经合流为一个韵母［iɯ］，只有钩韵极少数牙喉音字还保留洪音［ɯ］的读法。这种变化是随着钩韵［ɯ］的高位出顶（极少数牙喉音字除外），裂化为［iɯ］（回山为［iu］），与鸠韵字合流。随后颜韵和圭韵主要元音高化，从［ɤ］→［ɯ］，就形成了今新昌方音的格局。

3. 知庄章组字与精组字在书中有对立，今新昌方音已经合流。

4. 书中的均韵和供韵有前后鼻韵尾的对立，今新昌方言（县城）已经合流。天台方言仍保持对立。

5. 书中公韵与东韵不同韵母，今新昌方言公韵已经丢失了合口介音，与东韵合流。

6. 古效摄开口二等牙喉音字在书中都归在高韵，今新昌方音中已经有部分字有书中娇韵的又读音，如"教交搅孝"等。

7. 书中屈菊两韵存在对立，今新昌方音已经合流，即菊［yoʔ］在介音的影响下高化，［yoʔ］→［yuʔ］→［yʔ］。天台方言仍保持对立。

8. 书中"渴月活"三韵与阳声韵相配，说明其主要元音是圆唇元音［œ］，今新昌方音已经变成了央元音［ə］。

9. 书中入声谷韵和廓韵存在对立，今新昌方音已经合流，即谷［uok］主要元音高化，同时塞音韵尾喉塞化，从而与廓韵合流。

10. 书中还保留着古［k］尾，但［k］尾也在向喉塞韵尾变化，今新昌方音已经全部变为喉塞韵尾，即各［ɔk］、角［iak］、屋［ok］变成了［ɔʔ］、角［iaʔ］、屋［oʔ］。

第八节　《浅近切音字类》

《浅近切音字类》又名《秘传记音识字》，是镇海人袁衮（午楠）[1] 所撰，刊于民国四年（1915）。该书包括弁言、读法、字母全表目和正文几个部分。

"读法"即凡例，其中第一条说："字母四十有五，以正写数目零表于首，音

韵处则用英码表明廿三字，俾不识字者只要学会反切，则按数寻字，一寻便得，然后按字求义，便可通晓。"

"字母全表目"分字母四十五个，即四十五个韵母，它们是：（一）公（二）过（三）交（四）赀（五）国（六）鸠（七）葛（八）洞（九）高（十）关（十一）涓（十二）监（十三）皆（十四）梗（十五）骨（十六）孤（十七）家（十八）甘（十九）坚（二十）庚（廿一）瓜（廿二）加（廿三）姜（廿四）圭（廿五）迦（廿六）歌（廿七）基（廿八）乖（廿九）昆（三十）光（三一）京（三二）官（三三）各（三四）吉（三五）玦（三六）君（三七）脚（三八）钩（三九）金（四十）刚（四一）举（四二）居（四三）该（四四）掬（四五）解。然后每个字母下，分别与二十三个声母相拼，列出相应的代表字，无字处加空圈。这其实就是等韵图。

正文就是韵书，根据前面的韵图列字，阴阳声韵下三声混列，韵字下有简单的释义。

一、音系及其特点

（一）声母及其特点

从书中论述可知书中有二十三个声母，但书中没有明确列出。可以根据书中各字母与二十三个声母相拼的列字归纳出来，下面把"圭"韵、"基"韵、"光"韵和"该"韵下的二十三个声母配上传统的字母（见表10-62）。

表 10-62　声母例字表

序号	1	2	3	4	5	6	7	8	9	10	11	12	13	14	15	16	17	18	19	20	21	22	23
字母	见	溪	群	疑	影	晓	匣	端	透	定	泥	来	帮	滂	並	明	非	微	精	清	从	心	邪
例字	圭	魁	葵	巍	威	灰	回	堆	推	颓	○	雷	彼	丕	裴	枚	妃	肥	追	吹	谁	虽	瑞
	基	溪	其	疑	依	稀	奚	低	梯	啼	○	梨	卑	披	皮	米	飞	薇	赍	妻	齐	西	○
	光	匡	狂	○	汪	况	王	挡	攩	荡	囊	浪	榜	胖	防	网	访	望	掌	唱	撞	爽	上
	该	开	○	呆	哀	海	孩	○	台	臺	赥	摆	○	败	卖	○	○	斋	且	财	洒	邪	

从声母下的归字来看，声母的主要特点有：

1.保留全浊音。

上表中的3、7、10、15、21和23位是古全浊音声母字。

2.知庄章组字与精组字合流。

上表中的19—23位是古知庄章母和精母字。其中"追撞"是知组字，"斋洒"

是庄组字，"吹谁瑞章唱上"是章组字，"虽妻齐西且财邪"是精组字。

3. 分尖团音。

上表中 1、2、3、6 和 7 位是古牙喉音字，19—23 位含有古精组字。但在细音前，这两组字是对立的。如"溪≠妻""其≠齐""稀≠西"。

4. 非敷合流。

上表中 17 位就是古非敷母字。其中"妃访"是敷母字，"飞"是非母字。

5. 微母大部分字与奉母合流。

上表中 18 位就是古奉微母字。其中"肥"是奉母字，"忘"是微母字。在监韵 18 位下有：繁万。在孤韵 18 位下有：符扶芙附父驸妇无舞巫毋诬武侮务雾婺戊。

6. 日禅大部分字合流。

上表中列字太少，没有出现日母字。在交韵 23 位下有：韶樵憔兆扰绕。在光韵 23 位下有：尚上状穰攘让瀼。

7. 娘泥母细音字与疑母细音字合流（少数日母字与疑母字合流）。

在交韵 4 位下有：尧袅嫋饶鸟。在涓韵 4 位下有：元软源原阮愿。在坚韵 4 位下有：妍年拈粘念严研验。

8. 匣喻母字合流（少数微母字也归入）。

上表中 7 位下就是古匣喻母字，其中"回奚孩"是匣母字，"王"是喻母字。在坚韵 7 位下有：盐颜言阎延筵沿炎雁焰艳弦闲现陷馅炫眩。在圭韵 7 位下有：回彗茴汇渭会惠慧绘为帏围违韦伟苇维尾未味位胃谓卫。

9. 少数轻唇音字仍旧读重唇。

在骨韵 16 位下有：末脉默麦陌袜。在光韵 15 位下有：防棒；16 位下有：网惘辋。

10. 泥母洪音字与来母字不混。

表 10-62 中 11 位是古泥母字，12 位是古来母字，泥来母字对立。

（二）韵母及其特点

书中有四十五个韵母，但没有四呼相配。好在"字母全表目"中，指出了某个韵母与某个韵母相通。比如"一公"下曰"通洞"，"八洞"下曰"通公"，前后相互呼应[1]，这样可以把书中四十五个韵母归纳如表 10-63 所示。

---

1 书中的通只是说明各韵的某种联系，有的是四呼相配，有的是与古音来源有关，有的是文白两读，等等。

表 10-63　韵母表

公	过	交	赀	国	鸠	葛	关	涓	皆	梗	孤	甘	瓜	姜	圭	乖	京	吉	玦①
洪	歌②	高	基	各	钩	脚	监	官	家	庚	举	坚③	加	光		该	敬		
					掬		骨			迦	昆④	居			刚		解	君⑤		

① 玦韵下曰"通门"，但书中并没有门韵。可能是"吉"字之误。今镇海方音吉玦韵同韵部，韵基相同。

② 过韵下曰"通歌瓜"，歌韵下曰"通过"。瓜韵下曰"通加"，加韵下曰"通瓜"。可见"过"通"瓜"有误。

③ 甘韵下曰"通监坚"，坚韵下曰"通监甘"，但监韵下曰"通关"，另关韵下曰"通监"。可见"甘""坚"通"监"有误。

④ 昆韵下曰"通庚"，但庚韵下曰"通梗"。今镇海方音庚昆两韵韵基相同。

⑤ 君韵下曰"通京"，但"京"韵下并未"通君"。今镇海方音君京两韵韵基相同。

韵母的主要特点：

1.山摄合口二等和山摄合口一等不同韵。

书中山摄合口一等字归在官韵，如官韵下有：官宽唤完端团半满钻蒜等。山摄合口二等字归在关韵，如关韵下有：关顽湾还等。

2.深臻曾梗摄字合流。

在庚韵下有：庚硬恩狠痕登腾吞能伦奔门分文憎村蹲生等。在京韵下有：京巾金今荆惊经矜，清青浸亲侵逞骋等。

3.臻摄合口一等魂韵的精端组字与曾梗摄开口一等韵字合流，读开口音[1]。

在庚韵下有：登＝敦＝墩＝灯，腾＝囤＝臀＝饨，憎＝臻＝增＝榛＝尊＝樽＝遵＝争＝筝，生＝森＝僧＝飧。

4.臻摄开口三等真韵质薛韵、深摄开口三等缉韵、止摄开口三等之脂支韵的知章组字读圆唇元音。

在玦韵下有：质啜室拙这折浙蜇，出彻撤撤，绝，失设雪刷室戌，实术述入日十拾。

在君韵下有：真谆准珍诊镇震赈竣俊振，春蠢，旬申身伸绅询笋，纯辰晨唇淳顺神肾人润仁认刃驯巡。

在居韵下有：痴趋鸥蛆笞侈，迟除厨滁池驰，须舒书输需胥，殊如儒徐。

---

1 这些字在昆韵下有又读。由于书中为了切字，许多地方有人为凑足字音的情况。比如资韵，作者注曰："此韵均属齿音，别无转韵杂扯，勉强著二十三字，实只有末后五音作准，不可不知。"又比如公韵和洪韵，除了牙喉音外，舌齿音字古声韵地位相同（声调不同）。书中这种情况太多，很难分清是当时确实存在又读，还是人为的增音。

5. 遇摄一等模韵明母字与果摄字合流。

在过韵下有：慕墓暮磨募幕。

6. 果摄开合不分。

在过韵下有：过裹果个多破做坐；在歌韵下有：歌哥锅戈多罗波左[1]。

7. 咸摄开口一等覃谈韵（少数山摄开口一等寒韵的牙喉音字）与蟹摄合口一等灰韵的少数帮组字泥母字合流。

在甘韵下有：甘龛岸安寒贪潭南瘝杯[2]坏培妹簪参蚕。

二、音系性质

作者在"读法"中说："各省乡音不同，南北读法稍异，兹悉遵字典收入，概取官音，不致互异。"好像书中音系是官话，但从声韵特点来看，吴语特征非常明显，与官话迥异。上述声韵的特点今镇海方音绝大部分仍旧存在，因此书中音系应是当时的镇海方音。

但书中音系主要记录的是文读音，这主要是因为今方音中的白读音，在书中音系中没有，比如：

1. 古奉微两母白读为重唇音，两母是有区别的，文读音两母合流为一，书中音系中二母合流。

2. 古止摄合口三等韵的牙喉音字与遇摄字合流，即"支微入鱼"。文读音二者读音不同，书中音系有别。

3. 古山咸两摄开口二等韵的牙喉音字，白读为洪音，文读音为细音。书中音系归在坚韵，读细音。

4. 古日母字，今方音细音白读与泥母细音合流，文读音主要与邪禅母合流。书中音系主要与邪禅母字合流。

5. 古效摄开口二等的牙喉音字，白读为洪音，文读音为细音。书中音系归在交韵，读细音。

当然书中音系也收了部分白读音，比如梗韵字主要是梗摄开口二等部分字，在其中有些字旁，作者作了注："坑土音""盛吴人呼姓"。

---

1 书中分"歌过"两韵，歌韵多平声字，过韵多仄声字。书中这种情况还有"京"与"敬"、"举"与"居"，可能当时有某种区别，作者在读法中说："遇有相似之音，既收在前，不再列后。如有平仄可分者，平声在前，仄声在后。"但这两韵在今方音中没有区别，在当时究竟是种什么样的差异无法得知。在《鄞县通志·方言编》中这些韵之间也没有区别。

2 "杯妹瘝"旁注曰"土音"。

当音系的性质确定后，可以根据今方音把书中的声韵构拟如下。

声母：

见［k］、溪［kʻ］、群［g］、疑娘［ŋ］，晓［h］、匣喻［ɦ］、影［Ø］，端［t］、透［tʻ］、定［d］、泥［n］、来［l］，帮［p］、滂［pʻ］、并［b］、明［m］，非敷［f］、奉微［v］，照精知［ts］、穿清彻［tsʻ］、状从澄［dʑ］、审心［s］、禅邪日［z］[1]

韵母：

公［oŋ］、泂［yoŋ］，歌过［au］，高［ɔ］、交［iɔ］，赀［ɿ］、基［i］，国［uoʔ］、各［oʔ］、掬［yoʔ］，鸠［iœɣ］、钩［œɣ］，葛［aʔ］、脚［iaʔ］、骨［uaʔ］，关［uɛ̃］、监［ɛ̃］，官［uɵ̃］[2]、涓［yɵ̃］，皆［a］、家［ia］、迦［ya］[3]，梗［ã］、庚［əŋ］、昆［uəŋ］，孤［u］、举居［y］[4]，甘［ɛɪ］、坚［iɪ］，瓜［uo］、加［o］，姜［iã］、光［uã］、刚［ã̃］[5]，圭［uɛɪ］，乖［uɛ］、该［ɛ］、解［iɛ］，京敬［iŋ］、君［yŋ］，吉［ieʔ］[6]、玦［yeʔ］

三、古今的差异和变化

1. 书中古效摄字洪细音同韵部。在《鄞县通志·方言编》中，古效摄字也是洪细音同韵部。洪音归在"韵符幺第十九摄"，细音归在"韵符一幺第二十摄"。可见当时宁波方言中，古效摄洪细音字韵基是相同的。在今宁波方言中，效摄的细音字主要元音受前高介音的影响而高化，即［iɔ］→［io］，细音字与麻韵二等韵字同韵部。

1　这组字母在今镇海方音中跟圆唇音相拼的读舌叶音，跟开口音相拼的读舌尖前音，刚好互补，从音位的角度来看，归为一类是可以的。

2　官韵中的舌齿唇音字今镇海方音归在开口呼。

3　家韵和迦韵不知在当时是怎样的区别，姑且这么拟音。

4　今镇海方音与知章组相拼的字读舌尖前元音，与牙喉音字互补，书中归为一个音位。其他圆唇元音也是这种情况，不再说明。

5　江宕摄在《鄞县通志·方言编》中也分为三个韵母，其中今读细音的字归在"韵符一尢第三十五摄"，洪音字归在"韵符ㅗ第三十七摄"和"韵符ㅿ第三十八摄"。

6　如果书中吉韵与玦韵不同韵基的话，应该拟音为［iiʔ］，与今鄞县（2002年改设为宁波市的海曙区和鄞州区，下文为论述方便，仍采用今鄞县的说法）方言一致。

2. 书中国各掬三韵主要来源于古通江宕摄的入声字。今镇海方音中国各两韵已经合流，读开口 [oʔ]。但还残存"屋_{屋里=家里}"一字读合口 [uoʔ]。另撮口掬 [yoʔ]（通摄三等韵入声字和江摄开口二等韵入声字的牙喉音）在今方音中因异化作用，主要元音展唇化变为 [e]，读为 [yeʔ]，逐渐与"玦"韵合流。但音变还没有最后完成，今镇海中还有少数仍旧读 [yoʔ]，如"玉肉褥"字，少数字还有 [yoʔ] [yeʔ] 两读，如"浴欲"字。

3. 书中鸠钩两韵同韵部，来源于古流摄字。在《鄞县通志·方言编》中，古流摄字也是洪细音字同韵部。洪音字归在"韵符卄第二十一摄"，细音字归在"韵符卅第二十二摄"。今镇海方音这两韵已经不同韵部。洪音字由于异化作用展唇化，即钩 [œɣ]→[ɛɪ]，细音字主要元音受高介音和高韵尾的影响而高化，即鸠 [iœɣ]→[iɣ][1]，后来开口度增大舌位后移，[iɣ] 读为 [iu]。

4. 脚 [iaʔ] 韵主要来源于古宕摄开口三等韵入声字、咸摄开口二等韵入声牙喉音字、梗摄开口三等韵入声字、咸摄开口三四等韵入声字。今镇海方音除了部分咸摄开口二等韵入声字牙喉音字仍旧读 [iaʔ] 韵外（如"恰甲峡"），其他的都受介音的影响主要元音高化，即 [iaʔ]→[ieʔ]。

5. 书中关 [uɛ̃] 监 [ɛ̃] 韵来源于山咸摄一二韵字，没有其他阴声韵字归入，应该还有鼻音色彩。今镇海方音中，这两韵的字有少数蟹摄韵字混入，可见这两韵的字失去了鼻化音色彩，即关 [uɛ̃] 监 [ɛ̃]→关 [uɛ] 监 [ɛ]。

6. 书中君 [yŋ] 韵来源于臻摄合口三等韵的牙喉音字，书中只有一读。今镇海方音增加一个又读音 [yoŋ]，与书中洞韵字合流。

7. 书中音系分尖团音，精见系细音字都未腭化，与洪音字同母。今镇海方音已尖团音合流。在《鄞县通志·方言编》中，也分尖团音，但见系细音字已经腭化。

《浅近切音字类》尽管反映的语音系统不十分完整（声调没有说明），甚至有人为的添增，导致音系的局部混乱，不利于某些声韵的细致分析，但是书中对 20 世纪初叶镇海方音的声韵及其特点还是大致反映了出来，对于我们了解当时镇海方音还是有帮助的，是研究宁波一带方音的重要补充资料。

第九节 《重编因音求字》

《重编因音求字》是谢用卿（1898—1944）在谢思泽所撰的《因音求字》的基

---

1 今鄞县方音为 [iɣ]。

础上改编而成，刊于民国十六年（1927）。谢用卿是谢思泽的曾侄孙，字庆生，永嘉蓬溪人。该书包括序言、总韵目和正文。其中总韵目是声韵调的配合表，即韵图，横列二十三个声母，纵列三十六韵，每韵四声（三声）相承，声韵交叉处列代表字。正文是根据韵图编排的等韵化韵书。

该书分有三十六韵、二十三个声母和四个声调。从表面看，好像跟《因音求字》一样，但实际上两书存在不少的差别。最主要是音系基础的差别，《因音求字》反映的是永嘉方音，而《重编因音求字》反映的是乐清方音，谢氏在序中说："今岁主教乐清珠屿小学，功课之余与二三子兼讲《反切法》，并指以是书纲要。乐之学者，亦莫不同声赞扬。第以永嘉腔调不叶于乐，行有不慊耳。爰不揣谫陋，沿瓯腔而译成乐音，复请蔡君旅平为之校正，以付剞劂。"

一、声母

该书有二十三个声母，声母未有名称，只是用一至二十三的数字表示，但排列顺序跟《因音求字》相同。因此这二十三个声母为：见溪群疑端透定泥帮滂并明精清从心邪晓匣影非微来。其中，声母的主要特点与《因音求字》相同。不同的是，在《因音求字》中，是分尖团音的，而在《重编因音求字》中，尖团音已经大部分合流。以躬韵平声为例，见溪群疑下列有：躬芎穷颙，囧窘，骏；精清从心邪下列有：弓穹穷兄吮，准顷冗笋吮，俊舜顺；晓匣下列有：兄荣。

二、韵母

书中总共有三十六个韵母，分为五类：

1. 宫音八韵：公躬贞跟昆金勾鸠。
2. 商音八韵：庚觥姜皆关迦光恭。
3. 角音九韵：哥足菊戈周干官高骄。
4. 徵音四韵：赀鸡根占。
5. 羽音七韵：居个归吉吾模儿。

这些韵母，有些跟《因音求字》相同，有些不同。下面把两书韵母主要不同的地方略加说明。

1. 在《因音求字》中，钧韵中有古知庄章组字，而在《重编因音求字》躬韵中，知庄章组字归在公韵。

2. 在《因音求字》中，金韵中有三四等的牙喉音字，而在《重编因音求字》中，这部分牙喉音字独立成金韵。同时《因音求字》中的金韵的其他字和跟韵在

《重编因音求字》中合并为跟韵。

3. 在《因音求字》中，鸠韵中有三等牙喉音字，而在《重编因音求字》中，这部分牙喉音字独立成鸠韵。同时《因音求字》中的鸠韵的其他字和勾韵在《重编因音求字》中合并为勾韵。

4. 在《因音求字》中，戈韵入声字有入声一等韵的端组字和帮组字。而在《重编因音求字》中，这部分端组字和帮组字归在哥韵入声中。

5. 在《重编因音求字》中的根韵，主要由来源于《因音求字》中跟韵的咸摄开口一等韵和该韵中的蟹摄开口一等韵的牙喉音、端组字、精庄章知组字和来母字组成。

6. 在《重编因音求字》中的个韵，主要由来源于《因音求字》中概韵字和傀韵中的端组字、帮组字、非组字、精庄章知组字和来母字（另外《因音求字》中该韵部分牙喉音、精组字和端组字也归入）组成。

书中音系是当时乐清方音的反映，根据今方音把声韵构拟如下。

声母：

见 [k]、溪 [k']、群 [g]、疑 [ŋ]，端 [t]、透 [t']、定 [d]、泥 [n]，帮 [p]、滂 [p']、並 [b]、明 [m]，精 [ts]、清 [ts']、从 [dz]、心 [s]、邪 [z]，晓 [h]、匣 [ɦ]、影 [Ø]，见细 [tɕ]、清细 [tɕ']、从细 [dʑ]、晓细 [ɕ]、邪细 [ʑ]，非 [f]、微 [v]，来 [l]

韵母：

公 [oŋ]、躬 [ioŋ]，贞 [eŋ]，跟 [aŋ]、昆 [uaŋ]、金 [iaŋ]，勾 [au]、鸠 [iau]

庚 [a]、舰 [ua]，姜 [ɯ]，皆 [ɛ]、关 [uɛ]，迦 [ia]，光 [o]、恭 [io]

哥 [ou]、足 [iou]、菊 [you]，戈 [u]、周 [iu]，干 [ø]，官 [yɛ]，高 [ɤ]、骄 [iɤ]

赀 [ɿ]、鸡 [i]，根 [ẽ]，占 [iɛ]

居 [y]，个 [ai]、归 [uai]、吉 [iai]，吾 [ŋ̇]、模 [m̩]、儿 [ṇ]

三、古今的主要差异和变化

1. 书中金韵字，今乐清方音，除了影母字（如"音影印"）仍旧读细音〔iaŋ〕，其他字都归在跟韵中，读洪音。

2. 书中鸠韵字，今乐清方音，除了影母字（如"优幼幽"）仍旧读细音〔iau〕，其他字都归在勾韵中，读洪音。

3. 书中恭韵字，今乐清方音，除了影母字（如"雍勇甬枉"）仍旧读细音〔io〕，其他字都归在光韵中，读洪音。

4. 书中足韵字，今乐清方音，都归在哥韵中，读洪音。

5. 书中菊韵字，今乐清方音，归在勾韵中，读洪音。

6. 书中官韵字中一等韵字，由撮口呼变成了合口呼，读〔uɛ〕。部分字（如"欢温"）在介音〔u〕的同化作用下，读成了〔uɤ〕。

7. 书中骄韵字，今乐清方音，除了影母字（如"腰杳要"）仍旧读细音〔iɤ〕，其他字都归在高韵中，读洪音。

8. 书中根韵字，今乐清方音，失去了鼻音特征，跟书中的个韵字合流。

9. 书中吉韵字，今乐清方音，跟书中的高韵字合流。

10. 书中儿韵字，今乐清方音，除了"儿二耳"仍旧读鼻化音，而其他字已经腭化为舌面鼻音，归入书中的鸡韵，读〔ŋi〕。

第十节 《反切捷诀》

《反切捷诀》是温州永嘉人叶泰来编的一部等韵图，该书成书于民国乙丑年（1925），系未刊稿本。书中音系反映的是永嘉方音。书中凡例说："本书以瓯音为标目，或瓯音所无者，以官音或溪山乐清土腔代之，间以注明。"

《反切捷诀》总共有三十三图，每个图横列二十三个声母，纵列平上去入相承的各韵（该书是根据韵母来分韵的，一个韵就是一个韵母）。

一、声母

全书分声母为二十三个，但没有给出名称，只是用一、二、三至二十三的数字编号。根据书中各数字标号下的列字，可以得出声母为（拟音根据今永嘉方音，见《浙南瓯语》）：

　　（1）见母（公贡）[k]；（2）溪母（空孔控）[kʻ]；（3）群母（群菌郡）[g]；（4）疑母（银忍娘）[ŋ]；（5）端母（东董栋）[t]；（6）透母（通痛）[tʻ]；（7）定母（同动）[d]；（8）泥母（农糯）[n]；（9）帮母（兵丙奔）[p]；（10）滂母（聘品）[pʻ]；（11）并母（朋並病）[b]；（12）明母（蒙梦命）[m]；（13）精母（宗忠征）[ts]；（14）清母（葱春青宠）[tsʻ]；（15）从母（呈惭赚）[dz]；（16）心母（湘山晓）[s]；（17）邪母（崇净柔受）[z]；（18）晓母（烘欣）[h]；（19）匣母（红寅）[ɦ]；（20）影母（翁英）[Ø]；（21）非母（分封）[f]；（22）微母（奉文）[v]；（23）来母（林卵）[1]

声母的主要特点：

1. 泥（娘）母细音跟疑母细音及部分日母字合流。

　　在"金"韵疑母下有：银忍认；在"鸠"韵疑母下有：牛（官音）钮糅；在"姜"韵疑母下有：娘仰酿；在"迦"韵疑母下有：尧鸟箬；在"官"韵疑母下有：元软愿月；在"基"韵疑母下有：倪你彦嶷；在"坚"韵疑母下有：年染念业。

2. 匣喻合流。

　　在"钧"韵匣母下有：芸迥运；在"鸠"韵匣母下有：由有右；在"恭"韵匣母下有：王往用；在"官"韵匣母下有：寒旱岸阅；在"基"韵匣母下有：夷以夜觋；在"坚"韵匣母下有：贤演现叶；在"居"韵匣母下有：余羽惠。

3. 非敷合流。

　　在"跟"韵非母下有：芬粉偾；在"昆"韵非母下有：纷粉粪；在"皆"韵非母下有：番返泛；在"恭"韵非母下有：坊仿访；在"歌"韵非母下有：孚甫幅。

4. 奉微合流。

　　在"基"韵微母下有：微吠；在"歌"韵微母下有：芙武务服；在"恭"韵微母下有：鲂惘妄；在"江"韵微母下有：房罔望；在"关"韵微母下有：凡范万；在"皆"韵微母下有：蕃晚外；在"昆"韵微母下有：坟愤汶。

5. 知庄章组字与精组字合流。

　　在"惊"韵精组下有：征青呈升成，井请○醒静，政称剩圣净；在"金"韵精组下有：真侵臣申仁，朕寝朕审肾，进衬阵信慎；在"阄"韵精组下有：周秋稠修柔，酒丑纠手受，昼○宙秀就；在"皆"韵精组下有：斋钗惭山豺，斩划赚产豸，债蔡站晒寨，责册宅索闸。

6. 部分从母邪母和日母字合流。

在"惊"韵邪母下有：成静净；在"金"韵邪母下有：仁肾慎；在"跟"韵邪母下有：秦尽刃；在"昆"韵邪母下有：层葚轫；在"阄"韵邪母下有：柔受就；在"坚"韵邪母下有：前善贱舌；在"居"韵邪母下有：谁汝瑞；在"归"韵邪母下有：罪睡日。

二、韵母

1. 公韵，主要来源于通摄合口一等韵字及合口三等韵精组字、非组字。

2. 钧韵，主要来源于臻摄合口三等韵见组字、通摄合口三等韵字及部分合口一等韵字。

3. 惊韵，主要来源于梗摄开口三四等韵字和深摄开口三等的来母字。

4. 金韵，主要来源于深摄开口三等韵字、梗摄开口三四等韵见组字和臻摄开口三等韵字及少数的臻梗摄一等韵字。

5. 跟韵，主要来源于臻摄一等韵开口字和臻深摄开口三等的齿音字、非组字及部分曾梗摄一等韵端母字。

6. 昆韵，主要来源于臻梗摄一等韵合口字及部分开口字。

7. 阄韵，主要来源于流摄开口三等韵知章组和精组字。

8. 鸠韵，主要来源于流摄开口三等韵字和开口一等韵的精母字。

9. 勾韵，主要来源于流摄开口一等韵字。

10. 庚韵，主要来源于曾梗摄开口一等韵字。

11. 觥韵，主要来源于曾梗摄开口一等韵字，与庚韵基本相同。

12. 姜韵，主要来源于宕摄阳韵开口三等韵字和咸摄开口四等添韵的端透定母字。

13. 皆韵，主要来源于蟹摄开口二等皆佳韵字和山咸摄开口一二等韵字。

14. 迦韵，主要来源于效摄开口三等宵韵的知组字、效摄开口四等萧韵的部分精组字。

15. 关韵，主要来源于山咸摄合口一二等韵字和蟹摄合口二等皆佳韵字。

16. 江韵，主要来源于江摄开口二等韵字和宕摄唐韵的开合口一等韵字以及效摄开口二等肴韵的牙喉音字。

17. 恭韵，主要来源于宕摄阳韵的合口三等韵字和部分通摄合口三等韵字。

18. 佳韵，主要来源于假摄麻韵二等韵字和果摄一等的端组字以及少数蟹摄二等牙音字。

19. 蠢韵，这韵只有入声字，主要来源于通摄合口三等烛韵牙音字、宕摄开口一等铎韵端组和帮组字、江摄开口二等觉韵知组字。

20.歌韵，主要来源于果摄一等韵字、遇摄合口一等模韵端组字帮组字和遇摄合口三等鱼虞韵庄组非组字。

21.吾韵，主要来源于遇摄合口一等模韵的疑母字和止摄开口三等支脂韵日母字。

22.菊韵，这韵只有入声字，主要来源于通摄合口三等屋韵的牙喉音字、知组字和精组字。

23.根韵，主要来源于部分臻摄一等韵字和部分山咸摄一等韵字。

24.官韵，主要来源于山咸两摄合口三四等韵字和部分山摄一等韵牙喉音字及唇音字。

25.高韵，主要来源于效摄开口一二等韵字。

26.骄韵，主要来源于效摄开口三四等韵字和少数效摄开口二等韵字。

27.赀韵，主要来源于止摄开口三等韵的精组知组庄组字和部分章组字。

28.基韵，主要来源于止摄开口三等韵字和蟹摄开口四等韵字以及麻韵开口三等韵字。

29.坚韵，主要来源于山咸两摄开口三四等韵字。

30.该韵，主要来源于蟹摄开口一等韵字。

31.居韵，主要来源于遇摄合口三等鱼虞韵字和遇摄合口一等模韵的端组字以及部分止摄合口三等韵字。

32.归韵，主要来源于蟹摄合口一等韵字。

33.吉韵，这韵舒声韵字少，只有几个去声字。舒声字主要来源于果摄开口一等韵的部分牙音字。

韵母的主要特点是中古各摄基本上都有跟其他摄相混的情况，情况比较复杂。由于是按韵母分韵，特点从略。

入声韵在书中没有单独给出名称，根据与舒声韵相配的情况（每个入声韵取一个字为标目），舒入相配如表10-64所示。

表10-64 舒入声相配表

舒声韵	皆	迦	关	江	佳		歌		根	官	骄	基	坚	该	归	个
入声韵	甲	脚	鵽	较	各	蕾	谷	菊	鸽	骨	略	吉	结	祴	国	乞

根据今永嘉方音，韵母可以构拟为：

公韵［oŋ］、钧韵［ioŋ］，惊韵［ieŋ］，金韵［iaŋ］、跟韵［aŋ］、昆韵［uaŋ］，阄韵［ieu］，鸠韵［iau］、勾韵［au］，庚韵［ɛ］、觥韵［ɛ̃］、姜韵［iɛ］，皆韵［a］、迦韵［ia］、关韵［ua］，江韵［ɔ］、恭韵［yɔ］，佳韵［o］、華韵［yo］，歌韵［u］，吾韵［ṅ］，菊韵［iu］，根韵［ø］，官韵［y］，高韵［ə］、骄韵［yə］，赀韵［ɿ］、基韵［i］，坚韵［ie］、该韵［e］，居韵［əy］，归韵［ai］、吉韵［iai］

三、声调

该书声调有四个：平上去入。在版权页上，作者对四个声调的调值作了描写："平声平和最悠扬，上声上提抗急哐，去声好似送降出，入声促收不发扬。"当然这种描写不可能准确地给出声调的调值，只能提供有限的信息，比如"入声"是个短促调，等等。

四、与今音的主要差异

书中音系跟今永嘉方音主要有以下几个不同点：

1. "歌"韵主要来源于果摄一等韵字、遇摄合口一等模韵端组字帮组字和遇摄合口三等鱼虞韵庄组非组字。今方音果摄合口一等明母字（如"魔麽"）和遇摄合口一等模韵明母字（如"慕"）自成音节，读声化韵［ṁ］。

2 "官"韵主要来源于山咸两摄合口三四等韵字和部分山摄一等韵牙喉音字、唇音字及端组字。今方音山摄一等韵唇音字和端组字（如"潘盘馒段"）不读［y］音，而读［ø］音，即归在书中的"根"韵。事实上山摄一等韵唇音字、端组字在书中"官"韵和"根"韵中重出。

3. 今方音有［əu］音，主要来源于流摄开口一三等部分端组字。书中音系分别归在"勾"韵和"鸠"韵中。

4. 居韵主要来源于遇摄合口三等鱼虞韵字和遇摄合口一等模韵的端组字以及部分止摄合口三等韵字。今方音大致分为两个韵母，其中遇摄合口一等模韵的端组字读［əy］，遇摄合口三等鱼虞韵字及其他字读［ɥ］。

5. "基"韵主要来源于止摄开口三等韵字和蟹摄开口四等韵字以及麻韵开口三等韵字。而今方音分为两韵，其中精组和知章组等齿音字读［ei］，其他的读［i］。

附录1 曲韵类韵图

元代以来，随着戏曲的发展，出现了大量的曲韵韵书。有些作者在编撰曲韵书的时候，也参考借鉴了等韵的一些方法，使得曲韵书有朝着等韵化变化的趋势。当然这些曲韵书有些等韵化程度高些，有些等韵化程度低些。像这类曲韵书统称为曲韵类韵图。

一、《辩音连声归母捷法》

《辩音连声归母捷法》抄本，收藏于国家图书馆善本馆，该书序言后有"古吴后学顾体仁长乡漫识"语，因此得知作者为顾体仁。由于抄本没有具体的撰写年代，据国图著录为清初抄本，大概成书于明末清初之时。

该书编撰的目的是元明以来的曲韵书，在流传的过程中，后人增加音注，错讹颇多。后来，作者看到大都程五玉纂的《经纬图》，受其启发，想删繁就简，编写一部简明易晓的《琼林南北全韵》。其具体做法是将中原正音为本，采诸韵通用之字，补收入声。同时兼收五经四书中动静体用等字，详注释义。而《辩音连声归母捷法》只是该全韵的音韵大纲，尽管不全，但整个韵书的音系框架基本上都呈现出来了。序言说："今以十九韵中均取四声，一百四十四字，叶归于三十六字母为则，分阴阳，按五音，兼金木水火土，属喉腭齿舌唇。"可知该书分韵为十九部，声母为三十六个，声调为四个，但分阴阳。韵中每字下注明反切，并注明助纽字和字母。如"金"字：基音切，基金兼，见母（举例字一百四十四个）。

书名由来，序言中也说得明白："(例字)并调转音音母于中，使初学者一呼，即知其下是某音。如'金'字属阴平声，基音切，先呼基音，基今兼金。如'锦'字上声，纪饮切，先呼纪饮，纪今兼锦，如'禁'字去声，记廕切，记今兼禁，如'级'字入声，吉益切，先呼吉益，吉今坚级，总平上去入四声，呼金锦禁级，属见母，即知今兼亦属见母也。……名之曰《辩音连声归母捷法》。"

该书分韵主要参考朱权的《琼林雅韵》，其韵目如下（见附表1-1）。

附表 1-1 韵目表

《捷法》	金琳	端鸾	书庐	清宁	穹窿	开怀	萧韶	周流	诗词	邦祥
《琼林》	金琛	端鸾	车书	清宁	穹窿	泰阶	萧韶	周流	诗词	邦昌
《捷法》	歌哦	纷纭	先贤	安闲	威仪	忱恬	砗玡	嘉华	詀諵	
《琼林》	珂和	仁恩	乾元	安闲	丕基	恬谦	砗玡	嘉华	潭岩	

该书声母名义上是三十六个，但实际上只有三十个，书后"重复交互音"："尚论疑喻本一家，泥前娘后亦云赊。会同知照方为便，合并非敷定不差。既有床兮澄可去，若存穿也彻休加。惟留三十为音母，免使相重混似麻。"根据重复交互音的说明，三十母为：见溪群疑（喻）、端透定泥（娘）、照（知）穿（彻）床（澄）审禅、帮滂并明、非（敷）奉微、精清从心邪、影晓匣、来日。

该书声调为平上去入四声。但都分阴阳，故有八个声调。以书中端组字为例：

东董冻笃，阴，清音，舌音，端母。

台嚃态○，阴，次清，舌音，透母。

○动洞牍，阳，浊音，舌音，定母。

铙瑙闹○，阳，次浊，舌音，泥母。

这里的阴阳应该是指声调的阴阳，不是指声母的清浊。另外书前的"四声宜忌总诀"也可说明声调是分阴阳的，其辞曰："阴去忌唣，阳平忌挈，上宜顿腔，入宜顿字。"

尽管《琼林南北全韵》没有最后成书，但其中的音系的设计，在曲韵的南化过程中占有重要的一环。

1. 四声分阴阳。《中原音韵》中平声分阴阳，但上去不分阴阳。明范善溱的《中州全韵》去声也开始分阴阳。而顾氏声调则平上去入都分阴阳。后来乾隆年间周昂《新订中州全韵》上声也开始分阴阳。

2. 入声韵独立。《中原音韵》入声都派入三声之中，明代曲韵大多仿之。而顾氏则要"补收入声"，入声韵又开始独立。这种独立的入声韵仍旧配阳声韵。而到了清代乾隆年间沈乘麐《曲韵骊珠》才把入声韵独立出来，分为八部。

3. 曲韵等韵化。这是顾氏的首创，在曲韵史上，自元至明，没有曲韵书在小韵前标明字母的。而顾氏准备这样实践，可惜没有成书。遗憾的是清代的曲韵书也没有顾氏的继承者。

二、《新定考正音韵大全》

《中原音韵》是一部划时代的曲韵书。自它流传以后，便成了北曲用韵的准绳。《中原音韵》不沿袭《广韵》，大胆革新，反映当时北方的实际语音，历来为汉语语音史及戏曲史研究者所重视。但经过几百年，到了清初，北方语音已经发生了许多变化，再根据《中原音韵》语音系统来作曲押韵或者唱戏，已经有些不协韵。为了适应社会的需要，清初苏州的一位学者王正祥编撰了一部新的曲韵书——《新定考正音韵大全》，此书是配合他的曲谱《新定十二律京腔谱》（康熙二十三年［1684］停云室刻）和后来刊刻的《新定宗北归音》（康熙二十五年停云室刻）使用的[1]。他在凡例中说明了编撰此书的目的："按《中原音韵》周子德清汇辑于前，王子文璧考订于后。自东钟以迄廉纤，韵分十九，而其中每有舛错乖谬者……今为辨别字体，详较音韵……一洗从前固陋，庶使正音各得其所。"又《新定十二律京腔谱》凡例："按《中原音韵》久为词曲权衡，然其中亦有歧音紊杂，殊不谐于歌唱，亦予所歉然者也。"而王氏所谓的"正音"，就是当时"京腔"[2]音韵，是当时北京剧场中唱戏时所用的语音系统[3]。

王正祥的《新定考正音韵大全》是在《中原音韵》的基础上，根据时音作了一些变动。其革新主要反映在以下几个方面：

（一）分合韵部

《新定考正音韵大全》（以下简称《音韵大全》）分十六韵（韵部），每韵按阳平、阴平、上声和去声分组，再在每组下列出同音字组，同音字组之间用"○"分隔。关于《音韵大全》十六韵跟《中原音韵》十九韵的关系，王氏有比较详细的论述（见附表1-2）。

附表 1-2　十六韵表

音韵大全	盈星	阳江	时支	韦灰	拾知	俄诃		鱼须		崖皆
中原音韵	东钟	庚青	江阳	支思（而儿除外）	齐微（梅裴等字）	齐微（衣飞等字）	歌戈	鱼模（屠孤等字）	鱼模（予渠等字）	皆来
音韵大全	银新	言坚		遥交	牙家	耶些	尤修	吟心	严兼	
中原音韵	真文	先天	寒山	桓欢	萧豪	家麻	车遮	尤侯	侵寻	监咸	廉纤

在《中原音韵》以后，卓从之的北曲韵书《中州音韵》，朱权的南曲韵书《琼

1　《新定十二律京腔谱》凡例："京腔盛行，惜无曲谱。兹故选曲归律，定其腔板。更附《考正音韵大全》……汇成全帙，并付梓人。诚词坛之宝筏，而亦曲部之指南也。"

2　京腔者即弋腔。《新定十二律京腔谱》凡例："弋腔之名何本乎？盖因起自江右弋阳县，故存此名。但弋阳旧时宗派浅陋猥琐，有识者已经改变久矣。即如江浙间所唱弋腔，何尝有弋阳旧习。况盛行于京都者，更为润色其腔，又与弋阳迥异。"

3　《新定十二律京腔谱》凡例："予之合所当合，诚非偏见矣。""予之分所当分，诚堪问世矣。"

林雅韵》，菉斐轩刊的《词林韵释》，王文璧的《中州音韵》，范善臻的《中州全韵》，等等，都是依据《中原音韵》体系，韵分十九部。而《音韵大全》却不同，它不是对《中原音韵》分部的亦步亦趋，而是继承了周德清的革新精神，根据时音的实际情况来归并与分合韵部。在曲韵书史上，这是继《中原音韵》之后又一部大胆革新的曲韵书。

（二）彰显韵母

王氏不仅把正音分为十六个韵部，而且将每个韵部中有多少个韵母也较明显地展示了出来。凡例说："兹于每韵阳阴平及上去中取一音母为叶[1]，以统众音之可切者。""大凡众音所切，皆必遵音母[2]之字而切之，所谓以类而聚也。"可见，王氏所说的"音母"就是现在所说的"韵母"。又"阳阴平声及上去声中，凡遇音母之字，皆必抬行另起，以◎为界；如系借音母[3]处，不用抬行，凡有借母以⊙为界……；凡有一音以○为界。俾查阅者触目即知，无烦测度也。"所以在一韵某一声中，有多少个"◎＋⊙"，就说明该韵该声下有多少个韵母[4]。在曲韵书中，把韵母明显地标示出来的，该书恐怕是首创。把介音揭示出来，说明了审音更加精细，而给使用者提供的信息也就更多更准确，有利于演唱者念准字音。

根据各韵某一声下"◎＋⊙"数的最大值，可以知道某韵有多少韵母。经过考查，拟音如下：

盈星：［uŋ］［yŋ］［əŋ］［iŋ］，阳江：［uaŋ］［aŋ］［iaŋ］，时支：［ï］，拾知［i］，韦灰：［uei］，俄诃［u］［o］，鱼须：［y］，崴皆［uai］［ai］［iai］，银新［un］［yn］［ən］［in］，言坚［uan］［yan］［an］［ian］，遥交［au］［iau］，牙家［ia］［ua］［a］，耶些［ie］，尤修［əu］［iəu］，吟心［im］，严兼［am］［iam］

上述韵母并不是全部的韵母。根据凡例，缺少了入声韵母和卷舌韵母［ɚ］：（1）根据凡例，入声之音不列，说详下文。（2）凡例"更查时支韵中，有'儿而'

1　凡例："夫必用叶者，何也？盖因本音再无可切。故以相近之入声字用于上，合之本音本字于下，所以谓之叶，即本韵之音母也。如'牙'之叶'一牙'，'耶'之叶'一耶'是也。"

2　凡例："每有韵字甚广，则音母或二或三不等。"

3　凡例："……不得已而用借母之法，如字本阳声也，而借作阴声；字本上声也，而借作去声。"

4　凡例："盖一韵之中，按及阳阴两平声之音母，而即知上去声之音母。"

等字，辨其平上去声，又与本韵众音不相似，又不能附于他韵。故删去之"。

把鱼模韵（屠孤等字）与歌戈韵合为一韵，这是方音的反映。在明末或清初的北音韵书（图）中，是没有这种现象存在的。如《等韵图经》分为"果摄"和"祝摄"，《五方元音》分为"虎"和"驼"，《拙庵韵悟》中两韵也是分开的，等等。这样归并的原因是因为王氏和校订者[1]都是吴语区的人。在吴语中，这两韵当时应是合并的。在丁邦新先生《一百年前的苏州话》一书中，有以下例证：［du］多都赌睹朵垛躲剁蠹妒；［u］乌坞五伍午阿阿胶窝涡莴；［p'u］铺坡颇破普；［bu］蒲捕哺葡部埠婆步薄菩；［nu］奴怒努糯懦；［lu］锣罗箩螺路赂鹭露卢芦鲈裸鲁橹，等等。又在赵元任先生的《现代吴语的研究》中，也能见到有些地方歌戈韵有读入鱼模韵的，如宝山、上海、松江等地。

但在《音韵大全》中，"吴，厄吴切"与"俄，屋俄切"在音母上有对立，故在韵母表中拟作两个韵母。以上情况说明，作者在此韵的分合上仍徘徊于自己的方音和正音之间。不过，根据体例，似应拟作［uo］和［o］更好，但那样做的话有违于语音演变的规律，跟作者的方音或北音都难以对应。

在明末或清初北方的日常口语中，闭口音已经消失了[2]，从北音韵书（图）中，也可以得知，比如《等韵图经》《音韵集成》《韵略汇通》《拙庵韵悟》《五方元音》，等等。而在《音韵大全》中闭口韵还保存着，这可能是伶人代代继承师传的结果，应该是对当时舞台语音的真实记录。《音韵大全》虽然对古音有所保留，但还是根据时音有些归并。另一原因就是《音韵大全》的编撰者是吴语区的人，而在明末清初时，吴语区有些地方还确实存在闭口韵[3]。保留闭口韵是受方言语音的影响。此外王正祥还编撰有南北词曲谱《新定十二律昆腔谱》，谱中凡是庚、亭韵诸字，一律加六角弧，为收鼻音之字；凡是侵、寻、纤、监、咸韵诸字，一律加圆弧，为闭口音之字，特别有利于演唱家分别字法。近代戏曲理论家吴梅称赞此谱"精审无匹"。

1　校订者有三人：卢鸣銮，字南浦，江苏吴县（今苏州）人；施铨，字均衡，无锡人；储国珍，字君用，宜兴人。

2　《新定十二律京腔谱》凡例："字有音，音归韵。韵中遇有鼻音、满口音、撮口等音，在昆唱者或致不辨。而京腔所唱人人皆知，是以概不赘注。惟有闭口音，易误认，是以不得不辨。今兹所定《音韵大全》有严兼、吟心二韵，乃闭口音也。谱内一应曲中如遇此二韵中之字，皆于字外加圈。"

3　详见耿振生（1992），第159页。

（三）改良注音

反切是古代的一种注音方法，它是用两个汉字给另外一个汉字注出读音。这种注音方法大约在东汉后期被创造出来。反切的出现，是中国注音史上的一次质的飞跃。它较之以前的直音、比况或读若之类，无疑在方法上是向前迈出了一大步。从理论上讲，反切用字没有限制，同一个声母，可以用许多字去表示，即只要是双声的字都可以，同一个韵母，也可以用好多字去表示，即只要是韵母相同的字皆可。但反切上下字用字过多，就会增加记忆的负担，人们要熟练掌握反切，非熟记许多反切上下字不可，这个负担无疑是沉重的。因此自从反切产生以来，对反切的改良就一直没有停止过。

王氏在制订反切时，每韵中各声下只确定几个音母（韵母）（上文已经说过），大大减少了反切下字的数量。反切上字则选用跟本音最相近之入声字。选用入声字作切上字，这种做法在很大程度上继承了明代桑绍良在《青郊杂著》中所倡导的反切方法。《声韵杂著》第三十五条："取音定法：如二平、上、去取音（切上字），即于本排下取二入字。沉平（阴平）与去取深入（阴入），浮平（阳平）与上取浅入（阳入）。若本排止有一入声，通取亦不害。……二入字取音亦于本排上二平、上、去取之，深入取沉与去，浅入取浮与上，若本排四声不全，通取亦不害。"所谓"最相近之入声字"其实就是跟音母（韵母）字呼等一致，也就是开合洪细一致。与此同时，王氏对于同一个声母只根据每韵下音母的不同选择不同的反切上字。因此某一韵中音母数是几，同一声母就只用几个反切上字（偶尔有例外）。而且各韵中相同声母所选用的切上字，当开合洪细一致时就都使用同一个反切上字，如见母[k]的反切上字用了如下几个：吉、谷、格、掬。这样反切上字的数量也大大减少了。这样一来，王氏所用的反切上下字数量也就极大限度地减少了，基本上是一个声母只根据开合洪细最多选用四个字，一个韵母只用一个音母字。在王氏之前，明末的徐孝主张在制定反切时，要对反切上下字用字定一个范围，使反切上下字有一个标准，避免反切上下字的混乱纷繁，更变不常。徐氏在《等韵图经》凡例中说："近代反切，字形更变不常，并不遵韵图统率，甚无凭据。今订反切，惟依韵图统率为准，务使声韵开合得宜，取字响应神速，永为后学之捷径矣。"徐氏提倡以韵图用字作为制定反切时的用字依据，范围似乎较宽了些。不过，徐氏在实践的过程中，用字范围还要窄得多，一般只取韵图中的常用字，非常用字一般摈弃不用。王氏较之徐氏的做法，在反切改良方面无疑是向前迈出了一大步。王氏以后，清初的阿摩利谛在其所著的《三教经书文字根本》[1]中，反切用字的规律基本上跟王氏一样，一个声母只用四个切上字，一个韵类只用一个切下字。

王氏制订反切上字的特点，有利于我们归纳出声母的数量。我们只要把一个韵部中相同声母的字归在一起，得到多少类，就说明有多少个声母。为了方便地把所有的声母都能考证出来而不遗漏，需要选择一个有代表性的韵部。"言坚"韵是"音母"数最多的韵部之一，且所收韵字比较多，因此是理想的考查对象。如果韵字不够用或为了把问题说得更清楚，也可选择其他韵的字作补充。

根据考查，声母情况如下（只列举一部分韵字）：

影母[2][Ø]：言$_疑$延$_以$研$_疑$妍$_疑$沿$_以$[一$_影$言切]；闻$_微$蚊$_微$纹$_微$[屋$_影$闻切]；云$_云$耘$_云$匀$_以$芸$_云$[一$_影$云切]；弯$_影$湾$_影$蜿$_影$[屋$_影$弯切]。

见母[k]：坚$_见$肩$_见$间$_见$奸$_见$艰$_见$[吉$_见$烟切]；鹃$_见$涓$_见$娟$_影$[掬$_见$渊切]；干$_见$竿$_见$肝$_见$[格$_见$安切]；关$_见$官$_见$冠$_见$棺$_见$[谷$_见$弯切]。

精母[ts]：煎$_精$笺$_精$溅$_精$[即$_精$烟切]；镌$_精$[即$_精$渊切]；钻$_精$[足$_精$湾切]。

照母[tʂ]：专$_章$砖$_章$颛$_章$[竹$_知$湾切]；诈$_庄$榨$_庄$乍$_崇$咋$_庄$[摘$_知$阿$_作去声$切]。

溪母[k']：牵$_溪$愆$_溪$骞$_溪$[乞$_溪$烟切]；虔$_群$乾$_群$（坤）[乞$_溪$言切]。

清母[ts']：千$_清$迁$_清$阡$_清$[七$_清$烟切]；钱$_从$前$_从$[七$_清$言切]；撺$_清$[促$_清$湾切]。

穿母[tʂ']：川$_昌$穿$_昌$[触$_昌$湾切]；唇$_船$纯$_禅$醇$_禅$鹑$_禅$淳$_禅$[触$_昌$闻切]。

帮母[p]：边$_帮$编$_帮$鞭$_帮$[必$_帮$烟切]；扮$_帮$办$_并$绊$_帮$瓣$_并$[百$_帮$按切]。

心母[s]：仙$_心$先$_心$鲜$_心$[夕$_邪$烟切]；宣$_心$[恤$_心$渊切]。

婶母[ʂ]：山$_生$删$_生$珊$_心$潸$_生$[煞$_生$安切]；谁$_禅$[叔$_书$韦切]。

晓母[x]：轩$_晓$掀$_晓$[吸$_晓$烟切]；贤$_匣$弦$_匣$舷$_匣$闲$_匣$[吸$_晓$言切]；喧$_晓$暄$_晓$萱$_晓$[閺$_晓$渊切]。

滂母[p']：篇$_滂$偏$_滂$翩$_滂$[劈$_滂$烟切]；骈$_并$便$_并$胼$_并$[劈$_滂$言切]。

端母[t]：颠$_端$滇$_定$巅$_端$癫$_端$[嫡$_端$烟切]。

透母[t']：天$_透$[倜$_透$烟切]；田$_定$畋$_定$填$_定$[倜$_透$言切]。

来母[l]：联$_来$连$_来$莲$_来$怜$_来$[立$_来$言切]；阑$_来$拦$_来$兰$_来$栏$_来$[蜡$_来$安$_作阳平$切]。

日母[ʐ]：然$_日$燃$_日$[日$_日$安$_作阳平$切]。

泥母[n]：年$_泥$撚$_泥$[匿$_娘$言切]；难$_泥$[衲$_泥$安$_作阳平$切]。

---

1 据赵荫棠考证，该书刊行时间在康熙三十八年（1699）到康熙四十一年之间。

2 声母的名称和拟音为笔者所加。每组同音字组之间用分号隔开，方括号内是同音字组的反切注音。每字右下角的小字是中古音声母类属。

非母［f］：翻_敷番_敷幡_敷［法_非安切］；烦_奉繁_奉凡_奉帆_奉繁_奉［法_非安作阳平切］。

明母［m］：绵_明棉_明眠_明［觅_明言切］。

从上述可以看出，声母系统跟清初的北音比较一致。全浊音清化，塞音、塞擦音逢平声送气，仄声不送气；影、喻、微、疑、日母（止摄开口三等）合流为零声母；知庄章三组合并为一组；非敷奉合而为一；见组细音和精组细音还存在对立；尖团没有合流。

尽管王氏在书中是根据时音制订反切，没有沿袭从前的旧切，反切上下字也都经过精心挑选，但是仍存在一些问题。如字头是音母代表字时，它的反切下字用的是本字。例如"安"字的反切是"厄安"，这样一来，就等于没有注音。又如，为了给反切上字选用一个入声字，有时在没有常用字的情况下，就只好选用一个生僻字，例如"喧，閿渊切"。这样的注音，似乎没有多少实用的价值。

（四）注重实用，捃选韵字

为了方便实用，只选择词曲所常用的入韵的字。凡例："韵者，所以叶词曲之句头（逗）也。如琵琶之琵，箜篌之箜，崆峒之崆等类，断难施于词句之终。所以一概不载。而怪异之字，非词曲所常用者，亦竟删除之。"

另外，入声字也在排除之列。凡例："入声之音，最为短促，施于词句之末，既无委婉之声，又乏舒徐之韵。词家用此者亦罕矣。况其崭然一声，叶切俱无所施，载之无谓也……故删去。"从实用的角度来看，王氏的做法似无可厚非。但这样一来，韵书就没有完整地反映出当时舞台语音的所有韵部，同时在需要用入声韵的时候，也会带来不便。

总之，王氏在曲韵书方面的改革是难能可贵的。他的革新，既有成功的地方，也有失败的地方。但从整体上来看，成功是主要的。这本曲韵书，学者们以往对它关注不够。其实，在曲韵书史上，应该有它的一席之地。它是继《中原音韵》后，又一部值得大加褒扬的富有革新精神的曲韵书。

附录2 系属不明韵图

系属不明指的就是韵图反映音系的性质不能确定它究竟记录的是何地的语音。

一、《万籁中声》

明代徽州歙县人吴元满，字敬甫，生于今安徽黄山徽州区的西溪南村，自号溪南居士、肖峰山人。著有音韵著作多部，其中包括等韵化韵书《万籁中声》《四声韵母》，韵图《切韵枢纽》，音论《韵学释疑》，这些著作都刊于明万历十年（1582）。对吴氏的著作，台湾学者林和平和王松木曾有简要的论述。另王世中《从〈万籁中声〉之编纂体例论吴元满之声韵观》对吴氏的声韵观点做了系统论述；陈欣仪在《切韵枢纽研究》中对书中音系有详细的研究，该文认为书中时音音系主要是官话音，同时掺杂有徽州方音；黄珊珊在《吴元满字书的谐声系统考察与音系研究》中，根据"数韵同入"，从徽州方言和江淮官话出发，在陈欣仪构拟的基础上重新构拟了音系，并认为吴氏分韵的基础是当时的官话系统，声母部分则较多混入了方言。对于该书，尽管学者们作了很深入的研究，但有些地方的研究仍相当薄弱，如新增五母的性质和书中的声调，此外书中有些语音现象还没有从语音史的角度挖掘凸显其价值。本文主要从上述两个角度作些探讨。

（一）新增五母和声调

吴元满在《万籁中声》凡例中说："旧韵或分或合，无所定见。今以平上去三声各定为三十一韵，以合三十一母之数。惟入声直而促，故定为十五韵，通前三声共一百八韵。"

从吴氏叙述中可知，书中声母有三十一个，韵母平上去声各三十一个、入声十五个，声调四个。

吴氏分声母为三十一个，但在韵书中吴氏新增加了五个"字母"，它们是"衄、诺、漠、辘、揆"，这五个声母是属于三十一个声母之中，还是溢出三十一个声母之外呢？它们的性质究竟是什么呢？

在韵书中，吴氏先排清声母，后排浊声母。吴氏说："《四声韵母》三十一字，以见溪群疑为次叙。今所录如旧制，删去有音无字者。势不能接续，仿周德清分阴阳之义，定为清浊二音。"根据吴氏的叙述，这五个新增的字母，可能与声调分阴阳有关。下面看这五个新增的字母在书中出现的情况。

首先是平声韵的情况。

1. 东韵下，清音辘母下收有"籠"字，浊音来母下收有"籠"字；清音漠母下收有"濛曹"字，浊音明母下收有"濛曹"字。

2. 元韵下，清音撋母下收有"撋"字，浊音日母下收有"撋"字。

3. 淳韵下，清音撋母下收有"瞤"字，浊音日母下收有"瞤"字。

4. 庚韵下，清音漠母下收有"扪"字，浊音明母下收有"扪"字。

5. 寒韵下，清音漠母下收有"鞔"字，浊音明母下收有"鞔"字。在《罗长铭集·歙西音录》中"鞔"读阴平。

6. 庋韵下，清音辘母下收有"搂"字，浊音来母下收有"搂"字。

7. 宵韵下，清音漠母下收有"猫"字，浊音明母下收有"猫"字。在《歙西音录》中"猫"读阴平。

8. 豪韵下，清音辘母下收有"撩"字，浊音来母下收有"撩"字；清音诺母下收有"呶"字，浊音泥母下收有"呶"字；清音衄母下收有"熬"字，浊音疑母下收有"熬"字；清音漠母下收有"猫"字，浊音明母下收有"猫"字。在《歙西音录》中"撩"读阴平。

9. 齐韵下，清音衄母下收有"狋"字，浊音疑母下收有"狋"字。

10. 灰韵下，清音衄母下收有"巎"字，浊音疑母下收有"巎"字。

11. 哈韵下，清音衄母下收有"敳"字，浊音疑母下收有"敳"字。

12. 真韵下，清音衄母下收有"啮"字，浊音疑母下收有"啮"字；清音辘母下收有"獜"字，浊音来母下收有"獜"字。

13. 孤韵下，清音漠母下收有"嫫"字，浊音明母下收有"嫫"字。

14. 歌韵下，清音漠母下收有"摩"字，浊音明母下收有"摩"字。在《歙西音录》中"摩"有阴平、阳平两读。

其次是入声韵的情况。

15. 笃韵下，清音衄母下收有"衄恶"字，浊音疑母下收有"衄恶"字；清音漠母下收有"穆"字，浊音明母下收有"穆"字。

16. 质韵下，清音撋母下收有"廿"字，浊音日母下收有"廿"字；清音诺母下收有"昵"字，浊音泥母下收有"昵"字。

17. 末韵下，清音漠母下收有"抹"字，浊音明母下收有"抹"字。

18. 曷韵下，清音漠母下收有"悷"字，浊音明母下收有"悷"字；清音衄母下收有"辥歺"字，浊音疑母下收有"辥歺"字。

19. 各韵下，清音漠母下收有"莫"字，浊音明母下收有"莫"字。

从上面可以看出，这新增的五个字母对应于三十一母的五个字母，它们是清浊相配的：辘—来，漠—明，㨃—日，诺—泥，衄—疑。

吴氏说使用清浊是仿照周德清分阴阳。也就是说，平上去入根据声母的清浊来分阴阳。因此，吴氏在韵书中新造的五个声母，是因为声调分阴阳所需。这五个声母只出现在平声和入声中，不出现在上声和去声中。这是因为平入声中，这些次浊声母有些字有阴调的又读音。甚至这五个新增的字母只有阴调的读法，如：

1. 平声先韵下，清音诺母下收有"捻"字，浊音泥母下不收此字。

2. 平声尤韵下，清音辘母下收有"浏"字，浊音来母下不收此字。

3. 平声麻韵下，清音漠母下收有"妈"字，浊音明母下不收此字。在《歙西音录》中"妈"读阴平。

4. 入声笃韵下，清音辘母下收有"搁"字，浊音来母下不收此字。

5. 入声各韵下，清音诺母下收有"诺"字，浊音泥母下不收此字；清音漠母下收有"漠瘼膜寞幕邈"等字，浊音明母下不收这些字。

6. 入声屑韵下，清音衄母下收有"臬、涅、啮、陧、孽"等字，浊音疑母下不收这些字。

7. 入声质韵下，清音衄母下收有"尼、岌、仡、圪、屹"等字，浊音疑母下不收这些字。

另外，吴氏把三十个声母分为阴阳两组，在平声、去声和入声中，次浊声母"疑母、泥母、微母（喻母）、明母、来母、日母"都归入浊音中，而在上声中"疑母、泥母、微母、明母、来母、日母"归入清声母（喻母归入了浊声母）中。这样做是因为平、去、入声都分阴阳，而上声不分阴阳。因为次浊上声归清上，全浊（次浊喻母）上声归入了阳去。吴氏在凡例中，说："上声有清无浊，旧与去声相混。今取去声浊字分注于后，以便押韵。"在韵图中，全浊（次浊喻母）上声位用◎代替。这是因为全浊（次浊喻母）上声归入了阳去。今徽州呈坎方言全浊上声有三分之二归入去声，岩寺方言全浊上声大部分归入了去声。因此吴氏所说的清浊主观上就是指阴阳，即声调分阴阳。因此吴氏分的声调有七个：即阴平、阳平、上声、阴去、阳去、阴入、阳入。这七个声调，应该就是当时歙西一带方音的声调。

（二）闭口韵尾的全面消失

在中古时，深咸两摄是收［m］韵尾的，即通常所说的闭口韵。［m］韵尾的消失，在《中原音韵》中只是部分唇音字先发其端。《中原音韵》真文韵上声"牝品"同音，寒山韵平声阳"烦繁膰矾蠜帆凡"同音，去声"饭贩畈範泛范犯"同音，这些［m］韵尾混入［n］韵尾的字仅限于唇音声母。但《中原音韵》中还保留三个闭口韵，说明［m］韵尾还保存着。直到《韵略易通》（1442）还没有取消此三部。而在《万籁中声》中，古深咸两摄合并于臻山等摄，双唇鼻音［m］韵尾已经全面消失。在吴氏所分的"三十一韵"中，其中"六先韵""八真韵""十四寒韵""十五咸韵"，各自都有来源于古深摄或咸摄的字。各韵的中古来源（即各韵的构成）如附表2-1、2-2、2-3、2-4所示：

附表2-1　六先韵

摄	呼	等	韵	声	见	溪	群	疑	晓	匣	影	喻	章	昌	船	书	禅	日	庄	初	崇	生
山	开	四	先	平	坚	牵		妍		贤	烟											
咸	开	四	添	平	兼	谦				嫌												
山	开	三	仙	平		搴	虔				焉	延				羶	蝉	然				
咸	开	三	盐	平			钳				阉	盐	瞻	襜		苫	蟾	髯				
咸	开	三	严	平				严			淹											
山	开	三	元	平				言	掀													

摄	呼	等	韵	声	知	彻	澄	娘	精	清	从	心	邪	端	透	定	泥	来	帮	滂	並	明
山	开	四	先	平					笺	千	前	先		颠	天	田	年	怜	边		骈	眠
咸	开	四	添	平											添	恬	拈					
山	开	三	仙	平			廛		煎		钱	仙	涎					连	鞭	偏	便	绵
咸	开	三	盐	平	沾			粘	尖	签	潜	纤						廉				
咸	开	三	严	平																		
山	开	三	元	平																		

附表2-2　八真韵

摄	呼	等	韵	声	见	溪	群	疑	晓	匣	影	喻	章	昌	船	书	禅	日	庄	初	崇	生
臻	开	三	欣	平	斤		芹	垠	欣		殷											
梗	开	四	青	平	经				馨	形												
梗	开	三	庚	平	京	卿	鲸	迎			英											
臻	开	三	真	平	巾			银			因	寅	真	嗔	神	申	臣	仁	蓁			
曾	开	三	蒸	平	兢			凝	兴			蝇	蒸	称	乘	升	丞	仍				
深	开	三	侵	平	今	钦	琴	吟			音	淫	箴			深	忱	壬			岑	森
梗	开	三	清	平		轻					缨	盈	征			声	成					

（续表）

摄	呼	等	韵	声	知	彻	澄	娘	精	清	从	心	邪	端	透	定	泥	来	帮	滂	并	明
臻	开	三	欣	平																		
梗	开	四	青	平					青			星		丁	汀	亭	宁	伶		俜	瓶	冥
梗	开	三	庚	平														兵		平		明
臻	开	三	真	平	珍		尘	纫	津	亲	秦	辛						邻	宾		贫	民
曾	开	三	蒸	平	徵		惩											凌	冰		凭	
深	开	三	侵	平	砧	郴	沉		侵			心	寻					林				
梗	开	三	清	平	贞		呈		精	清	情										并	名

附表2-3　十四寒韵

摄	呼	等	韵	声	见	溪	群	疑	晓	匣	影	喻	章	昌	船	书	禅	日	庄	初	崇	生
山	开	一	寒	平	干	刊				寒	安											
咸	开	一	谈	平	甘				蚶	邯												
咸	开	一	覃	平		堪				含	谙											
山	开	二	删	平																		删
山	开	二	山	平																	潺	山
咸	开	二	衔	平				岩													搀	衫
咸	开	二	咸	平						函											谗	杉
山	合	一	桓	平						丸												

摄	呼	等	韵	声	知	彻	澄	娘	精	清	从	心	邪	端	透	定	泥	来	帮	滂	并	明
山	开	一	寒	平						餐	残	珊		丹	摊	坛	难	阑				
咸	开	一	谈	平							惭	三		儋	谈			篮				
咸	开	一	覃	平					簪		骖	蚕		耽	贪	覃	南	岚				
山	开	二	删	平															班	攀		蛮
山	开	二	山	平																		
咸	开	二	衔	平																		
咸	开	二	咸	平				喃														
山	合	一	桓	平																		谩

摄	呼	等	韵	声	非	敷	奉	微
山	合	三	元	平	幡	樊		
咸	合	三	凡	平		凡		

附表 2-4　十五咸韵

摄	呼	等	韵	声	见	溪	群	疑	晓	匣	影	喻	章	昌	船	书	禅	日	庄	初	崇	生
山	开	二	山	平	间	掔				闲												
山	开	二	删	平	菅			颜														
咸	开	二	衔	平	监	嵌				衔												
咸	开	二	咸	平	馦					咸												

从上面可以看出，在《万籁中声》中，中古闭口韵已经跟山臻等摄完全合流。其后有成书于明万历丁亥年（1587）李登的《书文音义便考私编》，在书中把［m］韵尾也归并到［n］韵尾去了。但归并之后，又说"内自有辨"。说明他认为这种做法还有点大胆。又刊于明万历三十四年（1606）徐孝的《合并字学篇韵便览》也把闭口韵并入了相应的前鼻韵尾韵中了。

《万籁中声》是目前所知道的闭口韵尾完全消失的最早一部韵书，因此在音韵学史上具有重要的价值。另外从深摄细音与曾梗臻摄细音的合流，这又透露了徽语的方音信息，说明当时歙西一带的方音中闭口韵也已经不存在了。

（三）部分山摄一等韵字跟臻摄一等韵字合流

吴氏所分的三十一韵中有些分韵的情况，已经跟现代徽语基本一致，如"十二文韵"。在"文"韵中，部分中古臻摄合口一等魂韵（含合口三等文韵轻唇音字）跟山摄合口一等桓韵字合流。"十二文韵"的中古来源如下（见附表 2-5）。

附表 2-5 十二文韵

摄	呼	等	韵	声	见	溪	群	疑	晓	匣	影	喻	章	昌	船	书	禅	日	庄	初	崇	生
臻	合	一	魂	平	昆	坤			昏	魂	温											
山	合	一	桓	平																		
臻	合	三	文	平					荤													

摄	呼	等	韵	声	知	彻	澄	娘	精	清	从	心	邪	端	透	定	泥	来	帮	滂	并	明
臻	合	一	魂	平																		
山	合	一	桓	平					钻	爨	攒	酸		端	湍	团		栾	搬	潘	盘	瞒
臻	合	三	文	平																		

摄	呼	等	韵	声	非	敷	奉	微
臻	合	三	文	平	分	纷	焚	文

明人方中履在《古今释疑》卷三十七："近世吴元满音韵，凡满皆言门，满音猛，漫音闷，则新安人之乡语。"

在另外一部徽语方言词汇文献《古歙乡音集证》中也有所反映。《古歙乡音集证》是清代康熙[1]时期歙县西乡人黄宗羲所著，有嘉庆壬申年（1812）春小酉山房刊的袖珍本。黄氏在《自序》中说："吾歙土音，四乡差异，东南北则重而浊，西则泛而柔。即西之一隅，相去数里，亦稍稍有不同者。其乡语中多若有音无字，然而寻绎其义，字书未尝无有，特语音转变，唇齿不清，故失之耳。不惮固陋，略为考证，得字若干类，录于左。若夫东南北三乡，语音未得尽悉，不敢谬及。"书中音注反映这种方音特点的例子如下：

1. 按景：俗语云依时按景。按乡音恩去声。（时令）按古音为：影母山摄开口一等寒韵去声；恩古音为：影母臻摄开口一等痕韵平声。

2. 安置：乡音若恩基。吾乡之俗，新妇每夕于舅姑前万福道安置。（时令）安古音为：影母山摄寒韵平声；恩古音为：影母臻摄开口一等痕韵平声。

3. 攒盒：攒乡音若层。方盒中有格以盛果肴者曰攒盘。（器用）攒古音为：精母山摄寒韵上声；层古音为：从母曾摄登韵平声[2]。

4. 筬儿：本音般，乡音近恩。即捕鱼笱也。（器用）般古音为：帮母山摄删韵平声；恩古音为：影母臻摄开口一等痕韵平声。

5. 田湴：俗谓坎曰田湴。湴乡音彭去声。又曰田湴窟。窟乡音如缺。（地理）湴古音为：并母咸摄衔韵去声；彭古音为：并母梗摄庚韵平声。

6. 坛甏：坛本音谈，乡音屯。俗呼大坛为坛甏。（器用）坛古音为：定母咸摄覃韵平声；谈古音为：定母咸摄谈韵平声；屯古音为：定母臻摄魂韵平声。

7. 饭糁：心上声，乡音损。俗谓饭之颗粒曰饭糁。又用以粘物曰饭粘。粘音严。糁古音为：心母咸摄覃韵上声；心古音为：心母深摄侵韵平声；损古音为：心母臻摄魂韵上声。

8. 顽：乡音恩而浊。俗谓不聪明曰顽。又谓人不知愧曰顽皮。吾乡顽字多转此音。（性情）顽古音为：疑母山摄山韵合口平声；恩古音为：影母臻摄开口一等痕韵平声。

9. 顽芋头：顽乡音近恩而浊。（谚句）

1　书中"牛厚胘"：音弦。厚胘乡音守贤。俗谓牛胃之厚处曰牛厚胘。（鸟兽）其中所有"玄"字皆缺末笔。由此可知，书应该成于康熙年间。

2　梗（曾）摄跟臻摄合流。如"愠懆"：愠乡音横直之横去声，懆音灶。俗谓蕴怒于中曰愠懆。（性情）愠古音为：影母臻摄文韵去声；横古音为：匣母梗摄庚韵合口平声。又如"逞口"：逞乡音蠢。今俗如甲被乙殴，往诉于乙父兄谓之逞口。吾乡凡呼口字多转音如丑。（通用）逞古音为：彻母梗摄清韵上声；蠢古音为：昌母臻摄谆韵上声。又如"蹭蹬"：音寸邓。失道行不先也。……俗谓行而有阻亦曰蹭蹬。（通用）蹭古音为：清母曾摄登韵去声；寸古音为：清母臻摄魂韵去声。

10. 青草漫牛蹄，正是拜年时。漫乡音若闷。（谚句）漫古音为：明母山摄桓韵去声；闷古音为：明母臻摄魂韵去声。

在黄氏的记载中，部分山摄开口一二等字也跟臻摄一等字合流了。

山摄一等字跟臻摄一等字部分合流，现代部分徽语仍然具有这一方音特征。在今歙西一带，这种语音现象还存在，据《歙西音录》，在［en］韵下收有山咸摄一二韵字"般盘伴半叛潘判馒满瞒端团坛潭短断暖卵暗簪酸算"，等等；收有臻摄一等韵字"蹲敦屯门本昏吞跟滚肯昆恩痕尊村"，等等。

《万籁中声》是目前所知道的最早记载这种徽语方音特征的韵书，因此对徽语语音史的研究具有重要的参考价值。

《万籁中声》透露出来的徽语语音特点，如七个声调、闭口韵的消失、山摄一等字跟臻摄一等字部分合流，目前所知在徽语语音史上是最早的，因此，《万籁中声》应是研究徽语语音史的一部重要参考文献。

二、《五音方辨》

《五音方辨》[1] 不知撰人是谁，是在《韵法直图》的基础上改编而成的。作者在前面的"五音方辨"中说："从来韵学之难，难于方音之有异。韵学之易，易于天籁之自鸣。不得其传，虽才人无由喻。苟得其传，即童稚亦可知。总之，依乡音则习俗难凭，照汉音则真音始定，虽五方之风气不同，声音各别，而调韵之法有自然者，十日之内立见效验。"可见，书中音系是"汉音"的反映，即读书音。

该书在"掌诀"中说只有三十二个声母："每指四位，四指共十六位，重之则三十有二，而三十二音备矣。凡遇一韵顺口读去，曲大指数之得音即止，毫发无差。"以列字较全的"规"韵为例，其下有：规魁葵巍堆推颓捼杯坯裴枚唯催洼虽随追吹槌水谁灰回威为非肥霏微雷蕤。

与三十六字母相比，少了知彻澄娘四母。

书中分三十五个韵部（见附表 2-6）。

1　书名不知为何，故以开首的"五音方辨"为名。

附表 2-6　三十五韵部

宫				商				角				徵				羽			
光	广	诳	国	冈	㸁	㧊	各	江	襁	绛	觉								
官	管	贯	刮	干	杆	幹	葛					坚	茧	见	结	涓	卷	绢	
公	碩	贡	谷	庚	梗	更	格	京	景	敬	戟					弓	拱	供	掬
裩	衮	睔	骨	根	○	○	○	巾	○	○	○					钩	窘	君	橘
姑	古	顾										基	己	寄	吉	居	举	据	
乖	拐	怪		该	改	盖						皆	解	戒					
				高	杲	诰		骄	矫	叫									
歌	哿	个																	
				钩	苟	构		鸠	九	救									
规	诡	贵																	
瓜	寡	卦		家	○	○		嘉	贾	驾									
				袜	○	○		迦	○	○									
												赀	子	恣	杂				
																诀	○	○	
																觉	○	○	

注：黑体韵字在正文韵图中都没有出现。另韵部四呼相承是根据各韵古来源由笔者调配的，原书中有这种意思，但配得不够系统。

跟《韵法直图》相比，在分韵上最明显的分别有：

1. 取消了闭口韵。在《韵法直图》中，有"金""簪""兼""监""甘"这些古深咸摄的闭口韵的存在，而在《五音方辨》中，这些韵都归到了相应的臻山摄中去了。

2. 歌戈不分。在《韵法直图》中，歌戈仍旧保持着开合分列，而在《五音方辨》中，戈歌韵字都归在合口呼。

3. 山摄中的部分对立消失。在《韵法直图》直图中有"官≠关，艰≠坚"，但在《五音方辨》中，这些差别已经不存在了。

4. 在《韵法直图》直图中"赀"韵配的入声是"栉剌瑟"等字，而在《五音方辨》中"赀"韵配的入声是"杂币擦插喝合遏法乏腊"。

总之，《五音方辨》的分韵比较接近清代以来的十三韵部的分法。

三、《切韵捷径》

《切韵捷径》系古陶（今山西平遥）人张应泰（阶平）所编撰，作者伪托紫阳朱熹手著，其实主要是根据《五方元音》改编而成。该书于道光己酉年由古陶雨匀轩刊行。

该书共有二十个声母：邦匏木风斗土鸟雷竹虫石日剪鹊丝云金桥火蛙。

韵母共有五十二个。在"四声十三叶韵提纲"中，四呼相配情况如附表 2-7 所示。

附表 2-7　十三叶韵表

合口	公	裩	光	官	郭	○	瓜	乖	规	戈	骨	国	姑	
开口	庚	根	冈	干	各	高	○	该	○	钩	圪	革	○	
齐齿	京	巾	江	坚	觉	交	加	皆	○	鸠	吉	结	基	
撮口	扃	君		娟	角	○	○	○	○	○	菊	厥	居	赀

但从后面的四呼"十三韵"来看，有些韵下没有列字，其实只有四十一韵，再加上在"撮口十三韵"后增加了"赀"韵，故总共有四十二个韵母。

该书声母系统与《五方元音》一致，韵母系统与《五方元音》略有差异，阳声韵基本一致，不同主要在阴声韵方面：

1. 古果摄与流摄的分合。在《五方元音》中，古果摄与流摄是分开的，分为"牛"韵与"驼"韵，但在《切韵捷径》中，这两摄已经合并。这应该是方音的反映，但今平遥方音这两摄仍旧是分开的，不过在晋语寿阳方音中，这两摄确实已经合流（见附表 2-8）。

附表 2-8　果流摄字今音表

例字	波	多	歌	梭	窝	丢	优	勾	周	楼
读音	əɤ	əɤ	əɤ	uəɤ	uəɤ	iəi	əi	əɤ	əɤ	əɤ

2. 在《五方元音》中，"地"韵包括《切韵捷径》中的"规"韵、"赀"韵、"基"韵和"居"韵，而"故"韵是独立的，即"虎"韵。尽管韵的分合存在不同，但韵母数基本上是一致的。

3. 在入声韵方面，《切韵捷径》分为三部，对《五方元音》入声韵合并较大（见附表 2-9）。

附表 2-9　入声韵表

入声韵	郭	各	觉	角	骨	圪	吉	菊	国	革	结	厥
例字	郭阔龌脱诺薄莫桌朔霍缚六肉①	各愕铎讬诺博泊作错索喝落	觉忒僻鹊绰谑	角屈促足凤出率略	骨哭兀秃没足促速术出束忽福六入	圪客额黑弗勒	吉乞的剔匿壁觅疾七昔只尺十吸力日	菊曲欲足凤祝触束旭郁碌	国滑	革荅榻纳币撒剳插窫	结跌铁别灭节切浙涉歇列热	厥阙绝曲雪拙说悦劣
阴声韵	驼	驼	驼	驼	虎	豹	地	虎	马	马	蛇	蛇
拟音	*uaʔ、*əʔ、*iɛʔ、*yɛʔ				əʔ、iəʔ、uəʔ、yəʔ				uaʔ、aʔ、iaʔ、yaʔ			

①　"郭脱桌霍"等字今寿阳方音韵母为 uaʔ。

从入声韵的归并来看，张氏的归并是有方音基础的，书中归为三部，今寿阳方言入声韵只有两部，而平遥方音入声韵只有一部。从中大致可以窥见晋语并州片的语音发展演变的大致轨迹。

从书中与《五方元音》归韵的差异来看，也许张氏就是根据当时晋语并州片的某地语音来进行归并的，只是后来晋语并州片语音发生了比较大的变化（如有些阳声韵的归并等），才使得书中音系跟今晋语并州片的语音面貌差异较大。

四、《等韵捷径》

《等韵捷径》撰者不知何人，有民国八年（1919）徐经畬堂刻本。由兴平高兰亭讲授，石泉彭小皋刊行。

该书在"目次"中分为十二个韵部，共三十一个韵母（不含入声韵）（见附表 2-10）。

附表 2-10　韵母表

韵部	通	流	臻	山	效	宕	歌	止	蟹	加	结	都
韵母	庚	钧	根	干	高	冈	歌	规	该	巴①		
	京	鸠	巾	坚	骄	江		基	皆	嘉	迦	
	公		裩	官		光	戈		乖	瓜		姑
	弓		钧	涓								居

①　此韵在"目次"中没有，但后面的正文多出"巴"韵。

声母为十九个：见溪影晓、端透来、知彻审日、精清心、邦滂明、非微。

声调为四个：平上去入。平声不分阴阳。

这个音系应该属于北方话语音系统：

1. 全浊音消失。

在正文"韵图""通"部晓母下列有：亨刑悻红；端母下列有：登等丁顶定东董冻；透母下列有：腾邓亭挺听统痛；清母下列有：层赠清请。

2. 古山咸两摄合流。

在正文"韵图""山"部下列有：干看安寒丹坛凡；坚牵贤颠毡缠然煎先边便眼；官宽完桓端鸾钻酸般。

3. 古臻深摄合流。

在正文"韵图""臻"部下列有：根痕臻莘；巾勤寅欣邻辰人津秦宾频民。

4. 古曾梗通摄合流。

在正文"韵图""通"部下列有：坑登腾增层僧崩朋盟；公空翁红东隆中戎松蒙风。

但究竟具体属于哪个地点的北方音，不太好确定。音系中有些方音有以下特点：

1. 泥来母不分。

在正文"韵图"来母下列有：力来乃奈唻拏辣罗奴怒禄间吕虑。

2. 平声不分阴阳。

在正文"韵图""都"部平声下列有：姑枯吾胡都徒奴初疏租粗苏迸蒲模扶无。

3. 入声韵部分配阴声韵，部分配阳声韵。书中入声韵所配舒声韵如附表 2-11 所示。

附表 2-11　舒入韵相配表

舒声韵	庚	官	涓	江	歌	戈	基	皆	嘉	瓜	巴	姑	居
入声韵	客	括	厥	觉	各	郭	吉	结	戛	刮	辣	毂	橘

4. 保留微母。

在正文"韵图""都"部微母下列有：无武务。

5. 规韵字读开口。

根据北音的一般特点，拟音如下。

声母：

见 [k]、溪 [kʻ]、影 [Ø]、晓 [x]，端 [t]、透 [tʻ]、来 [l]，知 [tʂ]、彻 [tʂʻ]、审 [ʂ]、日 [ʐ]，精 [ts]、清 [tsʻ]、心 [s]，邦 [p]、滂 [pʻ]、明 [m]，非 [f]、微 [v]

韵母：

　　庚［əŋ］［ək］、京［iəŋ］、公［uəŋ］、弓［yəŋ］，钩［əu］、鸠［iəu］；根［ən］、巾［iən］、裩［uən］、钧［yən］，干［an］、坚［ian］、官［uan］［uat］、涓［yan］［yat］；高［au］、骄［iau］，冈［aŋ］、江［iaŋ］［iak］、光［uaŋ］，歌［o］［oʔ］、戈［uo］［uoʔ］，规［ei］、基［i］［ɿ］［ʅ］［iʔ］［ɿʔ］［ʅʔ］，该［ai］、皆［iai］［iaiʔ］、乖［uai］；巴［a］［aʔ］、嘉［ia］［iaʔ］、瓜［ua］［uaʔ］，迦［iʁ］，姑［u］［uʔ］、居［y］［yʔ］

五、《韵学捷编》

《韵学捷编》抄本，不知何人何时所撰。书中阳平的名称叫"全"声，可知此书应该是清初以后出现的，但具体年代无法确定。

该书系改编《韵法直图》而成。比如"五音歌"曰："开口商音合口宫，混呼闭口角音中。齐齿徵音撮口羽，五音清浊理皆通。"其中"闭口""混呼"都来源于《韵法直图》，都归角音，而角音归在齐撮之中。因此，该书实际上只有四呼。

书中分为三十四韵，基本上是按开合撮齐四呼相配排列的，但有些地方排得又非常乱（见附表2-12）。

附表2-12　三十四韵表

开	干	根	庚	冈	该	高	钩	葛	歌		
合	官	裩	公	光	乖	孤	瓜	戈	规		
撮	涓	君	扃	居	厥						
齐	坚	金	京	江	皆	骄	鸠	加	迦	基	而[①]

① 书中注曰："而，咬齿呼，喉音第三位。"

正文以韵为单位，横列五声相承的韵，即平上去入全韵。纵列十八母，纵横交叉处列相关的韵字，无字处列空圈。

（一）声母及其特点

该书总共为十八母，分为八类。每类只有名称，没有列出代表字。下面以公韵为例略加说明（见附表2-13）。

附表 2-13　声母表

	喉			舌			唇			牙			齿			喉兼牙	唇合齿	舌兼喉
平	公	空	翁	东	通	浓	○	○	○	宗	聪	松	中	充	春	烘	风	○
上	赣	孔	霯	董	统	○	璅	拌	蠓	总	㨄	竦	肿	宠	○	啌	奉	陇
去	贡	控	甕	冻	痛	䡱	○	○	梦	纵	㩐	送	重	铳	○	横	凤	弄
入	谷	酷	沃	笃	秃	僪	不	扑	木	卒	促	速	祝	触	倏	斛	伏	绿
全	○	○	○	○	同	农	○	蓬	蒙	○	丛	○	○	虫	○	红	缝	龙

注：原书为竖排，现改为横排。

声母的主要特点：

1. 全浊音消失，其中塞音、塞擦音平声送气，仄声不送气。

古全浊塞音、塞擦音平声字与送气的清音字合流，仄声与不送气的清音字合流。在“公”韵有“通统痛秃同”“聪㨄㩐促丛”“充宠铳触虫”。在“京”韵下有“丁顶定”“兵丙并”“精井静”。在“居”韵下有“朱主著术”。在“冈”韵下有“当党荡铎”。在“钧”韵下有“钧窘郡橘”。

2. 影疑微喻日母合流。

在“公”韵喉音第三位下有“翁甕沃”。在“冈”韵喉音第三位下有“昂聊益愕棉”。在“居”韵喉音第三位下有“迁语御玉鱼”。在“光”韵喉音第三位下有“汪网旺枉王”。在“江”韵喉音第三位下有“央仰让羊”。

3. 非敷奉合流。

在“公”韵唇合齿音下有“风奉凤伏缝”。在“光”韵唇合齿音下有“方纺放缚房”。在“规”韵唇合齿音下有“非匪废肥”。在“孤”韵唇合齿音下有“夫抚富扶”。

4. 泥来母不混。

在舌音第三位下列字为古泥娘母字，在舌兼喉音下列字为古来母字。在“公”韵舌音第三位下有“浓䡱僪农”，舌兼喉音下有“陇弄绿龙”。在“基”韵舌音第三位下有“你腻匿泥”，舌兼喉音下有“里利力离”。

5. 分尖团音。

书中古见晓组字细音主要归在喉音和喉兼牙音下，精组字归在牙音下。在“基”韵喉音和喉兼牙音下有“基溪希”，牙音下有“赍妻西”。在“居”韵喉音和喉兼牙音下有“居区虚”，牙音下有“趋须”。在“京”韵喉音和喉兼牙音下有“京轻兴”，牙音下有“精清星”。在“坚”韵喉音和喉兼牙音下有“坚牵轩”，牙音下有"煎千先"。

6. 知庄章组合流，与精组字对立。

书中古精组字归在牙音下，古知庄章组字归在齿音下。在"金"韵牙音下有"津浸集侵寝沁缉秦心信习寻"，齿音下有"真枕震执琛趁蛰陈深哂甚湿神"。在"安"韵牙音下有"簪餐惭灿残三伞散"，齿音下有"邅斩栈镵产谗山潺讪"。

（二）韵母及其特点

书中分为三十四韵，实际就是三十四个韵母，但不包括入声韵母。如果把入声韵也计入的话，总共为四十八韵母。

书中入声韵兼配阴声韵和阳声韵。具体情况如附表 2-14。

附表 2-14　入声韵字表

舒声韵	公裩①孤②	冈高歌钩	骄江鸠	基京	居
入声韵字	谷酷沃笃秃僇扑木卒促速祝触倏斛伏绿	各恪愕铎托诺博莫作错索着绰朔盍落	角却岳爵鹊削着绰芍学略	吉乞亦的剔匿必匹密即七昔质尺式力	橘屈玉恤术黜律
舒声韵	庚根	金	光瓜戈	乖官	该葛干
入声韵字	格客额德忒北拍默则策塞责册啬黑勒	急泣弋集缉习执湿吸立	郭阔夺脱拨泼末捉朔缚捋	刮乞刷滑伐	葛渴遏达塔纳八匝飒札察曷发拉
舒声韵	皆坚迦	嘉	厥涓	而	日
入声韵字	结业跌铁蹩鳖灭节切屑哲撤舌歇列	甲恰鸭刹煞瞎	厥阙月绝雪税说血	日	

① 书中注曰："入声如公韵。"

② 书中注曰："入声如公裩规三韵。"但在"规"韵下书中注曰："无入声。"

韵母的主要特点：

1. 古江宕摄合流。

在"江"韵下有"江腔央将锵襄章昌商香"。在"冈"韵下有"冈康昂当汤囊邦狼臧仓桑杭"。

2. 古臻深摄合流。

在"金"韵下有"金钦音纫宾频津侵心真琛深欣"。

3. 古山咸摄合流。

在"干"韵下有"干看安丹滩簪餐三邅镵山罕骭"。在"坚"韵下有"茧遣眼典撚扁免剪浅展谄闪显辇"。

4. 古曾梗通摄合流。

在"公"韵下有"贡控甕冻痛齈梦纵送重铳横风弄"。在"庚"韵下有"庚坑登崩烹萌曾僧争撑生亨楞"。在"京"韵下有"京轻英丁听兵精清星称升兴"。在

"扃"韵下有"扃倾雍兄"。

5. 麻韵二等字与三等字不同韵。

麻韵二等字归在"瓜嘉葛"韵中，麻韵三等字归在迦韵中。其中"嘉"韵和"迦"韵都是齐齿呼。在"嘉"韵下有"嘉丫虾"。在"迦"韵下有"爷爹咩嗟些遮车赊"。

6. 止摄开口三等日母字"二耳儿"等字读零声母，应该是一个开口元音。

书中"二耳儿"等字归在"而"韵喉音第三位下。而韵的字很少，来源于止摄开口三等的照组字和精组字。照精组字虽然归在齐齿呼下，但作者特意说明："诸韵空处虽无字皆有声。惟而韵乃咬齿之韵，所空之处，无声无字。"可见这些照精组字应是舌尖元音，而日母"儿二耳"等字应该读开口元音。

（三）声调及其特点

1. 平分阴阳。

从"公"韵的列字来看，列在平声下的是古清平字，列在全声下的是古浊平字（见附表 2-13）。

2. 全浊上声归去声。

在"冈"韵去声下有"荡"，在"京"韵去声下有"並静"，在"光"韵去声下有"晃"，在"江"韵去声下有"像丈上"。

3. 入声合流，兼配阴阳声韵，应该是一个喉塞韵尾（见附表 2-14）。

（四）音系及其性质

从书中音系来看，应该是官话。

首先，书中音系没有全浊音，应该不是吴语和老湘语。书中浊音清化后的规律是主要平声送气，仄声不送气，应该不是新湘语和客赣语。另书中没有闭口韵并且入声韵只有喉塞韵尾，因此也不是粤语和闽语。

综上所述，书中音系反映的是北方语音（官话），在官话方言中，江淮官话是山咸摄合流后二分或者三分，因此书中音系也不可能是江淮官话。但究竟属于哪个地点的官话，还不好确定，故只能根据北方官话的一般特性进行构拟。

声母：

1 见［k］、2 溪［k'］、3 疑［Ø］、4 端［t］、5 透［t'］、6 泥［n］、7 帮［p］、8 滂［p'］、9 明［m］、10 精［ts］、11 清［ts'］、12 心［s］、13 照［tʂ］、14 穿［tʂ'］、15 审［ʂ］、16 晓［x］、17 非［f］、18 来［l］

韵母：

干［an］、官［uan］、涓［yan］、坚［ian］，根［ən］、裩［uən］、君［yən］、金［iən］，庚［əŋ］、公［uŋ］、扃［yŋ］、京［iəŋ］，冈［aŋ］、光［uaŋ］、江［iaŋ］，该［ai］、乖［uai］、皆［iai］，高［au］、骄［iau］、钩［əu］、鸠［iəu］，葛［a］、瓜［ua］、加［ia］，歌［o］、戈［uo］，而［ɿ］［ʅ］［ɚ］，基［i］，规［uei］，孤［u］、居［y］，迦［iɛ］、厥［yɛ］

谷［uʔ］、各［oʔ］、角［ioʔ］、吉［iʔ］、橘［yʔ］、格［ɛʔ］、急［ ］[1]、郭［uoʔ］、刮［uaʔ］、葛［aʔ］、结［iɛʔ］、甲［iaʔ］、厥［yɛʔ］

六、《等韵迲法》

《等韵迲法》刻本一册，不知何人何时撰写。

该书有二十二个声母。在书前"九音"中，有"三十六母去重留二十二母"：见溪㮌疑是牙音，端透⦿泥舌头音，知彻⦿娘舌上音（知彻澄与照穿状疑重复），帮滂⦿明重唇音，非⦿奉微轻唇音，精清⦿心⦿齿头，⦿穿状审⦿正齿，晓⦿影喻是喉音，来日半舌半齿音。可见，文字带圈的都是重复的。声母无全浊音，保留了疑母、微母和娘母。

分韵为十二个韵部（摄）：迦结冈庚祴高该傀根干钩歌。每韵分四等，即四呼：开口、齐齿、合口、撮口。

在正文韵图中，以韵部为单位，横列三十六母，纵列开齐合撮四呼，每呼中再分平上去入四等。根据韵图中四呼列字的情况，十二摄中的所含有的舒声韵母如附表2-15所示。

附表2-15 舒声韵母表

	迦	结	冈	庚	祴	高	该	傀	根	干	钩	歌
开	巴		冈	庚	祴	高	该	悲	根	干	钩	歌
齐	加	嗟	江	经	饥	交	皆		金	坚	鸠	
合	瓜		光	工	孤		乖	傀	坤	官		锅
撮	耍	靴	庄	弓	居		衰	吹	君	涓		

书中十二摄都配有入声，其中有些韵摄下所列入声带圈，即借入声。在"借入

---

1 急应该与吉无别。

声"中说："迦借裓歌四声全。"可见，入声只配阴声韵。其中所含的入声韵母如附表 2-16 所示：

附表 2-16　入声韵表

	迦			结		裓		歌	
开	巴	答			舌	裓	得	歌	革
齐	加	甲	嗟	劫		饥	吉		角
合	瓜	刮			叕	孤	骨	锅	郭
撮	耍	刷	靴	诀		居	菊		捉

对于韵母，有两点值得关注：

1. 知组字（除了止摄开口三等和蟹摄开口四等齐韵字外）都列在开口和合口。

2. 照组字（除了遇摄模韵字外）都列在齐齿和撮口。

七、《音学会解》

《音学会解》又名《新刊汉文字母》，是清代连江人赖秉钧[1]所撰，成书于光绪乙巳年（光绪三十一年，1905），光绪三十三年由学海堂刊行。该书是一部记录北音的等韵化韵书。赖氏在《音学会解例言》中说："予当课蒙之暇，创立字母，辨明反切，概从风气，纯录北音。至元音南音则标明各部各音母，南北通读则不用载，五历寒暑而是书始成，因名曰《音学会解》云。"

该书共分三十六部母（即三十六个韵母），它们是：三军歌诸郊耕乖终谦光卿胸当真嘉宾奢该悲欢䴗沙秋衣思高车归略些靴相夸坡洲春。

对于这些韵母，赖氏对其发音，作了些描述，对于我们拟音有些参考价值，比如"乖"注明是"合开齐"，"终"注明是"合鼻"，等等。

根据今北音和赖氏的描述，韵母可以拟音如下：

三［an］、军［yən］、歌［ɤ］、诸［u］、郊［iau］、耕［əŋ］、乖［uai］、终［uəŋ］、谦［ian］、光［uaŋ］、卿［iəŋ］、胸［yəŋ］、当［aŋ］、真［ən］、嘉［ia］、宾［iən］、奢［ə］、该［ai］[2]、悲［ei］、欢［uan］、䴗［yan］、

1　赖氏是潘澹如（逢禧）的学生。潘氏有《正音通俗表》一书。

2　在《音学会解例言》中说："是书阶部所有之音，虽寄该部。究之，合之则可为一，分之又可为二，阶部'谐蟹懈'与'借解戒'等音论南音则隶该部。晖恭两母北音则隶些部，山周两母正音则别有一音，又另立部母。"

沙［a］、秋［iəu］、衣［i］、思［ɿ］［ʅ］、高［au］、车［y］、归［uei］、略［yo］、些［iɛ］、靴［yɛ］、相［iaŋ］、夸［ua］、坡［o］、洲［əu］、春［uən］

该书共有二十音母（即二十个声母），它们是：窝星晖宗恭樵农日封汀周班唱品来珂武端山美。

声母可以拟音为：

窝［Ø］、星［s］、晖［x］［ɕ］、宗［ts］、恭［k］［tɕ］、樵［ts'］、农［n］、日［ʐ］、封［f］、汀［t'］、周［tʂ］、班［p］、唱［tʂ'］、品［p'］、来［l］、珂［k'］［tɕ'］、武［v］、端［t］、山［ʂ］、美［m］

声调有五个：

上平、下平、上声、去声、入声

参考文献

E. H. Parker, "The Dialect of Yang Zhou", *China Review*, Vol. 12 (9-17), Hong Kong, 1884.

安舒：《徐石麒家世及生平初探》，《安徽文学》2010 年第 10 期。

鲍明炜：《江淮方言的特点》，《南京大学学报》1993 年第 4 期。

北京大学中国语言文学系语言学教研室编，王福堂修订：《汉语方音字汇》（第二版重排本），语文出版社，2003 年。

蔡嵘：《浙江乐清方言音系》，《方言》1999 年第 4 期。

蔡文婷：《合阳方言语音研究》，陕西师范大学硕士学位论文，2007 年。

曹志耘：《南部吴语语音研究》，商务印书馆，2002 年。

陈昌仪：《赣方言概要》，江西教育出版社，1991 年。

陈宁：《〈诗词通韵〉研究》，《语言学论丛》第四十八辑，2013 年。

陈欣仪：《切韵枢纽研究》，台湾政治大学硕士学位论文，2004 年。

陈忠敏：《汉语方言语音史研究与历史层次分析法》，中华书局，2013 年。

陈忠敏：《鄞县方言同音字汇》，《方言》1990 年第 1 期。

储泽祥：《邵阳方言研究》，湖南教育出版社，1998 年。

丁治民：《瓯语语音史研究》，苏州大学出版社，2017 年。

方松熹：《舟山方言研究》，社会科学文献出版社，1993 年。

冯蒸：《关于〈正音切韵指掌〉的几个问题》，《汉字文化》1990 年第 1 期。

高本汉：《中国音韵学研究》，商务印书馆，2003 年。

高晓虹：《北京话入声字文白异读的历史层次》，《语文研究》2001 年第 2 期。

高永安：《明清皖南方音研究》，商务印书馆，2008 年。

耿振生：《〈青郊杂著〉音系简析》，《中国语文》1991 年第 5 期。

耿振生：《20 世纪汉语音韵学方法论》，北京大学出版社，2004 年。

耿振生：《论近代书面音系研究方法》，《古汉语研究》1993 年第 4 期。

耿振生：《明清等韵学通论》，语文出版社，1992 年。

耿振生：《再谈近代官话的"标准音"》，《古汉语研究》2007 年第 1 期。

古屋昭弘：《万济国〈官话语法〉中的罗马字拼音》，载耿振声主编：《语苑撷英》，北京语言文化大学出版社，1998 年。

顾黔：《通泰方言音韵研究》，南京大学出版社，2001 年。

郭力：《古汉语研究论稿》，北京语言文化大学出版社，2003 年。

郝锡炯、胡淑礼：《关于四川方言的语音分区问题》，《四川大学学报》1985 年第 2 期。

贺巍：《官方方言研究》，方志出版社，2002 年。

贺巍：《获嘉方言研究》，商务印书馆，1989 年。

侯精一：《百年前的广东人学"官话"手册〈正音咀华〉》，《文字改革》1962 年第 12 期。

胡安顺：《汉语辅音韵尾对韵腹的稳定作用》，《方言》2002 年第 1 期。

黄珊珊：《吴元满字书的谐声系统考察与音系研究》，台湾师范大学硕士学位论文，2009 年。

黄晓东：《衢州市柯城区方言音系》，载《吴语研究：第五届国际吴方言学术讨论会论文集》，上海教育出版社，2010 年。

黄笑山：《〈交泰韵〉的零声母和声母［Ⅴ］》，《厦门大学学报（哲学社会科学版）》1990 年第 3 期。

黄雪贞：《客家话的分布与内部异同》，《方言》1987 年第 2 期。

即墨县县志编纂委员会编：《即墨县志》，新华出版社，1991 年。

贾坤：《徽州（呈坎）方言语音研究》，北京语言大学硕士学位论文，2007 年。

姜信沆：《依据朝鲜资料略记近代汉语语音史》，台北"中研院"《历史语言研究所集刊》，1980 年，第 51 本 3 分。

蒋冀骋：《近代汉语音韵研究》，湖南师范大学出版社，1997 年。

金基石：《尖团音问题与朝鲜文献的对音》，《中国语文》2001 年第 2 期。

李得春：《〈四声通解〉今俗音初探》，《民族语文》1988 年第 5 期。

李得春：《介绍一份 19 世纪末的汉朝对音资料》，《东获学刊》2000 年第 3 期。

李军：《〈切字捷要〉的编撰及其与〈韵法直图〉的关系》，《古汉语研究》2010 年第 2 期。

李军：《〈乡音字类〉所反映的十九世纪中叶苏州话读书音》，《方言》2008 年第 1 期。

李军：《苏州方言字书〈乡音字类〉简介及同音字汇》，《语言学论丛》第

34 辑，2006 年。

李清桓：《〈五方元音〉音系研究》，武汉大学出版社，2008 年。

李思敬：《汉语"儿"［ɚ］音史研究》，商务印书馆，1994 年。

李思敬：《汉语音韵学史文献上的儿化音记录考》，《语文研究》1981 年第 1 期。

李维琦：《祁阳方言研究》，湖南教育出版社，1998 年。

李无未：《日本汉语音韵学史》，商务印书馆，2011 年。

李新魁、麦耘：《韵学古籍述要》，陕西人民出版社，1993 年。

李新魁：《〈中原音韵〉音系研究》，中州书画社，1983 年。

李新魁：《汉语等韵学》，中华书局，1983 年。

李子君：《十七世纪北京话声母系统》，《古汉语研究》2003 年第 3 期。

醴陵市志编纂委员会编：《醴陵市志·方言》，湖南出版社，1995 年。

林碧芸：《〈宁波方言音节〉所记的 19 世纪末宁波方音》，南京师范大学硕士学位论文，2015 年。

林齐倩：《苏州郊区方言研究》，苏州大学出版社，2017 年。

刘斌、陶文燕：《从〈鄞县通志·方言编〉看鄞县方言的特点及演变》，《吴语研究》第九辑，2018 年。

刘纶鑫：《江西客家方言概况》，江西人民出版社，2001 年。

刘晓南：《汉语历史方言研究》，上海人民出版社，2008 年。

刘晓南：《汉语音韵研究教程》，北京大学出版社，2007 年。

鲁国尧：《中国音韵学的切韵图与西洋音系学的"最小析异对"》，《古汉语研究》2007 年第 4 期。

鲁国尧：《论"历史文献考证法"与"历史比较法"的结合》，《古汉语研究》2003 年第 1 期。

陆铭：《19 世纪末 20 世纪初的宁波方言》，上海大学硕士学位论文，2004 年。

陆志韦：《陆志韦近代汉语音韵论集》，商务印书馆，1988 年。

罗长铭：《罗长铭集》，黄山书社，1994 年。

罗常培：《北京俗曲百种摘韵》，来燕阁书店，1950 年。

罗常培：《罗常培语言学论文集》，商务印书馆，2004 年。

马重奇：《闽台闽南方言韵书比较研究》，中国社会科学出版社，2008 年。

麦耘：《音韵与方言研究》，广东人民出版社，1995 年。

孟庆惠：《徽州方言》，安徽人民出版社，2005 年。

南京市地方志编纂委员会：《南京方言志》，南京出版社，1993 年。

宁忌浮：《汉语韵书史》，上海人民出版社，2009 年。

宁忌浮：《洪武正韵研究》，上海辞书出版社，2003 年。

宁忌浮：《试谈近代汉语语音下限》，《语言研究》1987 年第 2 期。

宁继福：《中原音韵表稿》，吉林文史出版社，1985 年。

彭静：《〈正音新纂〉声母系统考》，《中国语文学论集》2014 年第 86 号。

彭静：《〈正音新纂〉韵母系统考》，《中文文学刊》2015 年第 50 集。

彭小川：《南海方音概述》，《李新魁教授纪念文集》，中华书局，1998 年。

彭小川：《粤语论稿》，暨南大学出版社，2004 年。

平田昌司：《徽州方言研究》，（日本）好文出版，1998 年。

栖霞县志编纂委员会编：《栖霞县志》，山东人民出版社，1990 年。

钱乃荣：《当代吴语研究》，上海教育出版社，1992 年。

钱曾怡、太田斋、陈洪昕、杨秋泽：《莱州方言志》，齐鲁书社，2005 年。

钱曾怡：《汉语官话方言研究》，齐鲁书社，2010 年。

钱曾怡：《济南方言词典》，江苏教育出版社，1997 年。

钱曾怡：《胶东方音概况》，《山东大学学报（哲学社会科学版）》1959 年第 4 期。

钱曾怡：《山东方言研究》，齐鲁书社，2001 年。

乔全生：《晋方言语音史研究》，中华书局，2008 年。

衢州市志编纂委员会编：《衢州市志》，浙江人民出版社，1994 年。

邵荣芬：《邵荣芬语言学论文集》，商务印书馆，2009 年。

邵文杰等主编：《河南省志·方言志》，河南人民出版社，1995 年。

苏晓青：《海州方言同音字汇》，《方言》1990 年第 2 期。

遂昌县志编纂委员会编：《遂昌县志》，浙江人民出版社，1996 年。

孙宜志：《民国〈定海县志·方俗志〉反映的定海方言特点》，《语言科学》2010 年第 6 期。

孙玉文：《李贤〈后汉书〉音注的音系研究》，《湖北大学学报》1993 年第 5 期。

汤珍珠、陈忠敏：《嘉定方言研究》，社会科学文献出版社，1993 年。

唐作藩：《普通话语音史话：1—13》，《文字改革》1985—1987 年，第 4—13 期。

唐作藩：《正音捃言的韵母系统》，《中国语文》1980 年第 1 期。

汪银峰：《明末以来内丘、尧山语音的演变研究》，辽海出版社，2010 年。

王福堂：《北京话儿化韵的产生过程》，《语言学论丛》第 26 辑，2003 年。

王力：《汉语史稿》，中华书局，2001 年。

王力：《汉语语音史》，中国社会科学出版社，1985 年。

王淼、赵则玲：《奉化方言同音字汇》，《台州学院学报》2009 年第 2 期。

王年芳：《扬州方言》，《方言和普通话丛刊》，中华书局，1959 年。

王世华：《扬州话音系》，科学出版社，1959 年。

王松茂：《河南柘城音与北京音的对应关系》，《方言与普通话集刊——北方方言与普通话（第三本）》，文字改革出版社，1958 年。

王松木：《多重可能音系——论〈音泭〉的韵图设计与音韵系统》，（合肥）中国音韵学国际高端学术论坛论文集，2016 年。

王为民：《非线性音系学与〈李氏音鉴〉的反切原理》，《南京社会科学》2008 年第 8 期。

王为民：《再论〈重订司马温公等韵图经〉止摄合口中等照组字韵母的音值》，《徐州师范大学学报》2006 年第 5 期。

王盈新：《昆山方言语音研究》，南京大学硕士学位论文，2011 年。

吴庆峰：《牟应震的古音学》，《中国语文》1999 年第 6 期。

吴县地方志编纂委员会办公室编：《吴县方言志》，1987 年。

肖娅曼：《关于成都话舌尖后音声母的调查》，《四川大学学报》1999 年第 6 期。

谢留文：《客家方言语音研究》，中国社会科学出版社，2003 年。

新昌县志编纂委员会编：《新昌县志·方言》，上海书店，1994 年。

邢向东、蔡文婷：《合阳方言调查研究》，中华书局，2010 年。

邢向东、蔡文婷：《合阳方言音系与文白异读》，《咸阳师范学院学报》2010 年第 3 期。

徐朝东、仝正涛：《宋元以来汉语与民族语对音所见几种语音现象》，《古汉语研究》2018 年第 4 期。

许宝华、游汝杰：《方志所见上海方言初探》，《吴语论丛》，上海教育出版社，1988 年。

徐朝东：《〈南京官话〉音系初探》，《合肥师范学院学报》2018 年第 5 期。

许宝华、汤珍珠主编：《上海市区方言志》，上海教育出版社，1988 年。

许宝华：《许宝华汉语研究文集》，中华书局，2006 年。

薛凤生：《汉语音韵史十讲》，华语教学出版社，1999 年。

颜逸明：《吴语概说》，华东师范大学出版社，1994 年。

颜逸明：《浙南瓯语》，华东师范大学出版社，2000 年。

杨发兴：《长阳方言》，湖北人民出版社，2003 年。

杨发兴：《荆楚方言研究》，华中师范大学出版社，1992 年。

杨军：《〈韵镜〉所标"开合"及相关问题再研究》，《古汉语研究》2005 年第 2 期。

杨耐思：《中原音韵音系》，中国社会科学出版社，1981 年。

杨绍林：《彭州方言研究》，巴蜀书社，2005 年。

杨雪丽：《新发现的无名氏等韵图述评》，《语文研究》2005 年第 2 期。

杨亦鸣：《〈李氏音鉴〉的粗细理论及反切特点》，《徐州师范学院学报》1990 年第 1 期。

叶宝奎、李超：《南曲用韵与清三部南曲韵书研究述论》，《艺术百家》2009 年第 3 期。

叶宝奎：《明清官话音系》，厦门大学出版社，2001 年。

叶祥苓：《苏州方言志》，江苏教育出版社，1988 年。

应裕康：《清代韵图之研究》，台北弘道文化事业有限公司，1972 年。

袁家骅：《汉语方言概要》，文字改革出版社，1960 年。

曾晓渝：《语音历史探索》，南开大学出版社，2004 年。

张传保等编：《鄞县通志》，宁波出版社，2006 年。

张鸿魁：《明清山东韵书研究》，齐鲁书社，2005 年。

张启焕：《河南方言研究》，河南大学出版社，1993 年。

张世方：《北京官话语音研究》，北京语言大学出版社，2010 年。

张树铮：《清代山东方言语音研究》，山东大学出版社，2006 年。

张树铮：《寿光方言志》，语文出版社，1995 年。

张卫东：《从〈语言自迩集·异读字音表〉看百年来北京音的演变》，《广东外语外贸大学学报》2002 年第 4 期。

张玉来：《韵略易通研究》，天津古籍出版社，1999 年。

张竹梅：《〈中州音韵〉研究》，中华书局，2007 年。

赵秉璇：《寿阳方言志》，《语文研究》增刊，1984 年。

赵烈安：《近代邵阳方言研究史略》，《邵阳文史》第十四辑，1990 年。

赵荫棠：《〈李氏音鉴〉的周围》，《国语周刊》1932 年第 55—56 期。

赵荫棠：《重订司马温公等韵图经述》，《晨报·学园》1932 年第 380—381 期。

赵荫棠：《等韵源流》，商务印书馆，1957 年。

赵荫棠：《清初审音家赵绍箕及其贡献》，《辅仁学志》，1932 年，3 卷 2 分。

赵元任：《南京音系》，《科学》1929 年第 8 期。

赵元任：《现代吴语的研究》，商务印书馆，2011 年。

浙江通志编纂委员会编：《浙江通志·方言志》（第 97 卷），浙江人民出版社，2017 年。

甄尚灵、郝锡炯：《四川方言音系》，《四川大学学报》1960 年第 3 期。

甄尚灵：《〈西蜀方言〉与成都语音》，《方言》1988 年第 3 期。

甄尚灵：《成都语音的初步研究》，《四川大学学报》1958 年第 1 期。

镇海县志编纂委员会编：《镇海县志》，中国大百科全书出版社，1994 年。

郑伟：《音韵学方法和实践》，上海古籍出版社，2018 年。

郑张尚芳：《温州方言志》，中华书局，2008 年。

郑智颖：《〈重订司马温公等韵图经〉与〈音泭〉之比较》，福建师范大学硕士学位论文，2012 年。

周赛华、张晓东：《关于〈等韵图经〉止摄合口中等照组字韵母的拟音问题》，《武汉理工大学学报》2002 年第 6 期。

周赛华：《重论〈等韵图经〉止摄合口照组字韵母的拟音》，《古汉语研究》2010 年第 1 期。

周赛华：《近代北音音韵文献音泭述要》，《古汉语研究》2004 年第 3 期。

周赛华：《明末吴语正音书〈声韵表〉音系述要》，《古汉语研究》2017 年第 2 期。

周赛华：《徐孝〈等韵图经〉中卷舌元音之再探——兼说卷舌元音与儿化韵的关系》，《语言研究》2003 年第 2 期。

周同春：《十九世纪的上海语音》，《吴语论丛》，上海教育出版社，1988 年。

周杨、王琪：《汉语方言中的 ʅ 音》，《宁波大学学报（人文科学版）》2013 年第 2 期。

邹德文：《清代东北方言语音研究》，中国社会科学出版社，2016 年。

后　记

　　音韵学一直以来被视为"绝学"，而等韵图又是音韵学中最为艰涩的内容之一，是古代的语音学理论，要想弄懂等韵学实属不易。我从接触等韵图至今，已经三十多年。20世纪90年代在湖北大学读研究生时与等韵学略有交集，但浅尝辄止。世事弄人，读研时，社会流行读书无用论，因此研究生三年浑浑噩噩，虚度光阴。可刚出校门，社会又突然重视学术。于是遂生读博之意。蒙孙玉文老师不弃，有幸忝列旁听之列。在孙老师的引导下，对于等韵学有了较为深入的认识。后来在武汉大学读博期间，随着阅读量的增加，逐渐能略通音韵论文的写作。当初博士报考时，意气风发，年不更事，幼稚地认为，太简单的不用考，要做就做最难的，因此选择了音韵方向。殊不知，天底下做学问，哪有什么容易的事情。且当时也心存一丝狡黠，推测太难的专业方向，报考的人自然少，会降低考上的难度。往事如烟，音韵之艰难却铭刻于心。

　　音韵之难，主要有三：（1）入门难。音韵学术语多，千百年来无统一。古人没有当今的音素工具，说音韵难以简明扼要，再加上音韵往往与阴阳、五行等比附在一起，结果晦涩难懂。（2）找寻资料难。古人已逝，不能启之调查语音。记录语音的文献是唯一的研究资料。但由于年代久远，存于今世的文献已经不多了。故搜集音韵文献相当不易。当初博士刚毕业时，薪水微薄，同时还要偿还学费贷款，常常囊中羞涩，勉强能够维持个人生计。一时惧怕接到亲戚朋友的电话，担心无力款待，但又难以启齿。在此种窘困中，遇到有价值的音韵文献时，往往难受至极。一方面要与书商斗智斗勇，降低购书价格；另一方面要与肚皮商量，一段时间只能靠稀饭馒头充饥。有时书价太高，只能眼巴巴地望着书籍落入他人之手。数十年间，坚持不懈，其中甘苦冷暖只有自知。于今，书价是越涨越高，薪资的增速远远赶不上书价的增速，与书商的智斗还得继续下去。真希望有朝一日能实现孔方兄的自由，鄙人也能豪爽一把！另外公家图书馆中的资料获取也不易。有时大老远跑过去，人家不接待，或者管理员不在。即便是让你查看资料，也不能全帙复制，只能复制每卷的三分之一。更有甚者，就连复制这三分之一也都不行。出门在外，谁有抄录全书的时间？不知图书馆的这些奇葩的规定是怎么制定出来的。好在国家要让文物活起来，越来越多的古籍数字化后免费放到了网上，利用起来确实方便了不少。但目前也只是九牛一毛，愿所有的古籍都能在不久的将来，出现在互联网上。

（3）文章发表难。本来刊发这类文章的杂志就数量少，出版周期长，每年刊出的数量十分有限。再加上这类文章大多难以有较高的引用率，故越来越遭到多数刊物的冷眼。一些刊物摈弃了这类文章的刊发，偶尔能刊发的，要么是大牛的文章，要么是借助人所共知的路子。在有正规刊号的期刊中，只有《古汉语研究》和《语言研究》等少数几种发表的音韵学研究论文稍微多些。除了阵地少外，更难的是很少能得到刊物的培养。国内刊物普遍做法就是在一定时期内，如不采用，作者就可自行处理。稍微好的一点刊物，会遗憾通知你"不符合本刊的要求"或者"没有通过匿名专家的评审"，等等。很少有刊物能把专家评审的结果反馈给作者，以便帮助作者进一步提高和完善论文。据鄙人多年的经验，目前在这块做得比较好的刊物实属不多，做得好的只有北大的《语言学论丛》等少数几家（仅就刊发语言学论文的刊物而言）。相比之下，有的刊物高高在上，目中无人。不要说主动把意见反馈给作者，就算是作者主动索求，也几乎是泥牛入海，杳无音信，人家根本不理睬。当然这有客观方面的原因，杂志社人手有限。但更主要的还是没有服务意识。相比我从侧面了解到的欧美某些杂志的做法，真有天壤之别。硕士期间，三位室友是搞化学材料的，他们一般给欧美杂志投稿，不管是已准备采用的还是未被采用的，都能收到反馈意见，有时反馈意见甚至比论文本身篇幅还大。被拒论文，如根据这些评审意见，认真修改后，再投给其他杂志，被采用的概率往往非常大。但愿在不久的将来，国内刊物也能有这样的服务和担当！

近二十年来，一路跌跌撞撞，尽管艰难，但多少还是有所收获。今《明清等韵图新探》的出版，算是二十年来对等韵图研究的阶段性总结吧。虽成绩不及先贤的万分之一，但由于是自己长期孕育的产物，故也是敝帚自珍，心甚宝之。自珍者主要有三：一是新发掘了三十多种韵图；二是新揭示了三十多种音系；三是有些地方在前人研究的基础上，提出了一些新的看法。

有人不禁要问：如此之难，为何还要执着？何不改弦更张，另择他路？音韵之路，犹如食苦瓜。世人大多嗜甜，不好苦，吾初尝苦瓜，苦涩难耐，立即呕吐。持而久之，逐渐喜苦，苦后甘甜，别有一番滋味在心头。久而不食，心中惦念不已。

说到学问之事，辩论是不可避免的。书中多处与前人商榷，不是与人为恶，实是虚心讨教，希望抛砖引玉，得到各位方家的指教。另书中不确之处实多，冀望一并诲之。

除了满腹牢骚之外，也要表达感恩之心！首先感谢国家社科基金有关的同行通讯专家提出了宝贵的修改意见，感谢蒋冀骋先生、刘晓南先生和孙玉文先生在百忙之中赐序，感谢一直以来给予帮助和鞭策的亲朋好友！

另拙著得到了湖北大学高水平学术专著出版基金的资助和文学院双一流学科建设项目经费的资助，特致谢忱！

2022 年 1 月 20 日

图书在版编目(CIP)数据

明清等韵图新探/周赛华著. —北京:商务印书馆,2023
ISBN 978 - 7 - 100 - 22614 - 1

Ⅰ.①明… Ⅱ.①周… Ⅲ.①等韵学—研究—中国—
明清时代 Ⅳ.①H113.9

中国国家版本馆 CIP 数据核字(2023)第 113084 号

明清等韵图新探

周赛华 著

商 务 印 书 馆 出 版
(北京王府井大街 36 号 邮政编码 100710)
商 务 印 书 馆 发 行
山 东 临 沂 新 华 印 刷 物 流
集 团 有 限 责 任 公 司 印 刷
ISBN 978 - 7 - 100 - 22614 - 1

2023 年 10 月第 1 版　　　　开本 787×1092 1/16
2023 年 10 月第 1 次印刷　　　印张 25
定价:148.00 元